KB268252

에큐메니칼
카라반

| 이삼열 회고록 |

에큐메니칼 카라반

2025년 7월 29일 처음 찍음

지은이   이삼열
펴낸이   김영호
펴낸곳   도서출판 동연
등 록   제1-1383호(1992. 6. 12)
주 소   서울시 마포구 월드컵로 163-3
전화/팩스   (02)335-2630 / (02)335-2640
이메일   yh4321@gmail.com
인스타그램   instagram.com/dongyeon_press

ISBN 978-89-6447-067-1 03040

| 이삼열 회고록 |

에큐메니칼 카라반

이삼열 Lee Samuel 지음

Ecummenical Caravan

동연

사진으로 보는
이삼열의 카라반

1 부친 이성찬 목사
2 모친 김세옥 권사
3 장성중앙교회 이성찬 목사 가족

1 고교생 이삼열
2 대학생 이삼열
3 방배동 자택 마당에서(딸 지형, 아들 민형)

4 결혼 50주년 금혼식(2006년 5월 한국의 집)
5 사위 장유진, 며느리 장소영, 손자 도빈, 손녀 지혜, 정은

1 6남매(삼열, 단열, 영자, 은자, 승열, 복자)의 가족들과 구기동 자택에서
2 최명관 교수, 이삼열, 조요한 교수, 김기순 교수
3 학과장 이삼열 교수 인사

철학과 사은회
11.22
일시
장소   공사관   대동강

1 숭실대 철학과 교수들과 방배동 자택에서. 좌로부터 백도형, 최명관,
곽신환, 안병욱, 조요한, 김기순, 김광명, 한석환, 이삼열
2 사회봉사관 전경
3 숭실대 사회봉사관 헌관식에서 보고

숭실대학교 사회 봉사관
공사개요

사회봉사관 헌관식
1991년 4월 8일
숭실대학교

1 부친 이성찬 목사와
한경직 목사
2 한경직 목사님과

3 박형규 목사님과 함께
4 강원용 목사님과 함께

1 제네바에서 WCC 중앙위원회를 마치고(1999년 8월), 강문규 부부, 박종화, 이삼열
2 에큐메니칼 동지들 가족(박형규, 강문규, 오재식, 박경서, 이삼열)

3 NCCK 75주년 기념 강연회, "평화를 만드는 교회"
4 크리스찬 아카데미 "한반도 평화를 위한 동북아시아 국제평화회의" 발제

1 IMF 경제 위기시 "신앙과 경제 심포지엄" 강연
2 소망교회에서 열린 예장 83회 총회(1998.9.24.) "경제 위기 극복 위한 신앙각서" 발표

3 숭실대 교회지도자 사회봉사 연수에서, Degen 박사 강연 통역

4 남북 공동예배 설교(고기준 목사와 필자), WCC 칸베라 총회시 시드니 한인교회서(1991. 2.17.)

1 미국 Harvard 신학대에서, Harvey Cox 교수와(2000년)

2 Jakarta 국제평화회의, Johan Galtung 교수와(2003년 10월)

3 Habermas 교수와 토론회(서울대, 1996. 5.10.)
4 독일에서 만난 Habermas 교수(1994년 2월)

1 참여연대 운영위원장으로 활동(1995)
2 <기독교사회발전협회> 창립 10주년 축하(1996)

3 독일 EZE 한국 담당 쇤베르크와 라인더스 환영

4 WCC 실행위원 일동(1998-2006), 보세이센터

1 유네스코 아태국제이해교육원장(APCEIU)

2 아시아태평양 교사 평화교육연수(2004)

3 경기도 이천 <유네스코 평화센터> 입구에서
4 프랑스 파리 UNESCO 본부 총회장에서

1 북한 유네스코 사무총장 리흥식과 함께
2 북한 평양에 보낸 교과서 인쇄기 기증식(2006년 11월)

3 제26차 민주사회의 과제와 기독자 교수

4 제27차 사회개혁과 대학의 책임

1 베티 레이던 교수와 평화교육대회(IIPE)
2 한반도 평화 포럼(WCRP)

3 아프리카 지역 대학 총장들 이화여대 방문
4 한길 친구들 새만금에서

1 대화문화아카데미, "정상회담과 평화체제의 길"
2 대화의 집 모임, "개헌 정국의 주요 쟁점"

如泉 이삼열(李三悅) 프로필

평안북도 철산 출생 (1941년 6월 20일)
서울대사범대학부속고등학교 졸업 (1959)
서울대학교 문리과대학 철학과 졸업 (1963)
서울대학교 대학원 철학과 졸업, 철학석사 (1967)
독일 괴팅겐대학교 졸업, 사회과학 박사 (1976)

공군 정훈장교 복무 (1963-67)
한국 크리스챤아카데미 연구간사 (1967-68)
보쿰 사회선교부 한국노동자상담소 소장 (1977-79)
유럽 산업선교회 (ECG) 총무간사 (1980-82)
숭실대학교 인문대 철학과 교수 (1982-2005)
한국 기독자교수협의회 회장 (1992-94)
세계교회협의회 (WCC) 중앙위원, 실행위원 (1998-2006)
유네스코 아시아태평양 국제이해교육원장 (2000-04)
유네스코 한국위원회 17대 사무총장 (2004-08)
국무총리산하 국가이미지개발위원회 위원장 (2007-08)
한국철학회 회장 (2007-08)
국제철학회연맹 (FISP) 이사 (2008-13)
에코피스 아시아 (Ecopeace Asia) 이사장 (2009-12)
유네스코 아태무형유산센터 (ICHCAP) 사무총장 (2012-16)
동아시아평화 역사NGO포럼 상임대표 (2012-16)
현대교회 장로 (1996-2011)
한국 기독교 사회발전협회 이사장 (2011-21)
대화문화아카데미 이사장 (2017-25)

| 저서 |

『기독교와 사회이념』(한국신학연구소, 1986)
『평화의 철학과 통일의 실천』(햇빛출판, 1991)
『현실개조를 향한 사회철학의 모색』(철학과현실, 2017)
『평화체제를 향하여』(동연, 2019)
『정의로운 사회를 향하여』(동연, 2020)
『해외에서 함께한 민주화운동』(동연, 2021)

차례

1부

나의 삶과 에큐메니칼 운동

3부

미국에서의 에큐메니칼 카라반

— 고교생으로 참가한 에큐메니칼 훈련 보고서: 도미 기행(1960)

머리말

어느덧 내 나이가 80을 넘어 한국인의 평균 수명만큼은 살았다고 생각되니, 인생의 종착역에 이르기 전에 지나온 삶을 돌아보며 반성하는 회고록을 써 보고 싶어졌다. 가까운 친구와 동창들이 하나둘 갑작스레 가는 것을 볼 때마다 '그럼 내 인생은 무엇이었지?' 물으며 마음이 급해졌다.

나는 참 일복이 많아서 젊은 시절부터 계속해서 많은 일과 직책을 맡으며 숨 가쁘게 지금까지 달려왔다. 왜 그렇게 여러 가지 일을 동시에 하면서 여유 없게 살아왔을까 후회도 되고, 과연 그 모든 일이 의미와 보람이 있었고 무언가를 이루었다고 할 수 있겠는가 반성해 보지 않을 수 없다.

허락된 삶을 마치고 나면 어차피 하나님 앞에서 내 삶에 대한 평가를 받게 되겠지만, 나 자신이 먼저 과거를 정리해 보고 판단하는 것도 중요할 듯하여 자서전이리 할까, 고백록을 써 보기로 했다.

사람이 한평생 한 일과 만난 사람, 겪은 경험은 너무나 많고 다양해서 자서전이라 해도 다 기록할 수는 없고, 그럴 필요도 없을 것이다. 그러나 내 삶의 의미와 정체를 밝히려면 나는 누구였으며, 무슨 일을 주로 하면서 세월을 보낸 사람인가라는 물음에는 확실히 대답해야 할 것이다.

나는 원래 다방면으로 의욕과 관심이 많았고(중고등학교 때부터 공부, 운동, 음악, 웅변, 교회 일 등 여러 가지 활동을 많이 해 팔방미인이란 소릴 들었다), 시대와 환경의 변화에 따라 다양한 활동을 했기에 이 질문에는 갈등과 콤플렉스(complex)를 느끼며 대답을 망설이게 된다.

대학에서 철학을 전공하고 독일에서 박사학위를 받은 뒤 숭실대에서 사회철학 교수로 20여 년을 봉직했으니 나의 정체성은 교수요 학자에 있다고 할 수 있다. 그러나 연구와 대학 강의에만 매달리지 않고 민주화 운동과 평화 운동, 참여연대 같은 시민운동에도 적지 않은 시간을 보내며 활동했으니 사회운동가라고 할 수도 있지 않을까? 또한 나는 어려서부터 목사의 꿈을 안고 자라서, 목사가 되지는 않았지만 상당 기간 교회나 WCC 같은 기독교 기관에서 직책을 맡아 활동했기 때문에 기독교 선교나 교회의 사역자로 볼 수 있는 면도 없지 않다. 마지막으로 유네스코(UNESCO)라는 국제기구의 세 기관의 장을 맡아 12년간 일했고, 세계 평화와 발전을 위한 교육 문화 사업을 추진하면서 수십 개국을 왕래했으니 국가의 외교 행정가와 같은 역할도 했다고 할 수 있다.

이렇게 나의 직업과 일의 현장은 계속해서 변하며 자화상마저 중첩된 모습으로 그려지니, 과연 나는 누구이며 나의 정체성은 어디에 있는가 물었을 때 갈등과 콤플렉스를 느끼며 주저하지 않을 수 없다.

그러나 다시 곰곰이 생각해 보니 이 모든 일과 활동이 소년 시절부터 배우고 따르려 했던 에큐메니칼 운동(Ecumenical Movement)과 연결된 일들이었고, 이 운동에 참여하게 된 밑바탕에는 어려서부터 마음속 깊이 각인된 자기상, "너는 하나님의 뜻을 전파하는 사무엘(Samuel)과 같은 사람이 되어야 한다"라는 부모님이 심어준 믿음과 소망이 저력으로 있었음을 깨닫게 되었다.

이 믿음과 소망이 마음속 깊이 있었기에 나는 어린 시절부터 이 땅에서 이루어야 할 하나님의 뜻이 무엇인가를 기도하며 찾았고, 목사가 될까, 사상가가 될까 이리저리 헤매던 시절에 세상 속에서 정의, 평화, 생명,

사랑을 실천하려는 에큐메니칼 운동이 하나님께서 이 시대에 명하는 뜻이라고 믿게 되었다.

대학 지망 학과로 철학과를 선택한 것도 철학 교수가 될 목적에서가 아니라 교회의 사회적 책임을 다하기 위해, 바르게 설교하기 위해 신학보다 먼저 철학을 알아야겠다는 생각에서였다. 나의 삶의 역정은 여러 현장에서 이 정신을 따라 활동해 본 여정(caravan)이 아니었을까 생각했다. 그래서 이 책의 제목을 "에큐메니칼 카라반"(Ecumenical Caravan)으로 정했다. 소년 시절에 체험한 "에큐메니칼 카라반"이 오늘까지 평생의 삶을 이끈 것 같다.

나는 1941년 평북 철산의 기독교 목사 가정에서 태어나 사무엘(삼열)이란 성서의 이름을 받고 장차 흠이 없는 목사가 되어야 한다는 경건주의 신앙 교육을 받으며 자랐다. 만주 봉천(심양)의 동북신학교에서 박형룡 박사의 제자로 칼빈주의 정통 신학을 배운 나의 부친 이성찬 목사는 철저한 근본주의 보수 신앙관으로 일생 목회하셨고 철산읍교회를 창립하셨으며, 105인 사건의 한 분이 장관서 목사의 외손녀로 태어난 어머니 김세옥 권사는 매일 아침 자녀들과 함께 가정 예배를 드리고 나서야 아침을 먹이고 학교에 보내는 엄격한 종교 교육을 실시하셨다.

나는 고등학교 시절 풍기 농촌 교회를 떠나 서울에 올라와 창신동의 동신교회를 다녔지만, 한경직 목사의 설교에 매료되어 영락교회 2부 예배와 저녁 예배에 참석해 그의 설교를 필기해 가면서 듣고 훌륭한 목사가 되겠다는 꿈을 키웠다.

그런데 이런 나의 꿈과 전통적 신앙관에 충격과 변화를 일으킨 돌발적 사건이 고교(사대부고) 2학년, 열여섯 살 때 일어났다. 1957년 여름 나는 운 좋게도 한국 기독 학생 대표로 선발되어 미국 장로교가 주최한 "국제 기독 학생 에큐메니칼 카라반"에 참여하게 되었는데, 이 프로그램은 3개월 동안 미국 여러 곳을 다니며 교회와 사회 문제를 배우는 훈련 과정이었다.

인도, 일본, 레바논, 콜롬비아, 한국의 학생 대표 다섯 명과 미국의 고교생 다섯 명 그리고 예일신학대 조교수 두 명이 함께 6월부터 8월까지 샌프란시스코에서 아이오와, 시카고, 아칸소, 오하이오, 펜실베이니아, 워싱턴, 뉴욕까지 전국을 순회하며 수련회와 워크 캠프, 산업 시찰 가정 생활을 체험하고, 교회와 사회, 인종차별과 세계 평화 문제를 토론하며 배우는 에큐메니칼 리더십 트레이닝 프로그램이었다.

미국에서 3개월 동안 한국교회와는 너무 다른 기독교의 모습을 보고 돌아온 나에게는 신앙과 장래 문제에 큰 혼란과 갈등이 생겼다. 우선 술, 담배를 자유롭게 하는 미국의 목사님들, 교회당 안에서 주일 오후에 댄스 파티를 여는 청소년들을 보면서 충격을 받았고, 이를 죄악시하고 처벌하는 한국교회의 율법주의 신앙관에 회의가 생겼다.

그러면서 흑백 인종차별 문제(segregation)나 핵전쟁을 막기 위한 평화 공존 문제, 공산권과의 화해 문제를 열심히 토론하는 미국 교회와 학생들을 보고 나니, 사회문제에 무관심하고 북한 공산주의 타도만 외치는 한국교회의 목사 노릇을 어떻게 할 것인가 고민하게 되었다.

고민 끝에 대학 지망에 신학과, 종교학과가 아닌 철학과를 택하였고, 졸업 후에도 장로교신학대학원에 입학은 하였지만 먼저 사상과 윤리 문제를 해결해야 목사의 길도 갈 수 있겠다는 생각에 대학원 철학과에도 입학해 놓고서, 우선 군복무를 마치기 위해 공군에 입대했다.

공군 장교 4년 복무를 마친 후 1967년, 장신대로 가서 신학 공부를 할 것인가, 외국 유학을 가서 철학이나 신학 공부를 할 것인가 고민하던 때 우연치 않게 돌발적인 사건과 변화가 일어났다. 「기독교 사상」 잡지에서 교회와 사회의 다리를 놓으며 대화를 통해 교회 갱신과 사회개혁 운동을 하는 '크리스챤아카데미'가 강원용 목사의 주도로 창립되었다는 기사를 보게 되었다. 나는 너무 놀라고 감격하여 우선 이 운동을 알아보고 배워야겠다는 마음에 수유리 아카데미하우스를 찾아갔다. 강 목사님을 만나 뵙고 나의 고민을 의논드렸더니 감사하게도 배우며 일할 기회를 주셨고, 나는 크리스챤아카데미 간사로 활동하게 되었다. 스물여섯 살에 일어난 이 갑작스런 변화가 나의 삶의 방향을 에큐메니칼 운동의 길로 잡아주는 계기를 마련해준 것이다.

보수적인 예장(예수교장로회) 교회에서 자란 내가 진보적인 기장(기독교장로회)의 지도자들을 만나고 세계교회협의회(WCC), CCA, 독일 교회 아카데미 등 에큐메니칼 운동 기관의 세계적 인물들을 만나게 되면서, 나의 꿈은 단순한 교회 목사에서 에큐메니칼 운동의 실천으로 바뀌게 되었다.

WCC 에큐메니칼 장학금으로 독일 유학을 가게 되고, 독일 교회 동아시아 선교부의 도움을 받아 민주화운동, 파독 광부들의 인권 선교, WCC-URM의 유럽 산업선교 등 에큐메니칼 활동으로 이어진 내 삶의 여정(caravan)이 크리스챤아카데미 활동에서 받은 영향과 인맥에 연관되어 일어났음을 부정할 수 없다.

1982년 독일에서 귀국해 숭실대 철학 교수로 20여 년 봉직하면서 동시에 기독교사회연구소와 사회봉사관을 설립하고 사회발전 교육과 기독교 평화 운동을 하게 된 배경과 계기도 에큐메니칼 운동을 개척한 선구자 여러 선배님과의 유대와 협력 관계에서 이루어진 것이었다.

60세가 되는 2000년부터는 뜻밖에 유네스코(UNESCO)의 일을 맡게 되어, 12년간 유네스코 세 기관의 장을 역임하며 지구촌의 평화 운동과 국제 협력 사업을 추진했다. 일을 맡아 하고 보니 '모든 사람을 위한 인권 평화 교육', '인간의 얼굴을 한 세계화', '생물권 보존과 지속가능발전' 등 유네스코 활동의 목표와 과업의 대부분이 WCC나 교회 기관들이 해 온 정의, 평화, 발전 중심의 에큐메니칼 운동과 같거나 비슷했다. 에큐메니칼 운동을 유네스코의 무대에서 국가적 사업으로 계속한다는 느낌을 금치 못했다. 더욱이 북한에 인쇄기를 보내는 등 대북 협력 활동을 할 수 있었던 것은 유네스코였기에 가능했다. 유네스코 현장에서 에큐메니칼 운동을 하라고 하나님께서 나를 그곳에 보내신 게 아닐까 한다. 그래서 나의 유네스코 활동도 에큐메니칼 운동의 한 여정(caravan)으로 보려고 한다.

에큐메니칼 운동의 어원인 희랍어 oikoumene는 '인간이 사는 전 세상'(the whole inhabited earth)을 의미하며, 오이쿠메네 운동은 "교회 전체의 사명이 복음을 전 세계에 전하는 일", 곧 "전 세계의 복음화였다"라고 교회사가들은 증언한다.

18세기 말부터 유럽에서 일어나 1910년 에든버러 세계선교대회, 1925년 스톡홀름 "삶과 일"(Life and Work) 대회, 1948년 암스테르담 WCC 창립과 그 후 7년마다 열린 세계대회를 거치면서 성숙하고 발전한 에큐메니칼 운동은, 분열된 교회의 교파적 선교를 지양하고 연대와 일치(unity)를 이루어 '하나님의 선교'(*Missio Dei*)를 실천하는 하나의 세계교회를 형성해 가자는 운동이었다.

오늘날 WCC가 강조하는 에큐메니칼 운동은 신앙과 삶의 실천을 일치시키며 교회에 갇힌 복음을 사회 곳곳에서 실현하는 사회 복음, 사회 구원 운동이라고 할 수 있다. 그리스도의 복음, '정의, 평화, 생명, 사랑'을 전 세계에 구현하기 위해 전쟁과 탄압, 독재와 수탈, 폭력과 소외를 막기 위한 운동을 오랫동안 전개했다.

그러나 유감스럽게도 한국에서는 에큐메니칼 운동이 오해와 편견에 시달리며 오랫동안 억압과 소외를 당해 왔고, 대부분의 교회에서 배척되거나 무시된 채 기를 펴지 못하고 있다. 한국교회의 고질적인 교파 분열과 개교회 중심주의가 초교파적 연합과 일치 운동을 거부해 왔고, 영혼 구원과 내세주의에 매달린 전통 교회의 풍조는 사회 구원과 현실 참여를 강조하는 에큐메니칼 운동을 이단시하며 질시했다.

더구나 1950~70년대 이승만, 박정희 반공 독재 정권은 WCC에 공산국가의 교회들이 가입되어 있다고 해서 '용공' 딱지를 붙여 매도했고 한국교회의 참여를 억제하고 방해했다. 가장 큰 예장 교단이 통합과 합동으로 갈라진 원인이 바로 WCC 가입과 탈퇴 문제였다.

한국교회협의회(KNCC)와 YMCA, 크리스챤아카데미 등 몇 초교파적 기관들을 중심으로 에큐메니칼 운동은 상당한 정도로 발전하고 성장했지만, 각 교단 안에서는 아지도 "용공이다", "혼합주의다", "동성애자다" 라는 오해와 비난, 적대시가 사라지지 않아 제자리를 찾지 못하고 있다.

에큐메니칼 운동이 억압받고 무시되던 시절 한국교회의 그릇된 풍토와 인식을 시정하고, 이 운동을 한국에 정착·확산시키기 위해 애쓴 선구자들이 있었다. 바로 강원용, 김관석, 박형규 목사 등과 박상증, 강문규, 오재식 등 평산도 운동가들이다. 이들은 1960~80년대에 힘과 열정을 다해 개척적인 에큐메니칼 운동을 일으켜서 큰 업적을 이루었는데, 크리스챤아카데미, 도시산업선교, 민주화와 인권운동, 평화 통일 운동 같은 에큐메니칼 운동을 전개해 한국 사회의 민주화와 발전에 역사적 기여를 했다. 나는 이 훌륭한 선배님들을 일찍부터 만나 친절한 지도와 도움을 받고 여러 가지 에큐메니칼 운동에 함께 참여하는 행운을 누린 후배였다.

매우 부족하고 부끄럽지만 민주사회 발전과 평화를 추구하며 교회와 사회의 여러 현장에서 노력해 온 나의 삶과 활동을『에큐메니칼 카라반』으로 정리해서 내놓으며 한국 에큐메니칼 운동의 활성화와 발전에 작으나마 보탬이 되길 바란다. 앞으로 에큐메니칼 운동에 헌신할 뜻있는 후배들에게 참고와 도움이 된다면 기쁘겠다. 같은 뜻으로 60여 년 전 나의 소년 시절에 체험했던 "에큐메니칼 카라반"의 기행문도 청소년들의 에큐메니칼 훈련의 한 모델이 되길 바라면서 여기에 실었다.

이 책을 출판해 주신 동연의 김영호 대표님과 편집해 주신 박현주 선생님께 마음속 깊은 감사의 뜻을 드린다.

2025년 4월 부활절에

저자 이삼열

나의 삶과 에큐메니칼 운동

I. 목사의 꿈 안고 자란 어린 시절

(1941~1956)

평안도 철산의 예수교 가문에서

나는 1941년 6월 20일에 평안북도 철산군 철산면 송교동에서 태어났다. 당시 24세였던 아버지 이성찬(李成燦)은 신의주 성경학교에서 공부하고 평북노회 시취에 합격해 전도사 자격을 받은 농촌 목회자였고, 22세의 어머니 김세옥(金世玉)은 철산읍교회 초대 목사였던 장관선(張寬善)의 외손녀요 선천 남교회의 원로장로 김영준의 친손녀였다.

아버지는 보통 농가에서 자랐지만, 할아버지 이춘관(李春觀)은 99간 기와집을 짓는 건축가, 도편수여서 건축 경기가 좋을 때는 살림이 풍족했으나 나쁠 때는 어려웠다. 아버지는 어려서부터 건축 현장을 보면서 많은 경험을 하였고, 7세에 서당에서 한문을 배웠고, 신학문을 따라 9세에는 차련관 공립보통학교에 편입하여 공부했지만, 12세에 가정형편이 어려워져 중퇴하고 소 먹이는 목동으로 생계를 유지했다. 학교 공부를 계속하지 못한 것이 일생 한이었지만, 마침 동네 야학이 생겨서 열심히 공부를 보충했다.

16세에 교회가 있는 송교동으로 이사를 가 예수를 믿게 되고, 신앙이 깊어져 송교동교회 집사로, 주일학교 교사로 열과 정성을 다해 교회를 섬겼다. 19세에 용모동교회에서 성가대와 주일학교 교사로 열심히 교회 일을 하던 열일곱 살 어머니와 결혼하면서 두 분은 일생 교회를 섬기며 하나님 일을 하기로 결심했다. 기독교 지도자 가문에서 자라 신앙심과 책임감이 깊은 어머니의 도움과 영향으로 아버지는 성경학교를 다니며 평신도 설교자의 역할을 잘할 수 있게 되었다.

어머니의 외조부 장관선 목사는 1909년에 평양신학교를 졸업(2회)하고 당신이 창립하신 철산읍교회의 초대 목사로 부임했으며, 인근 지역에 10여 교회를 개척하고, 명흥학교를 설립해 교육 사업도 하신 철산의 큰 인물이셨다. 신민회에 가입해 독립운동에 연루되어 11년 105인 사건으로 체포되고 7년 징역 선고를 받았지만 2년간 옥살이하고 출옥하셨다.

1919년 3.1운동 당시엔 철산에서 주도적 역할을 하셨기에 일경의 탄압과 감시를 피해 가족을 이끌고 만주로 망명길을 떠나셨다. 만주 통화 등에서 교회와 학교를 세우고 민족 계몽과 독립운동을 하셨고, 신흥무관학교도 후원하셨으며, 두 아들을 광복군에 보내 일본군과의 전투에 나서게 했다. 맏아들 진영은 1923년 전사했고, 차남 건영(호강)은 해방 후 귀국해 국군 장성, 사단장으로 근무했다.

망명한 항일 독립운동가의 후손으로 외가는 감시와 고통을 당해 어려웠고, 어머니는 13세에 모친 장인애(張仁愛) 씨가 돌아가심으로 17세 출가 때까지 아버지와 오빠들의 살림을 맡은 소녀 주부 노릇을 하셨다고 한다. 목사 장로 가정에서 철저한 신앙 교육을 받고 자란 어머니는 믿음과 교회 봉사 정신이 강했고 목사의 부인이 되는 것이 소망이었다.

내가 태어난 41년 2월에 전도사가 된 아버지는 8월에 용천노회 반궁교회의 청빙을 받아 전담 목회자의 길에 나서게 되었고, 어머니는 소망하던 목회자의 사모가 되어 늘 기도하며 헌신적으로 교회를 섬기셨다. 반궁교회는 장로 2명, 집사 20명, 교인 200여 명의 적지 않은 농촌 교회였고 교회당과 교역자 사택을 갖춘 모범적 교회였다.

전도사로 목회를 시작한 아버지는 영력을 더하기 위해 신의주 성경학교와 만주 안동성경학교를 다니며 공부에 열을 가했는데, 반궁교회는 매년 한 달씩 휴가와 그 비용을 부담해 주었다. 당시 성경학교는 한경직, 윤하영, 이기혁, 김세진, 김린서 등 저명한 목사님들이 강사로 가르쳤기 때문에 신학교에 못지않았다고 한다.

그러나 성경학교를 마친 아버지는 신학교에 가서 목사가 되는 교육을 받아야 했다. 평양신학교는 38년에 이미 신사참배 거부로 폐교당해 갈 수 없었고, 폐교 후 박형룡 박사, 박윤선 교수 등이 만주 봉천으로 가서 40년에 세운 동북신학교로 먼 유학길을 가는 수밖에 없었다. 재정 문제도 목회 문제도 어려웠지만 반궁교회의 후의로 44년에 한 학기 공부하고, 다음 학기는 목회하는 조건으로 봉천신학교에 입학하여 1년을 다닐 수 있었다. 결국 다음 해에 봉천 근처 이석재교회를 개척하면서 신학 공부를 할 수 있게 되어, 45년 4월 가족을 데리고 만주로 이주했다.

나는 네 살, 동생 단열은 한 살 아기였는데, 북한을 떠나는 날 신의주 고모 댁에서 점심을 먹고 압록강 철교를 걸어서 건너 안동(지금 단둥)역에서 기차를 타고 봉천으로 가던 기억이 아직 생생하다. 그 후 우리 가족은 북한 고향 땅을 다시 밟지 못했다.

사무엘 이름 받고 태어나

내가 태어나자 부모님은 나의 이름을 성경에서 가장 흠 없는 인물로
알려진 사무엘(三悅)로 정하셨는데, 이는 가문의 전통에서는 벗어난 예
외적 일이었다. 원래 경주 이씨 가문의 내 세대는 이름에 돌림자인 무거
울 중(重) 자를 쓰게 되어 있었다. 나의 사촌 형제들은 중은, 중년, 중옥이
었다. 여기엔 특별한 사연이 있다.

일제 치하 경제공황기(1928~1930)에 학업을 중단해 학교 정규 교육을 받을 기회를 놓친 아버지는 어렵게 목사의 길을 가게 되었지만, 자식만큼은 제대로 교육을 받은 훌륭한 목사를 만들겠다는 결심을 어머니와 함께 나누시곤 했다. 그런데 나보다 먼저 태어난 두 아들이 한 살을 못 넘기고 병으로 죽고 말았다. 두 번째로 태어난 중신(重信)이가 1년쯤 잘 자라다 기관지염이 늑막염으로 악화되어서 세상을 떠나니 부모님의 실망과 고통은 너무 컸고, 아버지는 40년 8월에 철산의 운암산 굴속에 들어가 몇 날 동안 금식 기도하며 통회 자복하셨다고 한다.

그 후에 나를 잉태하신 어머니는 매일 한나처럼 기도하면서, 이번에 아들을 건강하게 낳으면 하나님의 종으로 바치겠다는 약속을 하셨다는 것이다. 그러니까 나는 이미 태중에 어머니의 기도로 하나님의 종으로 바친 몸이었다. 그 뜻으로 돌림자를 버리고 한나가 하나님께 바치기로 한 사무엘(삼열)의 이름을 나에게 주셨다. 아마 당시에 마포 삼열 같은 선교사처럼 사무엘을 한국어로 삼열(三悅)로 부른 경우들이 있어 아버지가 참작하신 것 같다. 삼열은 세 번째는 기쁨이라는 뜻도 있어 부모님의 마음에 꼭 들었다고 했다.

이렇게 부모님은 나에게 출생 시부터 특별한 사랑과 돌봄을 주셨고, 하나님의 종이 될 사람으로 키운다고 갖은 정성과 노력을 다하셨다. 내가 태어난 지 3개월 만에 반궁교회 전도사로 부임하시게 돼서, 나는 사무엘로 불리며 어릴 때부터 교인들의 많은 관심과 사랑을 받았다.

어머니는 매일 새벽 교회당에 나가서 오래도록 기도하고 하루를 시작하셨는데, 가끔 나를 업고 가셨다. 내가 기억하는 가장 어릴 때 장면은, 3세 때 반궁교회에서 어머니가 새벽 기도를 하는 도중에 교회당 안에 참새 한 마리가 들어와 푸득거리며 날아다녔는데, 어린 내가 그걸 보고 좋아서 예배당 안을 뛰어다니자 어머니께서 기도를 마친 후 그 광경을 보시고는 연보대를 휘둘러 날아다니는 새를 잡아 나에게 주셔서, 끈을 다리에 맨 새를 가지고 한참 재미나게 놀았던 기억이다.

만주 봉천신학교와 이석재교회

아버지는 신학 공부를 계속하시려고 반궁교회를 사임하고 만주로 떠나셨다. 봉천에서 기차로 한 시간 정도 가면 무순 시 지역의 이석재촌이 나오는데, 이곳엔 한국 교민 5천여 명이 살고 있었다. 봉천신학교에 다니면서 서탑교회의 파송을 받은 아버지는 이석재교회를 개척하셨다. 만주로 이사 온 우리 가족은 이석재교회 사택에 머물고, 아버지는 주일 예배를 인도하신 뒤 주중에는 봉천의 동북신학교로 가서 공부하시고 주말에 다시 이석재로 오셔서 교회 일을 보셨다.

교회당과 사택을 마련하고, 이성봉 목사님을 강사로 초청해 부흥회도 개최하며 교회는 날로 성장·발전하였다. 어린 나도 부흥회에 참석해 설교를 듣고, 목사님이 설교 도중 나팔을 부시는 모습을 인상 깊게 보았다. 사택에 함께 머무신 이 목사님의 배를 만지며 나팔 때문에 배가 부르냐는 나의 물음에 웃으셨다고 아버지가 후에 말해 주셨다.

45년 4월에 만주로 왔는데, 8월에 해방이 돼서 일본인은 쫓겨나고 러시아의 군대 로스케가 들어왔다. 그들은 마을 주민들을 괴롭히며 강탈과 강간을 일삼아, 로스케가 나타나면 어머니는 아이 둘을 데리고 목화밭에 가서 숨으셨다.

그래도 해방이 되자 한국어를 사용할 수 있게 되어 아버지는 교민들과 함께 한글로 가르치는 학교를 세우셨다. 빈 교실에 아이들은 각자 의자를 만들어 가지고 와서 앉고 책상 없이 공부했다. 나는 다섯 살이었 지만 1학년에 입학했다.

46년에 봉천신학교 3년 과정을 마치고, 47년 봄 노회에 목사 안수를 받으신 아버지는 고향 철산으로 돌아가실 생각도 잠시 했지만, 이미 공산화가 된 북한에선 교회 탄압이 시작되었고 선배 목사님들이 순교하신 다는 소식이 들려와 당분간 만주에서 교회 시무를 계속하기로 하셨다.

중공군 점령 피해 남한으로

그런데 48년 초엔 그만 만주 땅마저 모택동 팔로군의 점령으로 공산화되는 바람에 우리는 공산군 아래 꼼짝없이 죽임을 당할 처지가 되었다. 공산당이 점령하면 목사와 그 가족들부터 죽인다는 소문이 들려 전전긍긍하고 있었는데, 봉천이 팔로군에게 포위되어 함락되기 직전인 4월경 중국에 있는 미국 극동선교부가 미 해군 비행기를 동원해 우선적으로 목사와 가족들을 피란시키는 작전을 폈다. 모든 짐과 재산은 다 버리고 몸뚱이만 비행기에 실을 수 있었다.

만주에 온 지 3년, 내 나이 7세 때 우리 가족 네 명은 수송기 같은 미국 군용 비행기를 타고 봉천에서 북경으로 날아갔다. 아직 북경은 장개석 국민당 관할하에 있었다. 거기서 우리는 기차를 타고 천진으로 와서 한인 교회 1층에 머물며 한국으로 가는 배를 기다렸다. 2~3주 뒤 선교부가 마련해 준 미 해군 함정을 타고 인천항에 내려 천막을 친 피난민 수용소에 들어간 것이 48년 5월 초, 남한 생활의 시작이었다.

구사일생 목숨은 건졌으나 서울 숭인동 돌산 위에 친 천막에서 선교사들이 가져다 주는 구호물자로 연명하는 월남 피난민 생활은 말이 아니었다. 어린 내가 풍로에 땔 나뭇가지들을 주워 와야 어머니는 밥을 지을 수가 있었다. 그래도 우린 목숨만이라도 건져 남한 땅에 온 것을 하나님께 감사하며 아버지께서 목회할 만한 교회의 청빙을 기다렸다.

서울에는 북한에서 온 피난민 목사들이 차고 넘쳐 자리가 없었고, 지방에는 친척이나 연고가 없어 소개나 청빙을 기다리는 수밖에 없었다. 아버지는 기도하시며 '어렵게 남한으로 왔으니 아무 곳이나 나를 필요해서 부르는 곳이 있으면 가리지 않고 가겠다'고 결심하셨다. 제일 먼저 목사 청빙을 위해 돌산 천막 지대로 찾아온 지방 교회는 강원도 삼척 탄광 지대의 장성교회였다.

워낙 험한 강원도 태백산 광산촌이고 감리교 선교지여서 선뜻 나서는 목사가 없었는데, 아버지가 제일 먼저 가겠다고 자원하셨다. 장로교회가 아직 없는 강원도에 광부로 태백광산에 온 장로교인들을 위해 장로교회를 새로 세워야 하는 힘든 곳이었다. 3~4개월의 천막 피난민 생활을 뒤로한 채 우리 네 식구는 돈뭉치를 잔뜩 실은 태백광산의 트럭을 타고 강원도 삼척군 장성면 탄광 지대로 향했다.

48년 가을부터 하장성감리교회에 부임하셨지만, 곧 아버지는 장로교인들을 데리고 나와 새로 장로교회를 개척하셔야 했다. 웃장성 탄광 지대로 올라와 교회당 지을 땅을 물색하니 마침 초등학교 옆에 있는 옛 신사 터가 비어 있었다. 아버지는 서울에 올라가 상공부 윤보선 장관까지 찾아가 교섭해 신사 터를 불하받았다. 교인들과 강가에서 모래와 자갈을 실어 나르고 목재를 옮겨와 70평 예배당을 건축하고, 강원도의 첫 장로교회인 장성중앙교회를 창립하셨다.

그리고 인근 광산촌 철암과 황지에도 교회를 개척하시어 탄광 지역 광부들의 교회를 확장시켰다. 나는 7~9세의 어린 나이로 장성초등학교 2~3학년을 다녔는데, 피란 생활로 공부는 잘하기 어려웠지만, 목사가 돼야 한다는 꿈을 간직한 채 교회에는 열심이었다. 어렸지만 어른 예배에 참석했고, 주일 새벽 기도회에 나갔으며, 평일에 부모님을 따라 나가 교회당에서 혼자 기도하기도 했다. 예배당을 건축할 땐 어른 교인들과 함께 모래와 자갈을 나르고, 개척교회 순회에도 따라다녔다.

6.25와 대구제일교회 피난 생활

장성에서 2년여 살았는데, 50년에 6.25 사변이 터졌다. 다시 피난 보따리를 싸서 메고 걸어서 안동으로 가 서부교회에서 며칠 지냈는데, 공산군이 곧 점령, 폭격한다는 소식에 기차를 타고 대구로 가서 제일교회 1층에 피란 온 목사 가족들과 함께 두어 달 생활했다. 교회와 선교부의 도움으로 식량 공급을 받아 굶지는 않았다.

대구 제일교회에서의 피난 생활은 아홉 살 나에게 대단히 값진 교육의 기회였다. 목사 가족들 수백 명이 교회당 1층에 거주하였고, 전쟁 중이라 매일 새벽 기도회와 저녁 예배가 2층 본당에서 열렸다. 저명한 목사님들이 돌아가며 설교를 해서 어린 나도 빠지지 않고 맨 앞자리에 앉아 설교를 들으며 감동을 받곤 했다. 아버지의 설교만 듣다가 매일 다른 목사님들의 다른 설교를 듣는 게 너무 재미있었다.

낮에는 학교에 갈 수도 없으니 하루 종일 신구약 성경을 읽었다. 뜻도 잘 모르면서 창세기부터 읽어 통독했다. 대구라는 도시 교회에 와서 모르던 노래와 찬송도 배우니 철없는 나는 유학을 온 것처럼 즐겁고 보람 있게 지냈다. 가까운 동산에 위치한 미국 선교부와 동산병원, 계성학교도 찾아가 보았다. 어린 촌놈이 큰 도시에 오니 매사가 흥미로웠다.

그러나 대구마저 공산군이 점령하게 될 거라는 소문에 목사 가족들은 트럭을 타고 포항으로 갔다가 다시 울산을 거쳐 온산초등학교로 피란했다. 가는 곳마다 폭격이 있을지 모른다고 해서 옷을 입은 채로 도망갈 채비를 하면서 잠을 잤다. 언제 죽을지 모르는 전쟁 중이었기에 하나님께 부르짖는 기도와 예배는 피란 생활 속에서도 그칠 수 없었다. 가끔 금식 기도, 철야 기도회가 열렸는데, 내가 어른들과 같이 참여하는 것을 보고 어머니는 매우 만족하시며 칭찬과 자랑을 아끼지 않으셨다.

서울이 수복되고 국군이 북진하던 50년 10월경 우리는 다시 강원도 장성교회로 돌아가려고 했다. 그러나 장성 탄광이 재개되지 않아 우리 가족은 내성에 머물고 아버지만 장성으로 들어가 교회를 유지해 보려고 하셨다. 하지만 전쟁이 계속되어 탄광이 복구되지 못해 광부 교인들이 장성을 떠나면서 교회 유지가 어려워져 장성교회를 사임하셨다. 50년 11월에 아버지는 경북 영양읍교회의 초빙을 받았고, 우리는 구루마에 짐을 싣고 이틀 동안 걸어서 영양읍으로 이사했다. 나는 영양에서 초등학교 4학년 2학기에 편입해 또 새로운 곳에서 공부하게 되었다. 그 후 2년 뒤 52년 말엔 아버지가 풍기 성내교회로 목회처를 옮기시게 되어 6학년 말에 풍기초등학교로 전학하고 두 달 뒤 졸업했다.

나의 유년기와 소년기의 삶은 4세 때 일제 탄압을 피해 만주로 갔다가, 7세 때 중국 공산군을 피해 한국 땅 강원도 장성으로, 9세 때 북한 공산군의 침략전쟁으로 대구로, 10세 때 영양으로, 12세 때 풍기로 이사해, 초등학교를 네 곳에서 마친 떠돌이 피란 생활이었다. 이렇게 계속 옮겨 다니며 사는 타향살이에 익숙하며 자랐다.

가는 곳마다 비교적 따뜻한 대접을 받는 목사 가족의 생활이었지만, 옮길 때마다 낯선 동네와 사람, 새로운 사투리와 말씨, 습관, 예절에 적응하기 어려웠고, 짓궂은 아이들의 놀림과 따돌림도 많이 받았다. 외지에서 온 놈이 학급에서 발표력이 좋으니까 늘 이상한 별명으로 부르거나 조롱거리를 만들려는 심술쟁이들이 순진한 외톨박이가 된 나를 괴롭혔다.

나는 어려서부터 교회 생활에서 배운 실력으로 노래나 동화대회, 웅변대회에서 늘 상을 받고 두각을 나타냈기 때문에 칭찬도 질투도 많이 받았다. 경상북도 영양에서 초등학교 4학년에 편입했을 때 나는 만주에서 비행기를 타고 왔으며 하늘 위에서 보니까 구름이 꼭 솜을 펴놓은 것 같더라고 했더니, 아이들은 나를 거짓말쟁이라고 놀려댔다. 담임선생마저 나를 믿지 않고 "비행기를 타본 놈이 어디 있어!" 하며 엉터리 소리하지 말라고 야단을 쳤다.

정말 일곱 살 때 비행기를 타보았다고 계속 주장하니까 담임선생님은 아이들에게 삼열이가 비행기 탔다고 믿는 사람 손들어 보라고 했다. 아무도 손을 안 들었다. 못 타보았다고 생각하는 사람 손들라고 하니까 대부분이 손을 들었다. 담임선생은 내가 비행기 탔다는 것이 거짓말이라는 것을 민주적 투표를 통해 확인하고 나를 웃음거리로 만들었다. 나는 이때부터 다수결이라는 민주적 방식에 회의를 갖기 시작했다. 그리고 이런 시골 학교 엉터리 선생에게서는 배울 것이 없겠다는 것과 선생의 이야기도 다 믿을 수는 없다는 생각을 하게 되었다.

성경대로 살겠다는 어린 믿음

열 살을 전후해 만주에서 강원도로, 경상도로 떠돌이 생활을 한 나의 초·중등학교 소년 시절은 공산당에 쫓기어 피난살이를 하며 전쟁의 참상과 불안한 나날을 겪어야 했던 시기였기에, 목사 가정인 우리는 하나님께만 의지할 수밖엔 없다는 신앙심에 가득 차 공산당을 물리치고 통일되게 해달라는 기도를 열심히 했다.

나는 특히 장래에 목사가 되겠다는 목표와 의지가 확실했기 때문에 어린 나이에도 어린이답지 않게 어른들의 예배와 기도회에 빠짐없이 참석했다. 사람들은 나를 조숙하다고 칭찬해 주었다. 어머니의 기도와 종교 교육의 영향이었다. 어머니는 하루도 빠짐없이 조반을 짓고 가정 예배를 보고 나서야 아침밥을 먹이고 학교에 보냈다. 찬송 한 장을 부르고 성경 한 장을 식구들이 한 절씩 돌아가며 읽고 한 사람이 기도한 뒤 주기도문으로 마치는 것이 매일 아침 가정 예배였다.

어머니는 기도하실 때 "우리 자녀들이 엘리 제사장의 두 아들 홉니와 비느하스처럼 경거망동해서 벌받지 않게 해 달라"는 말을 자주 하셔서 나의 귀에 홉니와 비느하스가 못이 박혔다. 그래서 아이들과 장난을 치거나 싸울 수 없었다.

주일날은 새벽 예배부터 어린이 주일학교, 어른 예배, 오후의 소년회 그리고 저녁 예배, 하루 종일 교회와 사택을 왕래하며 지냈다. 안식일을 거룩하게 지켜야 하니까 주일날 사탕을 사 먹거나 놀이와 장난을 하는 것은 범죄로 보았다.

대구 제일교회당 하층에서 피난살이를 하는 동안이나 내성, 영양, 풍기 등으로 옮겨 다니는 동안 학교 교육도 신통치 않아 나는 신구약

성경을 읽는 데만 열심이었다. 나의 믿음과 사명감은 피난 생활을 하며 크게 자란 것 같다. 아홉 살 난 소년이 새벽 기도회와 철야 기도회에 하루도 빠지지 않고 맨 앞줄에 앉아 열심히 설교를 듣고 기도하니, 많은 어른들이 신통하다고 칭찬해 주었다. 나는 목사가 될 생각으로 설교를 들으며 요지들을 필기하기 시작했다. 신구약성서를 창세기부터 통독하며 이해가 안 되는 부분에 밑줄 치고, 나의 해석대로 노트에 기록하고, 그림도 그려놓으며 혼자 성경 공부를 했다.

뿐만 아니라 나는 성경 말씀대로 살아야 한다는 가르침을 어린 나이에 실천하려고 노력했다. 술은 먹으면 안 된다고 해서 감주(식혜)도 먹지 않았다. "왼편 뺨을 때리거든 오른편 뺨마저 맞으라"는 예수님의 교훈을 실천하기 위해 학교에서 놀림 받고 매를 맞아도 같이 싸우지를 못했다. "그래, 더 때려라" 하곤 얼굴을 내댄 적도 있다. 그랬더니 상대방이 더 이상 못 때리고 돌아섰다.

"네 있는 것을 팔아 모두 가난한 자에게 주라"는 성경 말씀은 실천하기 어려웠다. 한 벌 옷을 팔 수도 없고, 가진 것이라곤 공책 몇 권과 성경책 한 권뿐인데, 이걸 누구에게 줄 수도 없다. 그래서 한번은 초등학교 5학년 때 세뱃돈을 하나도 안 쓰고 모아 감춰두었다가 교회당 안 '구제함'이라는 상자에 넣기로 했다. 새벽 기도회에 가서 어른들이 다 떠난 뒤까지 기도하다가 아무도 없을 때 조용히 일어나 내 전 재산을 봉투에 담아 통 속에 넣었다. "네 오른손이 하는 것을 왼손이 모르게 하라"는 말씀이 떠올라 오른손으로 구제함에 넣을 때 왼손은 호주머니에 넣어 감추었다. 나중에 목사인 아버지께서 "1년 내내 구제함이 비어 있었는데 누가 이름도 안 쓰고 돈 봉투를 넣었더라" 하는 말을 듣고 속으로 웃었다.

전쟁이 끝나가는 52년 11월에 아버지가 경북 풍기 성내교회로 부임하시면서 우리 생활은 좀 안정되었다. 여기서 아버지는 폭격 맞아 없어진 교회당을 건축하고 곁에 넓은 사택까지 손수 설계해 지으셨다. 한곳에서 10년을 산 것은 풍기가 처음이었다. 여기서 초등학교를 졸업하고, 중학 3년을 다니고, 고등학교부터는 서울로 옮겼지만 대학 시절까지 집이 이곳에 있어서, 타향살이를 많이 한 나에게 고향 같은 곳이라면 풍기밖에 없었다. 마침 풍기란 곳은 『정감록』에 피난지라고 쓰여 있어서, 이북에서 온 피난민들이 많이 살고 있는 독특한 고장이었다. 보통 농촌이지만 인삼과 사과가 유명하고 비단을 짜는 직조 공장도 있어서 꽤 활기가 있고 문화도 있는 시골이었다.

안정이 되니 공부도 재미있게 잘할 수 있었고, 풍기중학교에 다닐 때는 여러 번 특대생이 되어 월사금 면제도 받으며 공부하고 졸업했다. 초등학교 때 성경을 읽은 솜씨로 공부하니까 시골 중학교에서 1등은 별문제가 아니었다. 공부만 해선 안 되겠다 해서 운동도 했다. 농구와 배구 선수로 경북도내 시합에 출전했고, 웅변대회에 나가 안동, 대구로 다니며 우승컵과 상품을 타 왔다. 일등상으로 광목 한 필을 받은 것은 어머니께서 고이 간직하셨다가 내가 장가갈 때 결혼식장에 깔아 주시고 이불을 만들어 주셨다.

풍기 같은 시골 교회에선 저녁 헌신 예배 때 일반 집사나 교우들이 설교를 한다. 나는 어른들과 함께 드리는 청소년 헌신 예배 때 설교를 했었다. 중학생이었지만 장래 목사가 되어야 한다는 각오로 사양하지 않고 설교 강단에 섰다.

II. 고교 시절의 에큐메니칼 카라반
(1956~1959)

서울사대부고와 동신교회

56년 열다섯 살에 나는 풍기중학교를 졸업하고 서울사대부고에 입학하여 집을 떠나 서울에 오게 되었다. 당시 시골 중학교에선 공부를 잘하면 서울로 가는 것이 유행이었고, 서울의 고등학교에 몇 명 붙느냐 하는 것이 시골 중학교의 등급을 평가받는 기준이었다. 나는 모교의 명예를 위해 특차로 안동사범학교에 지원해 20:1의 경쟁을 넘어 합격했지만 등록하지 않고, 다시 서울의 일류 하교라는 사대부고에 시험을 쳐서 합격했다.

풍기중학교는 전교 1등으로 졸업한 학생에게 고등학교 입학금을 상금으로 주는 관례가 있었는데, 내가 그 혜택을 받게 되었다. 그러나 서울에 집이 없는 나는 친척 집에 기거하며 가정 교사 일을 하는 등 고생하며 지냈다. 시골 교회 목사 월급으로는 서울의 하숙비를 감당할 수가 없었기 때문이다.

다행히 우리 집에서 자란 사촌 이중은 형이 서울 충무로교회에서 전도사로 재직하고 있어 한동안 그 사택에 기거하며 다녔는데, 창신동 한 칸 방으로 이사하는 바람에 같이 살 수 없게 되었다. 할 수 없이 숭인동에 사시는 어머니의 외삼촌 장호강 대령 댁에 사정해 그 댁 마루방에서 잠만 자고 창신동 형 댁에서 밥 먹고 다니는 동가식서가숙의 고된 생활을 했다. 장성 진급을 한 장호강 장군 댁에서 많은 신세를 지며 고등학교 3년과 대학 3년 생활을 했다. 또 이곳저곳 가정 교사로 일하며 학교에 다녔다. 외할아버지 장호강, 외할머니 황숙미 권사님은 나에게 잊지 못할 은인이 셨고, 두 살 아래 영일이와는 형제처럼 지냈다.

그러면서도 교회 생활은 열심히 했다. 훌륭한 설교자가 많은 서울에 와 살면서 한 교회 목사님의 설교만 듣기는 아까웠다. 그래서 주일날엔 내가 다니는 교회(동신교회)에서 9시 학생부 예배를 보고, 동대문에서 전 차를 타고 을지로2가에 내려 11시 반 영락교회 2부 예배를 보며 설교를 필기하는 생활을 자주 했다. 한경직 목사님의 은혜로운 설교가 너무 감 동적이어서 주일 저녁 예배나 수요일 저녁 예배까지 다니며 설교를 듣고 노트한 적이 많았다. 한경직 목사와 같이 설교할 수 있는 목사가 되는 것이 고교 시절 나의 꿈과 소망이었다.

동신교회에서는 고등부 학생 예배 때 대광고교 교사인 장진호 선생 의 말씀을 듣고 많이 배웠다. 그는 슈바이처 박사나 다미엔 같은 기독교 위인들의 이야기를 자주 해 주셨고 윤리와 도덕에 관한 설교를 늘 해 주셨다. 고등학교 3학년 때 동신교회 고등부 학생회 회장이 되어 30여 명 학생의 자치활동을 이끌었다. 종교부, 문화부, 봉사부, 음악부 등의 부서를 조직해 토요일 집회를 인도하며 연구 발표나 음악 감상회를 열고, 회지 출판과 작은 도서실도 운영했다. 또한 한 주간 매일 저녁에 고등부 특별 강좌를 여는 부흥 집회를 했다. 강사 교섭을 해서 장신대 학장 박형룡 박사를 모시고 칼빈 신학 강의를 듣기도 했다. 아버지의 신학교 은사이시기도 한 신학자의 칼빈 강좌를 들으며 나의 장래 신학 공부를 설계해 보기도 했다.

나는 학생회 활동으로 동신교회 근처의 빈민촌, 특히 창녀촌에 관심을 가지고 봉사활동을 해야 한다고 주장했다. 동신교회는 동대문 기동차 정거장 곁에 있었는데, 그 주변엔 수백 명의 창녀촌이 있었다. 교회에 오갈 때면 아가씨들이 놀다 가라고 유혹한다. 교인들은 늘 못 본 체 피해 다니지만, 밤낮 세상을 구원하겠다고 기도하는 교회가 창녀촌 곁에서 가난한 자들을 못 본 체하며 교회당 안에서만 잔치를 벌이고 있는 게 무슨 의미가 있을까 회의가 들었다. 그래서 나는 고등부 학생회장을 맡았을 때 성탄 행사로 새벽송을 도는 대신 창신동, 남산, 낙원동을 돌며 길바닥에서 연탄재를 안고 자는 사람들을 찾아가 내복 한 벌씩 돌리는 새벽 봉사대를 조직해 운영했다.

고교생으로 본 미국 교회와 사회

고등학교 2학년인 57년에 나는 뜻밖에 한국 기독학생면려회의 대표로 뽑히어 미국 북장로교 청년국이 주최한 "에큐메니칼 카라반"(Ecumenical Caravan)에 참석하는 영예를 얻게 되었다. 57년 여름에 당시 미국 장로교 청년국장인 교지 부마 목사는 고등학생들의 에큐메니칼 훈련을 위해 미국 학생 다섯 명과 외국 학생 다섯 명을 초청해서 함께 3개월 동안 합숙 여행하며 교회와 사회, 세계의 문제들을 토론하며 배우는 카라반 프로그램을 마련했다. 한국에서 기독 학생 한 명을 선출해 보내라는 요청을 받은 한경직 목사는 예장 총회 교육부로 넘겨 공정한 선발을 부탁했다.

2월경 「기독공보」에 선발 광고가 실렸는데, 아버지께서 보시고 나에게 편지로 한번 응모해 보라는 연락을 해오셨다. 전국에서 열네 명의 응모자가 있었고, 총회 교육부는 구두 시험과 영어 시험을 통해 미국인 선교사로 하여금 판정하도록 했다. 운 좋게 내가 한국 학생 대표로 선출되었고 「기독공보」에 공고가 났다. 이때부터 학교 다니며 여권 준비하랴, 영어 회화 공부하랴 정신이 없었다.

이때만 해도 해외 여행이 자유롭지 못하고 미국 방문이 아주 힘들었기에, 고교생으로 미국에 3개월간 다녀오는 프로그램은 당시 「헤랄드 트리뷴」지가 매년 개최하는 세계 고교생 토론대회 말고는 기회가 전혀 없었다. 나는 사실 헤랄드 트리뷴대회에 관심을 두고 영어 회화 준비를 하고 있었는데, 미국 교회가 준 기회를 얻게 된 것이다.

여권 수속과 비자를 받는 데 3개월이나 걸렸고, 학교의 허락을 받아 죄수같이 안 보이려고 머리를 좀 길렀다. 풍기에서 떠날 때 중학교 후배들이 태극기를 들고 역전에 나와 "이삼열 만세"를 부르며 환송해 주었고, 사대부고에서는 축하금을 모아 주었다. 당시엔 미국에 대표로 가는 것이 과거 급제한 것처럼 높이 볼 때였다.

에큐메니칼 카라반의 프로그램은 너무 멋지고 훌륭했다. 먼저 미국과 외국 학생 대표 열 명이 6월 10일경에 샌프란시스코의 버클리대학 학생 기숙사(Westminster Fellowship)에 모여 일주일간 사귀며 오리엔테이션을 받았다. 외국 대표로는 인도와 일본의 여학생과 콜롬비아와 레바논의 남학생과 한국의 내가 선발되어 참석했다. 미국 여학생 세 명과 남학생 두 명이 왔고, 예일신학대학 조교 두 명이 멘토로 토론 지도를 위해 함께했다.

오리엔테이션을 마치고는 기차를 타고 3일을 달려 아이오와주립대학에서 열린 전국 장로교 고등학생 하기 대회에 참석했다. 아이오와주립 그리넬대학(Grinnell College)에서는 전국 48개 주에서 1,800명의 학생이 참석한 가운데 오전엔 신학 강연과 분과 토론, 오후엔 취미별 그룹 활동과 휴식, 저녁엔 특별 공연이나 강연 집회가 진행되었다. 외국 대표들의 인사말 순서가 있어 나는 준비해 간 모시 두루마기를 입고 영어로 인사말을 해서 인기를 끌었다. 강의를 다 알아듣지는 못했지만, 현대 신학을 소개할 때 폴 틸리히(Paul Tillich)의 이야기를 많이 들었다.

다음은 알칸소주의 시골 교회에 가서 목사관의 페인트칠을 하는 워크 캠프(Work Camp)를 일주일 참석했고, 다음은 오하이오주 톨레도에서 열린 주 고등학생 여름 대회에 참석해 한국의 상황을 보고하는 토론과 강연을 했다.

처음엔 영어가 서툴고 귀가 열리지 않아 애를 먹었는데, 나중엔 사전을 찾아가며 작문해서 제법 토론도 많이 하고 마지막 폐회 예배 때는 설교까지 했다. 당시에는 한국 하면 미국에선 모두 한국전쟁(Korean War)을 이야기했다. 그래서 한국전쟁의 참상을 얘기하고 공산당의 기독교 탄압과 순교를 말해야 했다. 그러나 나는 마지막에 손양원 목사의 사랑의 원자탄 이야기를 하며 손양원 목사 같이 아들을 죽인 공산당원을 양아들로 삼아 보살핀 그리스도 사랑의 실천자가 한국에 있다는 이야기로 감명을 주었다.

그런데 오하이오 대회 중 토론하며 질의응답하는 저녁 시간에 어떤 학생이 "너 정말 공산주의가 그렇게 나쁜 죄악이라고 생각하냐?"고 물었다. 내가 "그렇다"라고 대답하니, 그는 이렇게 반론을 제기했다. "예수님은 옷 두 벌 가진 자는 없는 자에게 한 벌을 나눠주라고 했는데, 만약 옷을 열 벌 가진 자가 헐벗은 자에게 한 벌도 나눠주지 않는다면 강제로라도 빼앗아 없는 자에게 나눠 주는 게 공산주의인데 뭐가 나쁘냐"며 "무능한 기독교보다 더 나은 것이 아닌가?"라고 도전하듯 말했다.

나는 약간 당황해서 "그래도 강제로 뺏고 죽이는 것은 나쁜 짓이다"라고 대답했지만, 내심 속으로는 '공산주의를 좀 더 잘 알고 비판해야겠다'고 생각했다. 공산당이 악마라는 설교를 듣고 그렇게만 알았는데, 미국 고교생이 이런 반론을 제기하는 게 놀라웠다. 반공웅변대회에 나가 상을 받기도 하고 또 학생 예배 설교 때도 공산주의에 대해 나쁘다고만 했는데, 이제는 좀 더 확실히 알고 비판해야겠다고 느끼게 되었다. 이 체험은 목사가 되겠다는 나에게 잊지 못할 소년 시절의 추억이 되었다. 아마 내가 공산주의나 이데올로기 문제를 연구해서 밝히는 철학을 먼저 공부하고 목사가 되어야겠다는 생각을 한 데도 중요한 동기를 부여했을 것이다.

에큐메니칼 정신: 화해와 공존

열여섯 살 나이로 미국에 3개월 여행을 하며 미국의 기독교와 사회 문제 등을 배우고 토론할 기회를 가진 것은 나에게 커다란 자극이었고 중요한 경험이었다. 마지막 열흘 동안의 프로그램은 워싱턴과 뉴욕을 방문해 정계와 교계 지도자들을 만나고 흑인 차별 문제나 세계 평화 문제 등을 토론해서 에큐메니칼 운동의 과제들을 발굴하며 정리해 보는 카라반의 절정 순서였다.

우린 워싱턴에 가서 링컨 메모리얼 등 명승지를 방문하고, 원자력청을 견문한 뒤, 백악관에 들어가 닉슨 부통령의 영접도 받았으며, 뉴욕의 유엔본부에 가서는 엘리노어 루즈벨트 대통령 부인과 두어 시간 질의응답 시간을 가졌다. 마지막 스워스모어에서 사흘간 종합 토의를 하며 에큐메니칼 과제에 관한 주요 내용들을 정리했다. "미국의 흑백 인종차별(segregation) 문제를 기독교가 어떻게 해결해야 하는가"라는 문제와 평화 공존(coexistence)이 당시 주요 이슈였기에 "핵전쟁을 막기 위해 공산주의와 기독교가 어떻게 공존하며 화해할 수 있느냐"라는 어려운 문제였다. 참여국인 인도, 일본, 콜롬비아, 레바논, 한국 등 다섯 나라의 종교와 사회문제들도 마지막까지 계속 논의되었다.

다섯 나라의 십 대(teenager) 학생 대표들을 초청해 미국 학생들과 함께 생활하고 여행하며 경험과 의견을 나누는 이 에큐메니칼 카라반의 과제는, 분열된 세계에서 기독교가 어떻게 화해의 사명을 다하느냐, 즉 흑백 갈등, 이데올로기 대립, 이스라엘과 아랍권의 인종 종교 갈등의 문제를 기독교 교회가 어떻게 해결하느냐 등의 문제를 토론하며 해답을 모색해 보는 훈련이었다.

나는 언어의 부족으로 어려운 문제들을 충분히 이해하지는 못했지만, 너무나 많은 새로운 지식을 얻고 많은 충격을 받았다. 한국에서 교회 안에서만 머물렀던 나는 정말 우물 안 개구리였구나 하는 반성을 했다. 기독교가 정말 이런 것인가. 예수 믿고 천당에 갈 생각만 하는 한국의 교회들, 술 안 먹고 금욕적인 생활만 하면 구원받는다고 생각하는 기독교인들, 공산주의자는 궤멸시켜야 한다고 믿는 기독교와는 너무나 다른 모습을 미국에서 보았다.

당시 미국에는 민권법이 통과되기 전이어서 흑백분리주의가 심각했다. 전차, 버스에도 백인 칸과 유색인종 칸(coloured)이 따로 있었고 음식점, 화장실 등도 마찬가지였다. 교회도 흑백 교회가 나뉘어 있는데, 이건 그리스도의 정신이 아니니까 함께 통합해야 한다는 의견이 진보적 기독교인들한테서 나오고 있었다.

그리고 나는 미국의 기독교인들이 술, 담배를 자유롭게 하고, 심지어 목사들도 담배를 피는 것을 보고 몹시 놀랐다. 주일 예배 후에는 교회당 아래층에서 식사, 음료와 함께 댄스 파티가 벌어졌다. 보수적 경건주의 전통에서 자란 나의 신앙심에 여러 가지 충격과 의문이 들기 시작했다. 정말 무엇이 진리인지 따져봐야겠고, 이런 차이와 모순을 그대로 두고는 나의 신앙생활을 계속할 수 없을 것 같았다. 술 먹고 춤추는 것은 일단 한국의 정서에는 맞지 않으니 제쳐두고라도, 차별과 대립, 원수 관계를 극복하고 화해를 위해 노력하자는 에큐메니칼 정신은 한국의 기독교가 배우고 실천해야 하지 않을까를 깊이 느꼈다.

그래서 나는 미국에서 돌아오는 길에 조그만 실천을 해보기로 결심했다. 3개월을 같이 지내 친해진 일본 대표 케이꼬 쯔쯔미(提敬子, 당시 오사카고등학교 3년생) 양과 함께, 일본에서 서로 돌맹이질을 하며 원수같이 산다는 한국인 학생(조센징)과 일본 아이들의 화해 작업을 해보자고 의론했다. 그래서 귀국 길에, 일본에 비자 없이 체류할 수 있는 시간이 72시간이란 것을 알고, 동경에 3일 머물면서 주일날 오후에 한국과 일본의 학생들을 만나서 대화하는 모임을 주선하기로 했다. 나는 동경한인 교회에 가서 고등학생들을 만나 설득했고, 케이꼬는 일본 교회 학생들을 설득해 주일 오후에 일본 교회 목사관에서 한일 학생 20여 명이 만나 좌담회를 갖게 되었다. 이 목사관이 유명한 가가와 도요히꼬(賀川豊彦) 목사님 댁이었고, 그분의 따님이 나의 영어를 일본말로 통역했다. 그때 양국 학생들은 동네나 학교에서 싸움은 많이 했지만, 이렇게 한자리에서 소바를 먹으며 서로의 고충과 오해에 대해 대화를 나눠 본 적은 처음이라고 말했다.

미국 방문 후의 신앙적 고민

나는 미국 여행을 통해 대단한 깨달음을 얻고 귀국해서 여러 곳에서 보고 강연을 했다. 교회나 기독학생회, 청년면려회는 말할 것 없고, 어른들의 예배에서도 설교 반, 보고 반, 나의 체험담과 새로운 문제의식을 전했다. 영락교회, 계명대학, 1천여 명이 모인 면려회 겨울대회 등에서도 보고 강연을 했다.

나의 모교인 사대부고에서도 전교생 1천여 명과 전 교사가 모인 조회 시간에 약 20분간 나의 미국 방문 특별 보고를 할 수 있었다. 그런데 여기서 그만 사고가 생겼다. 나는 여행 과정을 소개한 뒤 듣고 배운 내용을 요약해 보고했다. "앞으로의 세계는 핵전쟁을 막기 위해 공산국가들과도 화해하고 평화 공존해야 한다"는 말을 덧붙인 게 문제였다. 흑백 인종 차별 극복과 공산권과의 공존 문제는 에큐메니칼 카라반 3개월 훈련의 핵심 주제여서 언급하지 않을 수 없었다.

많은 박수를 받으며 연단에서 내려왔는데, 훈육 주임인 공민 선생이 "너 교무실로 오라"고 나에게 명했다. 혹시 교복을 잘못 입었나 해서 옷을 고쳐 입고 교무실로 들어갔더니, 공민 선생은 "엎드려뻗쳐"를 시키더니 몽둥이로 몇 대를 후려쳤다. 미국에 갔다 오더니 반공정신이 없어지고 사상이 흐릿해졌다는 것이었다. 지금 같으면 있을 수 없는 일이겠지만, 사상이 의심스럽다고 때리는 훈육 선생을 나를 귀여워해 주던 담임선생님도 처음엔 쳐다만 볼 뿐이었다. 계속 소리 지르며 때리니까 담임선생이 와서 몽둥이를 뺏으며 그만하라고 말렸다.

나는 이 경험을 일생 잊지 못한다. 우등생, 모범생으로 일관해서 한 번도 선생님께 매를 맞은 적이 없던 나는 미국에 다녀와서, 모든 선생님이 보는 교무실에서, 사상 고문을 당한 꼴이 되었다. 그러나 지금 와서 생각해 보니 그때가 57년, 이승만 반공 정부가 평화 통일을 외치던 진보당 대통령 후보 조봉암 씨를 사형에 처하던 무시무시한 때였다.

나는 더욱더 공산주의라는 것이 무엇인지 알아야겠다는 생각이 들었다. 목사가 되어 세상을 구원하는 설교나 전도를 하려고 해도, 이 문제를 정확히 모르고는 소신 있는 설교를 할 수 없을 것 같았다. 민주주의와 공산주의, 자유와 평등, 이것이 양자택일적인 것인지, 혼합과 공존이 가능한 것인지 알아야 나의 설교나 웅변이 알맹이를 갖게 될 것 같았다.

그러면서 나는 어린 시절에 만주, 강원도, 경상도에서 많은 공산당원들을 간첩이라고 죽였던 모습을 회상했다. 뒷동산에 구덩이를 파고 나무에 매달아 눈을 감기고 총살하는 장면을 열 살 전후의 나이에 여러 번 보았다. 그때는 몰랐지만, 사상이 다른 빨갱이들을 그렇게 죽여야 했는가? 남북한이 모두 사상 때문에 수백만이 죽고 죽였다면, 도대체 이 사상이란 놈이 무엇인가 궁금했고 알고 싶었다. 그래서 고등학교 2학년 때부터 「사상계」를 빌려 읽기도 하고, 사상 문제에 대한 강연회 등을 쫓아다니기 시작했다. 김기석 교수, 김형석 교수 등의 쉬운 철학 강좌가 흥사단 주최로 대성빌딩에서 열려 여러 번 참석해 들어보았다.

고3이 되어 대학 입시 준비를 하면서 무슨 과를 지망할지 고민이 생겼다. 어려서부터 목사가 되려고 했으니, 아예 신학교를 가거나 좋은 대학을 거쳐서 간다면 연세대 신학과를 지망해야 했다. 그러나 대뜸 성경이

형제처럼 지내던 장영일(뒷편 오른쪽 끝)과 부모님 장호강 장군 부부와 함께

나 신학부터 공부한다면 나의 사상 문제나 윤리 문제 등에 대한 해답을 얻을 수 없을 것 같았다. 더구나 내세주의에 매달린 한국교회를 사회 구원과 참여 쪽으로 개혁하는 목회를 하자면 사회윤리나 사상의 문제를 더 잘 알아야 할 것 같았다. 어려서부터 신앙심은 키워왔지만, 미국 여행에서 교회의 본질에 대한 생각에 회의가 생기며 신의 문제나 내세의 문제, 현세의 죄악과 구원의 문제를 보다 확실히 알기 위한 공부를 해야겠다고 생각했다.

이런 공부를 할 수 있는 대학의 학과는 어디에 있을까? 학교 선생님들은 "너는 공부도 웅변도 잘하고 출세도 할 수 있으니 서울 법대를 지망하라"고 권하셨다. 그러나 아무래도 정신적 학문과 사상을 공부할 수 있는 곳은 문리대 같았다. 그래서 친구 엄창섭과 함께 서울 문리대에 진학한 고교 선배 이충 형을 찾아갔다. 그 형은 나와 비슷하게 사상 문제에 관심을 갖고 정치학과에 다니고 있었다. 그러면서 문리대에 들어가 보니 사상적인 공부를 철학과에서 열심히 하더라는 이야기와 함께 박종홍(朴鍾鴻) 선생님의 명강의를 소개해 주었다. 박 선생님의 저서『지성의 방향』도 소개를 받았으나 입시 준비 때문에 읽지는 못했다.

그러나 나에게는 앞으로 신학을 하고 목사가 되어야 한다는 부모님과의 약속이 또 문제가 되었다. 그럼 문리대 종교학과에 들어가는 것이 어떨까도 생각했다. 신학 공부를 하며 철학, 정치학 강의를 들으면 되지 않을까도 생각했다. 그러나 이때 나의 장래 직업을 목사로 고정해 놓고 공부해서는 안 되겠다는 생각이 들었다. 우선 공부하며 확신을 얻는 대로 직업을 선택해야 하지 않을까 하는 생각이 선배와의 대화를 통해 점점 확실해졌다.

입학 원서를 쓰기까지 나는 종교학과, 철학과, 정치학과를 놓고 이리저리 생각하며 고민했다. 그러다가 최종적으로 철학과 지원을 결심했는데, 그것은 일생 동안 철학자가 되겠다가 아니라 철학을 통해서 종교도 정치도 선택할 수 있는 가능성이 있을 것이라는 생각, 철학이 폭이 넓은 기초학문이어서 좋고 또 훌륭한 선생님들이 계시다는 생각에서 결정하였다. 우선 철학 공부를 한 뒤에 신학을 하고 목사가 되겠다는 계획을 아버지께 말하고 허락을 받았다.

III. 서울대 철학과와 크리스챤아카데미
(1959~1968)

서양 철학사와 독일 관념론

막상 서울 문리대에 들어와 철학과에서 공부를 시작하니 고교 시절의 폭넓은 관심과 포부들을 다 추구하기란 불가능했다. 우선 영어, 독어 등 외국어와 고전어도 공부해야 하고, 온갖 철학이 다 있어 철학이 무엇인지를 파악하는 것도 쉽지 않았다. 흔히들 실존철학이다, 분석철학이다, 윤리학이다, 동양 철학이다, 자기가 할 전공을 빨리 선택하는데, 나는 도대체 어느 철학에서 신의 문제, 사상의 문제, 도덕 윤리의 문제에 대한 해답을 얻어야 할지 불분명했다.

1학년 때 밤늦게 박종홍 선생님 댁에 찾아가 의론을 드렸더니, 뭐든지 원서 한 권이라도 독파하고 꾸준히 읽어야 차츰 해답이 보인다는 말씀만 해 주셨다. 그래서 1학년 겨울 방학 두 달을 오명호, 서병철, 김숙자, 박정자 등과 함께 니체의 『짜라투스트라는 이렇게 말했다』(*Also sprach Zarathustra*)를 독일어 원서로 읽었다. "신은 죽었다"는 니체의 사상을 파헤쳐 보고 대안이 무엇이었는지를 알아보고 싶어서였다.

우선 철학사를 제대로 알아야겠기에 학과 선생님들의 강의와 강독을 충실히 따를 수밖에 없었다. 그래서 최재희 선생님과 칸트의『순수이성비판』을 여섯 학기 동안 독일어로 강독했다. 박종홍 선생님과 헤겔의 『정신현상학』을 변증법 강의와 함께 네 학기 듣고, 조가경 선생님의 실존철학과 하이데거 연습도 수강했다. 자연히 독일 철학이 공부의 주류가 되었다.

일단 철학이라는 학문을 선택하고 보니 종교적인 관심이나 신앙 문제의 해결을 위해서나, 정치적인 관심이나 사상 문제의 해결을 위해 철학을 보조 수단으로 삼아보자던 처음 생각은 견지되기 어려웠다. 그것이 합리주의든 실존주의든, 실용주의든 실증주의든 철학사는 종교에 대해 비판적이었고 신앙의 토대마저 흔들어 놓는 경우가 많았다. 그렇다고 사상이나 이데올로기 문제에 해답을 주는 것도 아니었다.

변증법 강의를 3년간 들었지만, 이것이 공산주의를 옹호하는 논리인지, 부정하고 비판하는 논리인지 분명치가 않았다. 실존철학에서 존재의 음성을 들으라든가, 존재를 해명한다든가 하는 철학적 작업이 무슨 말인지, 신을 긍정하는지 부정하는지도 알 수 없었다. 그래도 가장 많이 배운 철학은 독일 철학이었다.

할 수 없이 종교학과의 강의들도 청강하고 사회학과 정치학과의 사상사 강의도 들어보았으나, 보수적 교리와 신학 일변도의 강의나 자유민주주의 중심의 사상 강의들엔 만족할 수 없었다. 사회주의를 알아보려는 학생들의 관심이나 노력은 용인되지 않았다. 서울대 도서관에서 마르크스주의 서적을 대출하거나 열람하려면 문교부 장관의 허락을 받아야 했고, 학생 서클에서 토론하는 것도 보안 계통의 감시를 받아야 했다. 문리대 학생 신문인 「새세대」지에 "우리의 구상"이라는 글을 써 "만국의 노동자들이 단결해야 한다"는 한마디를 인용한 유근일(당시 정치학과 3학년)은 구속과 함께 퇴학을 당하였다.

4.19 학생혁명과 신생활운동

대학 2학년이던 60년에 4월 학생혁명이 일어났다. 4월 19일 화요일 아침 첫 시간 9시부터 조가경 선생님의 실존철학 강의가 있어 교실에 앉아 있었는데, 수업이 시작된 지 10분 만에 선배 학생이 뛰어 들어와서 "지금 고등학생까지 궐기에 나섰으니 부정선거 규탄 데모에 나가자"라고 외쳤다. 우리는 수업을 중단하고 모두 일어나 문리대 교정 앞에 모여 경찰들 저지망을 뚫고 이화동 사거리, 창경원, 종로, 국회의사당 앞, 세종로로 해서 경무대 앞까지 진출했다.

키가 컸던 나는 늘 앞줄에 서서 스크럼을 짜고 나가다가 경찰봉에 맞고 저지를 당하면 밀리어 결국 바닥에 깔리곤 했다. 이날도 나는 흰 고무신을 신고 나갔는데, 종로에서 밀리며 깔렸다가 도망하는 사이 고무신 한 짝이 벗겨져 없어져 버렸다. 할 수 없이 한 짝만 신고 하루 종일 주머니에 돌멩이를 가득 넣은 채 이리저리 뛰고, 숨고, 경무대 앞에서 총탄을 피해 담벼락을 붙어 다니느라 발에 많은 상처를 입었다.

고무신 한 짝을 이 발 저 발 바꿔 신고 종일 돌멩이질하다가 계엄령이 터져 경무대 앞에서 총탄이 쏟아지는 바람에 학교에 돌아와 아침 강의실에 놔두었던 책가방을 찾으니, 노트만 있고 가방 속에 있던『영어 콘사이스』와「타임」지가 없어져 있었다. 데모하러 나간 사이에 누군가 훔쳐다가 동대문시장 고서점에 가서 팔아먹었을 것이다. 그 뒤 박종홍 선생님이 휴교 후 첫 수업 시간에 모두 일어나 죽은 학우들을 추모하는 묵념을 올리자고 해서 엄숙히 묵도했다. 박 선생님은 자신이 1919년 3.1운동 때 평양고보에서 만세를 외치며 데모하던 때를 일생 잊을 수 없다고 하시며 "백성은 먼지와 같다"는 허균의 말을 해 주셨다.

4.19 봉기로 이승만 정권을 뒤엎은 60년의 대학가는 혁명적 열기로 가득 찼다. 여러 가지 개혁과 정화 운동이 일어났고 급진적 통일 운동도 일어났다. 그리고 외래 사치품과 향락 부패를 척결하고 농촌 계몽을 이끄는 신생활운동이 학원 사회에 자발적으로 일어났고, 이를 서울 문리대가 주도했다. 나는 "가자 북으로! 오라 남으로! 판문점에서 만나자"는 통일 운동엔 시기상조라는 생각에 참여할 수 없었고, 기독 학생들이 중심을 이루었던 신생활운동엔 열심히 참여했다.

다방에 들어가 일제 유성기판을 깨 엎고, 손님들에게서 양담배를 빼앗아 찢어버리고, 충무로의 무학성 댄스홀에 야밤중 촛불을 들고 습격해 춤추던 미군과 양공주들을 도망 못 가게 앉혀놓고 일장 연설을 했다. 미군들이 어리둥절해 도망가지도 못하고 벽에 서 있는 것을 보고, 누군가 영어로 설명해 주어야 한다고 해서, 내가 용감하게 무대에 올라가 왜 우리 학생들이 이렇게 신생활운동을 해야 하는지 설명했다.

우리는 그때 학생들의 민주화운동과 개혁 운동을 통해 새로운 나라, 민주 국가를 건설할 수 있을 것으로 믿었다. 신문과 방송에서도 학생들의 의견을 높이 샀으며, 학생들이 혁명 세력이나 된 듯이 우쭐대던 60년이었다. 여름 방학 때는 농촌 계몽을 하는 신생활운동을 따라가지 않고 공장 지대를 방문하여 노동자들과 친선을 도모하고 선교하는 대학생 산업선교 봉사단(Industrial Caravan)에 참여하였다. 오철호 목사와 조지 오글 선교사가 처음으로 시도한 대학생 산업선교 훈련이었다. 20여 명의 대학생이 영등포, 인천, 대전, 여수, 삼척 등 공장 지대에 가서 노동자들과 함께 기거하며 의료 봉사를 하고, 친선 배구 시합도 하고, 음악 공연과 전도 강연을 하는 우리나라 산업선교의 초창기 활동이었다. 한 달간 공장 지대를 돌아보며 노동자들의 고된 생활을 견학하는 것은 큰 공부가 되었다.

학생운동의 이념과 방향 문제로 고민하던 우리는 진로 모색을 위해서 토론 클럽을 만들 필요가 있었다. 서클과 운동 단체들이 4.19 이후에 우후죽순처럼 쏟아지는 상황에서 함께 믿고 토론하고 우정을 나눌 친구들이 필요했다. 정치학과 최인환, 법대 권동렬 등이 주도해서 문리대 법대, 상대, 고려대, 연세대의 59학번을 몇 명씩 뽑아 2학년 때 '한길'이라는 클럽을 만들었다. 한 달에 한 번씩 모여 토론하고 놀기도 하고, 방학 때는 며칠씩 합숙하며 인생관을 나누고 수련하는 멤버 클럽으로, 회원은 30여 명으로 확대되었다.

졸업 후에도 오랫동안 우정과 교제를 계속해 온 친구들은 문리대의 최인환, 정종욱, 한화갑, 이청수, 홍성원, 조홍래, 안희찬, 법대의 권동렬, 김용한, 김종구, 이원섭, 박일룡, 김찬진, 장응수, 상대의 이수인, 고려대의 박세환, 정정섭, 이주익, 연대의 김용서, 한양대의 문병학 등 쟁쟁한 인물들이었나.

한길 모임은 40여 년이 지난 2000년대까지 계속 모였는데, 결국은 모두 한길을 가지는 못했고 정당이나 노선도 달라졌지만, 장관과 국회의원 등 고관이 10여 명 나왔고, 법관, 변호사, 교수가 10여 명, 사업가가 10여 명 나와서 아주 알찬 수확을 거둔 클럽이 되었다. 물론 감옥에 가고 고생한 친구들도 있었지만, 노선이 달라 정권이 바뀔 때마다 위치가 역전되는 희비극이 있었고, 환갑을 넘기까지 부부 동반으로 만나는 우정이 계속되었다.

문리대 캠퍼스에서 연 학림제

대학 생활 4년 동안에도 기독교 신학에 대한 관심과 사회사상과 실천 문제에 대한 관심은 병행되었고, 어느 것도 포기할 수 없었다. 게다가 철학 공부도 시작해 놓고 보니 매력적이고 폭넓은 학문이어서 점차 열심과 애착이 생겼다. 종교 문제든 사상이나 정치 문제든, 확실한 인식과 진리를 목표로 하는 철학적 토대 위에 서야 설득력을 가질 수 있기에 철학과 선택은 후회가 없었다. 그러나 우선 철학의 역사를 제대로 알기 힘들 뿐 아니라 칸트, 헤겔, 하이데거 등 독일 철학만 제대로 이해하기에도 너무 어렵고 관념적이었다. 이걸 다 알고 나서 이론 체계를 세우고 실천한다는 것은 불가능한 일로 생각되었다.

대학 3학년 때 가정 교사를 하며 교회와 학생 활동, ROTC 훈련까지 받는 등 무리해서 늑막염을 앓게 되어 세브란스병원에 한 달간 입원하게 되었다. 너무 욕심을 부리다간 건강을 해쳐 아무것도 못 하게 되는 것은 아닐까? 박종홍 선생님께서 "결국은 건강 싸움이더라. 학문도 인생도 건강이 오래 버티면 승리하더라"고 해 주신 말씀이 가슴에 와닿았다. 나는 운동도 좀 해서 농구, 배구 선수 생활까지 했지만, 욕심이 많아 여러 가지 활동을 모두 해보려는 것이 큰 단점이었다. 성공한다는 것은 곧 제한하는 것이라는 괴테의 깨달음을 명심해야겠다고 병상에서 철저하게 뉘우쳤다.

황금 같은 대학 생활은 정말 공부만 해야 하는데 4.19 이후 대학가는 공부에만 매달릴 수 없게 온갖 집회와 운동, 시위로 시끄러웠다. 공부를 좀 하려고 마음먹으면, 친구들이 와서 나라가 이 꼴로 되어 가는데 우리가 편안히 공부만 하고 있어서 되겠느냐 하면서, 지식인의 본분이 상아탑이나 고매한 학문 이론에 침잠해 버리는 것이 아니라 현실로 돌아와 현실을 개조하며 역사에 참여하는 데 있다는 자극을 주었다. 박종홍 선생님께서도 늘 철학은 현실로 돌아와야 한다는 말씀을 강조하셨다. 4.19 동지회 등 단체 활동이 활발해지는데, 철학 연구와 현실 참여를 어떻게 병행하느냐도 나에겐 고민거리가 되었다.

4.19혁명으로 들뜬 한 해가 지나가더니 3학년 때 5.16 군사혁명이 일어났다. 다시금 역사의 방향이 무엇인지 혼미스러웠다. 부패 무능, 혼란을 척결하고 반공을 국시로 내세우며 국가를 재건하겠다는 군부 쿠데타를, 저개발 후진국 신생 독립국에서 유행처럼 일어나는 군사혁명을 어떻게 판단해야 하는지 매우 고민스러웠다. 그럴수록 민족이 나아가야 할 길에 대한 사상적 모색의 갈증은 커져만 갔다. 4.19 이후 번창했던 학생운동도 된서리를 맞았다. 반공법에 걸리어 많은 진보적 학생들이 체포 구속되었다. 듣도 보도 못한 인혁당사건이 신문에 대문짝만하게 보도되었고, 학원의 용공 세력 척결이 무지막지하게 자행되었다.

도대체 학생운동을 이런 시점에서 어떻게 해야 하는가? 나는 3, 4학년 때 철학과 과회장이 돼서 서울 문리대 대의원회와 학생회 일을 맡아보게 되었다. 마침 62년 봄 학기에 문리대 학생회 운영 책임을 맡은 상임위원장 한경모 군이 나의 부고 후배여서 나에게 학생회의 학술, 예술 활동을 전부 맡아달라는 부탁을 했다. 여러 생각 끝에 학생회 활동을 운동회나 가요제보다는 현실 문제를 각 분야에서 토론하고 발표하는 아카데믹한 학술제로 전환해야겠다는 결심을 하면서 한 학기 학생회 운영 책임을 맡았다.

그래서 모든 학과가 참여해 집중적으로 현실 문제를 학구적으로 다루는 학술 축제인 학림제(學林祭)를 구상하게 되었다. 모의국회, 통일 토론회, 철학 사상 강좌, 시 낭송, 연극 발표, 음악회 등 각 학과와 학회별로 한 행사씩 준비하게 하여 5월 22~26일 한 주간을 완전히 휴강하고 문리대 전 교정을 활용하여 학술, 예술, 정치 토론 등을 종합하는 종합 축제를 계획하였고, 그 기획운영위원장을 맡아 추진했다. 한 해 학생회 예산을 거의 80% 집중해서 쓰는 행사여서 학회별 참여도도 매우 높았다.

이것이 서울 문리대의 제1회 학림제인데(1962), 그 후 후배들이 10년간 계속하다가 군사정권의 탄압을 받아 폐지되고 말았다. 캠퍼스가 관악산으로 옮기면서 문리대만의 학림제는 지속되기 어려웠다고 한다. 그러나 학림제는 문리대에서 학생운동을 종합하고 집중시키는 데 일정한 역할을 한 것 같다. 나는 이 제전의 이름을 학림다방에 앉아서 구상하였다. 문리대 학생들이 안식과 담소를 위해 즐겨 찾기로 유명한 학림다방은 '鶴林'(학이 날아다니는 숲)이었지만, 나는 이것을 문리대의 특성인 아카데미즘을 살리기 위해 학문의 숲 Academia를 연상하며 'Academic Forest Festival'(學林祭)이라고 구상해서 대의원회에 기획안을 올렸고 예산과 함께 통과되었다. 지금도 학림다방에 앉아 하룻밤을 꼬박 새며 학림제 1회 선언문을 초안하던 추억이 동숭거리를 지날 때마다 떠오르곤 한다.

칸트(Kant)의 종교적 이성 탐구

그러나 나는 이런 현실 참여나 조직 운동을 한참하고 나면 곧 허전한 감을 느끼며 이론적 공부에 대한 욕구가 강하게 솟아올랐다. 이제 한 학기면 졸업인데, 졸업 후엔 어떻게 하며 나의 장래는 어디로 갈 것인가? 우선 졸업 논문이라도 한 편 잘 써서 대학 4년의 공부를 정리해야 하는데, 그것도 문제였다. 이 무렵 나는 최재희 선생님이 강독하신 칸트의『순수이성비판』을 3년간 거의 원서로 독파하여 칸트의 사상을 어느 정도 이해하게 되었다. 그러나 내가 관심을 가졌던 신이나 종교의 문제는『순수이성비판』에서 해결되지 않았다.

그래서 나는 4학년 여름 내내 혼자 도서관에서『실천이성비판』을 읽고, 겨울 학기에는『이성의 한계 내에서의 종교』를 읽었다. 겨울 방학에 졸업 논문을 완성해서 1월 말까지 제출해야 했는데, 나에겐 집중적으로 공부할 수 있는 방이 없었다. 동생들과 함께 자취하는 좁은 방에서 혼자 쓸 수도 없고, 도서관에 자리를 얻으려면 아침부터 줄을 서야 하는데 매일 책 전부를 들고 다닐 수도 없었다. 겨울 방학 동안 선생님 연구실을 좀 빌려 쓰면 어떨까 생각하게 되었고, 용기를 내서 존경하는 김태길 선생님께 부탁을 드렸더니 허락해 주셨다. 그러나 그 당시 학교는 추운 겨울에도 연료 공급을 하지 않아 냉방이었다.

나는 구공탄을 사서 난로를 피우고 모처럼 쓰게 된 김태길 선생님의 연구실에서 12월, 1월 두 달을 꼬박 지내며 논문을 썼다. 가끔 출출할 때는 집에서 김치를 가져다가 라면을 끓여 먹었는데, 한번은 김태길 선생님이 운동하러 연구실에 오셨다가 이상한 냄새를 맡으시고는 "자네 여기서 자취하나?"라고 물으셔서 당황했던 적이 있다. 덕분에 나는 여기서 "이성의 종교적 관심(칸트의 이성종교론을 중심으로)"이라는 졸업 논문을 두 달 동안 완성할 수 있었고, 어려서부터 나의 숙제였던 종교와 철학, 윤리에 관한 사고의 한 틀을 짜는 귀중한 공부를 할 수 있었다. 지금도 은사 김태길 선생님께 감사한 마음을 잊을 수 없으며 빚을 지고 있는 기분이다.

종교적 관심과 각성이 이성의 체계 안에서 가능하고, 이성은 자의적인 계시종교나 역사적 기독교를 비판해야 한다는 교훈을 칸트에게서 얻어 나름대로 신앙의 문제를 정리했지만, 정말 내가 직업적으로 목사가 되어야 하느냐는 문제는 점점 고민스러웠다. 더구나 나는 경건주의나 금욕주의적인 기독교 윤리관에도 회의가 생겼다. 대학 생활 4년 동안 가끔 철학과 친구들과 같이 술집에 갔지만, 나는 금욕적인 신앙 때문에 술을 한 잔도 마시지 못했다. 신입생 입학 축하로 고형곤 선생님이 따라 주시는 소주 한 잔도 나는 입에 대는 척하고는 땅에 쏟았다. 그러던 내가 오랜 고뇌 끝에 4학년 말 속리산으로 졸업 여행을 가서 절간에서 파계를 선언하고 처음으로 친구들과 막걸리를 퍼마셨다.

헤르만 헤세의 『데미안』이 나에게 용기를 주었다. 새는 알을 깨야만 탄생하는 것처럼, 나도 이 계율을 깨보아야만 생생한 진리를 터득할 수 있을 것 같았다. 이것 때문에 목사가 못 된다면 안 되어도 좋다고 생각하였다. 기독교가 고루한 낡은 틀과 관습을 깨고 현실 참여와 개조를 할 수 있는 혁신적인 종교가 되었으면 좋겠는데, 당시 교회의 신앙 체계와 교회 구조는 금주, 금연 교리를 생명처럼 여기며 교회 출석을 구원의 척도로 보는 데 머물러 있어 그런 설교하는 목사가 되는 데 대한 회의가 들기도 했다.

우선 대학을 졸업한 뒤의 진로가 문제였다. 일단 부모님과의 약속도 있고 해서 광나루에 있는 장로교신학대학에 입학했다. '철학 공부를 좀 더 해야 뭘 알 수 있지 않을까' 하는 미련도 있어서 대학원 철학과에도 지원해서 합격했다. 군복무도 필해야 해서 공군 장교 시험을 쳐서 합격했다. 또 인천의 인성여자고등학교에 영어, 독어 교사로 취직하기도 했다. 이 네 가지 진로 중에 무엇부터 해야 할지 고민하다가 일단 군복무를 마치기 위해 공군 장교 후보생으로 입대했고, 장교 생활을 하면서 대학원 공부를 하는 선배들을 보고 대학원 등록을 했다.

공군 장교와 대학원의 헤겔(Hegel) 연구

공군 장교 근무는 군복무를 필하기 위해 택했지만, 대학 졸업 후 첫 사회 진출이어서 여러 가지로 의미와 소득이 컸다. 훈련은 힘들었지만 육군 ROTC보다는 편했고 신사적이었다. 4년 4개월 복무해야 하는 긴 기간이 단점이었지만 특기에 따라서는 경력이 될 수 있어 월급을 받는 좋은 직장일 수도 있었다. 나는 마침 소망했던 정훈장교로 배속 받아 소위 계급을 달고 서울에 있는 공군본부 정훈감실에서 공군 신문과 이념 잡지의 편집을 맡게 되어 철학도인 나에겐 너무 다행스러운 자리였다.

2년 뒤 중위 계급을 달고서는 공군대학 정훈관으로 보직 받아 장병들에게 정훈 교육을 하며 장병들의 사기를 앙양하는 위문 공연이나 대민 교류 활동의 임무를 수행했다. 공군 신문 편집 일을 할 때보다는 시간 여유가 있어서 틈틈이 대학원 공부를 할 수 있었고, 동기생들이나 친구들과 현실 문제, 사상 문제에 관한 토론과 클럽 활동도 할 수 있었다.

63~67년 공군 장교 근무와 대학원 공부를 하는 동안 나라 현실은 더욱

험난하고 암울해져 갔다. 부정부패를 척결하고 민정이양을 하겠다던 군사정권은 점점 독재 체제를 강화하고 민주 세력과 학생운동을 탄압하면서 굴욕적인 대일, 대미 종속으로 치닫고 있었다. 부정선거, 여론 조작, 정보 정치공작과 사상 탄압은 날로 험악해 갔으며 비판 세력을 제거하기 위한 체포, 구금, 고문, 협박은 정보부, 보안사 등을 통해 무자비하게 진행되었다. 부정부패와 빈부 격차는 더 극심해졌고 월남 파병과 푸에블로 사건, 김신조 게릴라 침투 등 남북의 긴장과 전쟁 위기는 높아만 갔다.

남한의 군사독재가 점점 전체주의 파시즘 체제로 나아가고 미국과 일본의 종속 체제로 전락하니 북한의 독재 체제와 무엇이 다르냐는 의구심이 청년 학생들에게서 일어났다. 서울 문리대를 중심으로 일어난 한일회담 반대 운동으로 64년 6.3 사태가 벌어졌고, 대일 경제 예속과 정보 탄압 정치에 대한 지식인 학생들의 저항 운동이 날로 격화되었다. 민족주의 연구 모임이나 사회주의 서적들을 몰래 읽는 그룹들이 여기저기 생겨나며 좌파적인 사상 운동으로 번져 갔다. 이런 물결은 나의 친구들과 주변 인물들에까지 속속 확산되었다.

나는 좌파 서적을 읽고 사회주의 사상, 운동에 관심 가진 친구들과 밤새 토론하며 많은 생각과 반성을 해보는 기회를 가졌다. 평등 사상이나 민족주의 사상에는 공감이 갔으나 반기독교적 무신론이나 폭력, 숙청 등 혁명 수단에는 공조할 수가 없었다. 나는 민주주의를 지키면서 계몽과 설득을 통해 사회주의적 공동체를 실현할 수 있지 않겠느냐고 주장했지만, 친구들에게 늘 낭만주의나 환상주의자로 몰리곤 했다. 이수인, 신영복 같은 친구들은 "너는 다 좋은데 예수를 버리지 못해 문제다"라는 말까지 하며 놀려댔다.

사실 이때 나도 기독교 신앙과 이데올로기의 갈등과 모순 문제로 고민이 깊어지고 있었다. 기독교 신앙과 사회주의 혁명은 동행이 불가능한 것인지, 영원한 모순 대립인지가 궁금하고 고민거리였다. 근대화 문제나 민족주의 문제 그리고 공산주의 이데올로기와 북한 체제 문제에 어떤 확실한 인식과 판단을 얻지 않고는 아무런 실천도 할 수 없을 것 같았다. 목사가 되든, 학자가 되든, 정치인이나 언론인이 되든, 이 문제들에 대한 해답을 찾아야 내 인생의 진로도 결정할 수 있을 것 같았다.

이런 문제에 대한 관심과 열정이 높아지면서 나의 신앙관이나 교회에 대한 관행도 변해 갔다. 동신교회 활동과 영락교회 예배 참여는 계속했지만, 경동교회에 가서 강원용 목사의 진보적 설교를 듣는 횟수가 늘어났다. 개인 윤리와 영혼 구원에 치우친 설교보다 사회 현실에 대한 비판과 사회 구원의 사명을 강조하는 강 목사의 설교에 더 많은 감동을 받았기 때문이다.

YMCA나 기독 학생운동이 제공하는 활동과 프로그램에도 때때로 참여했다. 오재식 기독학생연맹 총무의 권유로 Frontier Study Meeting에도 참여하며 민족주의, 공산주의, 세속주의 등 이념 문제를 기독교가 어떻게 이해하고 대처해야 하는가를 토론하는 모임에도 참석했다. 예장의 교회 생활보다 기장 측 에큐메니칼 운동에 더 관심이 갔다.

이런 현실 인식과 문제의식 가운데 보수적인 신학교를 졸업하고 전통적인 교회 목사가 되는 게 맞는가 하는 의문이 자꾸만 생겼다. 더구나 이 무렵 내가 입학한 광나루의 예장신학교에서는 "모세오경의 저자가 모세가 아니다", "요나서 이야기는 신화다" 등의 주장을 한 교수를 해고했다는 소식이 들렸다. 목사가 음주했다고 처벌하는 보수교회의 규칙도 이미 금주, 금연의 미덕을 파계한 나에겐 고민거리였다.

그래도 제대 후 신학을 하고 볼 것인지, 철학을 계속해서 교수나 사상가가 될 것인지, 아니면 언론계로 나갈 것인지, 군복무를 마치고 나면 결정해야 할 실존적 문제였다. 게다가 나는 스코필드 박사의 영어 성경반에서 만나 오래 사귀던 손덕수와 66년 봄에 결혼하고 67년에 첫딸 지형이를 낳게 되어 가장의 경제적 책임도 져야 했다. 일단 하루속히 대학원 공부를 마치고 석사학위를 받는 것이 필요했다.

대학원 석사 논문을 헤겔의 사회철학에 관해 쓰기로 했다. 철학이 현실 문제에 대해 어떤 입장과 태도를 취해야 하느냐의 이론은 헤겔이 가장 잘 정리하고 있다고 생각해서였다. 『정신현상학』 이성의 장에 기록된 "이성과 현실"(Wirklichkeit)에 대한 이론을 정리해 보고, 법철학에서 이성적인 것이 현실적이고, 현실적인 것이 이성적이라는 변증법적 논리를 해설서들을 통해 연구해 보았다. 이 과정에서 나는 마르쿠제의 『이성과 혁명』을 자세히 읽게 되었고 대단한 매력을 느끼게 되었다.

67년 3월 대학원 석사 학위를 받았을 때 나의 관심과 진로는 마음속으로 거의 결정되어 있었다. 헤겔 좌파의 사상과 맑시즘을 보다 철저히 연구해서 사회주의, 공산주의에 대한 이해와 올바른 평가의 능력을 가져야 민족과 기독교가 나아갈 길을 모색해 볼 수 있겠다는 생각이었다. 우선은 허버트 마르쿠제와 아도르노, 호르크하이머 등 프랑크푸르트 학파의 사회철학을 더 깊이 연구해야 할 것 같았다.

미국이나 독일로 유학을 가야겠다는 생각이 간절했다. 신학생이나 기독 청년 학생에게 주는 WCC 에큐메니칼 장학금이 있다고 해서 한국교회협(KNCC)에 신청했으나 67년 첫해에는 실패했다. 성적은 2등으로 미국 유학이 가능했는데, 나보다 나이가 많은 나학진 선배에게 양보하면 다음번에 우선권을 주겠다는 김준영 KNCC 국장의 약속에 양보했다. 제대 후 무슨 일을 하며 또 유학 준비를 할지 걱정이었다.

강원용 목사와 크리스챤아카데미

67년 7월이면 공군 장교를 만기 제대하기 때문에 67년 초부터 대학 강사 자리 등 여기저기 일자리를 알아보고 있었는데, 「기독교사상」에 소개된 크리스챤아카데미 기사가 눈에 띄었다. 저명한 강원용 목사가 교회와 사회의 다리를 놓는 대화 운동을 전개하기 위해 크리스챤아카데미를 설립하였다는 기사였다. 너무나 매력적인 소식이어서 나의 관심과 의욕을 확 잡아당겼다. 나는 2월경 수유리 아카데미하우스로 강원용 목사님을 찾아가서 힘들게 면회를 허락받아 자기소개를 하고 여기서 배우며 일해보고 싶다는 말씀을 드렸다. 일정이 바쁘신 강 목사님은 아카데미를 막 창립해서 일자리는 있지만, 나를 잘 모르니 살아온 경로와 생각을 써서 보내보라고 하시고는 자리를 떠나셨다.

나는 예장 목사의 아들로 신학에 뜻을 두고 철학을 공부한 경로와 미국에서 에큐메니칼 훈련을 받은 경험, 강원용 목사님의 사회 구원의 설교를 듣고 감동 받은 일 등 10여 장을 써서 우편으로 보냈다. 강 목사님은 한 달 뒤 우선 파트다임으로 일해보라는 답을 주셨고, 4월 초부터 주 3일 일히는 아카데미 직원이 되었다. 당시 공군에서는 전역 장교의 취업을 위해 제대 3~4개월 전부터 근무를 면제해 주는 관례가 있었다. 마침 박종홍 선생님의 소개로 서울여자대학(고황경 총장)에 교양 철학 시간 강사 자리를 얻었고, 최재희 교수님 추천으로 철학과 조교 자리도 얻게 돼서 제대 후의 일자리는 충분하게 확보된 셈이었다.

제대 후 일단 신학교 진학은 포기하고 서울대 철학과 조교를 하며 서울여대 강사로 철학개론을 가르치면서 크리스챤아카데미의 간사로 활동하는 세 가지 일을 하며 67년과 68년을 정신없이 바쁘게 뛰어다녔다.

KNCC는 약속대로 다음 해 장학생 후보로 WCC에 추천해 주었고, 크리스챤아카데미에서 프로그램 간사로 일한 덕에 WCC를 통한 독일 교회의 장학금을 받아서 68년 가을에 독일 괴팅겐대학으로 유학을 갈 수 있게 되었다.

크리스챤아카데미에서 정식 간사로 일한 기간은 군에서 제대한 후 독일 유학을 떠나기까지 약 1년 반에 불과했지만, 이 기간은 나에게 일생 잊을 수 없는 중요한 체험을 제공해 주었고, 나의 삶과 일의 핵심적 목표와 관심이 된 에큐메니칼 운동에 발을 들여놓는 계기와 토대가 되었다.

독일 유학을 가게 된 기회를 만들어 주기도 했지만, 독일에서 유학하는 동안 독일 교회의 지원을 받아 민주화운동을 하며 파독 광부를 위한 산업선교 활동을 할 수 있게 된 것, 세계교회협의회(WCC) 도시농촌선교부(URM)의 협동 간사로 유럽산업선교회(ECG)의 총무직을 맡게 되는 데 크리스챤아카데미 경력과 강원용 목사와의 인맥은 커다란 영향을 주었다.

강원용 목사를 만나지 않고 크리스챤아카데미의 경력이 없었더라면, 지금까지 살아온 나의 일생은 크게 달라졌으리라 생각한다. 독일 유학보다는 미국 유학을 했을지 모르고, 철학보다는 신학대학으로 가서 목사가 되었을지 모른다. 한경직 목사의 영향과 예장 교회의 맥락 안에서 활동하고 에큐메니칼 운동의 핵심 인물들과는 밀접한 관계를 맺지 못했을 것이다. 고등학교 시절 에큐메니칼 훈련을 받기는 했지만, 크리스챤아카데미를 통해 한국의 주류 에큐메니칼 운동과 맥이 닿지 못했더라면 WCC의 실행위원이 되거나 NCC의 88선언을 기초하거나 유네스코의 평화 운동 기관의 장이 되는 일이 생기지 않는 다른 삶이었을 것이다.

처음엔 아카데미의 파트타임으로 한 주에 2~3일 정도 나와서 대화모임(Tagung)을 돕는 일을 했지만, 점점 일이 많아져 두세 달 뒤엔 풀타임

머가 되었다. 강원용 목사를 찾아오는 해외의 에큐메니칼 방문객이 많았고 국제적 모임도 있어 영어를 자유롭게 하는 직원이 절실하게 필요했기에 점점 나에게 많은 책임이 돌아왔다. 특히 67년 가을에 동아시아교회협의회(EACC) 주최로 "교회와사회대회"가 아카데미하우스에서 열리게 돼서 그 준비위원장을 강원용 목사가 맡았는데, 강 목사님은 나를 현장준비위원회(Local Arangement Committee)의 책임 간사로 임명하셨다.

준비위원으로 함께 일한 기독교서회 김관석 목사, 기독학생연합 사무총장 박형규 목사, 교회협(NCC)의 김준영 목사, 박광재 목사를 모시고 몇 달 동안 대회 준비와 해외 손님들을 영접하는 일을 맡아 눈코 뜰 새 없이 바쁘게 일했다. 토마스(M. M. Thomas), 시마투팡(Simatu Pang), 나바반, 해리 다니엘(Harry Daniel)과 같은 에큐메니칼 거장들을 영접하며 알게 된 것도 큰 소득이었다.

68년 1월 초에는 독일 아카데미의 지도자 베르너 짐펜돌퍼가 와서 대화 운동의 목적과 방법에 대한 강의를 한 주간 했는데, 나는 이 강좌에서 아카데미 운동의 철학과 역사를 터득하는 데 큰 도움을 받았다. 독일 유학을 가게 된다면 짐펜돌퍼와 에버하드 뮐러가 운영하는 바트볼 아카데미(Bad Boll Akademie)를 꼭 찾아가 기독교가 사회문제를 아카데미 대화를 통해 어떻게 접근하며 해결하는지 살펴보고 싶었다.

또한 강 목사님의 요청으로 캐나다 선교부가 파송한 전문가 밴더버그 씨가 호텔 운영을 비롯한 아카데미하우스의 경영 관리를 몇 달 동안 도왔다. 그러나 아카데미하우스의 관리 직원들이 영어를 못해서 내가 두어 달 동안 그를 동반해 통역을 해야 했다. 통역하면서 하우스의 전반 운영 상태, 식당, 침실, 주방, 회의실 세부 문제까지 알게 되었고, 밴더버그가 지적한 개선책을 강 목사님께 자세히 말씀드렸다. 강 목사님은 얼마 뒤에 나를 불러 아카데미하우스 관장을 맡으라는 제안을 하셨는데, 나는 유학 가서 공부를 더 해야 한다고 정중히 사양했다.

교회 갱신과 사회개혁 연구위원회

68년 초부터 나는 크리스챤아카데미의 대화부에서 분리된 연구부의 책임을 맡게 되었다. 크라스챤 아카데미의 양대 과제는 교회 갱신과 사회개혁인데, 너무 광범위하고 복잡한 문제들이어서 어떤 문제를 가지고 대화 모임을 하며, 어떤 해결책을 모색할지를 발굴하는 연구와 토론이 선행될 필요가 있었다. 나는 대화 모임과 프로그램 설정에 앞서 철저한 연구 조사 활동이 필요하다는 것과 분야별로 소수의 전문가로 조직된 연구위원회가 체계적이며 지속적인 논의를 했으면 좋겠다는 건의를 드렸다. 강 목사님은 적극 찬성하시며 연구팀 조직과 운영의 책임을 내게 맡기셨다.

그래서 나는 강 목사님의 조언을 들으며 68년에 세 가지 연구위원회, '부정부패 연구위원회', '교육정상화 연구위원회', '교회갱신 연구위원회'를 조직해서 운영했다. 한 달에 한 번씩 모여 연구위원들이 돌아가며 발표하고 1박 2일 동안 토론하는 프로그램을 진행했다. 나는 선정된 위원들에게 부탁하며 동의와 의견을 듣기 위해 세 팀의 위원들의 자택과 사무실을 일일이 찾아다녔다.

부정부패 연구위원회에는 차기벽, 주요한, 박희범, 노정현, 김경동 등, 교육정상화 연구위원회엔 정범모, 이영덕, 정원식, 박용헌, 정희경, 홍웅선 등, 교회갱신 연구위원회엔 홍현설, 변선환, 유동식, 한철하, 이

종성, 서남동, 문동환, 이우정, 박순경, 정하은, 김재준 등 거물급 학자들이 참여했다. 나는 이 프로그램을 통해 저명한 학자와 전문가들을 많이 알게 되었고, 무엇보다 우리나라 사회구조와 현실 문제들을 분석하고 파악하는 관점과 방법들을 많이 배우고 깨닫게 되었다.

특히 부정부패 토론에서는 정부에서 경제장관을 역임했던 주요한, 박희범 씨로부터 많은 비밀 정보를 들을 수 있었다. 강원용 목사도 매달 빠짐없이 참석해 우리나라의 부패한 경제사회 구조와 정치 현실을 적나라하게 파헤쳤다. 이승만 시대의 부정선거와 부패는 물론, 박정희 군사정권의 비리와 흑막들이 토론에서 비공개를 전제로 많이 폭로되어서 신문에서 보지 못한 많은 비사를 알 수 있었다. 박 정권의 근대화를 향한 경제발전책과 부정부패에 대한 대안 문제에는 서로 판단이 달라 논쟁이 심했다.

교육정상화 위원들은 대부분 서울사대 교수들로 우리나라 교육 정책을 좌우하는 최고의 교육 전문가들이었다. 당시 초등학교부터 중학 입시 전쟁이 벌어지는 과열 현상과 입시 제도를 비판하며 개선책을 오래 논의했다. 암기 교육 이외에 정서 교육, 예술 교육, 도덕 교육, 체육 교육을 하지 못하는 제도로는 어린아이들의 비인간화와 문화실조를 가져온다며 잘못된 교육 제도와 관행들을 날카롭게 분석 비판했다. 결국 내가 독일로 떠난 뒤에 개선책을 모색하던 이분들은 중학 입시 폐지와 경기 중학 등 일류 중학교 다섯 곳을 폐교하는 극약 처방의 혁신책을 실시하게 되었다. 이영덕, 정원식 교수는 교육부 장관과 총리까지 지냈다.

내가 특별히 큰 도움을 받은 곳은 여러 교파의 신학자가 모인 '교회갱신 위원회'였다. 자연히 개인의 영혼 구원과 사회 구원의 문제, 복음과 선교의 개념 문제, 근본주의 신학과 자유주의 신학의 논쟁과 갈등 문제가 토의되었고, 신학교를 가려던 나에게는 대단한 공부가 되는 모임이었다. 칼빈주의 신학을 정통으로 아는 예장의 이종성 교수, 한철하 박사와 기장의 자유주의 신학자들의 논쟁과 차이가 무엇인지도 알 수 있었다. 변선환 교수와 유동식 교수의 토착화신학, 박순경 박사의 발트 신학, 비신화화의 신학 등 많은 것을 일류 신학자들의 토론에서 들을 수 있어 신학교를 1년쯤 다닌 것 같았다. 철학도인 나에겐 복음주의보다 자유주의 에큐메니칼 신학이 더 매력적이었고, 교회갱신 연구 모임은 나의 신앙 노선을 사회 구원과 초교파적 하나님의 선교(*Missio Dei*)로 방향을 확정하는 데 큰 도움이 되었다.

아카데미 운동은 2차대전 후 패전 독일에서 기독교가 다시는 나치 독재와 같은 참혹한 역사를 되풀이하지 않도록 대중에게 민주주의와 정의 사회의 책임 의식을 계도하는 운동을 벌인 데서 시작되었다. 이 모델을 한국에서 실천하려는 크리스찬아카데미는 군부 독재 하에서 근대화와 산업화에 몰두하고 있던 한국 사회의 비리와 모순을 반성하고 민주화와 사회개혁의 길을 찾으려고 노력했다고 생각한다. 연구 모임과 대화 마당의 주제와 내용을 보면 이 뜻이 분명하게 드러난다. 나는 크리스찬아카데미에서 잠시나마 일하며 배운 경험이 나의 삶과 미래의 방향을 결정하는 중요한 계기였으며 큰 보람이었다고 확신한다.

아카데미의 연구위원회 활동을 한참 열심히 하고 있는데, WCC(세계교회협의회)로부터 독일 유학 장학금이 결정되었다는 통지가 왔다. 강 목사님은 유학은 나중에 갈 수 있으니 아카데미 일을 좀 더 해달라고 권하셨지만, 나는 모처럼 얻은 기회를 놓치기 싫어서 공부하고 와서 도와드리겠다고 약속하고 떠날 준비를 했다.

내가 급히 출국을 서두른 데는 또 다른 이유가 있었다. 68년 6월경

'통일혁명당' 간첩 사건이 터졌는데, 가깝게 지냈던 친구 이수인, 이영윤, 신영복 등이 구속되고 공군 복무 시절 정훈장교 선배였던 이문규 씨가 통혁당 주범으로 체포되었다는 보도가 대서특필되었다. 이영윤의 부인이 급히 우리 집을 찾아와 나도 조사받게 될 테니 피신하라는 충고를 전했다. 학사주점을 운영한 이문규 선배는 나에게 「청맥」지 편집장을 맡으라는 권고를 한 적도 있어서 잘못 엮이면 유학도 못 가고 상당한 피해를 볼 수도 있을 것 같았다.

마침 8월 중순에 여권이 나왔기에 얼른 아카데미를 퇴직하고 가족을 두고 8월 31일에 김포 공항에서 출국했다. 친구들은 감옥에 가고, 신혼 초에 아내와 한 살 반짜리 딸 지형, 두 달 전에 태어난 아들 민형을 두고, 두 아이와 먹고살 대책도 안 해놓고 외국으로 떠나는 심정은 착잡했다. 그러나 어렵게 주어진 유학 기회를 연기할 수는 없었다. 중학교 시간강사를 하는 아내 손덕수에게 과중한 짐을 맡기고 독일로 향했다.

WCC 장학처에서 보내준 독일행 비행기 표는 스톱오버(stopover)가 가능해서 일본과 스위스를 경유해 가도록 여행 스케줄을 짰다. 일본 동경에서 한 주 동안 클라인 목사 댁에 머물며 일본의 크리스챤아카데미 운동을 살펴보았고 교토의 세미나 하우스도 방문했다. 스위스 제네바에서 박상증 선배 댁에 머물며 WCC를 며칠 방문한 뒤, 9월 10일경 독일 슈투트가르트(Stuttgart)에 도착했다. 독일어도 익히고 아카데미 운동을 현장에서 체험하기 위해 10월 20일 괴팅겐대학 개학 전까지 40여 일 동안 바트볼 아카데미에서 체류하며 Tagung 프로그램에 참관했다.

IV. 독일 유학과 해외 민주화운동
(1968~1982)

괴팅겐대 철학부에서 사회과학부로

내가 독일로 유학을 떠난 68년은 나의 생애에서뿐 아니라 유럽과 서구의 역사에서도 매우 중요한 변화를 가져온 분기점이다. 파리와 베를린, 샌프란시스코를 중심으로 뉴레프트 운동, 반권위주의적인 학생운동, 히피 반문화운동이 열화처럼 불어닥쳤고 독일의 전 대학 도시는 혁명적인 분위기에 휩싸여 있었다. 원래 나는 독일 유학을 지원하면서 사회철학을 전공하기 위해 제1지망으로 프랑크푸르트대학을, 2지망으로 에른스트 블로흐가 있는 튀빙겐대학을 원했다. 그러나 독일 교회의 장학금과 연결된 나의 유학지는 처음 들어보는 괴팅겐(Göttingen)대학으로 결정되었다.

괴팅겐대학은 북부 독일에 있는 명문대학이었지만, 사회철학을 하려는 나에게는 적합한 곳이 아니었다. 독일에서는 보기 드물게 분석철학이나 과학 이론 쪽이 강한 철학과가 있었고, 내가 전공하려는 헤겔과 마르크스, 사회철학을 강의하는 교수는 한 명도 없었다. 비란트

(Wieland) 교수가 헤겔 강의를 했지만, 학문의 경향은 전혀 달랐다. 어학 공부를 하며 1년을 지내본 뒤 비란트 교수와 논문에 관해 의논했더니, 자기는 사회철학을 지도할 자신이 없다면서 하이델베르크대학에 있는 만프레드 리델 교수를 소개해 주었다.

"헤겔 사상에서의 이론과 실천"이라는 논문으로 유명한 리델 교수라면 배울 만하겠다 싶어 옮기기로 하고, 장학처에 사정해서 허락을 받고 하이델베르크 신학생 기숙사(Stift)에 방을 구했다. 69년 가을학기에 하이델베르크로 이사를 가려는데, 리델 교수에게서 급히 연락이 왔다. 자기가 자브뤼켄대학의 정교수로 초빙을 받아 옮겨가니 그리로 따라오라는 것이다. 그런데 장학처에선 장학금이 바덴주 교회에서 나오는 것이기 때문에 자브뤼켄으로 보내줄 수가 없다고 했다. 할 수 없이 나는 괴팅겐에서 장학금을 받으며 1년 더 머물 수밖에 없었다.

그러는 동안 나는 괴팅겐대학에서 철학과 강의에만 만족할 수 없어 사회과학부에서 정치사상사와 이데올로기에 대한 강의들을 청강했다. 마침 사회민주주의 이념 문제에 정통한 정치학과 자이델(Seidel) 교수와 친해졌는네, 나의 사회사상과 정치철학에 대한 관심사를 듣더니 자기 밑에서 박사 학위를 해보면 어떠냐고 제안했다. 독일에서는 사회철학이나 정치철학은 철학과뿐 아니라 사회학과나 정치학과 전공도 학위를 받을 수 있음을 알게 되었다.

프랑크푸르트에서는 하버마스나 호르크하이머 교수가 철학과와 사회학과 양쪽의 정교수로 등재되어 있기도 했다. 처음에 나는 학과를 옮기는 것에 대해 매우 주저했다. 그래서 철학과에 등록한 채 논문 지도만 사회과학부 교수에게 받는 방안을 생각해 보았다. 그러나 시험 규정이 달라서 71년엔 사회과학대학 정치학과로 주 전공을 옮길 수밖에 없었다.

내가 사회철학을 하겠다고 독일로 가서 사회과학부 정치학과에서 논문을 쓰고 학위를 하게 된 것은 이렇게 매우 우연적인 이유들 때문이었다. 어떻게 보면 일이 잘 안 풀려서 그렇게 되었다고 볼 수도 있는데, 지나놓고 보니 나에게는 철학 이외에 사회과학을 하나 더 전공하는 축복이 이 우연함 속에 있었음을 깨닫게 되었다.

뷔크너의 '시민적 사회주의' 박사 논문

빨리 박사 학위를 줄 것 같던 자이델 교수는 나를 독토란트(박사후보생)로 받아들인 지 1년 뒤에 심장마비로 돌아가셔서 나는 다시 고아처럼 불행한 신세가 되었다. 그러나 다행스러운 일은 자이델 교수의 추천으로 사회민주당의 학위 장학금, Friedrich Ebert Stipendium을 받게 되어 경제적 안정이 보장된 것이다. 자이델 교수의 후임이 세 번이나 바뀌는 바람에 학위 과정이 여러 해 늦어졌고, 마지막 오이크너(Walter Euchner) 교수에

자이델 교수(왼), 오이크너 교수(오)

게 독토란트로 인정받아 학위를 받기까지 여러 번 지도교수가 바뀌는 고역을 치렀다.

그러나 불행과 고역은 손해만은 아니었다. 새로운 공부를 할 수 있는 시간을 벌어 주었기 때문이다. 나는 그동안 정치학, 사회학, 언론학, 사회심리학 등 관심 있는 여러 분야의 강의를 듣고 공부할 수 있었고, 세미나 논문도 여러 편 쓰면서 학위 공부만이 아닌 중요한 학습 기간을 가질 수 있었다. 뿐만 아니라 지도교수가 정해지지 않았던 72년 이후 2~3년 동안 반 유신 독재 민주화운동에 많은 시간을 투입할 수 있는 특혜를 입었다. 결국 논문을 쓰고 학위를 받은 76년 말까지 8년간을 괴팅겐대학 철학부, 사회과학부에서 공부했다.

처음에는 헤겔이나 마르크스의 사상 속에서 사회철학적인 테마를 잡아 논문을 쓰려고 했는데, 사회과학부에 와서 공부하다 보니까 사회주의 사상사나 전체주의, 국가 이론뿐 아니라 노동운동사와 근대화 발전 이론, 정치경제학 등 실천 이론적인 분야로 관심 분야가 확대되었다. 이데올로기 문제를 본격적으로 연구하려면 전통 철학적인 접근만으로는 한계가 있다는 것과 사회과학적인 논의를 병행시켜야만 그 사상적 의미를 제대로 밝힐 수 있다는 것도 나중에야 알게 되었다.

어려서부터 관심을 가지고 알아보려 했던 사회주의, 공산주의의 철학과 정치 이념을 파악하는 데도 사회과학적 연구는 필수적이었는데, 이런 기회가 독일 유학을 통해 주어진 것은 천만다행이었다. 물론 철학과에서 공부하면서도 부전공으로 사회과학을 할 수 있었겠지만, 4~5년간을 본격적으로 하지는 못했을 것이다.

나는 무엇으로 학위 논문을 쓸 것인가로 무척 고민했다. 사회주의 사상의 역사와 철학적 문제들을 알고 싶었지만, 자칫 하다가는 맑시스트로 몰려 한국에 돌아가지도 못하게 될지 몰랐다. 그렇다고 비겁하게 사회주의 연구를 피하고 싶지도 않았다. 일단 마르크스와 엥겔스 레닌의 선집들을 30여 권을 사서 밑줄을 그으며 읽어보고, 사회주의 운동사의 고전들을 살펴보았다. 그러다가 네오 마르크스주의나 개량주의적 마르크스주의 혹은 자유주의적 사회주의 사상들을 읽게 되면서 정통 마르크스-레닌주의가 가진 교조적 이론과 독단적 오류들을 발견했다.

결국 소련이나 동구권, 북한의 공산주의가 이러한 교조적 정통 마르크스주의에 의존하기 때문에 사회주의의 왜곡된 길을 걷게 되었다는 것을 알게 되면서, 오히려 마르크스 이전의 초기 사회주의 사상에 관심을 갖게 되었다. 인도주의적 사회주의, 기독교적 공산주의, 윤리적 사회주의 등 초기 사상들 속엔 오히려 이데올로기에 얽매이지 않은 순수한 개혁 사상의 철학과 이론들이 있을 것 같았다.

그렇게 해서 독일의 초기 사회주의와 사회민주주의의 노동운동사를 뒤적이다가 1860년대 노동자교육운동(Arbeiterbildungsverein)을 하면서 시민민주주의와 사회주의를 결합하려고 했던 루드비히 뷔크너(Ludwig Büchner)를 발견했다. 마르크스나 엥겔스는 변증법적 유물론을 주장하면서 항상 당시의 통속적 유물론자(vulgär Materialist)의 대표로 뷔크너를 들어 비판했는데, 왜 계몽주의적인 유물론자 뷔크너를 그렇게 혹독히 통속적이라고 비판했는지에도 관심이 갔다. 결국 자본주의 시장 경제를 옹호하면서도 토지의 공유화를 주장하고 유산 상속을 금지함으로써 사회적 평등을 유지할 수 있다고 본 뷔크너의 사상을 비변증법적이며 통속적인 유물론이라고 매도했던 것이었다.

동독 측에서 나온 뷔크너에 대한 논문들을 보니 이런 왜곡이 더욱 분명했다. 나는 독일의 사회주의 사상사 속에서 초기 사회주의 연구에 새로운 해석을 보태기 위해 매우 구석진 곳에 있는 뷔크너를 택하여 그의 사상을 "시민적 사회주의"(bürgerliche Sozialismus)로 정리해 보기로 하고 논문을 썼다. 아마도 여기에는 프롤레타리아 독재가 아닌 시민 계층이 주도하는, 민주주의와 사회주의가 결합된 사회민주주의(Sozialde-mokratie)가 앞으로의 한국 사회에 발전적인 대안이 될 수 있을 것이라는 막연한 기대가 당시 나의 인식 관심으로 작용했던 것 같다.

유신 독재 반대 민주화운동

그러나 나의 독일 유학 생활은 순탄하게 이론적 탐구로만 이루어지지 못했다. 처음에 유학 생활을 시작할 때는 가족도 있고 하니 3~4년 안에 학위를 마치고 귀국해서 뭐든지 실천하기로 하고 모처럼 얻은 기회에 철저히 공부만 하기로 했다. 이론과 실천의 변증법적 관계 문제로 고민했지만, 즉 이론이 없는 실천은 맹목적이며 실천이 없는 이론은 공허하기 때문에 항상 병행해야 한다고 생각했지만, 이것은 꼭 동시적 병행은 아니며 단계적인 중점으로 나타나야 한다고 생각했다. (68년 이후 독일의 학생운동과 소장학자들이 혁명적 분위기 속에서 실천을 강조했고, 그래서 혁명가로 나서기도 했지만, 아직 나는 이론적 확신을 가져야 실천할 수 있다고 생각하였다.

그리고 70년 8월 슈투트가르트에서 열린 헤겔 탄생 200주년 학술대회에 가서 허버트 마르쿠제가 강연하는 것을 들었는데, 이때 혁명적 학생들이 연단에 올라가 함께 데모하며 실천에 나서자고 소리 지르며 강연을 방해하려 하니, 노 철학자 마르쿠제는 학생들에게 "나에게는 이 강연이 곧 실천이다"라고 소리 지르며 강연을 계속하는 것을 보고 매우 감명을 받았다.

나는 사회사상을 연구하고 논문을 쓰는 공부가 우리 사회를 위한 중요한 실천이라고 생각했기에 공부만 하려고 했다. 그러나 조국의 현실 문제만은 잊을 수가 없기 때문에 괴팅겐대학에 유학하는 한국 유학생 20여 명 가운데 최두환, 송윤엽, 임승기, 김정옥, 이태수 등 인문학도들과 매 주말 모여서 책을 읽고 토론하는 간헐적 모임을 만들었다. 사실 70년대 초만 해도 독일에 있는 유학생들은 몇백 명 안되었지만, 동백림 간첩단 납치 귀국 사건(1967) 이후로 유학생 사회의 분위기도 험악해져서 서로 정보부원 아니면 북한 공작원으로 의심하고 멀리하는 공포 분위기가 생겼다.

그래서 이런 분위기를 극복하고 자유스럽게 토론하며 비판적인 논의도 할 수 있는 공론의 장을 만드는 것도 하나의 의미 있는 실천이라고 생각했다. 이 토론회를 통해 우리는 한국에서 판금된 김지하의 시 〈오적〉을 구해서 읽고 토론했으며, 점차 영구 독재 체제로 몰아가는 박정희 정권의 횡포와 억압 정책에 대해서도 비판적인 논의를 했다.

결국 국내에서는 71년에 삼선개헌으로 박 정권이 집권 연장을 하더니, 총통제로 간다는 소문대로 72년에 10월 유신이라는 쿠데타를 일으켰고, 기존의 헌법을 총칼과 대포로 폐기시켜 버리고, 국회를 해산하고, 유신헌법을 공포했다. '통일주체국민회의'라는 거수기를 동원해 체육관에서 대통령을 선출하는 해괴망측한 유신 독재 체제를 선포한 것이다.

73년 부활절에 박형규 목사와 기독 학생들이 유신 반대 시위로 구속되고 교회와 선교 단체에서 항의 성명들이 나오자 독일 교회에서 구속자를 돕고 독재에 저항하는 그리스도인들과 연대하는 운동이 일어났다.

73년 11월 22~25일 서남독선교부(EMS)의 슈나이스 목사와 동아시아 선교위원회 후리츠 목사가 한독 신학자와 평신도 40여 명을 바일슈타인수양관에 초청해 한국문제협의회를 열었다. 여기에 제네바 WCC의 박상증, 동경 WSCF의 강문규, 뉴욕의 림순만도 참석해 국내외 상황을 논의했고 해외 교회와 기독자들이 독재에 저항하는 국내 그리스도인들을 적극 돕기로 결의했다. 그리고 내가 초안한 바일슈타인 선언문을 인쇄해 국내외에 배포했다.

이 땅에 자유롭고 정의로운 하나님의 나라를 현실적으로 증거할, 우리 그리스도인들은 불의한 권력의 노예가 되기를 거부하며, 어떠한 경우에도 신앙과 양심에 따라 비판하고 행동해야 할 것을 확신한다. … 우리는 우리의 빛난 조국에 다시는 불의와 독재가 지배하지 못하도록 각 방면에서 최선을 다할 것을 엄숙히 선언한다(바일슈타인 선언의 일부).

이 선언에 따라 독일 교회 선교 단체들은 한국교회와 기독자들의 인권, 저항 운동을 적극 지원하기 시작했다. 구속자들의 재판과 가족을 돕는 교회협의회(NCC) 인권위원회에 상당한 후원금을 보냈고, 김관석, 박형규 목사와 안병무 교수가 이끄는 수도권 도시산업선교와 신학연구소에도 선교 활동비를 보냈다.

학원과 종교계에서 계속 비판과 저항 운동이 일어났지만, 74년 1월 8일 긴급조치 1호를 내려 "유신헌법을 비방하는 자는 15년 징역에 처한다"는 악법이 나왔다. 이에 "악법도 법이라고 지켜야 하는가?" 논쟁이 일어났다.

학생 데모는 그치지 않았고 박형규 목사를 비롯한 산업선교자들이

1.8 긴급조치 후 유신 반대 기도회를 하다가 모두 구속되는 일이 벌어졌다. 그러나 독일에 있는 유학생, 노동자, 한국 교민들은 대사관의 통제와 감시가 두려워 행동으로 나서지 못했다. 정보부원에 의한 납치도 두려웠고, 더구나 국내의 가족들이 피해를 당할까 봐 국외에서도 정부 비판은 어려운 상황이었다.

나는 유신 쿠데타가 나면서부터 고뇌하기 시작했다. 국내에서 강요당하는 침묵을 국외에 있는 지식인들까지 당하고 순종해야 하는가? 조국이 이런 위기에 빠졌을 때 해외에 있는 지식인들은 무얼 했던가? 자연히 독립운동사와 3.1운동사를 찾아보게 되었고 역사 참여라는 것이 무엇인지 심각하게 반성해 보았다. 아무리 공부를 마치고 박사 학위를 받고 귀국해서 대학교수가 된들 이미 민주주의가 파괴된 전체주의 파시즘 국가에 들어가서 무슨 일을 할 수 있단 말인가?

역사적 결단과 참여는 이런 상황에서 자신의 출세와 이익을 포기하면서 몸을 던지는 일이 아니겠는가? 동경에서 1919년 2.8 독립선언에 서명했던 유학생들은 감옥에 갔고, 결국 모두 상해로 망명해서 해외의 귀신들이 되고 말았지만, 역사적 실천을 했고 역사 발전에 기여한 것이 아닌가? 내 나이 벌써 33세인데, 예수님만큼은 살았는데, 이 치욕적인 조국의 모습을 보면서 굴욕적으로 침묵한다면 이후에 부끄럽게 되지 않을까?

결국 나는 74년 1.8 긴급조치가 나면서 행동에 나서기로 결심했다. 동시에 귀국하지 못하는 희생이나 가족들이 당할 불이익을 각오할 수밖에 없었다. 나는 신뢰하던 동창생과 친구들, 선후배들에게 1월 26~27일 프랑크푸르트에서 비밀히 만나자고 편지를 썼다. 마침 철학과 동문들인 강돈구, 송두율, 송영배, 박대원과 배동인, 이준모, 김길순, 양재혁, 김성수, 최승규, 그밖에 노동자 출신, 오대석 등 열두 명이 호응해 주어 모의하게 되었다.

도시마다 있다는 정보부원이나 연락원들이 눈치채지 않게 가족들에게도 비밀을 부탁하여 회동했다. 모두 비슷한 고민을 하고 있었음을 확인했고, 혼자 고민하다가 함께 모이니 용기를 얻게 되었다. 미국이나 일본에서도 교포 사회에서 반정부 성명서들이 나온다는 소식이 들렸다. 국내가 잠잠할 때 해외에서 깃발을 올려주었던 게 일제하 독립운동 당시의 역사적 사실이며 교훈이었다.

삼일절 본(Bonn) 데모와 민건회 조직 활동

우리는 처음에 10여 명이 모여서 여러 가지 행동 방식을 의논했다. 익명으로 성명서만 내자는 의견도 있었으나, 나는 처음부터 공개적으로 연합적, 조직적인 장기 투쟁을 해야 한다고 주장했다. 그러려면 동지들이 결합해야 하며 이름을 공개하면서 조직을 만들어 유신 체제 철폐 운동을 벌여야 힘 있게 전개될 수 있다고 주장했다. 결국 나는 74년 3월 1일을 디데이로 정하고 3.1운동 55주년에 맞춰 55명의 동지를 규합해 선언문에 서명하고 공개적으로 조직적 반 유신 투쟁에 나서자고 했다.

프랑크푸르트 회의를 마치고 괴팅겐으로 돌아온 나는 2주일을 꼬박 들어앉아 "민주사회건설 선언문" 초안을 작성했다. 2월 9~10일 다시 프랑크푸르트에 모여 내가 초안한 선언문을 놓고 오래 토론한 뒤 별 수정 없이 결정했고, 나는 강돈구 형의 차를 타고 독일 안의 여러 도시를 돌며 이 선언문에 이름을 서명하고 함께 투쟁할 발기인 55명을 모으는 작업에 나섰다. 결국 다섯 명의 부인 이름까지 넣어서 겨우 55명의 서명을 채웠다.

우리는 3월 1일 12시, 서독의 수도 본(Bonn)의 뮌스터 광장에 있는
베토벤 동상 앞에 모여 "박 독재 타도하고 민주사회 건설하자!", "각하!
이것도 15년 징역입니까?"라는 플래카드를 들고 궐기대회를 열었고, 본
의 한국대사관 근처에까지 독일 경찰의 호위를 받으며 데모 행진을 했는
데, 구경꾼, 감시원들까지 100여 명이 참가했다. 이날 저녁 우리는 쾰른
청소년수련원에 숙박하며 '민주사회건설협의회'(약칭 민건회)를 창립하
고 반독재 민주화운동의 한 기지(base)를 독일 땅에 세웠다.

55명의 서명자 명단을 밝힌 '민주사회건설 선언문'을 본 베토벤 광장
에서 내가 한국어로 낭독하고 이보영이 독일어로 낭독했는데, 다음은
그 선언문의 일부다.

민주사회의 건설은 전 국민의 요청이며 민족사의 방향이다.

일찍이 빼앗기고 억눌린 백성의 민생을 구하려던 동학혁명과 박탈된 민족의

자주 생존을 회복하려던 기미년 독립운동 그리고 독재 아래 짓밟힌 민권을 소생시킨 사월 학생혁명은 바로 인간의 존엄과 사회정의를 구현하는 민주사회 건설을 그 목표로 하였다. …

참된 민주사회의 건설은 현실의 철저한 비판과 분석을 통해 반민주적이며 반사회적인 요인을 찾아내고, 이를 제거하는 데서 시작되어야 한다. 그런데 우리는 박정권의 현 파쇼적 독재 체제가 바로 그것이라 단언한다. 10월 유신은 민주사회의 반역이다. …

불의가 승리하고 독재가 참월하는 이 오욕의 역사를 비굴하게 살다가 후대에까지 물려줄 것인가? 올바른 민주사회는 국민 대중이 주권을 회복하고, 사회 대중의 이익을 대변하며, 국가와 사회의 권력을 통제할 수 있을 때 건설된다. 그러기에 우리는 탄압과 방해를 무릅쓰고, 이국땅 한 모퉁이에서라도 민주사회 건설을 위한 토론의 광장을 마련하며, 뜻을 같이하는 국내외 동포들과 함께 반독재 투쟁의 대열에 뭉치고저 한다. 독재여 물러가라, 동지들이여 승리하라.

이 운동을 주도한 나는 이날부터 대사관, 정보부의 사찰 대상에 올랐고 온갖 협박과 중상에 시달려야 했다. 반정부만 아니라 친북한 분자로 몰아 교민들이 접촉을 두려워하게 만들었다. 국내에 있는 아버지마저 정보부에 불려 다니고 나의 편지를 모두 갖다 바쳐야 했다. 할 수 없이 인편으로 편지를 드렸는데, 그것도 발각되어 아버지는 모욕을 당했다. 나는 이제 박정희 정권이 있는 한 돌아갈 수 없는 몸이 되었다.

나뿐 아니라 서명한 여러 동지가 협박을 받고 국내 가족들이 압력과 고통을 당한다는 소식이 쌓여갔다. 우리는 동지간의 결속을 다짐하고 조직을 강화해야 할 필요를 느꼈다. 어용 조직에 맞설 뿐만 아니라 간행물 배포나 정보와 연락 소통을 위해서도 조직망이 필요했다. 거리가 멀어 지역 조직이 필요했기에 베를린, 프랑크푸르트, 뮌헨, 루르에 민건지역협의회를 두기로 했다.

또한 중앙 조직이 필요해 강돈구 형과 나는 헌장과 규약을 만들고 총회를 소집해 임원을 선정했다. 박사 학위를 받고 뮌스터대학에 전임으로 취직되어 신분이 안정된 송두율을 의장으로 선출하고, 나와 노동자 출신 오대석을 부의장으로, 강돈구를 총무로 선출했다. 그리고 부인이 하이델베르크 미군 부대에서 일하는 최승규의 집 주소를 민건회(Forum fuer Demokratie) 사무처로 신고했다.

74년 4월 민청학련사건으로 김지하 등 학생들과 진보 지식인들이 사형선고를 받았다. 75년 4월엔 인혁당으로 몰린 여덟 명이 사형집행을 당했다. 동아일보 광고 탄압, 해직 교수, 해직 언론인, 종교인 구속 등 끊임없이 사건들이 일어났고, 우리는 이를 독일과 해외 언론에 알리고, 독일 사람들을 모아 석방 운동을 벌이고, 김지하, 김대중 구명 운동을 하는 등 일이 그치질 않았다. 한번 운동을 시작하니 공부나 학위 논문에 손을 댈 수가 없었다. 나는 74년, 75년 두 해 동안 거의 절반 이상을 괴팅겐 집을 떠나 전국으로 돌아다니며 민건회 조직과 반독재 활동을 했다.

교민 사회를 계몽하려고 「광장」 잡지와 신문을 만들고, 김재준 목사를 초대해 한 달간 순회 강연회를 열고, 오글 목사, 시노트 신부가 와서 반독재 강연도 했다. 김지하 시인 구명 운동을 위해 빌리 브란트, 하인리히 빌 등 저명인사의 서명을 받고 〈양심선언〉, 〈고행 74〉 등 시 몇 편을 번역해 시집을 출판하기도 했다.

75년 4월 9일 인혁당 8인 사형이 집행되자 분개한 우리는 항의 데모를 조직해 25일 프랑크푸르트에서 시위를 벌였다. 동아일보에서 해직된 기자들을 돕는 모금 운동을 했고, 발줌(Walsum)광산의 광부들이 통역과 정보부에 의해 교회에 못 가도록 억압 받았을 때 종교의 자유를 위한 고발과 투쟁 운동도 했다. '민건회'의 6년간 활동은 『해외에서 함께한 민주화운동』에 자세히 기록되어 있다.

한국기독자민주동지회

민주화운동에 몸담기 시작하니 독일 안에서뿐만 아니라 스웨덴과 미국과 일본의 민주운동가들을 만나 교류와 협력의 네트워크를 만들고 국제적 연대 활동까지 하게 되었다. 미국에 가서 이승만 목사, 페기 빌링스 등과 워싱턴의 국회의사당을 방문해 맥가반 등 거물 정치인들에게 박 정권의 독재와 인권 탄압을 호소하며 구속자 석방 운동을 한 적도 있다.

74~75년에 유신 독재의 긴급조치 남발로 구속자들은 늘어났고 해직 교수, 해직 언론인 200여 명, 구속 학생 1천여 명을 돕는 한국기독교교회 협의회(KNCC)의 인권 보호 사업이 크게 확장되어 해외 교회들의 지원 금액도 늘어나야 했다. 이에 세계교회협과 독일·미국·일본 교회에서 활동하며 국내 민주 세력을 돕고 있던 기독교 민주 인사들이 후원금 모금 이나 국제적 지원 활동을 효율적으로 강화하고 연대와 협력의 조직을 결성하기 위한 모임을 열기로 했다.

73년 부활절 박형규 목사의 구속 때부터 비공식적으로 연대하며 국 내 운동을 지원해 왔던 제네바 WCC의 박상증, 동경 CCA-URM의 오재식, 미국 장로교 선교부의 이승만, 김인식, 캐나다 연합교회의 이상철, 김재 준, 독일 교회 동아시아 선교회의 장성환, 이삼열 등이 함께 모여 일차적 네트워크를 결성하기로 했다. 국내에서 교회협 총무 김관석, YMCA총무 강문규, 수도권 도시산업선교회 대표 박형규를 연계시켰는데, 이는 기독교 에큐메니칼 운동의 인맥을 활용한 네트워크를 확대 조직해 기독자 민주 동지들의 결속체를 만들자는 의도였다.

75년 11월 케냐(Kenya) 나이로비에서 열리는 WCC 5차 총회가 좋은 기회였다. 국내에서 김관석, 안병무, 문동환 목사 등이 총회 참석차 해외로 나올 수 있다고 해서 11월 5일경 제네바에서 '한국 문제 기독자 협의회'를 열도록 WCC 박상증이 조직했다. 미국, 캐나다, 영국, 독일, 스웨덴, 호주, 일본의 교회들과 선교 단체의 주요 책임자 30여 명과 한국인 10여 명이 6~7일에 열린 회의에 참석했고 오글 목사와 시노트 신부도 증언자로 왔다. 민중과 함께 저항하는 한국의 기독교와 연대하여 인권과 사회 정의, 민주화를 실현하는 것이 오늘의 세계교회의 사명임을 주제 강연과 토론에서 역설했다.

이 국제협의회에서 한국의 정세와 변화하는 상황의 해석과 판단을 위해 자료 수집과 정보 교환, 연대 활동의 센터가 필요하다는 결론을 이끌어 내었고, 우선 자료센터(Documentation Center)를 위해 10만 불을 모금하기로 결정했다. 국제회의를 마친 다음날 8일에 한국인 민주 동지들이 따로 모여 실천을 위한 전략 회의를 가졌다. 참석자는 김재준, 이상철, 이승만, 김인식, 손명걸, 오재식, 최경식, 박상증, 신필균 등 열한 명이었으며, 이상철 목사가 사회를 보고 이삼열이 기록했다. 이 회의에서 결속과 연대 활동을 위해 '민주사회건설 세계협의회'를 조직하기로 결의했는데, 독일과 캐나다에 '민주사회건설 협의회'가 조직되어 있기에 이를 연합하자는 생각에서였다. 그 후 명칭을 '기독자민주동지회'로 변경했다. 이 자리에 참석은 못했지만 미국의 림순만, 홍동근, 선우학원, 일본의 지명관, 이인하, 국내의 김관석, 이태영, 강문규 등을 불참한 회원 동지로 인정했다.

임원도 의장에 김재준, 사무총장에 지명관, 사무차장 겸 대변인에 박상증, 회계에 손명걸, 감사에 이승만, 김인식으로 정하고 참석자 열한 명과 불참한 지명관, 김용복을 중앙위원으로 선임했다. 이날 제네바 창립 회의는 마치 해외에 망명정부라도 세울 것 같은 열정과 의욕 가운데 진행되었다. 박정권이 국내의 민주 세력을 말살하고 스페인 같은 영구 독재 체제로 갈 수도 있다는 위기감에서 해외에 민주화운동의 기지를 만들어야 한다는 생각에 일치감을 보였다.

이렇게 결성된 기독자민주동지회는 다양한 방식으로 국내 운동을 지원했고 많은 자금을 모금해 국내로 보냈다. 매년 한 번씩 전략 회의를 가졌는데, 76년엔 미국 시카고에서, 77년엔 뉴욕에서, 79년엔 일본 동경 에서, 80년엔 독일 바트볼에서 모였다. 80년대에는 유신 체제가 붕괴되 고 여러 민주 동지가 귀국하면서 민주동지회가 국내로 옮겨지게 되었다. 기독자민주동지회의 자세한 활동과 회의 내용은 내가 집필한『해외에 서 함께한 민주화운동』에 기록했다.

이렇게 매년 미국이나 일본, 독일, 제네바 등에서 열린 전략 회의에 참석하고 국제적인 활동까지 하면서 돌아다니다 보니, 내가 마치 직업 혁명가나 되는 듯싶었다. 그러나 이런 해외에서의 조직 운동은, 더구나 반정부 정치활동은 많은 어려움과 고통을 수반한다. 외부 탄압보다 내 부의 분열과 갈등이 더 힘든 문제가 된다. 오해와 편견, 인간관계 때문에 갈등과 분쟁이 생기고, 모략중상이 따르고, 조직이 분열되며 억울한 누 명을 쓰는 일도 생기게 된다. 모든 정치 조직이나 활동에서와 마찬가지로 민주화운동에서도 이런 모순과 분열, 대립은 피할 수 없었다.

게다가 독일에서 활동한 사람들은 대부분 영주권도 없이 유학생 신분으로 여권 연장을 받아야 체류할 수 있는 처지에 있었다. 유학생들에게 노동 허가는 주지 않기 때문에 취업도 할 수 없었다. 시간이 길어지니 많은 문제가 생겼다. 운동에 나섰던 유학생, 노동자들이 여권 연장이 안 돼서 불법체류를 하게 되니 독일에 망명 신청을 해야 하는 경우가 늘게 되었다.

나는 독일 교회의 지원을 받아 민주화운동에 나선 동지들이 추방 당하지 않게 망명 신청을 도와주고 변호사를 연결해 통역해 주는 일을 했다. 결국 예외적으로 6년간이나 장학금을 주던 에버트 재단에서도 학위를 끝내지 못하면 장학금을 끊겠다는 편지가 왔다. 긴급조치가 9호까지 나와 탄압의 강도는 높아져 가고 유신 독재는 쉽게 무너지지 않을 것 같아, 아무래도 나의 독일 생활은 장기전으로 들어가야 할 것 같았다. 나는 장기전에 대비하기 위해 76년 한 해를 도서관에 틀어박혀 중단했던 학위 논문을 마무리 지었고, 12월에 구두 시험을 치르고 박사 학위를 받았다.

파독 광부들의 인권상담소장

박사 학위는 겨우 끝냈지만, 귀국도 못 하고, 장학금은 떨어지고, 가족들과 살아갈 길이 막연했다. 더구나 민건회 간부를 맡아 조직 홍보, 국내외 연대 활동을 해야 하는데, 처자식과 4인 가족이 먹고사는 것부터가 문제였다. 취직을 해보려고 했지만, 유학생 신분의 체류 허가로는 응모조차 어려웠다. 박사 실업자가 되어 고민하고 있었는데, 석 달 만에

보훔사회선교부 인권상담소장 취임식

구원의 손길이 왔다.

한국의 도시산업선교를 돕고 있는 WCC의 조지 토드 목사가 서독 북부 노드라인-베스트팔렌주에 있는 한국 광부와 간호사 5천 명을 대상으로 노동문제, 인권문제를 상담하며 돕는 산업선교 활동을 하도록 일자리를 만들어 준 것이다. 물론 WCC를 움직일 수 있는 한국 에큐메니칼 운동의 마피아 박상증, 오재식 선배의 추천과 도움이 있었을 것이다. 나는 어차피 반독재 투쟁을 장기적으로 버텨나가려면 독일에서 생활 근거를 마련해야 하고 이왕이면 교포 사회를 위해 일해야 민주화운동의 기반을 잡을 수 있겠다고 생각해서 한국 노동자들을 돌보는 상담소장 역을 맡기로 했다.

77년 3월 8년 동안이나 정들었던 아름다운 대학 도시 괴팅겐을 떠나 가족들과 함께 시커먼 제철소의 연기와 탄광들이 있는 루르 지방으로 이사 했다. 사택은 유학생들이 있는 보쿰대학 근처의 어느 목사관을 빌렸고, 내가 하는 일은 탄광과 병원을 다니며 한국 노동자들의 해고나 체류 문제, 건강 문제, 사고 보상 문제 등을 상담해 주고 변호사를 동원해 재판해 주는 일이었다. 이제까지는 차 없이 공부만 했는데, 이제 광산을 찾아다니려면 차가 필요하여 운전 면허를 따고 차를 사야 했다.

한국 광부들은 대부분 한국에서의 광부 경험이 없이 독일에 왔고, 가족들 없이 혼자 와서, 체구에도 맞지 않는 무거운 착암기를 들고 지하 1천 미터를 내려가 40도의 지열 속에서 고생하고 있었다. 숙소는 군대 막사같이 한 방에 이층 침대로 네 명이 기거하는 곳도 있었다. 사고로 병들면 해고시켜 한국으로 돌려보내기 일쑤여서 파독 광부들의 인권이나 노동권의 형편은 말이 아니었다.

나는 루르 지방에 부임하자마자 레크링하우젠과 겔젠키르켄 등 노동조건이 열악한 탄광 10여 곳을 다니며 조사했다. 그리고 "루르지방 한국광부들의 노동조건과 사회문제"라는 보고서를 써서 회사와 교회, 독일 관청에 보내 조건 개선을 요구했다. 악덕 기업주들은 약속한 하루 임금 90마르크를 주지 않고 탄을 캔 양(Gedinge)에 따라 업적이 적으면 40마르크도 주는 등 착취를 했다. 그래서 나는 한 달 월급표가 500마르크(약 30만 원)밖에 안 되는 경우들을 조사해서 언론 기관에 알렸다.

루르광산회사와 한국대사관에서는 난리가 났다. 대사관의 지시를 받는 한국 통역들이 나를 반정부로 몰면서 광부들이 접촉하는 것을 막으려 했다. 귀국하면 공항에서 잡혀간다는 협박이었다. 그러나 내가 독일 법에 의한 노동 재판을 통해 착취당한 임금을 찾아주고 해고당한 사람들을 복직시키니 내 도움을 필요한 억울한 광부들은 거침없이 찾아왔다. 사고로 손가락이 잘리고 해고당해 쫓겨 갈 뻔한 광부에게 재판을 통해 공상 인정을 받아 10만 마르크나 보상을 받아주는 일도 있었다. 자연히 소문이 나고 광부들은 대사관 정보원의 감시를 무릅쓰고 나를 찾아와 도움을 호소했다. 사건은 점점 많아졌고, 변호사를 대서 행정법원과 노동법원에 고소하고 재판소에 나가 재판 과정 통역까지 하는 것은 결코 혼자 감당할 수 있는 일이 아니었지만, 나는 여기저기 뛰어다니며 일했다. 사고나 병가로 해고당해 3년 계약기간을 못 채우고 추방되는 것은 잘못된 계약조건이었기 때문이다.

그들은 실업보험이나 사회보장법의 혜택을 받을 수도 없었다. 이걸 제도적으로 고쳐놓아야 하는데, 한국대사관은 이 노동자 송출 사업마저 중단될까 봐 두려워 항의하지 못하고 굴욕적인 자세로 쉬쉬하며 감추고 있었다. 나는 독일 교회와 광산 노동조합을 찾아가 부당해고와 추방, 저임금 문제를 호소했고 지방 신문과 인터뷰를 하며 시정을 요구했다. 독일 노총의 간부가 광산 소장에게 시정을 요구하기도 하고 노동 재판을 통해 해고자를 복직시키는 일도 있었지만, 정부 간의 계약조건을 개선하지는 못했다.

75년 통역들이 발줌광산의 한국 광부들을 반독재 설교를 하는 뒤스부르크한인교회(장성환 목사)에 나가지 못하게 협박하고 감시하는 사건이 발생했다. 대사관 정보부가 반독재 민주화운동을 탄압하기 위해 광산 통역들을 조정해서 벌인 일이었다. 이 못된 정보부의 행태를 바로잡기 위해 나는 광부 자치회 간부들과 의논해서 탄원서를 만들고 150여 명 광원의 서명을 받아 독일 교회와 언론 기관에 보내 광부들이 교회에 갈 자유마저 탄압받는다며 호소했다. 한국 정보부의 유학생 납치 사건(1966)에 신물이 난 독일의 언론과 여론은 발줌 광부들의 인권 투쟁을 적극 지지했고, 한국 대사관과 정보부는 독일 사회와 여론의 비판을 받고 곤경에 처했다. ARD 텔레비전이 내 인터뷰와 함께 한국 정보부를 비판했고, 「슈피겔」지도 자세히 보도하면서 발줌 사건은 독일에서 큰 이슈가 되었다.

한국 노동자들의 인권 문제의 중요성을 독일 교회가 인식하게 되면서, 78년 가을부터는 독일 베스트팔렌주교회가 보쿰 사회선교부(Innere Mission) 안에 정식으로 한국노동자상담소(Sozial Beratung)를 설치했고 나를 상담소장으로 임명했다. 나는 이제 독일 교회에서 월급을 받고 제공 받은 차를 타고 다니며 일할 수 있게 되었다. WCC 산업선교부의 1년 반 지원이 효과를 본 것이다.

이렇게 산업선교 노동운동을 하며 3년을 지냈는데, 79년 10월 박정희 대통령이 정보부장 김재규의 총에 암살되고 유신 체제가 끝나는 이변이 일어났다. 독일에서 반 망명 상태로 고생하던 유학생, 민주 동지들은 환성을 질렀다. "이젠 고향에 돌아갈 수 있겠구나" 하며 기쁨에 넘쳤다.

사실 나만 해도 독일 교회의 도움으로 버텨냈지만, 많은 동창, 동지들은 학위를 끝내고도 귀국하지 못하고 식품 가게를 운영한다든가, 노동하며 고생하는 형편이었다. 부인들이 간호사 일을 하며 겨우 살아가는 형편에 있는 동지들도 많았다. 나는 이 3년 동안 노동자들의 삶과 문제들을 파악하는 귀중한 체험을 했다. 책으로만 공부했던 노동운동의 역사와 사상을 처음으로 실천해 본 것이다.

나는 파독 광부들의 인권과 노동자의 권리를 보호해 주려고 보쿰 (Bochum)으로 왔지만, 또 하나의 목적은 독일에 있는 교민들의 민주화운 동을 강화하는 것이었다. 교민들의 80%가 노동자들이며 대부분 루르 공업 지대에 살고 있었기 때문에 보쿰에 와서 한인 교회를 거점으로 활동 하려고 계획했다. 그래서 보쿰한인교회에 광부, 간호사들에게 독일어 를 가르치는 과정을 만들었고 민주화, 인권, 사회발전에 관한 교육 프로 그램도 실시했다.

차츰 민주화운동에도 교민들의 참여가 늘어나면서 광부와 간호사 들의 의식화와 참여도가 높아지게 되었다. 민건회와 별도로 노동자들의 해방을 외치는 '노동자연맹'이 조직되어 급진적 성명서를 내기도 했다. 보쿰교회에 나오는 광부들이 서클 조직을 만들고 책을 읽으며 공부하는 그룹 활동을 시작했다. 독일에 온 노동자들이 의식화되면서 신문과 잡 지를 만들었고 돈을 모아 한국의 노동운동에 보내기도 했다. 그리고 드 디어 조합 운동까지 생겨났다.

비록 돈을 벌기 위해 한국을 떠나 독일에 온 노동자들이었지만, 이들 에게 노동자의식을 심어주고 민주화운동에 나서도록 계몽하는 일은 조 국의 역사 발전을 위해서도 필요한 실천이라 생각되었다. 당시 국내 상 황은 동일방직이나 원풍모방에 산업선교 일꾼들이 들어가 노동조합을 조직하려다가 똥물을 뒤집어쓰는 테러를 당하던 시절이었다. 마침 유학 생으로 77년에 보쿰에 온 정현백이 최정규를 비롯한 광부 노동자들의 토론 그룹을 지도하며 계몽 활동을 했다. 한인 교회와 유학생들에 의해 의식화된 광부들은 교회와 조합 운동을 통해 수만 마르크의 헌금을 모금 해서 한국의 박형규 목사 등에게 보내며 국내의 민주화와 노동운동을 지원했다.

　노동자들과 함께 보낸 3년 동안의 보쿰 생활은 나에게 산업선교와 노동운동 속에 들어가 몸으로 체험하는 귀중한 시간이었다. 그러나 노동운동이나 사회 사업(social work)의 뜻은 좋지만, 대학에서 연구만 하던 철학도에겐 너무 힘들고 벅찬 일이었다. 해고자, 병들어 입원한 자, 사고당한 자들이 밤낮없이 찾아오고 전화 걸고 계속 도움을 요청하는데, 감당해 내기가 어려웠다. 노동문제나 법률적인 문제만 있는 게 아니라 인간의 삶의 문제가 모두 튀어나오니 상담만으로 해결할 수 없었다.

　의식화되어 반정부 운동에 참여시켰더니 망명 신청을 도와줘야 하고, 한국의 가족과 오래 별거하게 되니 이혼 문제가 생기고, 광산 계약이 끝나면 체류 허가를 연장해 주고, 다른 직장을 얻어 주어야 하는 일들이 연속 쌓였다. 운이 좋고 성실해 잘 풀린 사람도 있지만, 일이 잘 안되고 어려워지면 원망과 비난을 듣기도 하였다.

　그중에는 정신적으로 감당하지 못해 정신병으로 입원하는 사람도 생겼다. 환자의 치료를 위해 정신병원으로 데리고 다니면서 의사들과 여러 시간 통역해 주며 함께 치료하는 일까지 했다. 이를 통해 정신분석과 심리치료에 관한 공부도 많이 했지만 과연 내가 이런 일까지 해야 하는가 회의가 들기도 했다. 그러나 가족도 친척도 없이 말도 못 하는 외국에서 이런 고통과 곤경을 당하는 파독 광부들에겐 사회상담소장인 나 외에는 도와줄 사람이 아무도 없었다.

WCC-URM과 유럽산업선교회

79년 10월 26일 밤 10시 뉴스에 박정희 대통령이 암살되었다는 보도를 보고 우리 집에 모여 놀던 유학생들이 환성을 질렀다. 유신 독재자가 이렇게 종말을 고하다니 역사의 기적, 신의 섭리라는 것이 이렇게 벼락같이 오는구나 탄복했다. 이제야 드디어 고향에 갈 수 있겠구나 생각하니 감격의 눈물이 쏟아졌다.

그렇지 않아도 나에겐 WCC 에큐메니칼 활동을 할 수 있는 일자리 제안이 있어서 광산 노동자 상담소장의 일을 그만두고 옮겨볼 생각을 하고 있던 참이었다. 세계교회협 도시농촌선교부(WCC-URM) 책임자인 토드(George Todd) 목사가 유럽산업선교협의회(ECG)의 총무간사 직을 맡지 않겠는가 제안을 보내왔던 것이다.

영국, 독일, 프랑스 등 14개 유럽 국가의 개신교회에는 각기 도시산업선교를 담당하는 기관과 목사와 실무자들이 있는데, 이들의 협력과 연대를 위한 협의체가 ECG(European Contact Group on Church and Industry)였다. 전임자 모이어(John Moyer)가 마침 다른 자리로 떠나게 되어 후임을 찾는데, 독일에서 외국인 노동자 산업선교를 경험한 내가 적합하다고 생각해 추천하였던 것이다. 이때 유럽의 산업선교가 외국인 노동자들의 차별이나 인권 문제로 논란이 벌어지고 있어 나의 경험과 시각이 도움이 된다고 도드 목사는 판단했다.

나는 한국 광부들의 골치 아픈 재판과 사고 등을 3년 동안 쫓아다니며 처리하느라 지쳐 있었고, 유신 독재자가 쓰러지니 귀국할 가능성도 생긴 것 같고, 항상 꿈꾸었던 에큐메니칼 운동에 몸담아 볼 기회가 온 것이기도 해서 미련 없이 보쿰 사회선교부에 사표를 제출했다. 동시에 디아코니아 훈련을 받은 광부 출신 피호균 씨를 후임자로 추천해서 79년 12월 말에 인계했다.

80년 1월부터는 유럽산업선교회 일을 맡아 유럽 여러 나라를 순방하며 일하게 되었다. WCC-URM에서 월급을 받기 때문에 행정상으로는 제네바 세계교회협의 협동 간사(consultant)로 등재되었다. 보쿰 거주지에 사무실을 두고 정책회의와 교육 모임, 나라별 행사에 초청받아 유럽 여러 나라를 다녔다.

영국의 Industrial Mission, 프랑스의 Mission Populair, 독일의 KDA(Kirchliche Dienst in Arbeiter Welt)가 회원 단체이며 스웨덴, 노르웨이, 핀란드, 스페인 등에도 유사한 선교 단체가 있어 한 번씩 방문해 강연과 협의를 했다. 가서는 외국인 노동자 문제뿐 아니라 한국의 도시산업선교 현황에 대한 강연도 많이 했다. 영등포 산업선교회의 조지송 목사, 인천 동일방직 사건과 조화순 목사, 청주 도시빈민 선교의 정진동 목사 등 강연의 화제는 풍부했고 보고 강연은 감동적이었다.

나는 몇 년간 이 일을 하면서 기회를 보아 한국으로 돌아갈 생각을 하였다. 국내 정세가 민주화로 개선되면 국내에서 일할 기회가 생기리라 기대했다. 이 기회에 유럽 교회와 사회를 잘 배우고 귀국하는 것이 도움이 될 것이라 생각해 열심히 노트에 기록하며 여행했다.

WCC가 주최한 세계선교대회(World Mission Conference)가 80년 5월 초 호주 멜버른에서 열렸는데, 나는 유럽산업선교회 대표로 참석해 에큐메니칼 운동의 진 국면을 맛보고 많은 감동을 받았다. "당신의 나라가 오소서"(Thy Kingdom Come)라는 주제로 전 세계교회 대표 1천여 명이 모여 10여 일 동안 신학적 강연과 사회문제의 토론을 진행했는데, 여기서 나는 에큐메니칼 정신의 신학과 대회의 분위기를 처음으로 진지하게 체험했다.

대회 직전 며칠간 전 세계 도시, 농촌, 산업선교 단체의 대표자들이 모여 보고와 정책협의회를 WCC-URM 주관으로 개최했는데, 여기서 세계 여러 나라의 실정을 듣고 산업선교의 거장들을 만날 수 있었다. 아시아교회협의회 도시산업선교국장 조지 나이난, 한국의 박형규, 조지송, 짐바브웨 초대 대통령이 된 당시 아프리카 로데지아의 가나안 바나나 등이 활동 보고를 했고, 나도 유럽 보고를 했다. 호주에 오는 김에 대회 전후로 인도, 필리핀, 대만의 산업선교 현장을 방문했다. 사실 대회를 마치고 나서는 일본을 거쳐 한국 방문을 시도해 볼 계획이었다.

유신 체제 붕괴와 13년 만의 귀국

79년 10월 박 대통령의 장례식과 함께 유신 체제는 끝장이 날 줄 알았는데, 정국은 묘하게 돌아가더니 12월 12일 쿠데타가 발생했고, 80년 5월 광주학살사태를 일으킨 전두환 군부 세력이 다시금 5공화국 독재 체제를 출범시켰다. 해외 망명 생활을 청산하고 짐을 싸서 귀국하려던 나의 꿈과 희망은 다시금 좌절과 절망에 빠지는 것 같았다.

결국 한국의 민주화는 분단 체제와 군부 세력, 미국의 독재 지원이 계속되는 한 불가능한 것이 아닌가? 10.26 사태에 감탄하고 환성을 울리던 독일의 민주화운동 동지들은 다시금 침울해졌다. 서울의 봄이 오며 학생들이 광장에서 민주화를 구가했을 때 독재 세력의 잔재가 청산되는가 했는데, 광주의 피바다 학살과 5공 독재로 한국은 캄캄한 겨울 공화국으로 전락해 버렸다. 이젠 정말 죽을 각오로 해외에서 장기 체류하면서 싸울 수밖에 없지 않을까 생각도 들었다.

서울의 봄이 오는 80년 초 나는 광주사태를 전혀 예상치 못하고 WCC 호주대회를 마친 뒤 5월 중순 독일 교회 방문단에 끼어 12년 만에 처음으로 한국에 가서 부모님과 동생들을 만나려는 계획을 세웠다. 유신 독재가 무너졌으니 이젠 나의 귀국 여행도 가능하리라 생각했다. 그런데 대사관에 신청한 일시 귀국 허가가 출발 시까지 나오지 않았다. 한국 외무부에서 허가가 안 왔다는 이유였다. 단수 여권을 가지고 귀국했다가 다시 나오려면 일시 귀국 허가를 받아야 했는데, 허가를 못 받으면 독일로 재출국할 수가 없던 때였다.

일단 호주 멜버른에서 선교대회에 참석한 뒤 일본 동경에서 독일 교회 방문단과 합류해서 5월 12일에 서울로 들어가기로 약속하고, 5월 초에 호주로 떠났다. 5월 10일경 일본 동경에 와서 일시 귀국 허가 여부를 알아보려고 동경과 독일의 한국대사관에 여러 번 전화했지만 정부의 허가가 안 나왔다는 대답만 돌아왔다. 독일 방문단은 계획대로 12일에 서울로 떠나고, 나는 할 수 없이 동경에서 며칠 더 체류하며 혹시 일시 귀국 허가가 나오면 늦게라도 서울에 가려고 기다리고 있는데 5월 18일 광주학살 사태가 터졌다는 소식이 들려왔다.

동경의 오재식 선배의 사무실로 신문에 나지 않은 광주로부터의 호소문과 학살 현장의 보도가 신속히 날아와서 호텔에 함께 머물고 있었던 박형규 목사와 나는 공수부대의 데모 군중 학살 만행을 즉시 파악할 수 있었다. 나는 호텔 방에서 보도와 성명서를 읽으며 엉엉 울었다. 이런 음모가 있는 나라에 들어가려고 기다리고 있다니 눈앞이 캄캄해지고 소름이 끼쳤다. 정신 차리고 생각해 보니 일시 귀국 허가를 받지 못해 서울로 들어가지 못한 게 얼마나 다행인가 했다.

사실 12일에 서울 들어가면 한완상 박사와 이문영 교수, 서남동 교수 등과 함께 5월 15~17일경 김대중 선생을 만나도록 약속되어 있었다. 이 만남을 미리 알아챈 보안사가 17일 밤 모두를 연행해 체포했고, 이 소식이 알려져 5.18 광주 데모와 학살 사태가 벌어진 것이다. 이날 모인 문익환, 이해동, 서남동, 한완상, 이문영, 김대중은 일망타진되었고, 국가 전복 음모 사건이란 대역죄에 엮이어 무참한 고문을 당했다. 만약 그 자리에 합석했더라면, 아니 서울에 들어가 이들과 연락만 했더라도 나 또한 그 제사상에 오를 뻔했다.

나는 동경에서 독일 우리 집에 모인 민주 동지들에게 전화로 광주에서 나온 성명서를 천천히 읽어 주었다. 이것을 받아 적어 프린트해서 돌리며 광주사태 규탄 데모를 독일에서 급히 조직하도록 했다. 이때 콜렉트콜을 이용했는데, 나중에 확인해 보니 통화료가 500불이 넘게 나왔다. 한 달 월급의 절반이 날아갔지만, 광주에서 학살 당한 학생들의 진상을 빨리 독일의 언론과 교포들에게 전달하고 교민 다수의 항의 시위를 본(Bonn)에서 일어나도록 한 것은 통쾌한 일이었다.

서울의 동생 집에서 12년 만에 나를 만나려고 기다리던 어머니와 아버지에게 나는 체포될 게 뻔하니 못 들어간다고 울면서 전화하고, 현해탄을 건너지 못한 채 다시 비행기를 타고 독일로 돌아와야 했다. 결국 국내의 민주 인사들, 해직 교수와 언론인, 양심적 종교인들은 다시 감옥에 갔고, 유신 체제보다 더 무시무시한 5공화국 군부 독재 체제가 들어섰다.

오랜만에 고향과 가족들을 보려던 꿈은 사라졌고, 독일 생활을 정리하고 귀국하려던 계획은 일단 포기한 채 정세를 보며 기다릴 수밖에 없었다. 어쩌면 독일에서 망명객으로 투쟁하며 일생을 보내야 할지도 모르는 암담한 날들이었다. 유신 독재 체제는 붕괴되었는데 전두환 군부 쿠데타 세력들은 '민주정의당'을 만들어 민주화와 사회정의를 내세우며 부정부패 청산을 외치고 나서니 어이가 없고 할 말을 잃었다. 다시 반독재 투쟁 전선을 만들어 앞장설 용기가 나지 않았다.

해외 민주화운동 단체와 지도자들은 큰 실망과 함께 반성과 재정비에 들어갔다. 내가 속했던 기독자민주동지회는 미국, 일본, 유럽의 기독교 지도자들과 에큐메니칼 기관의 책임자들로 구성되어 있었는데, 광주 사태와 5공 군부 독재를 겪으며 왜 민주화운동이 실패했고, 이제 무엇을 어떻게 해야 할지를 반성하고 찾아보는 심포지엄을 열기로 했다.

81년 4월 초 독일 바트볼 아카데미에서 국제적 전문가들과 미국, 유럽, 일본의 민주 인사 80여 명이 모여 3박 4일간 전략 회의를 열고 국내외 정세 분석과 민주화운동의 장래와 정책에 대한 토론을 실시했다. 새로운 각성은 국내외 반독재 투쟁만으론 군부 독재를 물리칠 수 없고, 북한과의 대화와 협력을 통해 전쟁 위협을 막고 남북 관계를 개선해 군사 독재의 근거를 없애야 한다는 것이었다.

이제까지는 우선 남한의 민주화를 이룬 후 북한과의 통일을 모색해야 한다는 선민주 후통일이 운동 정책이었는데, 이제는 선통일 후민주 혹은 민주 통일 동시 추진이라는 전략이 거론되었다. 이에 따라 국내와 해외에서 운동하는 전략과 방식도 달라져야 하고 남북 관계의 개선을 위한 노력이 입체적으로 추진되어야 한다는 인식을 결론적으로 얻었다.

이런 현실 분석과 상황 판단하에서 나의 위치와 진로에 대하여 심각한 반성과 고민을 하지 않을 수 없었다. 나는 이미 12년이나 독일에 장기 체류했고 해외에만 머물러 있었기 때문에 국내 현실에서 소외되어 있으며, 이런 위치에서 국내 민주화나 통일 운동을 책임 있게 주도할 수는 없을 것 같았다. 또한 자녀들이 벌써 열두세 살이 넘어 더 늦으면 독일에 영주할 수밖에 없고 한국 국적을 포기해야 할 것 같았다. 해외에서 자란 아이들이 열세 살을 넘으면 모국어의 완전한 회복이 불가능하다는 언어 학자의 말도 고려했다.

이런 반성과 앞으로의 과제를 생각하며 이제는 해외 생활을 정리하고 어려워도 국내로 들어가서 새롭게 길을 찾는 모험을 할 수밖엔 다른 도리가 없다고 결론을 내렸다. 설사 내가 감옥에 가는 경우가 생기더라도 아이들의 장래를 생각해 한국에 돌아가 모국어를 회복하고 한국 사람을 만들어야 부모의 책임을 다할 수 있을 것 같았다.

81년 초 5공화국 수립과 전두환 대통령 취임이 있고 나서 주독 한국대사관에서 전화가 왔는데, 이제는 한국에 일시 귀국하거나 영주 귀국을 해도 좋다는 소식을 알려 주었다. 그냥 허가 정도가 아니라 권유였다. 이제는 전부 민주화되었기 때문에 유신 독재 시대 반정부 활동한 것은 문제시하지 않겠다는 말까지 했다. 나를 밖에다 둬서 시끄럽게 하는 것보다는 국내에 들여놓고 꼼짝 못 하게 하는 것이 낫겠다고 정보부가 판단한 것 같았다.

나는 일단 모험을 각오하고 일시 귀국해 보기로 했다. 마침 81년 6월 서울에서 한독교회협의회 4차 회의가 열리는데, 독일 교회 대표단 10여 명에 나를 포함시켜 주어서 공무로 일시 귀국을 해보게 되었다. 독일 교회 대표자들은 내가 구속되거나 연행되면 항의 조치를 취하겠다고 했다. 81년 6월 드디어 한국을 떠난 지 13년 만에 처음으로 김포 공항에 내려 비행장에 나오신 어머니를 부둥켜안고 울음을 터트렸다. 한독 교회 관계자들과 내 동생 가족들 모두 눈물을 글썽이며 나와 어머니의 재회를 지켜보았는데, 나는 이 감격스러운 장면을 일생 잊을 수가 없다.

60년대 말에 떠났다가 80년대 초에 다시 밟은 조국 땅, 서울은 너무나 변해 있었다. 높은 빌딩과 고급 호텔, 지하철과 자동차의 홍수, 아파트 단지의 규모는 마치 서구의 대도시를 방불케 했다. 오랜만에 만난 사람들도 많이 변해 있었고 가치관도 옛날과는 많이 달라진 것 같았다. 그러나 그리웠던 부모, 형제, 친구들과의 재회의 기쁨은 이루 다 표현하기 어려웠다. 종로2가 YMCA호텔에 독일 대표단과 함께 머물며 뒷골목에서 호떡과 군밤을 사 먹으니 한국에 돌아온 실감이 났다.

6월 12~15일은 내가 근무했던 크리스챤아카데미하우스에서 열린 한독 교회 4차 협의회에 참석했다. 박종화 목사와 둘이 했지만 며칠을 통역에 매달려 몹시 피곤했다. 협의회 주제는 "분단국가에서의 교회의 역할"로 통일 문제와 남북 간의 평화적 관계 개선의 문제를 토론했고, 이 문제는 유신 체제 이후 해결해야 할 시급한 문제이자 분단국인 독일 교회와 함께 노력해야 할 공동의 과제이기도 했다.

정보부 조사받고 조국 땅 숭실대로

회의를 마친 뒤 경남 하동읍 교회 목사로 시무 중이신 아버지 댁에 며칠 머물며 고향의 맛을 즐겼고, 서울에 올라와 선후배 친구들과 어른들을 만나며 국내 사정과 형편을 알아보았다. 과연 내가 귀국해서 무엇을 할 수 있으며 적응할 가능성이 있을지, 일할 자리를 얻을 수 있을지 살펴보기 위해서였다. 한완상 교수, 조요한 교수, 안병무 교수 등 해직 교수들과 강원용 목사를 만나 자문도 받았다.

한 달간 한국 방문을 마치고 독일로 돌아온 나의 확실한 결론은 가능한 한 빨리 한국으로 돌아와야겠다는 것이었다. 새로운 5공 독재 치하에서의 적응이 문제지만, 민주화운동이든 통일 운동이든 이제는 국내 현실 속에서 해야 의미와 효과를 볼 수 있겠다고 생각했기 때문이다.

물론 독일에서도 조국의 현실을 잊지 않고 참여 운동을 해 왔지만,

가만히 반성해 보니 독일 사회와 의식 수준 위에서 생각하며 운동했고 한국의 현실과 대중 의식에 뿌리를 박은 현실 참여로부터는 매우 소외되고 격리되어 있음을 발견했다. 아직도 민주화와 사회개혁, 통일의 길이 먼 5공 초기인데, 이미 40이 된 내 나이에 국내에 와서 뿌리를 박지 못한다면 점점 현실과 괴리되어 밖에서의 활동이 의미를 잃게 될 것 같았다. 그렇다고 국내에 들어와 뿌리를 내린다는 것도 간단한 일은 아니다. 계속 정보부의 감시를 받는 나를 과연 누가 써줄 것이며 또 활동을 허용하겠는가?

그러나 하늘의 도움이었는지 한 달간 한국 방문을 했던 다음 해 82년 4월 나는 숭실대학 철학과의 교수로 영구 귀국하였다. 복잡한 과정을 다 쓰기는 어려우나, 귀국할 의사가 있다는 것을 아신 선배 조요한 교수님이 당시 자신은 숭실대에서 해직된 형편이었지만 마침 나온 철학과에 교수 채용을 보고 나를 추천해 주신 것이다. 철학과 최명관 교수님도 여러 차례 독일로 편지를 보내어 학교 상황을 알려 주시며 애를 많이 쓰셨다.

학교 당국은 채용 결정을 했지만 정보부에서 허가를 해주지 않아 인사위원회에 올라가지 못하고 몇 달을 기다렸다. 정보부에서는 나의 해외 활동을 조사하고, 특히 북한과의 관계를 밝혀야 신원조회 허가를 해줄 수 있다고 했다. 나는 할 수없이 82년 1월에 다시 귀국해서 어느 호텔방에 갇히어 정보부 조사관들에게 약 10일 동안 조사를 받았다. 나와 관련된 조사 서류가 큰 가방 하나에 가득한 것을 보고 놀랐다. 한국 정보부가 대단하다고 생각되었다. 심지어 내가 스웨덴, 일본으로 다니며 신문에 인터뷰한 내용까지 모두 스크랩되어 있었다. 조사는 주로 북한에서 공작금을 받았는가에 집중되었다. 대북 관계가 깨끗하다는 게 드러났는데도 좀처럼 허가가 나오지 않았다. 결국 강신명 총장, 김소영 총무 등 여러 기독교계 인사가 정부에 찾아가 탄원하고 나서야 풀렸다. 신문에 "이삼열 박사 숭실대 교수 취임" 보도가 실렸고, 봄 학기가 이미 한 달 반 지난 4월 중순에야 귀국해 강의를 시작할 수 있었다.

나는 정보부의 조사를 받는 동안 귀국하면 일체 정부 비판 활동을 하지 않겠다는 각서를 쓰라고 강요받았다. 그러나 나는 그런 거짓말 각서는 못 쓰겠다고 했고, 귀국하면 교수직과 학술 활동에 전념하겠다고만 썼다. 독일에 돌아와서 동지들에게 사실대로 알리고 내가 실험 케이스로 귀국할 테니 내가 안전히 버티면 모두 귀국하라고 했다. 그러나 일부 과격파 사람들, 특히 독일에 영주하며 운동하려는 사람들은 나에게 백기를 들고 귀국했다고 비난하면서 배신자처럼 보았다.

그러나 나는 현실 참여의 전략과 방법이 달라진 것일 뿐 소신을 버린 것도 아니고 국내에 들어가서 민주화운동을 계속할 테니 두고 보라고 했다. 어쨌든 나의 귀국과 대학교수 취직이 성공하면서 독일에 있던 망명 동지들은 용기를 얻었고, 그 후 4~5년 안에 강돈구, 이준모, 송영배, 이태수, 송윤엽 등 민건회에 가담했던 20여 명의 유학생 동지가 귀국해서 대학교수가 되고 직장 활동을 했다. 그중엔 이미 건강 악화로 세상을 떠난 동지, 동창도 여러 명 있다. 오랜 망명 생활과 고생 그리고 귀국 후의 어려움으로 건강이 나빠져 그렇게 된 것 같아 미안한 마음을 금치 못한다.

V. 숭실대 교수와 사회발전 운동
(1982~2005)

사회와 철학연구회의 창립

귀국 후 대학교수로서 40이 넘어 강단에서 철학을 강의하게 된 나는 우선 학문적 연구와 가르치는 일에만 전념하기로 했다. 국내에는 민주 인사들이 많고, 학생들 또한 잡혀가면서도 데모를 계속하는데, 대학교수가 된 내가 독일 유학생 시절처럼 민주화 투쟁 전선에 앞장설 필요는 없다고 생각했다. 또한 귀국 시 약속대로 교수직과 학업에만 충실하는 모습을 보여야 했다.

그리고 이제야말로 나의 본업인 사회철학에 매진하여 한국 철학 사상의 발전에 기여해야 한다고 생각했다. 그래서 잠도 줄여가며 강의안을 만들어 숭실대와 이화여대에서 사회철학, 역사철학, 헤겔, 하버마스 등을 강의했다. 물론 숭실대 철학과의 교과과정에 따라 철학개론, 인식론, 칸트, 현대 독일 철학, 사회윤리 등 다양한 과목의 강의도 맡았다. 사실 독일에서는 이제까지 몇 년 동안 민주화운동과 산업선교 활동을 하느라 철학 책을 읽을 수 없었기 때문에 급작스레 철학 강의를 하는 게 쉽지 않았다.

프랑크푸르트 학파와 비판이론은 독일에 있을 때 연구하고 싶었지만 하버마스만 조금 읽고 체계적으로 연구하지 못했었는데, 한국에 와서 강의·강독하면서 다시 읽으며 학술적 연구를 할 수 있었다. 비판이론의 사회철학을 체계적으로 연구해서 이데올로기 문제와 함께 강의하며 논문을 쓰는 일이 우선 과제였다.

이화여대 철학과 소흥렬 교수의 요청으로 83, 84년, 두 해 동안 이화여대에서 사회철학 특강을 했는데, 철학과뿐 아니라 인문사회대, 법대 학생들이 높은 관심을 보여 200여 명이 강의실을 가득 채웠다. 80년대 초 5공 독재 시대였기에, 진보적 이념 문제에 갈증을 느끼는 학생들이 시대 분위기를 타고 전 학과에서 몰려와 초롱초롱한 눈으로 열심히 강의를 들었다.

80년대 한국 철학계에서 사회철학은 아직 낯선 분야로 이단 취급 받고 있었다. 사회철학을 사회주의 철학으로 보는 오해에다, 사회주의나 공산주의 문제를 학문적으로 논하는 것도 터부시되었기 때문이다. 숭실대뿐 아니라 전국 대학에서 사회철학을 강의 제목으로 내놓은 곳은 보이지 않았다. 한국 철학회 산하에 분과철학연구회로 윤리학회, 현상학회, 분석철학연구회, 실존철학연구회, 동양철학연구회 등 10여 개가 있었지만, '사회철학 연구회'는 존재하지 않았다. 80년대 중반 5공 독재 시대엔 학생들의 지하 서클에서만 사회철학 논쟁이 존재했다.

나는 사회철학 강의를 82년 숭실대에, 83년 이대에 개설했고, 민주화가 진전된 90년대에 와서야 철학회 안에 '사회철학연구회'를 조직하려 노력했다. 우선 사회철학을 전공했거나 관심을 가진 대학교수들과 학자들을 모아 연구 발표와 토론의 장을 만들 필요가 있었다. 그래서 독일에서 함께 유학했던 교수 박종대, 송영배, 이준모, 이상화, 양재혁, 최종욱 등 10여 명을 92년 2월 14일 숭실대 사회봉사관 내에 있는 기독교사회연구소로 초대해서 첫 연구 모임을 열었다.

첫 모임에서 명칭을 '사회와철학연구회'로 정했고 매월 한 번씩 돌아가며 연구 발표와 토론을 하기로 했다. 월례 발표와 토론회를 1년간 8회 실시한 뒤, 그 토대 위에서 93년 4월에 '사회와철학연구회'라는 한국철학회의 분과학회를 정식으로 출범시켰다. 명칭을 '사회와 철학'으로 정한 것은 좁은 의미의 사회철학뿐 아니라 정치철학, 법철학, 역사철학 등 사회와 관련된 철학들을 함께 종합적으로 연구하는 학회를 만들자는 취지에서였다.

학회의 폭을 넓히기 위해 서울대 차인석 교수를 초대 회장으로 모셨고, 나는 부회장으로 책임을 맡다가 2년 뒤 2회 회장을 맡아 학회를 운영했다. 지금까지 30여 년이 넘도록 사회와철학연구회는 50여 명의 회원을 가진 한국철학회 분과학회로 매우 활발하게 활동하고 있다.

나는 숭실대에 부임한 지 만 10년이 지난 93년에 안식년을 얻어 미국 보스턴의 하버드대학과 독일 프랑크푸르트대학을 오가며 유명 교수의 강의를 듣고 공부했다. 특히 독일에선 하버마스의 강의를 들으며 비판이론의 사회철학 연구에 몰두했다. 50이 넘어 어린 학생처럼 강의실과 세미나를 찾아다니며 공부하는 노학생의 재미를 단단히 보았다. 이 인연으로 96년에 하버마스 교수를 한국에 초대해 프레스센터에서 한국철학회의 주최하에 강연회를 개최했고 내가 통역을 했다. 이론과 실천에 관한 특별 강연은 그의 사회철학의 중심 사상이었다.

7년 뒤 2000년에 다시 한 학기 안식년을 얻어 프랑크푸르트대학에서 방문 교수로 지낼 때 하버마스와 아펠(Karl Otto Apel)이 공동으로 연 Ober

Seminar에 참석해 양대 철학자의 논쟁을 청취하며 거장 철학자들의 인식론적 차이와 철학적 방법론을 가까이서 배웠다. 사회철학의 장래 비전을 묻는 나에게 후임자인 호네트(Axel Honneth) 교수를 소개해 줘서 그와 토론해 보았다. 그리고 남부 독일 슈타른베르크에 있는 하버마스의 자택에 방문해 귀한 음식 대접을 받고 부부와 함께 즐거운 한때를 보내기도 했다.

또한 한국철학회의 다산 철학 강좌 운영위원장을 맡아 아펠 교수를 한국에 초청해 서울과 대구에서 강연회를 개최했다. 프랑크푸르트 자택으로 찾아가 노 교수 부부를 교섭해 98년 다산철학 강좌에 모셨는데, 일주일 동안 부부를 모시고 여러 곳을 다니는 일은 힘들었지만 보람 있었다.

2008년 한국철학회 회장으로 선출되어 국제철학회연맹(FISP)이 주최하는 22차 세계철학대회(World Congress of Philosophy) 서울대회를 주관하게 되었는데, 서울대학교에서 열린 수십 개의 강연과 토론마당엔 전 세계 2천여 명의 철학자가 참석했다. 이 대회에서 나는 한국철학회를 대표해 국제철학회연맹의 이사로 선출되어 2013년 23차 아테네대회까지 5년 동안 활동했는데, 매년 그리스, 멕시코, 모스크바 등 여러 나라에서 열린 철학 심포지엄과 FISP 이사회에 참석하고 토론했다.

김수환 추기경과 CBS 방송 대담

숭실대 철학과 교수로 부임하면서 사회철학의 발전과 강의에 충실하겠다는 결심은 변함이 없었지만, 교수직의 사명이 학과 강의와 학문 연구에만 있다고는 생각하지 않았다. 대학의 사명이 교육과 함께 사회

발전에 기여하는 데 있기 때문에 교수에게도 어느 정도 사회참여를 통해 공헌해야 할 의무가 있다고 생각했다. 나는 특히 기독자 교수로서 해야 할 책임과 시대적 사명이 있었기에 이 일에도 게을리하지 않았다고 자부한다. 숭실대는 기독교 대학이었기 때문에 기독자 교수로서의 과업이 많았고 또 여건이 유리하고 좋았다.

이 점에서 나의 숭실대 교수 직 20여 년은 시대 상황으로 보아 두 시기로 나눌 수 있다. 82년 교수직 부임 시부터 5공화국 독재 시대가 끝나고 민주화가 이루어지는 92년까지, 즉 전두환 대통령 시대와 노태우 대통령 시대까지를 전반기로 본다면, 93년 김영삼 대통령의 문민 정치 시대로부터 김대중 대통령과 노무현 대통령 시절을 거치며 유네스코의 아태교육원과 한국위원회 사무총장을 맡아 2005년에 대학 캠퍼스를 떠날 때까지를 후반기로 볼 수 있겠다. 즉, 군부 독재 시대와 민간 정부 시대로 나누어 볼 수 있다.

전두환 독재의 탄압과 감시가 극심했던 초기에는 현직 교수로서 직접 독재 비판과 민주화운동에 나서기 어려웠다. 조요한, 이문영, 한완상, 서남동, 김찬국, 문동환 등 해직된 교수들과 함께 어울린 기독자교수협의회에 가담해 수련회에 참석하며 기독 학생 운동을 지원하고 기독교사회문제연구원의 프로젝트를 맡아 민주화, 통일 운동에 도움이 되는 논문을 쓰고 강연을 하는 정도의 지식인의 역할을 감당했다.

82년 여름 방학 한 달을 독일 보쿰대학 도서관에 가서 나치 독재 시대 칼 바르트와 본회퍼와 니뮐러의 고백교회 저항 운동사를 연구해 기사연의 출판물,『국가권력과 기독교』에 실었다. 나치 독재에 저항하며 신앙의 자유와 인권을 지키려 했던 독일 고백교회의 역사와 신학을 조사 연구해 발표하여 한국교회 지도자들의 의식을 계몽하는 데 기여하려는 목적에서였다. 이 당시 기독교 잡지나 신문에 교회와 국가 문제에 관한 원고 요청이 많아서 독일 고백교회 내용을 정확하게 파악할 필요가 있었다.

83년 여름 방학엔 다시 독일에 가서 독일 교회의 초기 통일 운동에 관한 자료들을 수집하고 독일 교회의 분단 초기와 그 후 통일에 관한 입장을 정리해 기사연이 출판한『분단 시대와 통일 운동』에 실었다. 한국교회의 사회참여나 사회선교 활동을 발전시키는 사명을 감당하기 위해서, 나로서는 독일 교회 이야기를 자주 할 수밖에 없었고 정확한 인식과 자료를 확보할 필요가 있었다. 이런 연구물이 기독 학생, 평신도, 목회자들의 민주화운동, 통일 운동에 참고와 도움이 된다고 믿었기에 시간을 들여 독일에 가서 연구와 집필을 했다.

「기독교사상」이나 기독교 언론에 인권, 정의, 평화, 사회선교에 관한 글이 자주 실리고, 교회협(NCC)의 여러 모임과 YMCA, YWCA, 기독 학생, 청년, 여성 모임에 강연 초청을 받는 일이 잦아졌다. 결국 신앙의 자유와 민주주의를 강조하면서 현 독재 체제와 탄압을 비판하지 않을 수 없게 되었다. 정보기관의 감시와 압력이 항시 있었기 때문에 단어 선택이나 표현에 늘 조심했지만 청중들은 정부와 체제 비판임을 잘 알고 있었다.

전두환의 5공화국과 소위 '민주정의당'으로 부른 여당의 독재와 오만은 박정희의 시대 못지않았고 안전기획부(안기부), 보안사령부(군 보안사) 등 정보기관을 통한 학원 탄압, 언론 통제, 감시, 체포, 고문의 범위와 수법은 유신 시대를 능가했다. 100여 명의 해직 교수는 수년간 복직되지 못했고, 수백 명의 해직 기자들도 신문사로 돌아오지 못했다. 투옥된 학생, 노동자의 숫자는 점점 늘어갔다. 민주화나 헌법개정을 외치는 목소리는 학원가의 데모에서만 들렸다.

모든 신문, 방송 언론이 목소리를 죽이고 있을 때, 기독교방송(CBS)이 용감한 기획을 시도했다. 뉴스 방송도 금지 당한 CBS가 김수환(金壽煥) 추기경과 나를 "오늘을 생각하며"라는 대담 프로그램에 출현시켜 현실 비판을 하도록 한 것이다. 86년 5월 12~24일 2주간, 일요일을 제외한 매일 아침 6시 15~30분 15분 동안 김수환 추기경이 숭실대 이삼열 교수와 대담을 통해 최근의 시국관과 종교와 사회, 언론 문제 등에 관해 소신을 밝힌다는 기사가 일간지에 보도되었다.

나는 몹시 긴장되고 부담스러웠지만 김수환 추기경과의 방송 대담을 사양하지 않았다. 헌법개정과 민주화, 학원 탄압과 언론 자유 문제를 공개적으로 주장하는 것은 당시로서는 5공화국 체제에 정면 도전하는 것이므로 탄압과 제재를 각오하지 않고는 할 수 없는 일이었다. 그러나 김수환 추기경과 하는 대담이라면 겁낼 필요가 없다고 생각했다. 나는 12일 동안 어떤 순서로 대담을 이끌지 계획을 세우고 녹음하기 위해 명동 성당으로 갔다. 우선 6일 치를 녹음하고 한 주 뒤에 나머지 6일 치를 녹음하기로 했다.

김수환 추기경님은 나를 만나자마자 "무거운 책임감으로 걱정이 돼서 한 주간 어느 수녀원에서 기도하며 지냈다"고 말씀하셨다. 역시 추기경다운 신중함과 책임감에 감탄했다. 그만큼 정성 들여 기도하지 못한 내가 부끄러웠다. 나는 가톨릭교회와 개신교의 관계, 교회와 국가, 사회 윤리적 책임으로 시작해, 민주화의 과제, 과격한 학생 데모와 평화적 방법, 언론자유와 기독교방송의 책임, 기독교와 공산주의, 맑시즘 이데올로기와 해방신학, 민족 통일 문제까지 폭넓은 대담을 진행했다.

성과와 영향은 대단했다. 아침 6시에 일어나 "오늘을 생각하며" 방송을 청취한 목회자, 평신도, 지식인, 언론인의 숫자는 엄청났고, 대담의 요지가 매일 아침 조간신문 3면에 자세히 보도되었다. 신문 보도 몇 개를 옮겨본다.

학생들 容共으로 몰아선 안 돼
_ 「중앙일보」 1986년 5월 14일

"과격 주장은 오랜 非民主 경험 탓"

金壽煥 추기경은 14일 최근의 <仁川 사태>와 관련 "젊은 학생들을 容共으로 잡아넣음으로써 사태를 마무리 지으려는 태도는 이 나라를 破局으로 몰고가는 결과를 초래할 것"이라고 말하고 "참으로 시급한 일은 학생들의 이 같은 시위가 왜 일어나게 되었는가 하는 원인을 파악, 정치의 비민주성, 경제적 부조리, 사회적 불평등을 제거함으로써 농민, 노동자들에게 인간다운 삶을 보장해주는 데 있다"고 강조했다.

金 추기경은 이날 상오 6시 15분 기독교방송 대담 프로인 "오늘을 생각하며"에 출현, 李三悅 교수(崇田大 哲學)와의 대담을 통해 이같이 밝히고 "학생들의 과격한 주장은 이 나라가 너무도 긴 세월 동안 정치, 경제, 사회적 비민주를 경험한 데서 비롯된 것이며 이 때문에 결국 革命論이 대두된 것"이라고 말했다.

그러나 金 추기경은 "이 같은 혁명론은 너무 큰 희생이 따르고, 또 다른 폭력을 야기하며 성공한다는 보장도 없다"고 지적, "따라서 모든 인간다운 삶이 보장되는 민주적인 나라를 건설하는 길이 급진적 혁명론을 순화시키는 지름길"이라고 강조했다.

金 추기경은 또 "헌법개정 문제도 이 같은 선상에서 모든 국민이 원하는 평화적인 민주화가 이루어질 수 있도록 정부가 스스로 민주화에의 강력한 의지를 보여 단서 없이 자신을 여는 자세로 임해야 할 것"이라고 말했다.

言論 自由 회복 改憲보다 시급
_ 「조선일보」 1986년 5월 16일

金壽煥 추기경은 15일 "민주화를 위해 제일 시급한 일은 언론의 자유이며 그것은 개헌보다 더 중요하다"고 말했다.

金 추기경은 이날 오전 기독교방송의 대담프로 <오늘을 생각하며>에서 숭전대 李三悅 교수와의 대담을 통해 이같이 밝히고 "언론의 자유가 없으면 다른 자유는 의미가 없으며 언론의 자유를 떼어놓고는 신앙의 자유도 완전하다고 할 수 없다"고 강조했다.

金 추기경은 공영방송의 운영 문제에 대해 "현재 정부는 KBS 문제 때문에 굉장히 신뢰를 잃고 있으며 정부가 참된 말을 전하고 싶어 KBS를 통해 방송하면 국민이 듣지 않는다"고 지적, "영국의 BBC나 일본의 NHK처럼 공정한 방송

을 한다면 KBS에 대한 믿음이 정부에 대한 믿음으로 연결될 것"이라고 말했다.

金 추기경은 이어 기독교방송의 보도 기능이 부활돼야 하며 운영을 위해 상업광고도 다시 시작돼야 할 것이라고 말했다.

오늘날에는 누구나 할 수 있는 주장을 김수환 추기경의 입을 통해 해야 했던 현실, 너무나 평범한 말을 일간 신문들이 매일 보도해 준 일들이 엄혹한 시대 상황을 말해준다. 둘째 주 녹음을 위해 만났을 때 김 추기경님은 "매일 신문에 내 이름이 나오는 것도 보기 참 힘들다"고 말씀하시며 괴로워하셨다. 덩달아 내 이름도 대담자로 함께 나와서 미안했지만, 그래서 더욱 질문이 조심스러웠다.

김수환 추기경님과의 CBS 방송 대담은 이렇게 보도되고 공론화됨으로써 5공 청산 민주화운동에 물꼬를 트는 역할을 하게 되었다. 터부시되었던 직선제로의 헌법개정 언론 자유, 학생 데모가 언론, 종교, 시민사회에서 공개적으로 논의되는 계기를 만들어 낸 것이다. 몇 달 후 개헌과 민주화를 요구하는 대학교수들의 서명운동이 대학별로 일어나서 전국으로 확산되었고, 1년 뒤 87년 6월에 6.10 항쟁 데모가 크게 일어나 결국 노태우 민정당 대표의 6.29 항복 선언이 나오며 민주화의 길이 열리게 되었다. 모두가 인정하는 김수환 추기경님의 공로지만, 그 시동을 개신교 평신도에 불과한 내가 방송 대담을 통해 함께 걸 수 있었음을 영광스럽고 감사하게 생각한다.

나는 그 후에도 함석헌 옹, 이태영 여사, 김태길 교수, 김옥길 이대총장 등과 함께 "오늘을 생각하며" 대담 프로그램을 계속하며 명사들과의 대화를 통해 민주화와 사회정의, 평화 통일, 역사의식의 계몽과 각성에 많은 시간을 바쳤다.

* 김수환 추기경님과의 방송 대담은 기독교 방송국과 천주교 서울 대교구 홍보
  국에서 전문을 녹취해 다른 대화들과 함께 단행본으로 출판해서 대담 원문이
  완벽하게 보존되었다(기독교 방송국 편, "오늘을 생각하며,"『나라꼴이 이래
  서야』, 청년사, 1986; 천주교서울대교구 홍보국,『김수환 추기경과의 대화 이
  땅에 평화를』, 햇빛출판사, 1989).

한국기독교교회협의회(KNCC)의 88통일선언

나는 80년대 초 숭실대 교수로 귀국하면서, 기독교 사회선교와 개혁
운동에 특별히 기여할 수 있는 분야로 평화 연구와 교육을 통한 통일
운동의 발전을 생각해 보았다. 그것은 내가 독일에 오래 머물며 공부와
운동을 하는 동안 가장 많이 보고 감동을 받은 문제가 동독과의 평화
공존 정책이었고, 특히 마지막에 본 성공 사례가 80년대 초 유럽을 뒤흔
든 반핵 평화 운동이었기 때문이다.

그래서 철학 강의와 교수 생활이 어느 정도 익숙해진 84년경부터 교
회와 시민사회에서 평화 문제에 대한 강연과 투고를 통해 많은 관심과
반응을 일으켰다. 유럽의 교회와 시민 100만 명이 모인 시위로 성공한
80년 초 반핵 평화 운동을 소개하며 한반도의 핵전쟁을 막기 위한 가장
시급한 과제는 평화 운동임을 역설했다. 평화 없는 통일은 불가능할 뿐
아니라 맹목적이기에 통일보다는 평화가 우선임을 강조했다.

마침 광주학살사태 이후 남북 관계 개선과 통일 문제에 대한 관심이
높아지며 평화 이슈가 신선한 주제로 등장해, YMCA, YWCA 등 여러 시민
사회 단체와 기독교 기관이 나를 초청해 강연회와 토론회를 열며 큰 관심

을 보였다. 아직 전국의 대학에도 평화연구소가 전무한 상황이고, 평화 운동 단체도 생기기 전이며, 전문가를 찾기도 어려운 초기라 나는 여기 저기서 강연 초청과 원고 청탁을 받아 바쁜 날들을 보냈다.

평화 문제를 의식화하며 계몽 강연을 한 나의 노력이 좋은 결실을 보게 된 것은 한국기독교교회협의회(KNCC)가 83년에 통일연구원과 위원회를 설치하고, 원장으로 취임한 오재식 선배가 나를 전문위원으로 임명하며, 교회협의회가 앞장서 기독교적 평화 통일 운동을 하게 된 덕이었다. 오재식 선생은 해외 기독자민주동지회 시절(70년대)부터, 아니 기독 학생 운동 시절(60년대)부터 형님 같은 가까운 선배였다.

우리가 오랜 해외 투쟁을 마치고 귀국하기 직전인 81년 4월 독일 바트볼 아카데미 회의에서 기독자 민주 동지들은 평화적 남북 관계 수립이 민주화와 동시에 이루어져야 하는 필수적 과제임을 결의한 바 있다. 우연치 않게 82년 나의 귀국과 동시에 일본에서 한국으로 귀국한 오 선배와 나는 열과 성을 다해서 기독교 평화 통일 운동에 많은 시간을 들이며 노력했다.

83년 3월과 5월에 한반도 통일 문제에 관한 국제회의를 개최해 보려 했으나 당국의 방해와 불허로 준비된 국제회의를 성사시키지 못했다. 3월에는 국제회의를 열기로 한 올림피아호텔에서 개최 일주일 전에 "그 날 호텔에 물이 안 나와 호텔을 사용할 수 없다"고 통보해 회의가 무산되었다. 결국 5월에 백주년기념관에서 회의를 열려고 했지만, 당일 아침에 경찰들이 기념관을 둘러싸고 출입을 막아서 회의를 무산시켰다. 이유는 집회 허가가 없다는 것이었다.

이렇게 국내에서 통일 회의를 못 하게 하니 해외에서 열지 않으면 평화 통일 회의나 논의는 불가능했다. 그래서 84년 10월 일본 동경 교외 도산소에서 WCC 주최로 '동북아 정의와 평화 회의'를 열게 되었다. 도산소 회의는 남북한의 적대 관계와 원수상을 극복하고 화해와 평화를 이루기 위해 과감하게 기독교가 나서서 교류 협력의 길을 열어야 한다는 결의문을 발표했다.

나는 김형태 목사가 읽은 주제 발표의 원고 작성 책임을 맡아 "분단이 원죄다"라는 제목하에 분단 극복과 화해의 방안을 제시했다. 이 결의에 따라 WCC 직원들이 처음으로 북한을 방문해서 조선기독교연맹 간부들과 만나 교류 협력의 시동을 걸 수 있게 되었다.

결국 86년에 스위스 글리온에서 남북한 교회 대표들이 처음으로 만나 예배드리며 화해의 성찬을 나눔으로써 남북한 교회가 분단과 단절의 벽을 뚫고 공식적인 첫 만남을 이루었다. 이후 교회협의 평화 운동은 WCC의 지원과 협력으로 놀라운 진전을 보게 되었다. WCC 총회나 중앙위원회 때마다 남북의 교회 대표들이 공식적으로 회동하고 교류와 도움을 주고받는 협력 관계를 유지하게 되었다.

교회협 운동의 백미는 기독교 평화 통일 운동의 방향과 정책을 밝힌 '88선언'에 있다고 하겠다. 88선언은 88년 2월 29일 KNCC 총회에서 채택 결의된 '한국기독교 통일 평화 선언'을 말한다. 이 선언문은 1부 통일의 신학, 2부 통일의 정책, 3부 교회의 과제로 되어 있는데, 나는 2부 정책 부분의 기초를 맡아 작성했다. 1부 신학 부분은 서광선 박사가 기초해 분단의 죄책을 고백하자는 주장을 했고, 3부 교회의 과제는 김용복 박사가 기초해 평화 교육과 95년을 통일의 희년으로 정한 운동을 제안했다.

나는 통일 정책의 골격을 이루는 기본 원칙으로 7.4 공동성명의 3원칙인 1) 민족 자주, 2) 평화 우선, 3) 교류와 신뢰를 통한 단합 세 가지 원칙에 4) 인도주의 우선의 원칙, 5) 민주적 참여와 민중 우선의 원칙을 더해 5대

원칙을 제시하고, 그 원칙하에서 실천해야 할 구체적 정책들을 내놓았다. 가령 평화 우선의 원칙하에선 남북한, 미국, 중국 4자의 평화협정 체결, 핵무기 철거와 비핵지대화, 작전권 반환, 남북의 신뢰 구축 시 미군 철수 등의 정책을 주장했다. 88선언은 이렇게 과감한 정책들을 교회의 이름으로 제안함으로써 큰 충격과 많은 논란을 일으켰다.

성명이 발표되자 북한에서는 곧 지지 성명이 나왔고, 봄 학기 개강이 시작되자 학생들의 지지 성명과 함께 대학가에서 뜨거운 통일 운동이 봇물처럼 터져 나왔다. 북한과 적대 관계를 해소하고 평화협정을 맺어 정전협정 체제를 폐기하고 주한미군까지 철수하라는 정책 그리고 통일 논의를 자유화하고 민중들이 참여하게 하라는 주장은 학생들과 시민사회에 큰 반향을 일으켰다. 대학가에서 열화와 같이 달아오른 통일 운동은 남북 학생 회담을 제안하는 데까지 이르렀다. 이제는 국민적 통일 논의를 자유화하고 남북 민간인들의 교류 대화를 허용하라는 외침이 전국에서 울려왔다. 88선언이 민간 통일 운동의 물꼬를 텄다고 할 수 있다.

망명 전 황장엽 비서와의 만남

내가 교회협 88통일선언을 작성할 때 평화협정과 핵무기 철수, 작전권 반환, 신뢰 구축 시 주한미군 철수, 교류 협력을 통한 평화 체제의 수립을 강력히 주장하고 정책 제안을 하게 된 데는 황장엽 북한 국제비서와의 장시간 만남과 대화가 큰 도움이 되었다. 북에도 평화 공존과 전쟁 반대를 확신하는 지도자가 있다는 것을 알 수 있었기 때문이다.

일본 유엔대학 심포지엄에서 만난 황장엽 북한 외무비서

　나는 일본 유엔대학이 87년 12월 13~15일 요코하마에서 개최한 "공동 안보와 국가의 역할"이란 주제의 학술대회에 남한 측 발제자로 초청받 아 참석했다. 사실 문익환 목사를 남한 측 발제자로 정했었는데 그때 감옥에 갇혀 있어 그 대신 나를 초대한 것이었다. 이 대회에서 북한 발제 자로 온 황장엽 비서를 만나 많은 대화를 하게 되었다. 당시만 해도 김일 성 치하와 전두환 독재의 냉혹한 남북 적대 시기여서 북한 사람을 만나는 것은 불법으로 두렵고 무서운 시대였다.

　그러나 유엔대학이 주최해서 국제 세미나에 참석했고 우연히 황장 엽 씨가 북측 대표로 와서 만난 것이었으므로 나는 그와의 대화를 겁내지 않고 모처럼의 기회를 이용해 북한 사정을 알고자 적극 노력했다. 마침 요코하마의 같은 호텔, 같은 층의 방에 숙박하게 돼서 비밀히 만나는 것 이 용이했다.

　황장엽은 당시 북한 노동당 국제비서였고, 김일성종합대학 총장을

15년간 역임했고, 주체사상을 체계화한 대표적 학자로 김일성과 가까운 거물급 인사였다. 이런 거물을 일본에 나오게 하는 데는 동경대학 국제정치학 교수 사까모도와 유엔대학 부총장 무샤꼬지 킨하이데의 노력이 컸다.

황 비서와 나는 "한반도의 공동안보"라는 주제로 30분씩 발제 강연을 했다. 내가 먼저 "한반도의 평화와 공동안보를 위해서 남북한은 오랜 적대 관계와 세뇌 교육을 청산하고 선제적 무기 감축과 비방 중지, 신뢰 회복에 나서야 한다. 이를 위해 나는 종교인, 학생, 민간인들이 나서 정부에 압력을 행사하도록 노력할 테니 황 비서는 노동당을 움직여 남쪽과 대화에 나서게 해달라"고 했다. 다음에 나선 황장엽 비서는 놀랍게도 나의 발제 강연을 칭찬하며 전적으로 동의한다고 공석에서 표명하고 남한 정부를 비난하지 않았다. 큰 설전이 벌어질 것으로 생각했던 주최 측은 너무나 평온한 남북한 토론에 놀라며 최초로 남북 학자의 대면 토론을 주선한 기쁨과 보람을 느낀다고 했다.

나는 황 비서에게 따로 만날 것을 제의했고, 그도 흔쾌히 수락해 밤 9시에 황 비서 호텔 방으로 가서 11시 넘도록 대화했다. 87년 12월 13일 밤과 15일 밤 두 시간씩 나눈 두 번의 대화를 메모했다가 이를 「한겨레21」 97년 3월 6일자에 실었다. 황장엽 씨가 망명해 중국에 머물 때 그를 바르게 소개할 필요가 있었기 때문이다.

황장엽은 평양 근처 승호리에서 태어나 평양상업학교를 졸업했고, 해방 전 징용으로 끌려가 삼척 공장에서 1년간 고생하고서 돌아오며 서울을 잠시 구경했다. 그때까지 그는 사회주의를 전혀 몰랐고, 북에 와서 사회주의 교육을 받고 49년에 모스크바로 가서 53년까지 철학을 공부하고 와서야 사회주의에 대한 확실한 신념을 갖게 되었다.

철학 교수인 나와 이야기해 보자며 마르크스주의와 주체 철학에 관해 장시간 토론했는데, 칸트, 헤겔, 쇼펜하우어, 니체, 하이데거, 사르트르 등 서양 철학자들을 인용하며 강의하듯 말했다. 주체사상은 마르크스주의를 넘어서는 철학이며 마르크스주의는 너무 유물론에 매달려 인간이 무엇인지 충분히 살피지 못했다고 했다. 생산관계가 의식을 좌우한다고 보았는데 인간 정신이 더 중요하다는 것을 몰랐다고 비판했다.

사회제도를 평등하게 만들면 다 되는 줄 알았지만 사회는 사랑이 있어야 하며 내 가족처럼 보살펴주는 사랑이 평등과 결합해야 이상적 사회가 될 수 있다고 해서, 그럼 기독교 사상과 같지 않느냐고 했더니, 기독교는 사회를 잘 모른다고 했다. 사회를 평등하게 하려면 과학적으로 해야 하는데 기독교는 이를 모르고 사랑만 강조하면 되는 줄 안다고 했다.

나는 장시간의 대화를 통해 황장엽은 교조적, 독단적 공산주의자나 유물론자가 아님을 확인했고 이만큼 온건하고 합리적인 사상가가 북한 체제의 핵심이라면 남북 대화나 평화 공존은 가능하리라는 믿음을 얻게 되었다. 나는 인간을 주체로 보는 사상은 좋은데 수령이 주체라는 북한의 주체사상이 문제라고 했더니, 황 비서는 수령 주체론은 자기가 만들시 않았다고 말했다. 황 비서와의 만남으로 나는 북한을 합리적으로 개혁할 수 있는 사상가를 만나보게 되어 너무 기뻤고 평화 통일에 낙관적 입장을 가질 수 있었다.

그러나 10년 뒤 97년에 남한으로 망명한 황장엽을 보면서 너무나 실망했다. 이제 북한 체제 속에 합리적 온건 개혁주의자들이 설 땅이 없어질 걸 생각하니 슬펐다. 더구나 황 비서를 세뇌하여 북한을 붕괴시켜 흡수 통일하자는 전략에 이용되지 않을까 몹시 염려되었다.

아니나 다를까 망명 8개월 뒤 연 기자회견에서 황장엽은 "북한의 전쟁 준비 완료", "남한 동포들의 전쟁 불감증", "김정일 독재의 비리와 모순"을 주장하며 남북 대결과 북한 붕괴론을 강조했다. 나와 함께 말했던 평화 통일론은 그 후에 들어볼 수 없었다. 나는 망명한 황장엽을 다시 만나고 싶지 않았다.

오랜 시간이 지나서 철학과 선배로부터 황장엽 씨가 나를 보고 싶어 한다는 소식을 전해 듣고 어렵게 찾아뵈었더니, 몹시 반가워하며 이렇게 말했다. "나는 한국에 망명했을 때 이삼열 교수가 제일 먼저 찾아올 줄 알았다." 나는 망명하게 된 동기 중엔 일본에서의 나와의 만남도 있었다는 표시로 짐작했다. 그러나 정보부에 오래 감금되어서 면회가 불가했을 뿐 아니라 내가 방문하려 했어도 정보부가 허락지 않았을 것이다. 그 후 얼마 뒤 그는 별세하셨다.

통일 논의 자유와 남북 교류 허가(77선언)

5공 청산 후 6공화국 민선 초대 대통령이 된 노태우 정부는 여소야대의 정국에다 88올림픽 개최까지 몇 달 앞두고 있어서 봇물처럼 터진 통일 운동을 과거처럼 경찰력으로 막기는 어려웠고 부분적 개혁과 타협책을 모색했다. 여당인 민정당 평화통일위원회가 88년 6월 27일 세종문화회 관에서 "남북통일 국민토론회"를 개최하며 보수, 진보 양측 전문가를 토론자로 초대했는데, 강인덕, 남재희, 정세현, 정용석과 함께 내가 초대되어 발언하게 되었다.

시민들의 관심이 높은 탓에 2천여 명이 참석하여 자리가 모자라 대부분 서서 몇 시간의 토론을 청취했고, 조중동과 한겨레 모든 신문에 발언

내용들이 자세히 보도되었다. 「조선일보」 6월 28일자에서는 나의 토론을 아래와 같은 기사로 요약 보도했다.

李三悅 씨(숭실대 교수) = 통일 논의의 민주화와 자유화를 위해서는 언론 보도의 관행이 바뀌어야 한다. 아울러 일방적으로 분단 체제를 주입해 온 반공교육도 개선돼야 한다. 냉전 교육에 의해 심어진 분단의식과 병폐에 근거한 각종 법률적 규정들도 개선 또는 폐지돼야 한다. 지금까지 맹목적 반공정책과 정권 안보 체제유지 중심의 안전보장 정책 때문에 통일 논의가 억눌려져 왔다. 반공법과 국가보안법 규정을 적용하게 되면 학술 문화 사상 언론은 반쪽만 존재하게 된다. 또 차이코프스키는 연주해도 쇼스타코비치는 연주할 수 없고, 1917년 이전의 러시아 소설은 읽어도 그 이후 것은 읽을 수 없고, 金起林, 鄭芝溶의 작품을 읽고 출판할 수 없는 분단 체제 속에서는 학술, 문화, 사상 모두가 반편밖에 안 된다. 이와 같은 상황의 개선을 위해 TV에서도 북한 사회가 있는 그대로 비쳐져야 한다.

盧 대통령이 평양의 TV에 비쳐지길 원한다면, 그전에 金日成 사진부터 보여주는 자세를 취해야 한다고 본다. 그것이 전제되지 않는 한 통일 논의의 자유화는 공염불이 되고 말 것이다. 이제는 무지막지하고 극도로 폐쇄적인 反共 정책을 批共 정책으로 바꿔야 할 시점이다. 남북학생대회는 실질적으로 남북 교류가 교착상태에 빠져있는 상황에서 새로운 출구를 뚫는다는 데 의미를 줄 수도 있다. 학생 회담을 모의국회, 모의재판 정도로 생각하고 너그럽게 추진하자. 민족자주권을 생각해서라도 교류를 통해 신뢰가 생기고 평화 공존이 확보되면 美軍은 철수해야 한다. ("학생들이 북한 측의 조종을 받고 회담을 주장한 것이 아니냐"는 질문을 받고) 정부가 의지가 있었다면 학생들의 주장에 대안을 제시했어야 한다. 그렇지 않고 실무 대표들을 모두 수배하고 대자보 등에만 신경을 썼다.

그럴수록 지하화하고 위험해진다. 학생들의 주장이 불순분자의 조종이라고 믿을 수 없다. (청중석으로부터 일부 야유) 통일 논의의 자유만 주면 몇 달 안 가 건전한 방향으로 될 것이다.

통일 논의의 자유화를 염려하는 보수 인사들의 토론도 보도되었지만, 나의 개혁 주장이 전 신문에 보도되어 많은 반응을 일으켰다. 노태우 정부는 마침내 88년 7월 7일에 통일 논의의 자유화를 허락하는 77선언을 내놓았다. 금지했던 북한 방문과 교류 접촉도 절차를 통해 허가해 주겠다는 일대 변혁이 선포되었다.

77선언을 실시하기 위해 정부는 「남북 교류 협력법」을 만들어 국회에 넘겼고, 89년 5월 18일에 국회 외무통일위원회는 공청회를 열어 전문가 5명의 공술 논평을 듣고 토론한 뒤 가결했다. 나는 공술인으로 초대받아 비판적 논평을 했는데, 그 요지를 일간 신문들이 보도했다. 「조선일보」 5월 19일자에서는 나의 논평을 아래와 같은 기사로 보도했다.

李三悅 교수(숭실대) = 현행 국가보안법을 그대로 두고서는 반국가단체인 북한과 협력 교류하는 모든 행위가 利敵 행위가 되며, 정부가 승인하는 접촉 교류는 범법행위가 아니라는 특별법을 만들더라도 실정법의 위반이라는 모순을 해결할 수는 없다. 어떤 법에서는 북괴라고 하고 다른 법에서는 북한이라고 하며, 북한도 지역적 의미만 인정하고 정권이나 국가로서의 인정은 하지 않는 법체계를 가지고는 남북의 교류와 협력은 공염불이 된다. 남북 긴장 완화를 위해서는 물적 교류보다 인적 교류가, 정부 간의 교류보다는 민간 차원의 교류가 더 중요한데 이 법안은 민간 교류를 위한 구체적 방안을 제시하지 않고 있으며, 민간 기구들의 참여의 길을 열어놓지 않고 있다. 적대와 단절 속에 있는 남북

관계의 개선이라는 전체 틀을 만들지 않고 교류 협력법부터 만드는 것은 마치 아파트 설계에서 전체 평수는 정하지 않고 부엌과 거실 평수부터 정하는 격이므로, 특별법 제정에 앞서 범국민적 통일 협의기구 설치와 보안법을 우선 정비해야 한다.

나는 이렇게 「남북 교류 협력법안」에 대한 근본적인 비판을 국회 공술인으로 제기했지만, 교류 협력의 신청이나 허가 절차를 규정한 법안의 취지와 의미는 높이 평가했다. 북한 방문이나 북한 사람과의 접촉을 정부의 허가를 받아서 할 수 있다는 것 자체가 획기적 발전이었기 때문이다. 사실 이후 각 분야에서 엄청난 방문 교류가 이루어졌는데, 재벌 정주영 씨가 소 떼를 몰고 북한을 방문하기도 했다.

나는 이 무렵 신문, 방송 언론에 매우 바쁘게 출현했고 잡지에 평화 통일 문제에 대한 글도 많이 실었다. 남북 관계를 전향적으로 개혁하려는 진보적 학자들이 적은 때여서 KBS의 심야토론에도 여러 번 나가 민족 동질성 회복과 동서독 방식의 평화 체제, 핵무기 철거, 팀스피릿 훈련 중단 등을 강력히 주장했다. 팀스피릿 한미 합동 군사훈련은 북한으로서는 코앞 10cm까지 칼을 겨누며 연습이라고 하는 것과 같아서 실전처럼 대응하지 않을 수 없다는 북한 편의 말도 TV에서 전했다.

88선언 이후 89~90년에 나는 매스컴 언론과 통일 운동에 대대적으로 출현했다. 교회나 시민단체, 대학에서 강연 초청을 받은 것만 해도 100여 회가 넘는다. 더구나 89년 11월에 베를린 장벽이 무너지고, 90년 10월에 독일이 기적적 통일을 달성하니, 한국에서의 남북 관계 개선과 평화 통일에의 관심은 극도로 높아질 수밖에 없었다. 91년에는 남북 총리급 회담이 열려 "화해와 불가침 교류 협력 합의서"까지 나오게 되었으니, 나는 독일 통일에 대한 해설까지 부탁받은 강연, 원고 요청이 쇄도해 눈코 뜰 새 없이 바쁘게 지냈다.

남북 관계에 대한 나의 혁신적 발언들을 오래 주목했던 정보부(안기부)가 결국 나를 가만두지 않았다. 91년 3월 6일 숭실대로 찾아온 안기부 요원들이 나를 남산의 취조실로 연행했다. 연행한 차 안에서 용산을 지날 때 눈을 감겼고, 남산 건물 지하실로 내려가니 병원 크레졸 냄새가 코를 찔렀다. '여기가 고문하는 곳이구나' 하고 소름이 끼쳤다. 다음날 모든 조간신문에 "숭실대 李三悅 교수 안기부 연행"이라는 제목으로 다음과 같은 기사가 실렸다.

국가안전기획부는 숭실대 이삼열 교수(50 철학과)가 해외에서 북한 인사와 접촉한 혐의를 잡고 이 교수를 6일 오후 2시 연행, 국가보안법위반여부를 조사 중이다. 안기부는 이 교수가 지난해 7월 일본에서 열린 세계선교회의에 참석, 북한의 김운봉 목사가 서울 향린교회 홍근수 목사(구속)에게 보내는 편지를 재미교포 목사로부터 받아 국내에서 홍 목사에게 전달한 혐의를 받고 있다고 밝혔다. 이 편지에는 기독교 교리 이외에 <남북통일 문제에 대해 협력하자>는 내용이 들어있는 것으로 알려졌다(「중앙일보」 1991. 3. 7.).

그러나 밤늦게까지 조사한 내용은 별것 아니었다. 동경에서 이승만 목사가 전해주는 홍동근 목사의 편지를 국내로 가져와 홍근수 목사에게 전했을 뿐, 그 속에 김운봉 북한 목사의 편지가 들어 있는 줄은 몰랐다. 요는 이걸 기회로 나의 북한과 통일에 대한 생각을 조사하며 주한미군 철수, 핵무기 철거, 유엔 단독 가입 반대 등의 발언이 국가안보에 위협이 될 수 있다는 경고를 하기 위한 협박 작전이었다. 이 정도면 조용히 할 수도 있는데 신문에 크게 보도하도록 만들어 대중과의 괴리감을 유도하며 압력을 가하려는 것이었다. 하룻밤 안기부 지하실에서 자고 다음 날 12시에 귀가했다. 21시간 연행 조사였다. 그 후로 한동안 나는 KBS 심야 토론에 초청받지 못했다.

노태우 정부가 88년에 77선언을 하고, 「남북 교류 협력법」도 만들고, 91년에 남북합의서도 만들었지만, 그와 동시에 안기부나 극우세력들은 남북 화해 운동이나 평화 운동을 이적 행위로 몰아 탄압하고 제거하려는 노력을 하고 있음을 안기부에서 하룻밤 조사받으면서 철저히 느낄 수 있었다. 내가 안기부 지하실에서 하룻밤 잔 야전 침대에서 그 전날엔 백낙청 교수가 잤다고 하니, 진보 인사들을 연행해 겁주려는 작전이 분명했다.

평화 통일 운동을 저지하려는 작전은 기독교 보수 교단 안에서도 일어났다. 교회협 선언의 정책 부분에 평화협정과 미군 철수 조항을 반체제 친북 행위로 몰아, 89년에 교회협의회에 대항하는 연합 조직 한기총이 창립되어 교회협 등 에큐메니칼 운동을 헐뜯고 비난하기 시작했다. 이들은 북한을 반기독교적 악마로 보며 멸망시킬 집단이지 화해와 통일의 대상이 될 수 없다는 철저한 신앙을 주장했다. 88선언 정책 초안을 만든 나는 "평화협정과 신뢰 회복 후 미군 철수"라는 조항을 조심스럽게 작성했지만 이렇게 큰 파문과 분열이 생길 줄은 몰랐다. 책임을 느끼며 동시에 교회협의 용기 있는 수용에 자부심도 가져보았다.

교회협의 88선언은 오해와 파문에도 불구하고 현대 기독교 역사상 중요한 공헌과 업적으로 평가되고 있다. 무엇보다 중요한 88선언의 공헌은 91년 남북 총리들의 고위급 회담이 열렸을 때 많은 참고가 되고 "남북 화해와 불가침, 교류 협력 합의서"에 상당 부분이 반영되었다는 사실이다. 회담에 참여했던 실무자들은 교회의 88선언이 실제로 큰 도움이 되었다며, 특히 이홍구 전 총리가 나에게 직접 말했다. 화해라는 교회의 용어가 국가의 정책 문서에 원용된 것도 적지 않은 의미를 갖는다 하겠다.

91년의 남북합의서가 실천되었다면, 오늘의 핵전쟁 위기는 존재하지 않았을 것이며 평화 체제나 통일이 벌써 이루어졌으리라 확신한다. 사실상 햇볕 정책의 토대를 깔았다고 할 수 있다. 88선언문은 에큐메니칼 평화 운동의 역사적 공헌이며 중대한 결실이었다.

기독교사회연구소와 사회봉사관

숭실대 교수로 취임한 지 몇 년 되지 않아 대학 강의와 연구에만 몰두할 수 없도록 캠퍼스 밖으로 불려 나가는 일이 자주 생겼다. 80년대 5공독재 시대에 민주화와 민중의 생존권을 외치는 시민사회나 기독교의 목소리는 점점 높아졌고 집회 수도 늘어나 여기저기 강연자나 토론자로 부르는데 거절하기가 어려웠다. 특히 교회협 인권위원회나 통일위원회, 신학대학, 목회자 운동과 민중교회 운동, 기독 학생 청년 운동, 교회 여성 운동, YMCA, YWCA 등에서 요청하는 강연과 토론 모임들에 점차 많이 나서게 되었다. 나는 신학자도 목사도 아니었는데, 기독교 대학 교수로 WCC 등 에큐메니칼 운동의 경력을 가졌다 해서 민주화, 인권, 사회선교, 정의 평화에 관한 강연을 많이 하게 되었다.

광주학살사태를 겪고 난 80년대의 반독재 민주화운동의 양상은 70년대 유신 시대와는 질적으로 크게 달랐다. 학생운동은 지하화했고, 미국 문화원 방화 사건에서 보이듯이 일부에선 급진적 반미 운동과 친북 통일 운동으로 좌경화해 갔다. 80년대 중반 학생들의 이념 서클과 지하

운동에서는 금지되었던 마르크스 레닌주의, 소련, 중국의 공산주의 혁명사, 북한의 주체사상에 이르기까지 온갖 불법 서적들이 대학가에 범람했고 강철서신 같은 반체제 운동 문서가 돌아다녔다. 기독 학생과 청년들의 운동에도 적지 않게 영향이 들어와 신앙과 이데올로기의 갈등 문제가 심각해지니 「기독교사상」은 나에게 이데올로기 문제에 대한 특집 원고를 청탁해 왔다.

나는 사회철학 강의에서 다룬 이데올로기의 개념과 비판 그리고 WCC의 신앙과 이데올로기(Faith and Ideology) 논쟁을 소개하며 기독교 신앙이 이데올로기와 동질성과 배타성, 초월성을 갖는다고 설명하는 논문을 두 번이나 「기독교사상」에 실었다. 이데올로기를 무조건 허위의식으로 보는 편견도, 신앙은 항상 이데올로기와 무관하다는 독단도 버리고, 합리적이며 객관적인 비판 정신을 가지고 판단해야 한다고 강조했다.

이렇게 대학 캠퍼스 밖에서 활동하는 일이 많아지던 때 교회와 사회와 대학을 연결하며 사회선교적 에큐메니칼 운동을 할 수 있게 된 계기가 숭실대 안에서 생겼다. 나는 이것이 나를 숭실대 교수로 오게 한 하나님의 뜻이었다고 믿고 싶다. 나를 숭실대 교수로 임명한 총장 강신명 목사님은 나의 부친 이성찬 목사와 나를 오랫동안 잘 알고 신뢰했기 때문에 정보부의 방해를 물리치면서 나를 철학과 교수로 부임케 하셨다.

나의 독일 교회 관계를 잘 아는 강 총장께서는 학교 발전을 위해 독일 교회의 지원을 받아 도서관이나 과학관 건물을 짓도록 노력해 달라고 부탁하셨다. 연세대나 이화여대, 계명대는 독일개신교개발원조처(Evangelische Zentralstelle für Entwicklungshilfe, EZE)에서 100만 불씩 원조를 받아 과학관 등을 지었는데, 숭실대는 하나도 받지 못해 오래된 건물만 유지하고 있었다. 나는 EZE 한국 담당 쇤베르크(Karl Schoenberg)

박사를 잘 알기 때문에 노력해 보기로 하고, 84년부터 독일로 두어 번 달려가 건물 지원 교섭을 했다.

그러나 80년대에 와서는 한국의 경제성장을 이유로 대학 도서관이나 과학관 같은 건물 지원은 불가하다는 판단이 내려졌으며, 단지 대학이 사회 빈곤층을 위한 사업을 한다면 예외적으로 검토해 볼 수 있다는 힌트를 주었다. 이런 사정을 알게 된 나는 '사회봉사관'을 짓고 사회발전을 위한 교육과 연구 사업을 하는 계획을 구상했다.

이를 추진하기 위해선 먼저 '기독교사회연구소' 같은 대학 기관을 설립하는 것이 필요했다. 노동자, 농민, 도시빈민들의 삶을 개선하기 위해 사회사업가나 운동자들을 육성하고 교회 지도자들과 목회자들의 사회봉사 훈련을 감당하려면, 교수 한 사람, 개인이 할 수 없고 조직과 기구가 대학 안에 있어야 하기 때문이었다. 또한 사회발전 정책을 연구하기 위해서도 연구소가 있어야 했다.

후임 숭실대 총장 김치선 박사는 나의 제안을 승낙했다. 사회봉사관 건물을 짓는 자금을 EZE에서 받기 위해 86년 7월에 숭실대 부속 기독교사회연구소(Christian Institute of Social Studies)를 설치했고 나를 초대 연구소장으로 임명했다. 나는 곧 교회 지도자와 사회발전 운동가들을 교육하는 '사회발전 교육 프로그램'(Social Development Education Program)을 작성했고, 이를 실시하는 데 필요한 사회봉사관(Social Diakonia Center) 설립계획서도 만들었다.

한 학기 뒤인 87년 2월에 이 계획서를 독일로 보냈고, 건물 지원을 받으려면 자세한 설계도와 비용 산출 계획서를 보내라는 통지를 받았다. 학교 당국과 땅 문제, 건축비 문제를 협의하기는 쉽지 않았다. 마침 구 기숙사 앞 1,500평 대지 위에 500여 평 건물 건축을 허락받고 설계도를 작성해 EZE와 여러 차례 협의 끝에 89년 4월에 승인받고 220만 마르크(약 15억 원)의 재정 지원을 받았다.

87년부터는 사회발전 교육 연구 프로그램을 실시하면서 EZE로부터 연간 5천만 원의 지원을 받아 사회선교 실무자들과 목회자들에게 교육 프로그램을 실시했다. 23억 원을 들인 사회봉사관 건물이 완공되어 91년 4월 8일에 한경직 목사를 설교자로 모시고 헌관식 예배를 드렸다. 500여 평의 3층 건물인 사회봉사관은 강당과 회의실, 식당, 침실, 교환교수 숙소가 있어 50여 명이 합숙하며 교육받을 수 있는 시설이었다.

사회발전 교육 프로그램은 3년 단위로 3차에 걸쳐 시행되었다. 1차(1987~1990)는 주로 사회발전의 이론적 연구와 사회선교 실무자들의 교육, 평화 통일에 관한 연구에 중점을 두었다. 사회발전의 이론과 한국 사회운동에 관한 연구 모임을 사회과학자와 농촌, 노동, 보건 의료, 지역 운동 전문가들과 지속적으로 진행하여 연구한 결과를 『사회발전과 사회운동』(1990)이라는 책으로 출판했다.

2차 프로그램은 91년에 사회봉사관이 준공되어 예장 총회 사회부와 함께 목회자들의 사회봉사 훈련을 숙박 교육으로 실시하였다. 노회별로 추천된 목회자와 사회봉사 실무자들을 40여 명씩 모아 3박 4일의 합숙 훈련을 실시했다. 사회봉사 연구, 현장 방문, 패널 토의 등 다양한 프로그램으로 사회선교 봉사의 중요성과 방법론을 배우게 하는 교육 훈련이었다. 이론 교육을 위해 독일에서 전문 교수들을 강사로 초빙하였고, 『사회봉사의 신학과 실천』이라는 책도 출판했다.

3차 교육 프로그램(1995~1997)은 전문가 중심의 연구 프로그램으로 평화 통일에 관한 연구와 생태계 위기와 생명 문화에 관한 지속적인 연구, 토론으로 이뤄졌다. 목회자나 신학생들의 교육은 총회나 노회에 맡기고 기독교 대학은 이론과 실천 방법에 대한 연구에 집중해야겠다는 생각에 서었다. 95년 통일의 희년을 맞이하며 영국, 미국, 독일의 평화 문제 전문가들을 초청해 세미나를 했고, WCC의 생명의 신학 연구 프로젝트로 서광선, 채수일, 정현경, 선순화, 박종천, 박재순, 오재식으로 연구팀을 조직해 월례 발표회를 가졌다. 결과물로『생명의 신학과 윤리』(1997)가 출판되었다.

나는 86~99년 14년 동안을 기독교사회연구소장으로 일하며 숭실대 사회봉사관을 건립하고 교회 지도자들의 사회선교, 봉사 교육에 온갖 정성을 쏟았다. 전문직 사무원 없이 곽숙희, 최한빈, 김광현 등 대학원생 조교 두 사람과 파트타임 실무자를 데리고 내 손으로 영문 편지와 보고서를 쓰고 강사 교섭을 했다. 철학과 교수로 일한 시간보다 더 많은 시간을 여기에 쏟아 나는 1인 2역 이상의 봉사를 숭실대에 바쳤다.

기독교사회연구소의 업적으로 숭실대는 기독교 대학원을 설치하고 기독교사회학과를 개설할 수 있게 되었다. 목회자들에게 사회문제를 파악하는 인식 능력을 길러줌으로써 교회가 사회선교의 요람이 되게 하려는 의도에서 기독교사회학과를 설치했고, 나는 학과장을 맡아 강의도 했다. 내가 은퇴한 뒤 기독교사회연구소는 기독교문화연구소와 통합되었지만, 대학원의 기독교사회학과는 남아서 사회윤리와 종교사회학 등을 목회자들에게 가르치고 있다.

사회발전 교육과 민중운동 지원

숭실대 안에 사회봉사관을 짓고 기독교사회연구소를 설립해 '사회발전 교육 연구 프로그램'을 구상하게 된 나의 꿈과 계획은 기독교 대학인 숭실대를 활용하여 민주사회발전과 평화 운동에 도움 되는 일을 해야겠다는 뜻으로 추진되었다. 이러한 뜻이 독일 교회의 지원을 받아 학교 건물을 지으려던 총장님들의 의지와 결합되어 나의 교수 임기 중 실현될 수 있었다.

80년대 전반기에는 광주학살사태와 5공 독재 체제에 저항하는 극렬한 민주화운동이 전개되면서 뜻깊은 학생, 지식인, 종교인 운동가들이 민중의 의식화, 조직화를 위해 위장취업을 해가며 노동자, 농민, 빈민 속으로 들어가 지하운동을 전개했다. 이들을 의식화시켜 민주화운동의 대열에 세우기 위한 정치투쟁 목적에서였다.

이러한 패턴에 근본적 변화를 가져온 것이 87년 6월항쟁의 성공과 6.29 선언, 직선제 헌법개정, 새로운 야당의 결성으로 정치적 자유의 공간이 확대되면서부터였다. 이제까지 억눌렸던 국민의 자유와 권익에 대한 욕구가 화산의 분화구처럼 폭발하는 계기를 열게 된 것이다. 열화와 같이 솟아난 노동자들의 임금 투쟁과 파업, 농민들의 전국적 결사 운동과 수만 명의 서울 시위, 사회 각계각층의 자유와 권익 옹호 운동은 정치적 민주화에 뒤따르는 사회발전 운동의 당연한 결실이었다.

이 시기에 기독교의 산업선교나 농어촌 선교, 도시빈민 선교 등 사회 선교 활동이 노동자, 농민, 빈민들이 중심이 되는 사회발전 운동을 일으키고 발전시키는 데 촉매제 역할을 하게 된다. 젊은 목사, 전도사, 평신도들이 공장 지대와 산업사회에 들어가 노동자들의 권익을 찾는 조합 운동을 벌이고, 산동네와 빈민 지역에 들어가서 탁아소와 공부방을 운영하며, 주민들을 조직해 공해산업체를 추방하는 운동을 벌이고, 청소년들에게 야학을 가르치며, 농촌에서 협동조합과 신용금고 사업을 운영하기도 했다.

이러한 변화 과정에서 많은 기독교 운동 단체들, 한국기독교노동자총연맹(기노련), 기독교 농민회(기농), 카톨릭농민회(카농), 기독교여민회, 민중교회 등이 새롭게 탄생하였다. 민중교회는 교회적 요소와 운동체적 요소를 겸해서 공부방이나 탁아소, 주부교실 등을 교회와 함께 운영했다. 이들이 교회의 보호와 지원으로부터 독립해 자립한 운동체가 된 것은 바람직한 일이었지만, 문제는 열악한 재정이었다. 회비나 후원금에 의존하는 운동이어서 실무자의 인건비도 감당하기 어려웠으며 상근 간사의 월급은 겨우 5만 원 정도였다.

나는 숭실대 기독교사회연구소와 사회발전 교육 사업을 구상하면서 기독교 사회발전 운동에 종사하는 운동가와 실무자들을 교육 훈련하고 재정 지원까지 하는 목적을 염두에 두고 계획을 추진했다.

사실 87년부터 10여 년간 추진된 '사회발전 교육 훈련' 프로그램에는 목회자 이외에 많은 노동, 농민, 빈민, 여성, 지역사회 운동가들이 참여했다. 특히 93년 김영삼 정부가 지방자치제를 실시한 이후 지역 운동에 나선 많은 활동가들이 숭실대에 와서 지방자치 문제 공부와 토론을 하고 책도 출판했다.

사회봉사관 건립을 위한 재정 지원을 독일개신교개발사업처(EZE)와 협의할 때 나는 이 사업이 한 대학의 원조만 아니라 한국 기독교의 민주화와 사회발전 운동에 공헌하는 길임을 분명히 했다. 마침 EZE의 한국 담당 간사 쉰베르크와 독일 체재 시부터 잘 알고 지냈으며, 그는 후진국 발전 문제를 전공한 사회학자였기 때문에 큰 힘과 도움이 되었다.

쉰베르크 박사는 그의 상관 라인더스(Reinders) 씨와 함께 EZE의 한국 개발 정책이 80년대부터는 달라져야 한다는 확고한 생각이 있었고, 마침 나에게 도움과 자문을 요청해 여러 가지 의미 있는 프로젝트를 함께 할 수 있었다. 60~70년대의 한국 개발원조 정책은 크리스챤아카데미나 기독교 대학, 기독교 병원의 건물을 지어주는 큰 액수의 사업이 중심이었지만, 80년대에 와서 OECD 경제발전국가가 된 한국에서는 대학이나 병원이 자립할 만큼 부유해졌으므로 원조를 받을 대상이 아니라는 판단에서 정책 전환이 필요했다.

이 점에 착안해 민주화와 사회발전에 기여하는 기층 민중의 풀뿌리 운동, 노동·농민·빈민·아동·여성·환경운동을 EZE의 개발원조 자금으로 돕자는 것이 쇤베르크 박사와 내가 합의한 소규모 지원 사업(small project fund) 지원 정책이었다.

사회발전을 위한 풀뿌리운동 단체들은 열악한 환경에서 소규모의 활동을 하는 빈약한 조직이기 때문에 법인 자격이 없었고 책임질 만한 인적 조직이나 행정력이 없어서, 독일 정부나 교회의 원조를 받을 자격을 갖추지 못했다. 이 문제를 해결하기 위해 소규모 발전 사업들을 관장하고 법적 책임을 질 수 있는 기구를 만들어 EZE의 재정 원조를 받아 나누어 주고 관리하는 업무를 맡기도록 하자는 아이디어가 쇤베르크 박사에게서 나왔다.

나는 이 문제를 기독교 에큐메니칼 운동과 사회선교 활동의 원로들과 의론해서 86년 2월 7일 '한국기독교사회발전위원회'(기사발)라는 기구를 출범시켰다. 위원으로는 김관석, 박형규, 이우정, 강문규, 오재식, 이효재, 조화순, 이삼열 8인으로 정한 정관을 통과시키고, 위원장에 김관석 목사, 서기에 이삼열, 회계에 오재식, 감사에 이세중 변호사를 임명했다. 우선 사무실을 기독교사회문제연구원에 두고, 실무 간사로 김경남을 임명했다. 다음 해부터 연간 30만 마르크가 소규모 사업 자금으로 와서 여러 가지 사회발전 운동 단체의 활동을 1년에 1천만 원 정도씩 도울 수 있었다.

이런 틀거지를 만들어 사회발전 운동과 사업들을 돕는 일을 시작해서 EZE 재정 지원이 종결되는 2000년경까지 계속했는데, 위원들은 1년에 한두 번 회의에 참석해 정책 결정을 했고, 소규모 사업들을 선정하고 지원하며 독일에 보고하는 사무 일체를 전적으로 나와 실무 간사 한두 명이 맡아 했다. 91년에 사회봉사관이 완공되고 나서는 기독교사회발전위원회 사무실을 숭실대 사회봉사관으로 옮겼고, 기독교사회연구소의 간사 강선미, 곽숙희, 박희선 등이 나의 책임 관리 아래 실무를 담당했다.

87년에 처음으로 위원회가 지원을 결정한 발전 사업들은 기독교노동자연맹(기노련)의 노동조합 지역 확산 교육 프로그램(유동우), 전남지역 농어촌 사회 교육(전남농민연구소 나상기), 인천 송림사랑방(박종열)의 도시주민공동체, 기독여성문제연구소(한명숙), 정농회의 유기농 사업(오재길), 목회자 정의평화실천협의회의 의식화 교육(목정평), 삼양동 지역문화공동체, 하월곡동의 산돌공부방(유미란), 여성 노동자 탁아소 등이었다. 초기엔 경제성이 있는 발전 사업이 아니라 민중의 의식화와 계몽 작업, 공동체 운동, 어린이와 유아들을 돌보는 사회복지 프로그램 등을 지원했다.

그러다 90년대에 들어와 민주화가 진전되며 민주노총, 농민협동조합 등의 합법적 운영이 강화되고 지방자치제의 실현으로 복지사업이 지자체의 지원을 받게 되자, 기사발의 정책은 약자들의 권익투쟁이나 의식 계몽을 넘어서 경제적 자립과 생산성을 높이는 지속가능발전 사업들을 중점 지원하는 방침을 세웠다. 지원 액수도 3천만 원, 5천만 원으로 높이고, 무상 지원이 아니라 3년 후 원금을 갚는 유상 지원으로 전환해 회수 자금을 다른 사업에 대여하는 방식을 취했다.

대단히 성공한 사례를 본다면 전남 장성군 남면 백운교회 남상도 목사가 설립한 한마음 공동체인데, 이는 무공해 농산물을 생산해 도시 지역 소비자들과 직거래해서 농가 소득을 높이고 친환경 농촌을 만든 공동체 운동이었다. 또 강원도 태백시 황지교회 이정규 목사가 광산복지회를 만들어 광원들의 복지와 생활 향상을 도모한 사업인데, 기사발이 지원한 돈으로 호주산 양 100마리를 산림과 임야에서 축산해 양모를 깎고 실을 짜서 부인들이 양털 이불과 스웨터를 만들어 파는 사업이 꽤 오래 지속되었다.

가장 많은 지원 사업은 여성을 위한 발전 사업이다. 한국여성노동자회, 여성민우회, 기독여민회, 일하는 여성 나눔의 집, 제주·수원·대전·부천 여민회 등인데, 90년대 초 이들이 모두 연합해 '한국여성단체연합'(여연)을 결성했다. 그 후 여연 활동은 EZE가 직접 지원했다. 직접 지원을 받은 평우회, 민우회, 여성평화회, 여교역자회 등까지 포함해 한국의 여성 운동은 아카데미 여성 운동부터 20~30년간 EZE의 도움을 받아 발전했다 해도 과언이 아니다.

창립 10주년을 맞으며 기독교사회발전위원회는 국내 모금도 함으로써 자립하면서 후진국 발전 사업을 지원하기 위해 96년에 법인체를 만들어 위원회 명칭을 '기독교사회발전협회'(Korean Christian Cooperation for Social Development)로 변경했다. 오늘날까지 존속 활동하는 기사발의 96년까지 초기 10년의 역사는 『인간을 위한 사회발전 운동』(개마서원, 1997)과 「교회와 사회발전」에 기록되어 있다.

새길교회 창립과 말씀 증거

나는 독일에서 귀국한 82년부터 서울에 살게 되면서 어느 교회에 적을 두고 출석할 것인가 고민했다. 숭실대 교수로 강남에 살게 되니 전에 다니던 동신교회는 동대문에 있어 멀기도 하고 예장의 전통적 보수교회여서 에큐메니칼 운동과는 거리가 있기에 다시 출석하고 싶은 마음이 없었다. 한완상 박사는 본인과 홍성우 인권변호사가 장로로 있고 NCC 인권위원장을 지낸 조남기 목사가 시무하는 청담교회가 예장 교회로는 진보적인 편이니 출석해 보라고 해서 우선 청담교회를 다니며 주일 예배를 드렸다.

그러나 한완상 박사는 미국에 체류하다가 84년에 돌아와 현대교회 설교자가 되어 청담교회에 출석하지 않았고, 조남기 목사는 보수적 장로들과 씨름하며 어렵게 인권 설교를 유지하고 있었다. 홍 변호사도 적응에 힘들어하는 것 같고, 보수적 장로들의 기도 또한 영 마음에 걸려서 정이 들지 않아 가끔만 출석하고 현대교회, 소망교회, 영락교회 등 여러 교회를 순방하며 예배를 드렸다.

노회에서는 목사가 아닌 한완상 박사가 목회자처럼 설교하는 것은 불법이라며 압력을 넣어서 결국 한 박사는 86년 말에 현대교회를 사임하고 나왔다. 한 박사의 설교를 선호하는 지식인 교우들이 함께 현대교회를 나와서 따로 예배를 드리자는 움직임이 있다는 소문이 들리는 중에 한 박사에게서 함께하자는 전화가 왔다. 87년 1월부터 한 박사와 함께 나온 현대교회 지식인 교우 10여 명과 내가 여러 차례 모임을 갖고 아예 노회의 간섭을 받지 않는 평신도들이 중심이 되고 말씀 증거할 수 있는 새로운 교회를 창립하기로 결정했다.

우리는 단순히 명 설교자인 한완상 박사의 설교를 듣기 위해 교회를
또 하나 만든다는 발상에서 벗어나 제도교회의 모순과 한계를 극복하고
교회의 사명을 바르게 실천하는 새롭고 열린 교회를 창립하자는 데 뜻을
모았다. 목회자나 당회가 중심이 되지 않고, 평신도들이 민주적으로 운
영하며 예배, 설교, 찬양, 선교, 봉사활동에 월급을 받지 않고 책임을 맡아
봉사하는 평신도 교회를 그려보았다. 교회 건물을 짓거나 소유하지 않
음으로 건물 유지와 인건비에 돈이 들지 않아 헌금의 대부분을 선교 봉사
비로, 정의, 평화, 인권 등 하나님의 나라를 세우는 데 쓰기로 하면서 새로
운 교회를 설립하는 목적과 취지에 합의했다.

나는 제도권 교회를 대체한다는 뜻이 아니라 보완하며 혁신한다는
뜻에서 주일 예배를 오전 10시나 11시로 하지 말고 오후 4시로 해서 제도
교회의 교인들이 나와 또 한 번의 예배를 볼 수 있게 하자고 주장했다.
우선은 그게 좋겠다고 합의되어 강남 YMCA 건물 예식장을 빌려서 예배
드리게 되었다. 설교 대신 말씀 증거를 하도록 하고 평신도 말씀 증거자
4인, 사회학자 한완상 교수, 신학자 김창락 교수, 종교학자 길희성 교수,

철학자 이삼열 교수가 매달 한 주씩 맡기로 했다.

교회 이름을 어떻게 지을까 오래 고심했는데, 나는 에큐메니칼 정신과 방향의 교회를 지향한다는 뜻에서 '하나의 교회'(하나가 되는 한몸 교회, 하나님의 교회라는 의미를 가진)를 제안했고, 한완상 박사는 '새길교회'라는 명칭을 제안했다. 찬반 논의 끝에 다수의 찬성으로 새길교회를 선정했다. 87년 3월 8일 오후 4시 역삼동에 있는 강남 YMCA 예식장에서 창립 예배를 드렸으며, 새로운 신앙 고백문을 낭독했는데, 핵심은 "제도와 율법주의에 매인 교회에서 은총과 자유의 교회로, 쌓아 올리는 교회에서 나누어 주는 교회로, 교역자 중심의 교회에서 평신도 중심의 교회로 새 길을 걸어 나간다"는 구절에 있었다.

3월 8일 첫 예배에는 김창락 교수가 "하나님 나라 사건"이란 제목으로 말씀 증거했고, 15일 두 번째 예배엔 길희성 교수가 "예기치 않은 부름"이란 제목으로 말씀 증거했다. 나는 3월 22일 세 번째 예배 시 "하나의 교회"를 제목으로 교회의 본질이 한 성령으로 한 몸, 하나가 되는 교회임을 강조하는 말씀 증거를 했다. 3월 29일 네 번째 예배엔 한완상 교수가 "공동체를 위한 기적"이란 제목으로 말씀 증거했다. 가끔 외부에서 초빙된 말씀 증거자가 있었지만 우리는 이런 순서로 4~5년 동안을 새길교회에서 무급으로 말씀 증거했다.

나는 물론 전부터 평신도로서 여러 번 설교 강단에 서 본 적이 있고 어려서부터 목사가 되겠다고 결심하며 연습 설교를 해 왔기 때문에 46세에 설교 강단에 서는 것이 전혀 어색하지 않았다. 그러나 이렇게 평신도 교회라는 새길교회의 정규 말씀 증거자가 되어 한 달에 한 번 설교 강단에 서게 된 사건은 나의 일생에 특별히 중대한 체험이며 은혜였다고 하지 않을 수 없다. 결코 우연이 아니었다. 목사가 되기로 하고 신학대학까지 입학했다가 포기하고 평신도로 교회와 사회의 연대적 책임을 위해 에큐메니칼 운동에 헌신하겠다고 방향을 전환한 내가 이제 목회자처럼 새길교회의 말씀 증거자가 되었다니 놀라운 은사와 축복이 아닐 수 없다.

사실 나는 신학 공부를 제대로 한 것이 아니라 에큐메니칼 운동을 하며 여기저기서 듣고 배운 지식과 훈련을 받았을 뿐이다. 김창락과 길희성은 정규 신학 과정을 마친 분들이고, 한완상 박사도 미국에서 몇 학기 신학교를 다닌 것 같다. '내가 과연 함께 말씀 증거할 자격이 있을까?' 의심도 되었지만, 에큐메니칼 운동과 사회선교의 경험도 중요하고 도움이 되리라 싶어 감히 나서게 된 것이다. 혼자는 안 되지만, 신학 전문가들과 함께 사회선교 봉사 쪽을 보완하는 말씀을 나누게 되면 도움이 되리라 믿어 응했다.

새길교회 창립을 준비하는 모임에서 나는 이렇게 주장했다. 제도교회에서 당회장 목사 한 분이 매주 예배마다 혼자 설교하는 관습을 고쳐야 한다. 아무리 훌륭해도 한 사람만의 설교는 한계가 있고, 교인들의 요구를 채워 줄 수가 없다. 사실 매주 설교 준비는 매우 어렵다. 교인들은 서로 다른 설교를 들으며 지루하지 않게 은혜받을 수 있다. 우리가 서로 다른 학문 배경을 가진 말씀 증거자, 한완상(사회학), 길희성(종교학), 이삼열(철학), 김창락(신학) 네 사람으로 강단을 채워보면 특색과 장점이 달라 보완되며 더 은혜로울 수 있다.

처음 예배에도 70여 명이 참석해 YMCA 강당이 그득했는데, 소문이 나면서 점점 교인이 늘어났다. 원래 새길교회는 자유로운 독립교회를 지향하는 교수, 학자, 예술가들이 중심이 되어 시작한 교회였으므로 계속 지식인, 언론인, 문화예술인들이 찾아오는 엘리트 교회가 되었다. 운영위원들도 대부분 교수가 많았다. 조창현, 손대현, 이명현, 김용덕,

정대현, 이남수, 손병현, 임동건, 김귀현, 강조웅, 명정옥, 정신자, 박옥진 등이 열심히 봉사했다.

얼마 뒤 「주간조선」이 "목사 없는 평신도 교회: 새길교회"라는 보도를 한 후 여기저기서 관심 있는 분들이 구경삼아 몰려왔다. 교인들은 순식간에 100여 명이 늘어 보다 큰 공간이 필요하게 되었다. 교인들이 늘어나면서 구역 조직도 생기고 남녀 선교회와 성경 공부반 등 여러 활동과 조직이 생기며 정식 교회로 발전시키자는 의견이 지배적이 되었다. 예식장을 빌려 오후 4시 예배만 보고 헤어지는 형태로는 공동체의 유지나 결속을 위한 교회 활동을 제대로 할 수 없다는 한계를 절실하게 느끼게 되어 상시 건물 공간을 갖는 교회로 옮기게 되었다.

새길교회는 YMCA 예식장을 빌려 예배만 한 번 드리는 초기의 모습을 1년 반 만에 청산하고, 88년 10월 문정동에 건물을 임대해 주일 11시에 예배드리고 식사도 함께하며 여러 기관 활동을 할 수 있는 정규 교회처럼 발전하게 되었다. 사실 성가대 연습도 해야 하고, 청소년과 유년 주일학교도 유지하려면 교회 건물이나 상시 사용이 가능한 장소가 없이는 불가능했다.

교회당 건물 70여 평을 임대해 강단과 성가대석을 꾸미고 간판을 달고 식탁과 부엌까지 꾸리니 기성교회 못지않은 교회당이 되었다. 건물 관리와 주보 만들기 등 교회 업무를 맡을 상근 전도사나 직원이 필요했으며, 점차 교인들의 관혼상제를 돌보고 심방하는 목회자가 필요하게 되었다. 자원봉사하기로 한 네 명의 말씀 증거자가 목회나 심방까지 할 수는 없어 결국 전담 목회자를 초빙하게 되었다.

창립 후 1년 뒤 김창락 교수는 기장 교단의 업무가 많아져 사임하고 떠났다. 신학자나 목사 한 분은 평신도 교회에도 있어야 하기 때문에 나는 감리교 목사로 성서공회 번역 실장인 민영진 목사를 교섭해 4인 말씀 증거자 수를 채웠다. 88년 3월부터 매달 한 주일 말씀 증거 때만 새길교회로 오지만, 민영진 목사가 참여함으로 세례와 성찬 예식을 주관할 수 있게 되어 평신도 교회의 단점을 보완할 수 있었다.

민영진 목사도 2년 봉사 후 떠나고 전담 목회자에 대한 요구가 점점 늘어나, 90년 1월 예장 교육부 총무였던 문전섭 목사를 전담 목회자로 모시게 되었다. 심방과 예전의 책임을 지면서 말씀 증거도 평신도 말씀 증거자들과 나누어 하는 평신도 교회의 형태로 바뀌게 되었다. 말씀 증거의 횟수도 월급을 받는 목회자의 설교를 월 2회, 평신도 말씀 증거를 월 2회로 했다. 문전섭 목사도 1년 뒤 러시아 선교사로 떠나게 되어 91년 5월부터는 감리교 서창원 목사를 전담 목회자로 모시게 되었다.

건물도 없고 월급 받는 목사도 없는 순수한 평신도 교회를 해보겠다는 새길교회 초기의 꿈과 목표는 실현되기 어려웠다. 그래도 목회자는 기성교회의 전담 목회자, 당회장 권을 가진 목회자가 아니라 부분적 목회를 하는 파트타임 목회자였다. 여전히 교회의 운영은 당회나 제직회 없이 평신도들의 운영위원회가 담당했다. 이렇게 새길교회는 문정동에서 목회자와 함께하는 평신도 교회로 자리를 잡아갔다. 주일학교와 중고등부, 청년회노 소식뇌고 구역 예배, 성경 공부, 선교 봉사활동으로 한 지역교회의 모습을 띠게 되었다.

그러던 중 92년 초 현대교회로부터 새길교회와 통합하자는 제안이 왔다. 현대교회의 운영이 어려워 평신도 교회 체제를 받아들이고 새길교회와 통합하겠다는 요청이었다. 양측의 협상팀이 조정해서 92년 4월 부활 주일에 압구정동 현대교회에서 통합 예배를 드렸다. 새길교회 간판은 당분간 내리고, 현대교회는 예장 강남노회에서 탈퇴하고 독립교회로 세워 새길 평신도 교회로 전환하기로 합의하였다. 대단히 어려운 결정이었지만 현대교회는 노회에서 탈퇴한다는 통지를 보냈고, 기존의 장로·집사제를 없애고 평신도 운영위원회 체제를 받아들여 평신도 교회의 모습을 띠게 되었다.

93년 초에 서창원 목사는 감리교신학대학 교수로 임명되어 떠나고, 예장의 조성기 목사를 목회자로 모시게 되었다. 조성기 목사는 새문안교회 서경석 목사와 청년 교우 10여 명을 데리고 새로운 교회를 창립하려다가 현대교회의 초빙을 받고 이들과 함께 현대교회로 합류하게 되었다. 또한 93년 3월에 한완상 교수는 새로 탄생한 김영삼 대통령의 문민정부에 통일부 장관이 되어 바빠졌고, 나는 숭실대 교수 10년 특혜로 1년간 안식년을 받아 93년 4월부터 하버드대학과 프랑크푸르트대학을 오가며 하버마스 같은 저명한 교수의 강의를 듣고 세미나에도 참석하며 지냈다.

내가 한국을 떠난 93년에 현대교회의 분위기는 조성기 목사를 중심으로 서경석 목사가 도우며 예장 교회처럼 바뀌게 되었다. 94년 3월 독일에서 돌아와서 보니 평신도 말씀 증거자의 위치가 불분명했다. 조성기 담임목사가 설교를 도맡아 했고, 한완상 장관과 길희성 교수가 가뭄에 콩 나듯 가끔 서경석 목사와 나누어 말씀 증거하는 형태로 유지되고 있었다. 운영위원회 때마다 새길교회에서 온 평신도 교회 주창자들은 약속대로 교회 이름을 새길교회로 바꾸고 현대교회 간판을 내리라고 주장했다.

94년 초 한완상 교수가 장관직에서 물러나 교회로 돌아오자 한 박사의 설교를 자주 듣기 원하는 새길 교우들과 예장 전통 교회 유지를 바라는 현대 교우들 사이에 갈등과 대립이 심화되었다. 나는 중간에서 타협해 보려고 노력했지만 현대와 새길의 분열은 점점 불가피해 보였다. 94년 6월 12일 한완상, 길희성, 이삼열, 조창현 등 새길 측 4인과 조성기, 서경석, 최승웅, 이행식 등 현대 측 4인이 긴급 조정 회의를 열어서 모든 문제는 목회협력위원회를 조직해 해결하기로 합의했다. 그러나 4일 뒤 6월 16일 새길 측 48명이 긴급 회동해 교역자 없는 새길교회를 부활시키기로 결정하고 현대 측과 논쟁하다가 합의되지 않자, 7월 초부터 현대교회를 떠나 새길교회를 다시 세우기로 결정하고 고별 인사장을 보내왔다.

현대교회 장로와 새 예배당

타협안을 가지고 중재하던 나는 곤란하게 되었다. 분열을 막아보려고 내가 제시한 방안은 현대교회 안에서 두 가지 예배를 병행시켜 보자는 것이었다. 오전 11시에 전통적 예장 교회 예배를 드리고 오후 2시에 새길 평신도 예배를 드려 교인들이 한 곳을 선택하든가, 양측 예배를 다 참석할 수 있게 하자는 방안이었다. 목회자를 모시되 평신도 교회도 유지해가자는 안이었지만, 양측이 받아들이지 않았다.

나에게는 평신도 교회를 지향하고 싶은 마음도 있었지만, 예장 교단안에서 개혁적인 평신도 교회 운동을 하는 것도 중요했다. 나는 이미 91년 WCC 캔버라(Canberra) 총회에 예장 교난의 평신도 대표로 참석했고 '정의 평화 창조'(JPIC) 위원으로 활동하고 있었다. 아버지와 동생이 예장 교단의 목사로 일생 봉직했고 나도 교단 평신도로 교회협 여러 활동에 참가하며 88선언을 초안하고 교회 통일 운동에 바쁘게 뛰어다녔기에, 나에겐 예장 교단 교회를 지키며 에큐메니칼 운동과 사회선교 활동, 평화 통일 운동을 하는 것이 중요했다. 한완상 박사는 나에게 WCC, NCC 활동은 이제 그만하고 같이 나가자고 했지만, 나는 일단 현대교회를 지키기로 했다.

새길 교우들 50여 명이 떠난 후 94년 7월 현대교회에 남은 출석 교우들은 20~30명에 불과했고 허전하기 짝이 없었다. 갈라지게 되자 많은 중도 교우들은 새길도 현대도 아닌 곳으로 떠났다. 나는 조창현, 김병서, 유재건, 최승웅 등과 현대교회에 남아서 조성기 목사를 붙들고 교회 재건에 힘썼다. 일단 교회를 안정시키기 위해 예장 강남노회에 다시 가입하고 당회를 조직하기로 했다. 새 교우들을 영입해 교인 수가 100여 명으로 늘어나자 95년 말에 장로 5인을 선출하도록 노회의 허가를 받아 투표했다. 조창현, 최승웅, 이삼열, 김병서, 정희경 5인이 당선되었고, 노회 시취를 거쳐 96년 6월 현대교회 장로 안수를 받아 첫 당회를 구성하였다.

현대교회는 76년 창립 시부터 압구정동 현대아파트 상가의 2층 건물 100여 평을 임대하여 교회당을 유지하였는데, 임대료가 올라 월 500만 원씩 내야 하니 적은 수의 교인으론 재정 유지가 어려웠다. 장로가 되고 당회원으로 책임을 맡게 되니 교회당 건물 구입에 관심 갖지 않을 수 없었다. 장기적으로 볼 때 건물 없이 압구정동 상가에 계속 머물 수는 없었다. 땅값이 싼 곳을 찾아 예배당을 짓자는 결의를 하고 부동산에 부탁해 서울 시내 구석구석을 찾아보았으나 우리가 가진 7~8억 원의 돈으로 살 수 있는 땅이 없었다. 값이 싼 강북 수유리나 잠실 밖에도 찾아보았으나 100여 평을 구하기도 어려웠다.

그런데 2001년 어느 날 연락하던 부동산 여직원이 마땅한 땅이 강남 한복판에 나왔다는 소식을 알려왔다. 흥분해서 달려가 보니 삼성동 선능공원 근처에 교회당 건물이 있는 땅 300평이 나왔는데, 건물이 없는 쪽 160평을 평당 900만 원에 내놓은 것이다. 나는 오히려 70평 교회당 건물이 있는 140평이 탐나서 달라고 하니 그쪽은 이미 윤○○ 씨가 계약

현대교회 5인의 장로들과 함께

해서 안 된다고 했다. 아무래도 160평만 가지고는 안 될 것 같아 부동산 중개인을 졸랐더니 중개인이 묘책을 내놓았다.

나에게 비밀을 털어 놓았는데, 사실은 윤 씨가 땅 주인과 300평을 평당 600만 원에 계약해 놓고 돈이 모자라니 건물이 없는 160평을 900에 팔아 교회당 건물 땅만 사서 신학교를 만들려고 한다는 정보였다. 그러면서 묘안을 제시하는데, 300평 전체를 900만 원에 살 능력이 있으면 땅 주인과 협상해 윤 씨와의 계약을 파기하고 우리와 새로운 계약을 할 수 있다는 것이었다. 그러면 27억 원이 있어야 하는데 특별 헌금을 해도 10억 원 이상 만들기는 힘든 형편이었다.

나는 고민하며 기도하던 중에 묘안이 떠올랐다. 그래서 정희경 장로를 조선호텔로 불러내서 의논했다. 교회당이 있는 땅 140평은 12억 정도니 현대교회가 사고 160평을 정 장로님의 청강문화대학이 사서 강당과 교실을 지으면 교회가 주일날만 주일학교로 빌려 쓰고 평일에는 대학에서 사용하면 되지 않겠느냐는 방안이었다. 고맙게도 정 장로님이 동의해 주시고 160평을 사겠다고 했다. 땅 주인은 계약금 2억 원의 두 배인 4억 원을 윤 씨에게 물어주고 우리와 새 계약을 맺었다. 나를 믿고 윤 씨에게 욕을 먹으며 도와준 중개인이 무척 고마웠다.

기적적으로 현대교회는 교회당을 구해서 수리하고 2002년에 압구정동에서 삼성동으로 이사했다. 그 후 1년 뒤 정 장로님이 160평을 팔겠다고 해서 우리는 다시 고민에 빠졌다. 만일 어느 장사꾼이 사서 술집이라도 열면 우리 교회는 우스운 꼴이 되는데, 그 땅을 살 16억 원은 없고 어떻게 할 것인가 몹시 고민되었다. 나는 수요일 저녁 긴급 제직회를 소집해 앞으로 오피스텔 같은 빌딩을 지어 교인들이 한 칸씩 1~2억에 사도록 하면 되니 우선 빚을 얻어 사자고 주장했고, 장로 다섯 명의 집을 담보로 16억을 빌려 매입했다. 몇 년 후 빚을 다 갚고 교육관도 지었다.

빚까지 얻어 27억에 산 그 땅이 20여 년의 지난 현재 400억 원이 넘는다고 하니 현대교회는 횡재의 복을 받았다고 할 수 있다. 교우들의 정성과 특별 헌금으로 마련되었지만, 부동산 중개인과 정희경 장로의 공로를 잊을 수 없다. 무엇보다 그때그때 적절한 하나님의 도움이 있어서 가능한 기적이었다고 믿고 싶다. 나는 장로직을 7년만 하고 사임하려고 했으나 노회가 허락지 않는다고 해서 2011년 말까지 15년간 현대교회 장로직을 맡아 봉직했다.

현대교회를 떠난 새길교회는 10여 년 동안 강남청소년회관을 빌려 예배드렸고, 한동안 오산고등학교 강당으로 옮겼다가, 최근에는 서대문 근처 바비엔빌딩 지하실을 매입해 건물 공간을 소유한 채 평신도 교회를 유지하며 30여 년 넘게 잘 발전하고 있다.

VI. 세계교회협의회(WCC)와 에큐메니칼 운동
(1991~2006)

WCC 총회와 한국교회의 참여

전 세계적으로 기독교의 에큐메니칼 운동을 이끌어 가는 중심체는 제네바에 본부를 두고 있는 세계교회협의회(WCC, World Council of Churches)라 할 수 있다. 2차대전 후 48년 8월에 네덜란드 암스테르담에서 44개국

WCC 중앙위원장 Held 박사 강연을 통역하고 있는 장면

146개 개신 교단 총대 351명이 모여 창립한 WCC는 오늘날 120여 국가의 340여 교단이 가입한 초교파적 교회 연합 기관이며 5억 8천만 기독교 인구를 포괄하고 있다. 장로교, 감리교, 침례교, 루터교 등 개신 교단 전부와 성공회와 정교회(Orthodox)까지 가톨릭을 제외한 그리스도교의 거의 모든 교단을 회원으로 포용하는 WCC는 세계교회의 국제 협력과 선교와 운동의 방향을 이끌어 가는 핵심체라고 할 수 있다.

WCC는 7, 8년에 한 번씩 총회(Assembly)를 열어 교회의 사회참여 방향과 연합 운동의 과제를 협의하는데, 회원 교단의 대표 900여 명과 참관인 3~4천 명이 참석해 2주간 회의를 통해 주요 사업과 정책을 결정한다. 여기서 선출된 150명의 중앙위원회가 1~2년에 한 번씩 모여 추진 과정의 보고를 받고 새로운 사업과 활동을 결의하며, 중앙위원회 의장과 사무총장을 포함한 24명의 실행위원회가 6개월에 한 번씩 모여 WCC의 조직과 운영 전반을 관장한다.

물론 제네바 본부에 사무총장과 300여 명의 상근 직원이 부서별로 있어 중앙위원회나 실행위원회가 결정한 사업과 프로그램을 수행하는 실무 활동을 한다. 본부의 주요 부서로는 신앙과 직제(Faith and Order), 선교와 전도(Mission and Evangelism), 국제 문제(International Affairs), 정의 평화 창조(Justice Peace Creation), 사회봉사(*Diakonia*), 교육, 평신도, 여성 등이 있지만 매 총회 결정과 시대적 요구 및 재정 여건에 따라 조금씩 바뀐다.

우리나라 개신교교회들은 해방 후 분단과 전쟁으로 초기에는 WCC 총회나 활동에 거의 참여하지 못하다가 61년 뉴델리 3차 총회부터 기독교장로회 강원용 목사를 중심으로 적극적인 참여를 시작했다. 50년대에는 이승만 대통령 치하의 엄격한 반공주의 때문에 소련과 공산국가들이 참가하는 WCC를 용공 단체로 보고 참가하지 못하게 방해했다. 그래서 WCC 총회나 모임에 초청받았지만 정부가 여권을 허가해 주지 않아 참석하지 못한 경우가 많았다.

여권 방해에도 불구하고 54년 에반스톤 2차 총회에 예장 명신홍 목사 등 몇 분이 참석했다. 이때 강원용 목사는 미국 유학 중 기장 대표로 참석하려 했으나 기장 교단이 WCC에 가입되기 전이어서 정식 대표가 아닌 참가자로 방청했다. 2차 총회에서는 핵전쟁을 피하기 위해 공산권과의 평화 공존 문제가 주 의제로 논의되었는데, 이승만 반공 정권의 지시와 허가를 받고 참석한 예장 대표들은 평화 공존에 반대한다는 의견을 회의장에서 표명했다.

59년에 결국 우리나라 최대 교단인 예장이 WCC가 용공이니 탈퇴하자는 합동 측과 세계교회와의 관계 유지를 위해 가입 유지를 주장하는 통합 측으로 분열되고 말았다. 그러나 에큐메니칼 운동을 지지한 영락교회 한경직 목사 등 예장 통합 총회도 더 이상의 분파를 막고 논쟁을 피하기 위해 일단 WCC를 탈퇴하지 않고 가입은 유지한 채 회원권을 정지시켰다. 그래서 예장 통합은 70년에 회원권을 다시 회복하기까지 10여 년 동안을 WCC와는 무관하게 지냈고, 에큐메니칼 운동은 자취를 감추었다.

감리교도 탈퇴는 안 했지만 소극적인 자세로 머물러 있었고, 진보적인 기장만이 70년대 초까지 WCC에 열심히 참여해 에큐메니칼 운동을 주도했다. 68년 스웨덴 웁살라에서 열린 WCC 4차 총회에서 기장의 강원용 목사가 한국 최초의 중앙위원으로 선출되었다. 75년 아프리카 케냐 나이로비에서 열린 5차 총회에서 처음으로 김형태 목사가 예장 대표로 참석했다. 강원용 목사는 중앙위원에 재선되었고 최초의 실행위원을 겸하게 되었다. 예장의 김형태 목사와 감리교 김준영 목사는 83년 밴쿠버 6차 총회 시에 중앙위원으로 선출되어 이때부터 한국교회는 예장, 기장, 감리교 세 교단이 본격적으로 WCC 활동에 참여했다.

WCC 활동에서 150명의 중앙위원으로 선출되는 것이 중요한 까닭은 중앙위원회가 1년 내지 1년 반 만에 한 번씩 제네바나 세계 어느 곳에 모여 10여 일간 회의하며 교회와 세계의 온갖 문제를 다루기 때문에, 그곳에 가야 에큐메니칼 운동의 흐름과 방향을 알 수 있고 또 나라의 문제를 알리고 토론할 수 있기 때문이다. 중앙위원 150명은 회원 교단의 크기와 기여도에 따라 명수가 배정되는데, 우리나라는 두 명의 자리가 배정되기 때문에 기장, 예장, 감리교 세 교단이 로테이션 원칙을 적용해 자리를 나누어서 매번 한 교단은 자리를 얻지 못했다.

총회 총대 중에서 중앙위원을 선출하기 때문에, 우선 교단을 대표하는 총대가 되어야 중앙위원으로 선출될 수 있다. 교단별 총대 수는 교인 총수에 비례해 정해지는데, 기장, 감리교는 2~3명, 예장은 4명이 배정되었다. WCC는 총대 선정 원칙으로 교역자와 평신도의 비율을 50:50으로, 남자와 여자의 비율도 50:50으로 또 30세 이하 청년 비율을 25%로 정했기 때문에 각 교단은 이 비율 원칙에 따라 총대를 선출해야만 한다. 예장의 경우 총대 4명은 목회자 1명, 평신도 1명, 여성 1명, 청년 1명으로 선출했다. 물론 WCC 회의 공용어인 영어나 불어, 독어, 스페인어, 러시아어 중 하나에 능통해야 한다는 조건이 있었다.

캔버라 총회와 JPIC 위원회

WCC 7차 총회가 91년 2월 7~20일 호주의 수도 캔버라에서 열렸다. "성령이여 오소서, 만물을 새롭게 하소서"(Come Holy Splrit, Renew the Whole Creation) 라는 주제로 성령의 역사를 오늘의 시대 상황에서 다루었다. 나는 이때 숭실대 기독교사회연구소장으로 있으면서 예장 사회부 총무 박창빈 목사와 함께 사회봉사관에서 예장의 교역자들에게 사회봉사 훈련을 하고 있었고, 예장 총회 총무는 주계명 목사로 WCC와 에큐메니칼 운동에 관심이 많은 분이셨다.

나의 WCC-URM 경력과 에큐메니칼 운동 경험을 잘 아는 예장 주계명 총무가 나를 평신도 대표로 추천해서 WCC 7차 총회에 김형태 목사와 황화자 전도사, 청년 대표와 함께 참석했다. 그때까지 예장 교단에는 WCC나 에큐메니칼 운동을 잘 알거나 관심을 갖는 교역자나 평신도가 별로 없었고, 에큐메니칼 운동이나 사회선교에 관한 회의에는 내가 발제 강연을 맡거나 토론자로 나서는 경우가 많았다.

한국교회의 WCC에 대한 편견과 에큐메니칼 운동에 관한 무지와 무관심을 시정하고 교회 갱신을 하려면 예장의 WCC 참여와 활동이 매우 중요하기 때문에 나는 WCC 활동에 적극 나서서 에큐메니칼 운동의 인식 확산에 앞장서야겠다고 결심했다. 그렇게 하려면 WCC를 더 자세히 알고 국제적 에큐메니칼 네트워크를 활성화하는 일이 중요하기 때문에 WCC 총회에 총대로 참석해서 가능하면 중앙위원이 되어야겠다고 생각했다.

귀한 총대 자리를 얻은 후 주계명 총무와 협의해서 WCC 총회 주제를 가지고 총대들과 주요 신학자, 목회자들이 토론하며 준비하는 연구 모임을 숭실대 기독교사회연구소가 예장 총회와 함께 개최하기로 했다. 캔버라 총회가 열리기 20일 전 91년 1월 14~15일에 백주년기념관에서 50여 명의 예장 인사가 모여 총회 준비 세미나를 열었다. 성령에 관해 장신대 김중은 교수가 성서 연구를 하고, 이삼열(생명의 영), 김용복(진리의 영), 이형기(일치의 영), 유경재(역사에 참여하는 성령 운동), 김명용(장로교회 성령 운동)의 주제 연구 발표가 있었으며, 한국교회의 혁신과 진로를 모색하는 종합 토론이 진행되었다. 강연과 토론 녹음을 풀어 숭실대 기독교사회연구소에서 『새롭게 하시는 성령과 한국교회』(한울, 1991)라는 제목으로 출판했다.

WCC 캔버라 총회가 열린 91년 초는 한반도의 남북 관계가 최선의 우호적 관계로 발전해 가는 때였다. 한국교회협(KNCC)의 88선언 이후 남북 기독교회의 접촉과 대화가 이루어졌고, 89년 베를린 장벽 붕괴, 90년 독일 통일, 91년 소련과 동구 공산권의 해체로 동서 냉전 시대가 청산되는 때였다. 자연히 WCC 7차 총회는 북한기독교연맹의 대표들을 초청했고 북한은 고기준 목사를 단장으로 네 명의 대표단을 캔버라에 보냈다. 총회 도중 2월 17일에 시드니한인교회에서 남북한 교회 대표들을 초대하고 많은 한인 교포들이 참석한 가운데 평화 통일 연합 예배가 거행되었다. 북한 고기준 목사와 내가 15분씩 설교 말씀을 전하며 남북 기독교의 화합과 친선의 분위기를 이루었다.

지난 회기에 예장의 김형태 목사가 중앙위원을 했기 때문에 이번 캔버라 총회에선 기장의 목회자 박종화 목사와 감리교의 여성 청년 대표에게 중앙위원 자리가 배정돼서 나는 기회를 얻지 못했다. 그 대신 WCC의 가장 중요한 프로그램위원회인 제3국 '정의 평화 창조'(JPIC)국의 위원으로 임명받았다. 정의, 평화, 창조의 보전 문제를 종합적으로 다루며 이를 실천하는 기독교 사회운동들의 신학적, 사회 윤리적 토대를 구축하는 (Ground Work) 일이 이 부서의 과제였다. JPIC는 90년대 WCC 에큐메니칼 운동의 대표적 간판 프로그램이었다.

나는 특별히 JPIC 프로그램 중에서도 핵심을 생명(Life)에 두고 연구하는 "생명의 신학과 에큐메니칼 사회윤리"(Theology of Life and Ecumenical Social Ethic)라는 프로젝트를 주관하는 8인 추진위원회(Executive Group)의 한 사람으로 참여하는 영광을 얻었다. Agnes Abuom, Trond Bakkevig, Adebisi Sowunmi, Te Rua Gretha, Cristina Boesenberg, Metropolitan Daniel of Moldavia 등과 함께였고, 위원장 Larry Rasmussen은 미국 유니온신학교의 윤리학 교수로 『지구 공동체와 지구윤리』(*Earth Commuity, Earth Ethics,* New York Orbis, 1996)라는 명저의 저자였다.

케냐 '생명의 신학' 대회

WCC-JPIC 정의 평화 창조국은 생태계의 위기와 지구 온난화의 기후 변동이 인간과 자연의 생명을 위협하는 중대 요소임을 자각하면서 정의, 평화, 창조 질서의 보전을 위한 선교적 과제를 통합적으로 이해하는 신학적인 토대를 마련하기 위해 92년에 '생명의 신학위원회'를 조직하고 수년간 활동했다. 이제까지 창조의 신학, 생태학적 신학, 자연의 신학, 생명의 문화, 생명 중심의 윤리 등에 관한 회의나 논의들이 있었으나 생명의 신학(Theology of Life)이 이렇게 체계적으로 거론된 것은 WCC에서도 처음이었다.

생명의 신학위원회는 94년 초에 전 세계 WCC 회원교회들에게 생명의 신학 연구에 동참해달라는 초청 부로슈어를 보냈다. 에큐메니칼 사회사상과 실천 과제를 새롭게 정의하고 기독교 사회운동과 공동체의 삶을 회복하려는 운동의 토대를 강화하기 위해 다음과 같은 문제의 해답을 보내달라고 요청한 것이다.

1) 그곳에서 생명의 힘은 무엇이며, 생명에 위협을 주는 요소는 무엇인가?

2) 삶의 문화, 죽음의 문화에 직면한 당신의 교회나 기독교 공동체가 여기에 어떻게 대처하고 있는가?

3) 생명의 신학과 삶의 윤리를 위해 당신이 배우고 느낀 것이 무엇이며, 어떤 내용과 이야기들을 함께 나누고 싶은가?

이러한 설문 조사와 함께 WCC는 생명 문제가 심각하게 위협받고 있는 영역들을 90년 JPIC 서울대회에서 채택한 열 개의 고백(Affirmation)에 따라 열 개의 테마로 나누고 테마당 2~3개 나라를 선정해 생명의 신학에 대한 구체적 사례 연구를 하도록 하였다. 이런 토론과 결정을 하기 위해 생명의 신학위원회는 거의 매년 제네바(92년 12월, 93년 5월 9~11일, 94년 12월 4~6일)와 루마니아(95년 9월 22~28일, Brasov, Romania)에서 회의했다. 나는 보강을 조건으로 허가를 받아 학기 중에도 빠짐없이 참석했다.

열 개의 고백에 따른 테마들과 사례 연구할 나라들은 1) 권력(남아프리카, 케냐, 말라위), 2) 빈곤과 생명(인도, 독일), 3) 인종차별(스리랑카, 프랑스), 4) 남녀 성차별(브라질, 오스트레일리아), 5) 자유와 주권(아르헨티나, 에스토니아), 6) 전쟁과 평화(수단, 한국), 7) 창조와 생태계(과테말라, 미국), 8) 땅과 원주민(남태평양, 노르웨이 사미족), 9) 청소년 소외(필리핀, 카리비안), 10) 인권 탄압(엘살바도르, 루마니아) 등이었다. 생명의 문제, 삶의 위협의 문제를 테마에 따라서 특화하며 문제의 해결을 위한 신학적 인식이나 실천적 방안과 체험이 있으면 모아보자는 취지였다.

WCC-JPIC는 이렇게 회원교회들의 응답과 조사를 통해 열 개의 테마를 연구할 나라와 교회 20여 곳을 선정해서 2만 불가량의 연구비를 주면서 2년간(1994~1996) 연구한 뒤 보고서를 제출하도록 했다. 한국의 사례 연구(전쟁과 평화)를 맡은 나는 숭실대 기독교사회연구소가 그 책임을 지도록 했고 숭실대 봉사관에서 매월 전문가 10여 명이 모여 발표를 듣고 토론하는 연구회를 주관했다.

한국적 생명의 신학을 모색하기 위한 연구 모임에는 우리나라 주요 신학자들(민중신학, 여성 신학)과 생명 문제 연구자들이 논문을 발표하고 토론에 참여했다. 선순화, 김용복, 박재순, 박종천, 채수일, 김창락, 민영진, 정현경, 권진관, 이정배, 김지하 시인, 정인재, 오재식, 이삼열 등이었고, 발표 논문과 토론은 숭실대 기독교사회연구소가 편집해『생명의 신학과 윤리』(열린문화, 1997)로 출판했다. 특히 선순화 교수의 "기독교적

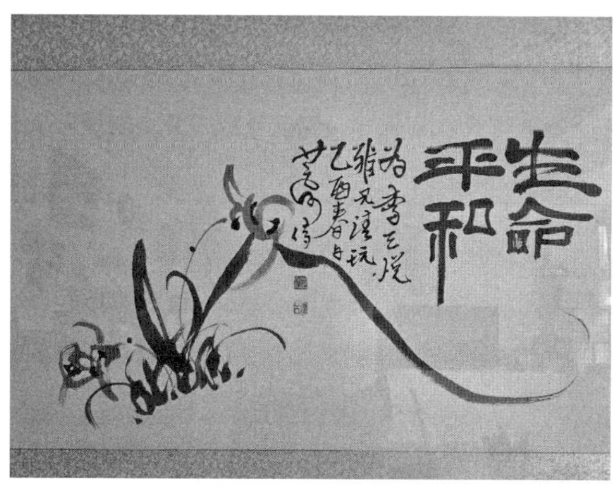

김지하 친필 액자

생명 운동", 박종천 교수의 "상생의 신학", 박재순 교수의 "한국적 생명 사상" 김지하 시인의 "동학사상과 생명 문화 운동"이 이채롭고 감명을 주었다.

2년 동안 추진된 생명의 신학 사례 연구들을 종합해서 발표하고 토론하는 '생명의 신학 대회'(Theology of Life Conference of WCC-Unit III)가 97년 1월 10~19일 케냐 나이로비에서 개최되었다. 케냐 대표로 생명의 신학 프로젝트에 추진위원으로 참여했던 아붐(Agnes Abuom)이 준비한 대회는 여느 에큐메니칼 대회와 달리 케냐어로 소코니(Sokoni, 시장이라는 뜻) 형태를 취했다. 대회 장소도 넓은 잔디밭에 초가지붕이 덮인 열린 집이 여러 채 세워져 있었고, 사례 연구팀들은 주제별로 초가집 벽에다 생명의 침해나 위협 현상들을 그림이나 사진 도표를 통해 전시하며 물건을 사고파는 시장의 형태로 나눔과 대화가 이루어졌다.

중앙 무대에서 테마별로 발표한 사례 연구 보고팀들은 강연뿐 아니라 연극, 노래, 춤 그림 등 다양한 방법을 활용하여 생명이 죽어가는 현실을 묘사하고 교회의 책임과 참여를 호소했다. 르완다의 종족 간 살육전, 유전 개발로 죽게 된 오고니 지방의 항쟁, 남편을 잃은 수단 여성들의 통곡 등 아프리카의 생명 탄압의 현실이 절실하게 드러났으며, 스리랑카 타밀족의 살상, 유휴지를 개간하려다 경찰의 기관총에 학살된 브라질 원주민들, 아르헨티나, 엘살바도르의 양민 학살, 필리핀 농민의 테러, 선진국 독일, 미국의 빈민과 노숙자들 등 전 세계는 생명의 위협과 죽음의 문화로 가득했다.

나는 한반도의 분단 체제가 가져온 생명 탄압과 죽음의 문화에 대해 나이로비 대회장에서 발표했고 두 개의 발표문을 영문으로 작성해 제출했다.

1) Park, Jae-Soon, "Theology of Life from the Perspective of Korean Minjung Religions"(박재순, "한국의 만중 종교적 관점에서 본 생명신학")

2) Samuel Lee, "Theological Reflection on Peace and Life of People in Korea: Report of the Case Study on Theology of Life and Peace of Christ in Korea"(한국 연구자들의 발표와 토론의 내용을 종합한 영문 보고서)

이 보고서는 숭실대 기독교사회연구소가 발간한 단행본『생명의 신학과 윤리』에 실려 있다.

나이로비 생명신학대회의 결실을 평가하며 프로젝트를 종결하고 8차 하라레 총회에 넘길 과제를 결정하기 위한 평가 회의가 98년 4월 18~25일에 뉴욕 유니온신학대학교, Union Seminary에서 열렸다. WCC 생명의 신학 프로젝트는 92~98년 7년간 추진된 긴 여정이었고, 여기서 나는 많은 것을 배우고 경험했다.

나는 캔버라 총회에서 중앙위원이 되지 못하고 제3국 JPIC 프로그램 위원으로 선출된 것이 큰 축복이었음을 생명의 신학위원회 활동을 통해 절감했다. 만 7년 동안의 회의와 사례 연구, 보고대회, 평가회를 통해 많은 나라의 생명 탄압 현실과 교회의 노력과 신학적 논의를 파악하는 귀중한 체험을 얻을 수 있었다.

WCC 50주년 하라레 총회

WCC 8차 총회가 98년 12월 3~14일에 짐바브웨의 수도 하라레(Harare) 에서 열렸다. 특별히 8차 총회는 WCC가 창립된 지 50주년을 맞는 희년 총회이자 20세기의 마지막 총회여서, 21세기를 내다보며 WCC의 미래 과제를 전망하는 뜻깊은 에큐메니칼 대회였다. 에큐메니칼 운동 50년을 돌아보며 회고와 반성, 새로운 전망과 결단을 해야 할 희년 총회를 창립 도시인 암스테르담에서 열자는 의견도 있었으나 미래의 과제와 심각한 문제가 가장 많은 아프리카에서 갖는 것이 의미가 있다고 해서 짐바브웨로 정하게 되었다고 한다.

WCC 총회에 참석할 교단의 대표는 보통 대회 1년 전에 결정해 본부에 통보하고 사전 지역 모임들을 통해 미리 주제에 대해 연구 토론하는 준비 과정을 거쳐 총회에 참석하는 것이 관례였다. 내가 속한 예장 총회에서도 일찌감치 총대 선출에 대한 논의가 있었는데, "이삼열이 평신도 대표로 다시 나가서 지난번에 기장과 감리교에 양보한 중앙위원 자리를 얻어와야 한다"는 것이 예장 교단의 중론이었다.

중앙위원이 될 만한 인물을 총대로 내세우고 교단이 밀어야 중앙위원 자리를 얻을 수 있다는 것을 확실히 알고 있는 예장 총회 사무총장 조성기 목사와 총회장 유의웅 목사가 평신도 총대로 나를 강하게 추천한 덕이었다.

나는 91년 7차 캔버라 총회의 경험도 있고 그동안 WCC-JPIC 생명의 신학위원회 위원으로 수년간 활동한 경력도 있었기에 8차 하라레 총회에 참석할 준비를 차분하게 해 나갔다. 우선 WCC 본부에서 만든 대회 주제와 총회 안건에 대한 문서를 전부 숙독한 뒤 이를 요약해 핵심 문제를 파악할 수 있도록 "WCC 제8차 총회의 과제와 전망 — 2천 년대 에큐메니칼 운동의 방향 모색"이란 글을 작성해 기독교계 언론에 발표하고 세미나를 조직해 토론함으로 관심과 논의를 일으켰다.

8차 총회의 주제는 "하나님께로 돌아가서 소망 가운데 기뻐하자"(Turn

to God — Rejoice in Hope)였다. 6차 밴쿠버 총회 주제가 "예수 그리스도는 세상의 생명"이었고, 7차 캔버라 총회 주제가 "성령이여 오소서 만물을 새롭게 하소서"였던 것을 보면 성자, 성령, 성부의 순서로 총회의 주제가 선정되는 것을 알 수 있었다. 50주년 희년 총회는 회고와 반성을 하면서 회개의 마음으로 하나님께 돌아가야 하며 미래에 대한 희망을 가지며 축제를 누리자는 뜻이 내포되어 있다고 설명했다.

이 주제는 오늘의 문명과 정치사회적 현실, 인간의 정신적, 도덕적 타락에 대한 매우 강력한 충고의 메시지였다. 창조주 하나님의 뜻과 명령을 거슬러 물질과 권력과 향락을 우상으로 섬기며 탐욕과 이기심 때문에 이웃과 공동체와 자연을 파괴하는 삶을 계속하는 한, 진정한 기쁨과 희망을 가질 수 없으며 회개하고 하나님께로 돌아서는 것만이 소망의 길이라는 경고를 내포하고 있다.

나는 이 주제가 98년에 다른 어느 나라나 교회보다도 우리 한국교회를 향한 적절한 표어라고 생각하며 이렇게 썼다.

우리는 지금 건국 50주년을 맞아 WCC와 같은 희년을 맞고 있으나 6.25 이후 최대의 국난이라고 할 수 있는 IMF 국가경제위기를 맞고 있다. 한강의 기적을 이루었다고, 아시아의 신흥공업국가로 OECD 선진국의 대열에 올라선 네 마리 용 중의 하나라고 뻐기던 대한민국은 이제 3천억 불의 외채를 짊어진 최대의 부채국가로 전락했다. 은행과 기업은 모두 수십조 원, 수백조 원의 부실금융과 빚에 휩싸였고, 공장의 가동률은 60%를 밑돌게 되었고, 실업자는 200만을 훨씬 넘어섰으며 나날이 늘어나는 노숙자들과 퇴직자들, 자살자와 가정파탄에 이른 자들로 사회는 침울하고 어둡기만 하다.

사실 96~97년의 IMF 경제 패망으로 한국 사회는 이때 절망과 한숨에 빠져 희망을 찾기 어려웠다. 예장 총회는 심각해진 경제위기를 신앙적으로 이해하고 해결하는 선언문을 만들기로 하고 김용복 박사와 임성빈 교수와 나를 포함해 신학자 몇 사람을 작성 위원으로 임명했다. 위원들은 여러 차례 모여 WCC의 경제 관련 선언문들을 검토하고 토론한 뒤 나에게 초안 작성을 의뢰했다. 나는 수개월 동안 자료들을 검토하고 경제위기 상황과 원인을 파악한 뒤, 간단한 선언문이 아니라 독일 교회가 중요한 사회 정치 문제가 생겼을 때 내놓는 신앙 각서(Denkschrift) 형태의 신앙 고백적 백서를 써보기로 했다.

20여 페이지에 달하는 "경제위기 극복을 위한 신앙 각서"라는 제목의 문서를 완성해 98년 9월 24일 저녁 소망교회에서 열린 예장 83회 총회 석상에서 약 한 시간에 걸쳐 낭독했고, 전 총회원이 기립박수로 찬동해 총회의 선언문이 되었다. 전문의 한두 구절을 여기 옮겨본다.

경제위기 극복을 위한 신앙 각서

우리는 오늘의 국가적 경제위기와 전 국민적인 삶의 고통에 직면하여, 이 위기와 고통 속에 드러나는 시대의 징표와 하나님의 뜻이 무엇인지를 신앙적으로 깨달으려고 하며, 우리의 잘못을 회개하고 하나님께 돌아가, 경제를 살리며 나라를 구하기 위한 교회의 책임과 과업이 무엇인지를 성찰하면서, 위기의 시대에 교회와 그리스도인들에게 부과된 선교적 사명을 충실히 이행할 것을 굳게 결의하고자 한다.

이 위기와 고난의 시대에 '치유하시는 그리스도'의 표어 아래 모인 대한예수교 장로회 제83회 총회의 참석자들은 오늘의 경제 파탄과 국가적 위기의 근원이 바로 이 나라의 정신적 타락과 윤리적 부패에 있다고 반성하면서, 타락된 정신과 윤리를 바르게 회복시켜 경제를 다시 살리고, 국민적인 아픔과 고통을 치유하는 것이 교회가 이 시대에 해야 할 선교적 사명임을 통감한다. …

이러한 시대적 문제의식과 신앙적 깨달음 위에서, 제83회 총회는 "경제위기 극복을 위한 교회의 신앙 각서"를 작성하여, 교회의 책임과 사명을 다하기 위한 모색과 노력에 하나의 지침을 삼고자 한다.

신앙 각서의 소제목은 아래와 같다.

1) 국가 경제의 위기와 교회의 책임
2) 기독교 신앙에서 본 경제와 윤리
3) 정의로운 경제공동체를 향한 교회의 선교적 과제
  (1) 경제구조와 현실의 개선을 위한 노력
  (2) 건전한 그리스도인의 경제생활과 교회의 재정
  (3) 가난한 자와 희생당한 자를 위한 봉사의 실천

이 신앙 각서를 쓸 때 WCC에서 나온 문서들과 독일 교회의 신앙 각서(Denkschrift)들을 많이 참고하였다. 독일 교회는 평화 문제든 성차별 문제든, 어려운 정치 문제나 사회윤리 문제가 생겼을 때 전문 학자들과 신학자들로 위원회를 만들어 깊이 연구한 뒤 입장과 방향을 정립해서 각서(Denkschrift)를 작성해 교회의 정책을 수립한다. 하나의 각서를 만들기 위해 수십 명의 전문가를 동원해 수년간 연구 토론하기도 한다. 나는 독일 교회의 'Denkschrift'를 신앙 각서라고 번역해 한국교회가 모델로 삼기 바라면서 처음으로 "경제위기 극복을 위한 신앙 각서"를 작성했다.

WCC와 독일 교회의 체험을 통해 배운 소득이었다.

WCC 실행위원과 NCC 국제위원장

예장 총회에서 나의 에큐메니칼 활동과 경험을 존중해서 교단 대표로 WCC 총회에 두 번씩이나 참석하게 하니, 이번 하라레 총회에선 많은 것을 배우고 얻어와야겠다고 단단히 결심했다. 무엇보다 중요한 것은 예장 교회와 WCC 에큐메니칼 운동 기관들과의 연대와 협력을 강화하기 위해 WCC 중앙위원으로 선출되는 영예를 얻어 오는 것이었다.

이번엔 예장이 우선권을 갖는 차례이기는 하지만 세계교회 정치가 복잡하고 규칙들이 많아 쉽지는 않았다. 예장이 우선권을 갖는다 해도 기장과 감리교 중에서 누가 될지, 여성일지, 남성일지, 청년일지에 따라 비율을 맞추기 위해 예장에선 목회자나 여성 혹은 청년이 선출될 수도 있기 때문이다. WCC 총회 인선위원회는 각 교단의 사정을 잘 모르기 때문에 원치 않는 인물이 선출되는 경우도 종종 있었다. 그래서 방청객으로 참석한 예장의 유의웅 총회장과 조성기 총무가 WCC 총무 라이저(Konrad Raiser) 박사를 만나 예장의 중앙위원 후보는 평신도 Samuel Lee(이삼열)로 결정했다는 사실을 사전에 통보했다.

다행히 예장에서 나와 기장의 박종화 목사가 중앙위원으로 선출되었다. 둘 다 남성이었지만 목사와 평신도라는 비율이 맞아서 인선위의 통과를 본 것 같다. 그런데 150명 중앙위원 중 선출되는 24명의 실행위원에 전혀 기대하지도 로비하지도 않았던 내가 선출되었다. 기장의 박종화 목사는 두 번째로 중앙위원에 당선되면서 실행위원까지 선출되길 기대했지만, 아시아에서 다른 나라의 목사가 실행위원으로 선출되어 한국에선 평신도인 나에게 기회가 온 듯했다.

중앙위원 선출만 바랐던 나는 뜻밖에 실행위원까지 되는 행운을 얻었다. 예장에선 처음이고, 한국교회로선 강원용 목사 다음으로 두 번째 실행위원이 된 셈이었다. 하라레 총회는 한국교회로선 큰 소득이었다. 강문규 씨까지 WCC 아시아 지역대표회장으로 선출되는 영광을 안게 되어 회장, 실행위원, 중앙위원 세 사람이 임원에 당선되는 큰 성과를 얻었다.

나는 이제 WCC에서 한국교회를 대표하는 유일한 실행위원이 되었기 때문에 상당한 각오와 책임감을 가지고 앞으로 7~8년간 에큐메니칼 운동의 최전선에서 일해야겠다고 생각했다. 우선 8차 하라레 총회의 내용과 결정, 정책 방향을 한국교회에 자세히 보고하고 알릴 책임이 있기에 돌아와서 "아프리카의 십자가 아래 모인 세계교회 ─ WCC 8차 총회 참가기"를 작성해 기독교 언론들과 여러 모임에서 발표했다.

120여 개국의 340여 교회 교단에서 960여 명의 총대를 포함 4천여 명의 그리스도인이 하라레대학에 모여 10여 일간 회합한 내용을 자세히 소개하려면 책을 한 권 써도 모자라지만 핵심적인 것만 열여섯 쪽 정도로 압축해 발표문을 만들었다. 특별한 관심을 갖고 토론된 중요한 에큐메니칼 아젠다를 내 나름대로 파악해 다음 네 가지로 요약했다.

1) 에큐메니칼 운동의 정체성과 전망 문제(Common Understanding and Vision)

2) 세계화와 후진 빈곤국들의 외채 탕감 문제(Dept Cancellation)

3) 폭력의 극복과 평화의 문화(Overcoming Violence, Culture of Peace)

4) 성문제에 대한 바른 이해 (Sexuality and Sexism)

WCC 창립 50주년을 기념하는 희년대회의 절정은 대회의 마지막 주일, 12월 13일 오후에 3천여 명이 참석한 가운데 열린 희년 기념식이었다. 축하객으로 온 짐바브웨 대통령 무가베와 남아프리카 대통령 만델라가 총무 라이저와 함께 입장할 때 청중들은 우레와 같은 박수를 보냈으며 연단에서 환호하는 합창단의 노래에 맞춰 만델라는 한참 춤을 추었다. 만델라의 축사 첫마디는 "WCC는 지난 50년 동안 세계의 양심이었습니다. 그 덕에 남아프리카도 해방과 독립을 맞이했습니다"라는 찬사였다. 나는 오늘까지 만델라의 이 말을 기억하며 에큐메니칼 운동은 세계의 양심이 되는 운동이라고 믿고 있다.

WCC 실행위원회는 6개월에 한 번씩 제네바나 초대받는 곳에서 모여 사업과 활동 전반에 대한 보고를 총무로부터 받고 인사 재정 사업과 예산을 결정하며 본부의 활동을 지휘 감독하는 막중한 책임을 진 핵심 기관이다. 중앙위원회는 1년 반에 한 번씩 모여 WCC의 정책과 활동 방향을 깊이 숙고하며 토론을 통해 결정하는 소총회이다. 두 가지 회의에 모두 참석해야 하는 나는 8년 임기 동안 열다섯 차례나 제네바 및 다른 나라에 가야했다.

하라레 총회 후 실행위원회는 99년 3월 16~19일에 보세이에큐메니칼 연구소(Bossey Ecumenical Institute)에서 모여 21세기 WCC 운영 방향과 실천 목표를 논의했는데, 그 내용은 세계화의 부정적 결과와 희생자들에 대한 교회의 에큐메니칼 대응, 각종 폭력과 억압에 시달리는 인간의 삶의 돌봄, 교회다운 교회, 포용적 교회를 위한 대화(개신교와 정교회) 등이었다. 6천만 프랑에 달하는 99년 예산을 심의 결정했고, CWME(선교와 복음),

CCIA(국제 문제), JPIC(정의 평화 창조)위원회 등의 위원장을 임명했으며, 각 나라 교단에서 위원 추천을 받아 다음 8월 실행위에서 위원들을 배정하기로 했다.

하라레 총회에서 한국 감리교단이 차기 9차 총회를 한국에서 열자는 제안을 했고, 나로서도 한국교회의 총회 유치에 대한 관심을 표명해야 했기에 실행위원회에서 가능성을 물어보았다. 라이저 총무는 만약 한 번도 열리지 못한 남미 교회에서 초청이 오면 그곳에 우선권이 있다고 대답했다. 나는 한국에 돌아와서 기자회견에서 이것을 그대로 전하며 총회 초청이 어려우면 중앙위원회를 초청해 한국교회를 알리는 것이 좋겠다고 말했고, 모든 내용은 기독교 언론에 보도되었다.

99년에 한국교회협의회가 WCC 실행위원이 된 나를 국제위원장으로 임명함으로 NCC의 국제 관계 업무까지 맡게 된 나는 에큐메니칼 활동에 엄청난 시간을 할애하게 되었다. 일본, 독일, 미국, 필리핀, 대만, 인도네시아 등 여러 나라 교회(NCC)와의 교류 협력 관계의 일과 성명서를 쓰는 일, 에큐메니칼 방문객 손님맞이 등 교수직을 하면서 2000년까지 2년간 감수했다.

대만 교회에 지진 피해 위로금, 방글라데시에 홍수 피해 지원금을 전달하고, 99년 5월 17~19일에 한비교회협의회를 필리핀에서 개최하고, 2000년 6월 1~6일에 인도네시아 토모혼에서 열린 아시아교회협(CCA) 총회에 참석하고, 99년 8월 26일~9월 3일에 제네바에서 WCC 중앙위원회를 마친 뒤 독일 하노버로 날아가 동아시아 선교위원들과 한독교회협의회(2001년 5월)를 준비하는 등 해외 출장이 많았다.

특히 99년 3~4월에 유고슬라비아/코소보에서 인종 청소 살육전과 NATO의 폭격 사태가 일어났을 때 WCC는 회원 교단들에게 유고의 전쟁이 세계대전으로 확전되지 않도록 평화 운동에 나설 것을 촉구했다. 나는 즉시 NCC 국제위원회를 소집해 정세 분석과 대책 회의를 한 뒤 교회협 국제위원회 이름으로 "나토군은 유고 폭격을 즉시 중단하라"는 성명서를 써서 발표했다. NCC 김동완 총무와 국제위원장 이삼열의 이름으로 발표한 영문 성명서를 WCC가 전 세계교회로 배포했다. 인종 청소에 나선 세르비아와 유고를 폭격한 나토를 과감하게 비판하며 세계대전으로의 확대를 막고 유엔의 개입하에 평화적 해결을 촉구한 성명서였다. 이는 국내 일간지에도 자세히 보도되었다.

98년부터 세계교회, 국내 교회들과 부단히 접촉하며 온갖 회의에 참석하다 보니 이제 나의 주 직책이 숭실대 철학 교수보다는 교회 목회자나 에큐메니칼 운동가인 것처럼 느껴졌다. 어린 시절 목사의 꿈은 이루지 못했지만 교회를 위해서 일하겠다는 평생의 소망은 이루어진 것 같아 하나님께 감사했다. 그러나 솔직히 반성해 보니 나에게 교회를 위해 일할 신학적 훈련은 부족했다. 에큐메니칼 사회선교의 경험은 있지만, 성서신학이나 교회사의 훈련은 제대로 받은 적이 없었기 때문이다.

그래서 나는 숭실대 마지막 안식년인 2000년을 모자라는 신학 공부와 영적 수련을 하며 보내겠다고 결심하고 하버드신학대학(Harvard Divinity School)으로 갔다. 1월 초부터 방문 교수(visiting scholar)로 등록하고 신대원 학생처럼 열심히 강의를 들었다. 하비 콕스(Harvey Cox, 예수의 현대적 해석)와 코넬 웨스트(Cornel West) 교수와 친하게 지내며 많은 대화를 나눈 것도 좋았지만, 카렌 킹(Karen King) 교수의 "신약성서의 역사와 해석", 프랑수아 보봉(Franzois Bovon) 교수의 "누가복음" 강의를 청강하며 성서 연구 방법을 배운 것이 무척 좋았다. 특히 사복음서와 도마복음(Gospel of Thomas)을 비교하며 예수님의 말씀을 이해해 보는 것이 너무 재미있고 감격스러웠다.

베를린에서 폭력 극복 10년 선포

WCC는 99년 8월 26일~9월 3일 제네바에서 1차 중앙위원회를 열어 프로그램 위원들을 배정했고, 2001년 1월 29일~2월 4일 베를린에서 2차 중앙위원회를 열면서 21세기 벽두의 WCC 핵심 과제로 "폭력 극복 10년, Decade to overcome Violence(2001~2010)"를 선포했다. 정의, 평화, 생명을 위협하는 악의 요소가 다양한 종류의 폭력(Violence)에 있음이 판명되면서 하라레 총회에서 논의된 '세계화 시대의 폭력과 전쟁, 억압과 수탈의 문제'를 극복하기 위해 세계교회가 전력을 기울여 10년 동안 추진하기로 선포했다.

베를린 중앙위원회는 150명의 중앙위원뿐 아니라 340여 회원 교단의 대표들과 에큐메니칼 기관의 책임자들이 방청객으로 참석해서 1천여 명이 모이는 대집회였다. 회의 도중에 카이저빌헬름기념교회(Kaiser Wilhelm Gedaechtnis)에서 독일 교회와 함께 "폭력 극복 10년" 선포식이 열렸는데, 여기에 독일 대통령도 참석해 축사했다. 그리고 2월 4일 주일 예배를 브란덴부르크 포츠담에 있는 성 곹하르트(St. Gotthardt)교회에서 독일 교회가 '폭력 극복'(Ueberwindung von Gewalt) 기념 예배로 거행했는데, 여성 신학자 캐스만(Margot Kaessmann) 주교를 설교자로, 나를 축사자(Grusswort)로 초대했다. 나는 독일어로 15분간 한국과 독일의 분단 시대가 가져온 고통과 역사적 경험을 언급하며 세계적 폭력과 전쟁을 극복하는 데 WCC와 함께 앞장서자고 역설했다.

2002년 8월 23일~9월 3일 제네바에서 다시 모인 WCC 실행위원, 중앙위원회에선 9차 총회 장소를 결정하는 순서가 있었다. 여러 나라에서 요청한 신청서를 사무처에서 검토한 뒤 현장을 방문하고 여러 조건을 비교해서 한국 서울과 브라질 포르투 알레그레(porto alegre) 두 곳을 후보지로 놓고 중앙위원회에서 투표로 선택하도록 되어 있었다. 한국교회는 이미 NCC와 세 회원 교단이 결정해 2005년 9차 총회를 유치하기 위한 신청서를 제출했다. 연세대학교를 총회 장소로 하고, 총대들의 숙식비를 부담하며, 방문자들을 기독교인 가정에 손님으로 머물게 하는 계획까지 세워놓았다.

투표 직전 양국 대표들이 총회 유치의 동기와 준비 사항을 설명하는데, KNCC의 부탁으로 내가 한국교회를 대표해 제안 설명을 하게 되었다. 나는 정성껏 원고를 준비해 15분간 다음과 같은 요지로 9차 서울 총회의 의미를 강조했다.

1) 한국은 20세기에 기독교 선교와 복음화가 가장 성공적으로 이루어진 나라다. 1885년 언더우드(Underwood)와 아펜젤러(Appencelar) 두 선교사가 와서 전도한 지 120년 만에 인구 4,700만의 25%인 1,200만 크리스천 신도를 만들어 아시아 전체에서 최고의 신도 수를 기록했다. 중국의 13억 인구, 일본의 인구 비례 신도 수 1%를 고려하면, 한국이 동아시아 선교의 중심지가 될 수 있다. 서남아시아 인도에서 1961년에 3차 총회가 열린 후 아시아 총회가 없었다.

2) 일제 식민지에서 2차대전 후 해방되었으나 남북한 분단으로 반세기 동안 전쟁 위협과 대결에 시달리고 있어 화해와 평화의 복음이 가장 절실하게 요구되는 지역이다. 마침 민주화와 평화의 노력이 결실을 보아 김대중 대통령

이 남북정상회담을 성취하고 노벨 평화상을 2000년에 수상했다. 북한 교회
도 참석하는 WCC 총회가 되면 21세기 평화의 상징적 기독교 총회가 될
것이다.

3) 한국교회는 단시간에 급성장을 이루고 많은 신도 수를 자랑하지만 교회들은
많은 교파로 분열되었고, 교인들은 개인 구원 신앙에 매달려 애큐메니칼 정
신이 매우 허약하고 사회선교적 실천력도 빈약하다. 그것은 30여 년의 군부
독재 정치가 에큐메니칼 운동과 사회선교를 용공으로 몰아 탄압한 결과이기
도 하다. 그러나 이제 민주화와 평화 운동이 자라며 사회봉사와 사회선교의
관심이 높아지고 있으며 에큐메니칼 정신을 배울 태세가 갖추어져 가고 있
음을 볼 수 있다. WCC 총회를 개최함으로 한국교회의 에큐메니칼 정신은
크게 성장하고 일치 운동이 발전하리라 확신한다.

나의 제안 설명은 큰 박수와 찬동을 받았고 지지를 표명한 나라도
많았지만, 투표 결과 근소한 표 차이로 포르투 알레그레가 9차 총회 개최
지로 결정되었다. 이미 라이저 총무가 남미가 우선이라는 견해를 강하
게 주장했기 때문에 그의 영향이 작용했다고 생각된다. 9차 총회 유치는
실패했지만 한국교회의 의지와 준비 태세, 역량은 충분히 알렸고, 10차
총회를 한국 부산으로 유치하는 데에도 큰 도움이 되었다고 생각된다.

서울에서 개최된 WCC 실행위원회

9차 총회 유치는 달성치 못했지만, 나는 한국교회와 WCC를 가깝게
연계시키기 위해 중앙위원회나 실행위원회를 한국에서 개최하도록 해

서 한국교회와 교인들에게 WCC의 잘못된 인식을 시정하고 있는 그대로의 모습을 보게 하는 것이 좋은 전략일 것 같다는 생각에 노력해 보기로했다. 과연 한국교회가 총회 초청을 결의했다가 실패했는데 중앙위나 실행위원회 초청을 동의해 줄까? WCC는 호응해줄까? 쉽지 않은 문제였다.

그런데 2003년 8월 26일~9월 2일 제네바에서 열린 4차 중앙위원회에서 내가 잘 알고 친하게 지냈던 케냐의 샘 코비아(Sam Kobia)가 총무 선거에서 당선되었다. 그는 80~82년에 WCC-URM(도시농촌선교부)의 간사였고 나는 유럽 산업선교 담당 협동 간사로 조지 토드 목사의 지도 아래 함께 일했던 친한 동지였다. 2000년 봄 3개월 동안 하버드신학대학에서 방문 교수로 함께 지내기도 했다. 코비아 총무는 나에게 여러모로 도와달라고 부탁했고, 나는 한국교회와 WCC가 남북 평화를 위해 긴밀히 협력하자고 말했다.

마침 KNCC의 새 총무로 부임한 백도웅 목사가 같은 예장 소속일 뿐아니라 같은 고향(이북 철산)이고 같은 동신교회 출신이기도 해서 형 동생하며 가깝게 이야기할 수 있는 사이였다. 내가 WCC 실행위원회 초청건을 꺼내니 백 총무는 협력하겠다고 약속했다. 중앙위원회 초청은 300명 이상을 초청해야 하고 수십만 불의 예산이 들어가니 당장 하긴 어렵고, 우선 30명 정도를 초대하는 실행위원회를 한국에 유치해 보자고 뜻을모았다.

2004년 2월 17~20일에 제네바에서 코비아 총무가 참석하는 첫 실행위원회가 열렸다. 나는 8월에 모이는 다음 실행위원회를 한국에 초대하려면 이번에 한국교회협(KNCC)의 초청 의향서(Letter of Intention)를 가지고 가야 한다고 생각했다. 그래서 2월 13일 강문규 회장과 함께 KNCC 백도웅 총무를 찾아가 WCC 실행위원회 초청 건을 의논했고, 만일 재정이 문제가 된다면 모금을 함께 책임지기로 합의하고 실행위를 초청하기로 결정했다. 2월 17~20일 제네바 실행위 회의에서 코비아 총무에게 이 뜻을 전했고, 실행위는 한국교회의 초청을 수락하기로 결정했다.

그런데 어려움이 생겼다. 백 총무가 그 후 타 교단 실행위원들과 의논해 보니 반대 의견들이 나온다는 것이었다. 초청하려면 중앙위원회 정도 해야지 실행위원 24명 초청해 한국교회에 무슨 득이 있겠느냐는 것과 실행위에서 급진적이고 위험한 성명서가 나오면 NCC가 어떻게 감당하겠느냐는 걱정들이었다. 실행위 초청을 못마땅하게 여기는 사람이 있거나 방해 공작이 있는 게 분명했다. 4월 22일에 KNCC 실행위원회가 찬성 결의를 해 주어야 하는데, 이를 위해서는 백 총무가 확신을 가지고 강하게 밀어붙여야 추진할 수 있을 것 같았다. 그래서 그를 WCC로 데려가 코비아 총무와 만나도록 했다.

마침 2004년 3월 11~15일에 독일 교회와 WCC-CCIA 주최로 "남북한 평화 통일과 교회의 역할"이란 주제하에 프랑크푸르트/아놀드하인에서 국제회의가 열렸다. 여기에 북조선그리스도교연맹 강영섭 위원장과 이종로 국제부장, 이춘구 목사, 이수익, 김현철, 김관기 조기련 중앙위원이 참석하고, 백도웅 KNCC 총무와 한국 대표 10여 명도 참석하였다. 독일 회의를 마치면 강영섭 목사 일행과 백도웅 총무 일행이 제네바로 가서 따로 코비아 총무를 만나 협의하게 되는데, 코비아 총무는 나에게 동석을 요청했다. 북조선 대표들과 한반도 평화 문제를 논의하는 자리도 중요했고 백도웅 총무와 실행위 초청 문제를 의논하는 것도 대단히 필요해서, 나는 또 한 번 제네바행 비행기를 탔다.

3월 17일 코비아 총무를 방문한 강영섭 위원장과 이종로 국제부장 등 북한기독교연맹 간부들은 코비아 총무 취임을 축하하며 WCC가 그동안 조선의 평화 통일을 위해 많은 노력을 해 온 것, 84년 도산소부터 글리온 1, 2차 모임, 마카오 회의 등에 대한 감사의 뜻을 전했다. 그러면서 미국의 부시 정권이 대조선 적대 정책을 강화해 조선 반도 주변에 무력을 증대하고 전쟁 준비를 하고 있으니 WCC가 계속 전쟁을 막고 평화를 지키는 노력을 해달라고 부탁했다.

여기에 대해 코비아 총무는 미국의 교회도 정부의 정책을 비판하고 있으며 WCC는 한반도 평화를 위해 늘 성명 발표를 해 왔고 한국에서 실행위원회가 열리게 되면 한반도 평화를 위한 중요한 정책을 표명하게 될 것이라고 말했다. 이어서 적대 정치나 군비 증강 대신에 교류 협력 지원 정책을 실시하고 북한에 식량, 에너지를 돕는 데 WCC-ACT가 더 노력하겠다며 2006년 포르투 알레그레 총회에도 북한 대표들이, 특히 여성들이 참석해 주기 바란다고 응답했다.

3월 16일 백도웅 총무와 나는 코비아 총무와 마주 앉아 실행위원회 서울 개최 문제를 의논했다. 백도웅 총무는 제네바에 가서 코비아 총무를 만나 WCC의 분위기를 파악하며 실행위원회를 한국에 유치함으로 한국교회의 위상을 높이고 에큐메니칼 운동의 발전과 많은 소득을 기대해 볼 수 있다는 확신을 얻었다. 더구나 WCC가 적극적으로 나서 회원 교단들을 만나 실행위원회의 무게와 중요성을 설득해 주니 더욱 힘을 얻었다. 백 총무의 적극적이며 정성을 다한 노력으로 4월 22일 KNCC 실행위원회에서도 무사히 통과되었고 재정 분담의 동의까지 받아냈다.

KNCC(회장 김순권, 총무 백도웅)는 2004년 8월에 WCC 실행위원회를 개최하는 동시에 동북아교회대표협의회(8월 19~22일), KNCC 80주년 기념 국제회의(8월 23일), WCC 실행위원회(8월 24~27일)라는 세 가지 행사를 기획하여 근 열흘간 진행했다. 세계교회 거물급 지도자 20여 명이 한국에 오는 기회를 활용해 잘 대접하면서 한국교회를 알리고 또 그들의 입장과 경험을 듣기 위해 일본, 중국, 대만, 홍콩의 교회 지도자들을 초청해 함께 "에큐메니칼 운동의 새로운 도전과 비전" 주제로 국제 협의회를 개최하였다.

동북아교회협의회는 백주년기념관에서, 에큐메니칼 국제회의는 홀리데이인호텔에서, WCC 실행위원회 숙소는 올림픽파크텔호텔로, 회의장은 새벽월드교회 평화센터(이승용 목사)에서 하도록 했다. 세계교회협 실행위원들은 회의 3일 전인 8월 21일에 서울에 도착해, 22일 일요일에 한국의 여러 교회에 나누어 가서 예배드리며 대화하고, 23일에 에큐메니칼 국제회의를 한 뒤, 24~27일에 실행위 회의를 하고 떠나도록 프로그램을 짰다. 23일 오후에 청와대로 노무현 대통령을 예방했고 저녁엔 한국의 집에서 문광부 장관 초청 환영 만찬이 있었다.

나는 실행위 회의 기간 중 25일 저녁에 예배 참석 프로그램을 하나 더 만들었다. 명성교회 김삼환 목사에게 부탁해 WCC 실행위원들을 초대해 워커힐 중국 식당에서 저녁을 대접하고 5천 명이 모이는 수요 저녁 예배에 참관케 하는 아이디어였다. WCC를 알리기 위해 코비아 총무가 설교하고 내가 통역했는데, 그가 거룩한 설교를 하고 나도 은혜롭게 통역했는지 내 통역이 끝나자마자 "아멘, 아멘" 소리가 크게 울렸다. 새벽 5시 기도회에도 3천 명이 나온다는 말에 실행위원들은 탄복했다.

실행위원 가운데는 레바논 정교의 아람(Aram) 대주교, 독일 개신교 롤프 코페(Rolf Koppe) 총재, 미국의 전 유엔 대사 맥킨리 영(Mckinley Young), 미국 장로교 총장 커크패트릭(Kirkpatrick) 등 거물 지도자들과 여러 교단 대표가 있었는데, 한국교회의 열정적 모습과 예배에 모두 찬사와 감탄을 멈추지 않았다. 피상적이긴 하지만 한국교회를 세계교회에 알리는 데 이번 WCC 실행위원회가 큰 역할을 한 것 같았다.

나는 2006년 브라질의 포르투 알레그레에서 9차 총회가 열릴 때까지 8년 동안 매년 두 번씩 열린 WCC 실행위원회에 빠지지 않고 참석해 운영 실태와 정책 방향을 논의했는데, 2001년에 한 번 덴마크 교회 초청으로 코펜하겐에서 열렸고, 2004년에 서울에서 열렸을 뿐, 그 외엔 항상 제네바에서 모였다.

VII. 정치 개혁의 꿈과 모험
— 참여연대와 개혁신당

상도동 YS와 동교동 DJ 사이에서

87년 6.10 민주항쟁과 노태우 민정당 대표의 6.29 항복 선언으로 전두환의 5공화국 군부 독재가 막을 내리고 민주화의 길이 열리게 된 것은 확실했다. 대통령 직선제 개헌으로 6공화국이 선포되며 87년 12월 15년 만에 다시 국민이 직접 투표하는 대통령 선거가 실시되었다.

통일민주당의 김영삼(YS)과 평화민주당의 김대중(DJ) 후보가 단일화했다면 민정당의 노태우가 당선되지 못했을 것이며 양 김 중 한 명이 대통령으로 당선되어 민주화를 촉진할 수 있었을 것이다. 하지만 유감스럽게도 양 김은 서로 자기가 먼저 대통령이 되어야 한다고 고집하고 민주 세력들마저 상도동계와 동교동계로 분열되어 도무지 통합을 이룰 수 없었다.

군부 독재의 계승을 막기 위해서는 양 김의 단일화만이 가능한 길로 보이기 때문에 양 김 편에 서지 않은 민주 인사들이 단일화 운동을 전개했다. 조영래 변호사, 박형규 목사, 오재식 선배 등이 나서서 100여 명의 서명을 받아 양 김에게 단일화를 촉구했고, 나도 거기에 서명하고 기독교 민주 인사들을 설득했으나 이미 양편으로 갈라선 민주 인사들은 말을 듣지 않았다. 김영삼 측은 자기들이 우세하니 그대로 밀고 나가려 하고, 김대중 측은 김종필까지 4자가 경쟁하면 영남은 갈라지고 호남은 단합해서 이길 수 있다고 강변했다.

결국 단일화는 실패했고 예측했던 대로 군부 세력의 승리로 돌아가 민주 세력은 좌절에 빠지고 말았다. 나는 80년대 5공 시절 김영삼 총재와 김대중 총재를 여러 번 만났고 존경해 왔지만, 단일화를 못 해서 진 그들이 미웠고, 양보하지 않고 고집하는 지도자는 자격이 없다고 생각했으며, 환멸이 너무 커서 다시 보고 싶지 않았다. 이제는 상도동, 동교동에 매달린 정치꾼들이 아니라 새로운 참 민주적 세력이 육성되어야 민주화를 기대할 수 있겠다는 생각에 어느 편에도 서고 싶지 않았다.

그러나 김영삼 총재는 서울대 철학과 선배로서 오래 알고 지냈고, 상도동에 가까이 사는 김홍진 교수와 함께 YS의 상도동 댁을 방문해 통일 문제를 자문한 일도 있었다. 통일민주당의 유성환 의원이 북한 발언으로 구속되었을 때 나는 YS에게 7.4 남북공동성명을 설명하며 유의원을 변호하라고 조언했는데, YS는 그대로 언론에 항의 성명을 발표해서 다음날 유 의원을 석방시켰다.

그 당시 통일민주당 총재 김영삼은 노태우 대통령의 5년 임기가 끝나면 평화민주당 김대중 총재와 다시 대선에서 경쟁할 채비를 하고 있었다. 어느 날 YS는 우리 집사람 손덕수를 불러 통일민주당 여성 당원들 모임에서 강연하게 했다. 당시 손덕수는 효성여대 여성학 교수와 여성의 전화 공동대표직을 맡아 TV 토론과 강연 등 사회활동을 하기 시작한 때였다. 90년 봄 어느 날 YS는 손덕수 교수와 나를 여의도에 있는 어느 호텔로 점심 식사 초대를 하고 손덕수를 통일민주당의 여성 부총재로 임명할 테니 동의해 달라는 요청을 했다.

얼마 전 김대중 총재가 박영숙 여사(안병무 교수 부인)를 평화민주당의 여성 부총재로 임명한 데 대해 YS는 그동안 손덕수를 몇 번 당 모임에 불러 강연시켜 보고는 결국 대항마로 쓰겠다고 생각한 것이었다. 아마 나까지 포섭해서 김대중과 대결할 생각인 것 같아 도저히 승낙할 수가 없었다. 그래서 교수 된 지도 얼마 안 됐고 정치 경험이 없어 부총재를 감당할 수 없으니, 쓰시려면 여성 위원장 정도 시켜보고 쓰시라고 극구 사양했다. YS는 내일 아침 신문에 발표하도록 최형우 부총재 등 간부들과도 합의했으니 고집 피우지 말고 허락해 달라고 간곡히 말했지만, 나는 이건 집사람을 망치는 길이니 절대 안 된다고 거절했다.

정말 큰일 날 뻔했다. 꼭 3개월 후에 노태우, 김영삼, 김종필 총재가 3당 통합을 해서 민자당을 만들었다. YS는 군부 세력에 흡수 통합되어 차기 대통령을 노리며 김대중과 대결할 태세를 갖추었다. 만약 그때 부총재 제의를 수락했더라면 손덕수, 이삼열은 YS와 함께 5, 6공 보수 세력에 합류하는 꼴이 될 뻔했다.

92년 대선에서 YS는 DJ를 크게 이겨 93년 초에 대통령이 되고, DJ는 일단 정계 은퇴를 선언하고 영국으로 나갔다. 김영삼 대통령은 청와대 정책기획위원회에 손덕수를 임명했고, 집사람은 임기 내내 김 대통령과 가까이 지냈다. 나는 콜(Kohl) 서독 수상이 방한했을 때 청와대 환영 만찬에 김홍진 교수와 함께 초대받아 간 적은 있지만, 참여연대 시민운동을 하면서 YS와 거리를 두고 지냈다.

한번은 박세일 청와대 교육문화수석이 나를 점심에 초대해서 YS 정부에 대한 관심을 물었다. 내 뜻을 타진하려는 것 같았다. 나는 YS가 남북 화해와 평화 공존적 통일 정책을 추진하길 바란다고 했고, 박 수석은 여러 가지 질문을 했다. 그는 내 대답이 맘에 들지 않았는지 "그게 가능할까요?"라며 회의적인 반응을 보였다.

2000년 하버드대학에서 방문 교수로 지내던 어느 날 YS 부부가 보스턴에 들렀다가 내가 와 있다는 소식을 듣고 몇 사람과 함께 우리 부부를 저녁 식사에 초대했다. YS는 나에게 식사 기도를 부탁했다. 대통령 임기도 마쳤으니 편하게 여러 가지 이야기를 하다가 느닷없이 이렇게 말했다. "이 박사를 내가 꼭 장관 시키려고 했는데 주변에서 너무 급진적이라고 평해서 하지 못했다"며 미안하다는 듯이 말했다. 나는 박 수석과의 만남이 떠올라 웃고 말았다.

YS의 문민정부가 군부 세력을 청산하고 금융실명제 등 개혁 정책을 폈을 때 시민사회 민주 세력들은 시민운동을 통해 민주사회 발전을 위한 개혁 운동을 추진하기 시작했다. 93년 경실련(경제정의 실천시민연대) 창립이 그 출발이었다. 나도 여러 번 모임에 참석해 서경석 사무총장을 도왔는데, 언론과 여론의 지지를 받은 경실련은 급성장해 갔다.

그런데 94년 6월경 박원순 변호사와 조희연 교수가 나를 찾아와 새로운 시민운동 단체를 만들려고 하는데 초대 운영위원장을 맡아서 도와달라는 부탁을 했다. 경실련은 금융실명제를 주장하며 문민정부와 협력하지만 보다 근원적인 비판적 노선에서 시민들이 개혁 운동에 직접 참여하는 연대 조직을 만들겠다는 것이다. 어차피 후배들이 주동이 돼서 하는 운동인데 선배로서 사회적 얼굴이 되어 달라고 하니 고맙게 여겨져 책임을 맡기로 했다. 숭실대 교수직, 사회봉사관, 교회, WCC 에큐메니칼 활동, 한국 철학회 등 정신없이 바쁜 때였지만 민주화운동과 사회발전에 기여할 수 있을 것 같아 참여연대의 중책을 짊어졌다.

참여연대 창립과 시민사회 운동

이미 후배들 20~30명이 결속해서 9월 초 창립을 목표로 용산역 근처에 사무실을 얻어 조직 활동을 하고 있었다. 그러나 아직 단체의 명칭이나 헌장, 조직과 사업 계획이 결정되지 못한 채 논의되고 있었다. 과거에 민주화운동을 하던 박원순 변호사의 서울 법대 동창, 후배들과 조희연 교수의 문리대 동창, 후배들이 중심이었다. 이미 대학생 시절 반독재 운동권에서 시위하다가 구속, 고문, 제적된 경력이 있는 30대 청년들이 쟁쟁하게 참여하고 있었다.

임시 조직된 운영위원들과 토론하며 단체의 조직과 사업의 규모, 헌장과 규칙을 만드는 것이 운영위원장인 나의 책임이었다. 우선 단체의 명칭이 문제였다. "민주사회와 인권을 위한 참여연대"라는 긴 이름을 만들어 놓고 찬반양론이 벌어져 합의가 어려웠다. 서준식 중심의 인권 운동 그룹이 강하게 주장하는 데 반해 이름이 너무 길면 대중화가 힘드니 인권을 빼고 단순하게 만들자는 의견이 대립했다. 나는 참여민주주의를 실천한다는 의지를 표시하기 위해 "참여민주사회 시민연대", 약칭 "참여연대"로 하자고 주장했고 투표를 통해 확정됐다. 영문 명칭을 만드는 데도 시민을 citizen으로 하자는 의견이 있었으나 나는 민중의 뜻을 강조해 Peaple's Solidarity for Participatory Democracy(PSPD)로 하자고 주장해 참여민주주의와 민중연대를 명칭에 표시했다.

창립총회를 열어 헌장 결정과 임원 선거를 해야 하지만, 회원 수가 많이 늘어나면 자주 모이기가 어렵기 때문에 30여 명의 운영위원회가 중요한 결정을 하고 10여 명의 집행위원회가 실무에 대한 책임과 결정권을 갖도록 헌장을 만들었다. 사업과 조직은 운영위원회가 필요에 따라 여러 센터와 부서를 만들어 독자적으로 활동할 수 있게 했다. 처음부터 사법감시센터, 행정감시센터를 조직해 정부와 법원과 검찰의 비리와 부정부패를 조사·고발하는 일에 활동의 중점을 두었다.

조직과 사업의 틀이 확정되어 9월 초 창립대회를 개최했고 공동대표로 홍성우 인권 변호사, 김중배 언론인, 오재식 선생 3인을 선출하고, 내가 운영위원장에, 안경환 서울 법대 교수가 집행위원장에, 박원순 변호사가 사무처장에 선출되었다.

창립총회를 마치고 나서 곧 사회복지센터(김홍명 소장)가 중심이 되어 국민 생활 최저선 확보 운동을 시작했다. 마침 노태우 전 대통령의 비자금이 국회에서 박계동 의원에 의해 폭로되었기에 노태우 구속수사를 주장하는 데모를 추진했다. 그리고 참여연대의 정책과 활동을 홍보하는 매체가 있어야겠기에 월간 잡지 「참여사회」를 창간했다. 참여연대의 개혁과 비판 운동은 언론에서 잘 보도해 주었고, 회원 수가 늘고 후원금도 많이 들어와서 상근 실무자 20여 명을 채용할 수 있었다.

경실련과 참여연대의 시민운동은 시대적 요구에 부응하며 크게 성장했고 정치권에도 상당한 영향력을 발휘하게 되었다. 시민연대가 힘을 발휘하며 여기저기에서 공해 추방 시민연대 등 시민운동 단체들이 연속 발생하기 시작했다. 노동자, 농민, 도시빈민 등 민중 층에서 주도하던 민주화운동이 중산층 시민과 지식인이 주도하는 비판적 사회운동으로 전환되는 모습이 나타났다. 시민과 민중의 차이에 대한 논란이 벌어지기도 했다.

창립 후 1년 만에 참여연대는 크게 성장해 사무실도 시내 중심부에 넓은 곳으로 옮겼고 활동 센터와 전문 인력도 다양하게 늘어났다. 그러나 나는 1년 반쯤 지나 참여연대 운영위원장직을 떠나게 되었다. 정치

개혁을 위한 정당 참여의 바람이 불었기 때문이다. 96년 4월 11일 15대 총선을 앞두고 정치 개혁을 위한 정계 개편의 요구와 움직임이 95년 말부터 강력하게 일어났다.

삼당 통합이란 태생적 한계를 안고 출범한 김영삼 문민정부가 개혁과 기득권 세력 사이를 갈팡질팡하며 헤매다가 어디로 갈지 모르는 분열 상태에 이르렀고, 정계 은퇴를 뒤집고 돌아온 김대중은 이기택이 관리해 왔던 민주당을 분열시켜 새정치국민회의라는 신당을 창당하여 차기 총선과 대선을 노리고 있으나 국민의 불신이 높았다. 대권욕에 전통 야당인 민주당을 갈라놓아 민주 세력의 승리가 어렵게 된 것이다. 자칫하면 김영삼 신한국당의 5, 6공 보수 세력과 김종필의 자민련이 합쳐 구시대로 돌아갈 위험이 있는 위기가 도래하고 있었다.

특별히 전통적 민주당에서 김영삼의 삼당 통합 시 따라가지 않고 남은 꼬마 민주당 사람들 또한 김대중이 호남 세력을 이끌고 민주당을 분열시킬 때 따라가지 않고 민주당에 남아 있던 이부영, 유인태, 이철, 제정구, 박계동 등 개혁적 정치인들이 YS도 DJ도 따라갈 수 없는 지경에서 어떻게 할 것인가 고민에 빠져 있었다. 정치적으로는 신한국당이나 국민회의가 힘이 있지만, 이들은 정치 도의상, 양심상 따라가지 않고 꼬마 민주당을 지켰다.

이런 상황에서 이부영, 제정구, 유인태, 이철 등이 나서서 시민사회 운동을 하는 민주 인사들을 설득해 새로운 개혁 정당을 창당하게 하고 자기들과 통합해 큰 개혁 정당을 만들어 총선과 대선에 나가 이기자는 전략을 세웠다. 말하자면 3김 시대를 청산하고 개혁 세력이 세대 교체와 민주화 정치를 주도해 보자는 뜻이었다. 당시에 새 정치 세력에 대한 요구가 전국적으로 일어난 것은 사실이었다. 「조선일보」 95년 10월 1일자 유근일의 칼럼 "脫 3金의 길"에서 그는 다음과 같이 썼다.

> 1997년은 '3김탈피'의 해가 될 것인가? 우리가 '3金시대'에 너무 식상해 있다. 욕심이 해도 해도 너무하기 때문이다.

여기에 호응하고 나선 인물이 우선 경실련 사무총장 서경석 목사와 참여연대 공동대표 홍성우 변호사였다. 이젠 시민운동에만 머물러 있을 수 없고 정당정치에 나서야 민주정치를 살릴 수 있다는 호소에 어려운 결단을 하고 나섰다. 이부영이 방배동 우리 집을 찾아와 신당 창당에 이름을 보태달라고 간곡히 권했다.

나는 몇 날 고민하며 생각했다. 오랫동안 민주화와 정치 개혁을 위해 시민운동을 해 왔는데 신당을 조직해 정치 개혁을 할 수 있다면 도와야 하지 않을까? 대학교수직을 중단하거나 포기하지 않고 정당정치에 참여할 수는 없을까? 대학교수직을 지키며 국회의원 출마는 하지 않고 정당의 정책 개발에 공헌하며 정당정치를 돕는 역할이 가능하다면, 그런 모델을 한번 실험해 보고 싶다는 생각이 들었다.

95년 9월 하순 나는 박원순 변호사를 만나 참여연대 운영위원장직을 사임하겠다고 말했다. 박 변호사는 "나중에 우리도 정치할 때가 올 텐데 좀 참으시지요" 하며 만류했으나, 나는 홍성우, 서경석, 이부영 등의 신당 창당을 도와야 한다며 사의를 굽히지 않았다. 모험이 될 줄 알면서도 이만한 민주 동지들이 또 나오기는 어려우니 이런 때 힘을 보태주어야 정치 개혁의 꿈이라도 꾸어 볼 수 있지 않을까 하는 생각에 모험을 선택했다.

개혁신당 창당과 15대 총선

당시의 창당 분위기를 보도한「조선일보」95년 10월 3일자 기사를 보자.

〈총선 反3金 돌풍 포석〉 "개혁신당 週內 창당 선언 준비"

지역할거 타파와 세대교체를 기치로 내건 反3金 개혁신당이 금주에 모습을 드러낼 전망이다. 장을병 전 성균관대 총장, 홍성우 변호사, 서경석 경실련 연구소장, 장기표 21세기 사회발전 연구회장 등은 오는 5일로 예정된 정치개혁 시민연합(정개련) 창립대회를 전후해 범국민 개혁 정당 창당을 선언할 계획이다. 개혁신당은 정개련과 재야 시민운동 대표 및 30대 전문가 그룹까지 포괄, 늦어도 10일까지는 창당 주비위원회를 구성하고 민주당과의 통합 협상에 들어가기로 했다. 이들은 내년 4월 총선에서 反3金 연합 전선을 구축, 지역대결 구도의 틈새를 파고든다는 전략을 갖고 있다. … 더욱이 민주당과의 통합이 실현되면 민주당 소속 현역 정치인들과 함께 反3金 돌풍을 일으켜 수도권을 중심으로 20석 이상을 확보, 원내교섭단체를 구성할 수 있다고 장담한다. … 徐 씨와 함께 소설가 金洪信 씨도 참여할 가능성이 높다. 또 李三悅 숭실대 교수는 신당에 참여하기로 결정했지만 직접 정치 일선에 나서지는 않는다는 입장인 것으로 알려졌다. … 정개련 참여인사 중에는 집행위원장 성유보 씨 (전 한겨레신문 편집국장), 장두환, 오호근, 서상섭, 김영관, 이수인 등이 출마할 뜻을 비치고 있다.

개혁신당이 공개적으로 첫 모습을 드러낸 것은 10월 9일 맨해튼호텔에서 합동 기자회견을 갖고 창당 선언을 했을 때였다. 장을병, 홍성우, 서경석, 이삼열, 장기표 5인이 앞줄에 앉아 창당 준비위원회 발족 선언을 통해 당의 성격을 드러냈다. 재야 시민운동의 대표자들이 정치권에 나섰다는 점이다. 신문들의 논평은 신선하다는 평과 정치 초년병들의 성과는 미지수라는 평, 관심과 회의가 섞여 있었다. 민주당과 통합해 개혁적 신당을 만들겠다고 선포했지만 과연 이기택 고문이 쥐고 있는 민주당과 쉽게 통합이 될까 하는 염려도 없지 않았다.

약 2개월의 준비 끝에 개혁신당은 11월 27일 오후 2시 여의도 63빌딩에서 창당 대회를 열었고 장을병, 홍성우를 공동대표로, 서경석을 사무총장으로, 이삼열을 정책위원장으로, 김홍신을 홍보위원장으로, 장기표, 성유보, 오현주, 곽영훈을 부대표로 임명했다. 대부분 국회의원 출마를 하겠다고 입당했으나, 나는 지역구든 비례대표든 처음부터 국회의원 출마는 하지 않고 당 정책을 만드는 일을 도우며 개혁 정책을 만들어 당의 이미지를 높이는 데 기여하겠다고 밝히고 참여했다. 출마 의사 없이 창당 작업에 뛰어든 사람은 나 하나뿐이었다.

민주당과의 통합 논의는 11월 초부터 진행되다가 12월 13일경에야 성사되었다. 나는 통합수임기구 합동회의에 참석해 당명을 '참여민주당'으로 하자고 주장했고 개혁신당 측에선 그렇게 합의했는데, 이기택 고문이 선거 전략상 유리한 '통합민주당'으로 하자고 우겨서 선거에 출마하지 않는 나는 더 고집하지 못하고 양보할 수밖에 없었다.

통합민주당은 김원기, 장을병을 공동대표로, 이기택을 상임고문으로 정해 3인이 당을 이끄는 구조를 만들었다. 김정길, 이부영, 홍성우, 하경근, 강창성, 장경우 6인을 최고위원으로 선출하고, 사무총장에 제정구, 원내총무에 이철, 정책위원장에 이삼열을 임명했으며, 이는 「동아일보」 12월 22일자에 보도되었다. 나는 곧 선거에 나서는 서경석 목사에게 정책위원장 자리를 양보하고 정책위 부위원장을 자청해 맡아 정책 실무 일을 하겠다고 했다. 실제로 4월 11일 15대 총선 날까지 김성식 등 젊은 친구들과 함께 신선한 정책 개발을 만들기 위해 전력을 다해 애썼다.

그러나 막상 선거가 다가오니 당 조직은 선거대책위원회 체제로 바뀌고 평소의 당직은 휴업 상태에 들어갔다. 96년 2월 27일 총선을 한 달 반 앞두고 선대위가 조직되어 당 전체를 운영하게 되었는데, 나는 이중재, 홍성우 공동선대위원장 아래서 기획실장을 맡아 4.11 총선을 치르게 되었다.

선거를 20여 일 남긴 3월 19일 민주당 개혁 그룹 18명이 신 주체 선언을 하고 나섰고 신문마다 사진과 함께 큰 기사로 실었다. 다음은 「동아일보」 3월 20일자 보도 기사다.

민주당의 이부영 최고위원, 이철 원내총무, 제정구 사무총장, 서경석 정책위의장 등 핵심 당직자 및 소장파 의원 등 18명은 19일 '총선 후 삼김 정당과는 야합하지 않고 개혁 세력을 결집, 정계 개편을 주도하겠다'고 선언했다. 새로운 정치를 이룩하려면 구악과 폐습에 물든 3김 지배 시대를 청산하고 새 정치 세력과 지도력을 창출해 내야 한다. … 97년 대선에서 후보 예비선거제를 적극 활용, 국민이 선택하는 훌륭한 대권 후보를 내세울 것이라고 밝혔다.

이 선언에는 박석무, 장기욱, 홍기훈, 이계택, 원혜영, 유인태, 김원웅, 박계동 의원과 김정길 최고위원, 노무현 전 부총재, 성유보, 장기표 당무위원, 김홍신 선대위 대변인, 이삼열 선대위 기획실장 등이 참여했다.

이들의 선언 배경은 신한국당과의 통합설에 분명한 쐐기를 박자는 것과 DJ 쪽에서 제기한 2중대론을 막아서, 민주당이 종속변수가 아님을 드러내려는 뜻에 있다고 보인다.

나는 정책위 부의장으로, 선대위 기획실장으로 KBS 선거방송에 나가 통합민주당의 정책을 30분간 설명했다. 그리고 중요한 후보자들의 선거 연설 현장에 나가 찬조 연설도 했는데, 부산의 이기택 후보 연설장엔 5만 명이나 모였다. 그러나 3김의 벽은 너무 높았다. 부산에서 이기택이 낙선했고, 호남에서 김원기도 낙선했다. 몇 달 동안 뛰어다녔지만 선거 결과는 230만 표에 11.2% 득표율을 얻고, 15명 의원이 당선되었다. 지역구에서 9명, 비례대표로 6명이 당선되었고 대부분 낙선했다. 3김 청산은 실패했고, 양대 정당인 신한국당과 국민회의가 압승했다.

더욱 안타까운 일은 이렇게 고생하고 만든 개혁신당과 통합민주당이 종적을 감추고 사라지게 된 것이다. 15명밖에 당선되지 못해 20명 이상의 교섭 단체를 만들지 못했고, 군소정당으로라도 남아 투쟁을 계속해야 하는데 총선 후 해체 상태가 되었다.

이기택이 당권을 조순에게 넘겼고, 조순은 통합민주당을 이회창의 한나라당과 통합해 버렸다. 최고위원회도 당무위원회도 열리지 않고 뿔뿔이 흩어졌다. 당선된 의원들, 장을병, 이부영, 제정구, 이수인, 이미경 등 15명은 한나라당으로 갔고, 낙선한 김원기, 노무현, 유인태 등은 DJ 국민회의로 갔다.

아! 한국 정치란 이런 것이구나. 정당이라는 게 이렇게 물거품처럼 사라지는구나. 나의 정치 개혁의 꿈은 환멸에 이르렀고 탈당 통지서를 써서 보내고 말았다. 이런 결과에 크게 실망했지만 한국 정치의 속내를 짧은 시간에 경험하고 많은 것을 배운 것은 큰 소득이었다며 정리했다. 내가 원했다면 정책위원장으로 비례대표 의원 자리는 얻을 수 있었겠지만, 자리 욕심 없이 봉사만 한 것은 잘한 일이었다. 대학교수나 전문가들이 국회의원에 출마하지 않고 정당정치에 참여하고 봉사하는 모델을 만들었다는 점에서 자부심을 가질 수 있었기 때문이다.

무리였지만, 참신한 시민사회 민주 세력들이 힘을 모아 개혁 정당을 만들어 새 정치를 시도했다는 점에서는 의미가 없지 않았다. 민주 개혁 세력의 동지들은 헤어졌다 다시 만나며 또 갈라져 위치와 입장이 달라지더라도 언젠가는 힘을 합쳐 역사적인 과업을 함께 수행하게 되리라 믿고 싶다. 국민회의로 들어간 김원기, 노무현, 유인태 등은 97년에 DJ를 대통령 만드는 데 일조하며 차기 16대 총선에서 공천 받아 국회에 다시 들어갔고, 노무현이 다음 대통

김재준 목사께서 필자에게 써 준 속자

령이 되는 데 힘을 보탰다. 나는 2004년 노무현 정부 덕에 유네스코 한국위원회 17대 사무총장으로 임명 받아 여러 나라와 북한의 교육, 문화 발전 사업을 돕는 일을 하게 되었다.

VIII. 유네스코(UNESCO)와 지구촌 평화 운동
(2000~2016)

뜻밖에 맡게 된 유네스코 평화 교육

한국 나이로 60이 되는 2000년 말부터 나의 삶과 일의 자리가 대학 강단에서 유네스코(UNESCO) 활동으로 옮겨지는 일대 전환이 일어났는데, 이는 전혀 예상치 못했던 일이었으며 미리 계획했거나 뜻한 바도 아니었다. 그것도 유네스코라는 국제기관의 사무총장 자리를 세 곳에서 연달아 맡으며 12년의 노년 생활을 비행기 타고 전 세계를 돌아다니며 일하게 되리라고는 꿈에도 생각지 못했다.

지나온 나의 삶을 회고해 볼 때, 20여 년 동안 숭실대 교수로 기독교 사회운동과 WCC의 에큐메니칼 활동을 하던 나를 유네스코라는 세계적 평화 운동 기관으로 옮겨서 지구촌 여러 곳의 평화와 지속가능발전에 봉사하도록 이끌어 준 것은 전적으로 하나님의 뜻과 섭리였다고 믿을 수밖에 없다.

왜냐하면 내가 원해서 자리를 찾아간 경우가 아니었고, 설사 내가 원했더라도 여러 가지 조건과 장벽이 내 힘과 능력만으로 성취할 수 있는 자리가 아니었기 때문이다. 생각하기 어려운 우연한 일들이 때마다 일어났고 내 삶의 여정과 묘하게 타이밍이 맞아떨어지는 역운(Geschick)이 나타났다.

98년 말 WCC 중앙위원과 실행위원이 되고 나서 에큐메니칼 운동을 보다 충실히 감당하기 위해 신학적 훈련과 영어 토론 능력을 강화해야겠다는 생각으로 나의 마지막 안식년인 2000년 봄 학기를 하버드대학 종교학부에서 방문 교수로 지내며 신학 공부를 했다. 1~4월은 하버드대학에서 지내고, 5~7월 여름 학기는 독일 프랑크푸르트대학에 가서 하버마스 세미나에 참석하고, 8월 초 서울로 돌아와 새 학기를 준비했다.

귀국한 며칠 뒤 유네스코 한국위원회 사무총장 권태준 박사가 전화로 급히 만나자는 연락을 해 왔다. 권 총장은 유네스코와 한국 정부가 함께 창립한 '아시아 태평양 국제이해교육원'(Asia-Pacific Centre of Education for International Understanding)의 초대 원장을 맡아주었으면 좋겠다고 부탁했다.

아태국제이해교육원을 한국에 설치하게 된 경위와 취지를 설명하며 지난 몇 달 동안 초대 원장 공모를 해서 후보 선출을 했는데 당선된 분이 예술교육을 전공한 교수여서 국제이해교육에는 맞지 않아 새로운 후보를 물색했지만 아무리 찾아보아도 마땅한 사람이 없어 나를 교섭하기로 했다는 이야기였다. 듣고 보니 평화 연구와 교육에 관심을 가진 나에겐 매력적인 자리였지만, 정년까지 5년 남은 숭실대 교수직을 버리고 떠나는 것이 아쉽고 국제 활동이지만 행정 관리 업무가 많을 텐데 남은 귀한 시간을 여기에 바치는 게 맞는지 회의도 들어 망설이다 생각해 보겠다고 응답했다.

그런데 곧 유네스코 본부의 사무총장 마쯔우라가 8월 26일에 개원식을 하도록 되어 있는데 아직 초대 원장감을 찾지 못해 안타깝다며 불원간 누구를 결정해 정부의 허가를 받아야 하는 급한 사정이니 가부간 속히 결정해달라고 재촉해 왔다. 학자로서 교수직을 정년까지 마칠 것인가, 교수직을 던지고 유네스코 평화 교육 운동에 나설 것인가의 중대한 문제를 며칠 안에 결정해야 하는 난감한 사정이었다.

여러 가지 고민과 생각 끝에 아시아 태평양과 세계 무대에서 평화 교육과 운동을 추진하는 유네스코 전문 기관의 장을 맡는 것이 WCC와 에큐메니칼 운동이 해 온 정의·평화 운동의 연장일 것도 같아 새로운 일을 맡아보기로 했다. 막상 결심은 했지만 재공모의 과정을 거쳐서 한국 정부와 유네스코 파리 본부가 임명을 결정해야 하는 절차와 형식이 있어 개원식 후 몇 달이 지난 12월이 되어서야 교육부 장관의 임명장을 받을 수 있었다. 일단 숭실대를 휴직하고 명동으로 자리를 옮겼다.

물론 내가 유네스코의 국제이해교육원장을 맡게 된 것이 전혀 우연한 일만은 아니었다. 94년부터 나는 한국 철학계를 대표해 유네스코 한국위원회 인문사회과학위원으로 참여했고, 96년엔 부위원장으로, 98년부터는 위원장으로 집행위원회 위원이 되어 유네스코의 동향을 파악하고 있었다. 탈냉전 시대의 평화 운동에 관한 유네스코 세미나에도 참여해서 발표하는 모습을 권태준 총장이 살펴보기도 했다.

그러나 유네스코의 국제대회나 학술 세미나에 참여해 보고 싶은 생각은 있었지만, 기관을 맡아 운영하거나 사무총장의 자리를 탐해본 적은 없고 학자로서 할 일도 아니라고 생각했다. 그런데 국제이해교육원장은 관리직이긴 하지만 평화 교육 전문가가 맡아야 한다기에 학자로서도 해볼 만한 자리라고 여겨지기도 했다.

마침 2005년까지 WCC 실행위원으로 교회를 통한 폭력 극복과 평화

운동을 해야 하는 형편이니 아태교육원장 임기와 겹쳐서 평화 교육을 세계교회와 유네스코의 무대에서 동시에 전적으로 하라는 하나님의 명이 아닐까라는 영감도 들었다.

교육원장에서 한위 사무총장으로

이렇게 시작된 나의 유네스코 활동은 초대 아태국제이해교육원장 임기 4년으로 끝나지 않았다. 임기가 끝나는 2004년 10월 유네스코 한국위원회가 17대 사무총장을 공모했는데, 집행위원 송상용 교수가 나를 추천해 응모하게 된 것이다. 숭실대 교수직을 휴직하고 아태교육원에서 4년간 일했는데, 이제 정년이 1년 반밖에 남지 않은 대학으로 돌아가는 것은 큰 의미가 없을 것 같고 정열을 바쳐 세우고 키운 아태교육원을 잘 보호해 발전시키려면 예산과 건물을 쥐고 있는 한위의 사무총장직을 맡는 것이 도움이 되리라 여겨져서 가능성은 모르지만 응모해 보기로 결심했다.

그러나 이 자리는 원한다고 쉽게 얻을 수 있는 자리가 아니었다. 경쟁도 심했지만 당시 정부와 대통령의 선택과 인준을 받아야 임명되는 정치적 자리였기 때문이다. 이번에는 공모 절차에 따라 집행위원의 추천을 받은 지원자 여섯 명이 응모했고, 심사위원들이 구두 면접을 통해 세 명의 후보자를 선출해 교육부에 올리면 청와대의 검증을 통해 선택된 한 사람을 교육부 장관이 임명하게 되어 있었다.

나는 세 명의 후보자 중 하나로 선출되었지만 성적 순위로는 1등이 아니어서 임명받을 가능성이 높지 않았다. 1위로 올라간 전 러시아 대사이 교수는 명망이 높은 나의 선배이기도 해서 가능성이 높았다. 그런데 마침 노무현 대통령 시절이어서 청와대 안에는 나의 민주화운동 경력과 시민사회 활동을 잘 아는 참모진들이 여러 명 있었고, 이들의 추천으로 비서실장 문재인 씨가 나를 청와대로 불러 면담하더니, 나는 17대 사무총장으로 임명되었다. 결국 95년 개혁신당 창당과 96년 총선 때 통합민주당에서 함께 활동했던 노무현 씨가 대통령이어서 가능한 일이었다.

유네스코 한위 사무총장직은 세계 평화와 발전, 인류의 복지를 이루기 위해 교육, 과학, 문화 분야에서 국제 협력을 추진해야 하는 한 국가의 대표적 자리이기 때문에 역할과 과제가 많았고, 조직과 인원, 예산 면에서도 아태교육원과는 비교가 안 되는 복잡하고 거창한 기관의 책임자였다. 유네스코의 창립 목표와 이념을 실천해야 하는 국가위원회의 실무 책임자이기 때문에 교육부 장차관이나 외무부 실무 차관이 겸임하는 나라들이 많은데, 정부와 학계, 문화계, 시민사회가 합작해 국가위원회를 조직하는 한국의 모델은 독특하며 많은 나라들이 부러워했다.

유네스코의 다양한 활동의 목표는 창립 헌장에 명시되었듯이 인간의 마음속에 평화의 방벽을 심어주는 일이며, 인류의 지적, 도덕적 연대 위에 평화를 건설하는 과업을 교육, 과학, 문화 활동을 통해 실현하자는 것이다(Since wars begin in the minds of men, it is minds of men that the defences of peace must be constructed).

한국은 50년 6월 이탈리아 피렌체에서 열린 유네스코 5차 총회에서 가입했지만 곧 6.25전쟁이 터져서 활동하지 못하다가, 정전 후 54년에야 국가위원회를 조직하고 국제 협력 활동을 시작했다. 한국이 분단으로 인해 유엔 가입을 하지 못한 시기에 유네스코가 국제 관계의 유일한 합법적 창구였으므로 유네스코 한국위원회는 대대적인 정부의 지원을 받아 어느 나라보다 큰 조직체로 성장했고 큰 건물과 재산을 소유한 국영 기관과 같이 되었다.

숭실대 교수직을 4년간 휴직하고 아태교육원장의 임기를 마쳤는데, 다시금 휴직을 연장할 수는 없어 정년을 1년 남긴 2005년 교수직에서 조기 은퇴했다. 2008년에 한위 17대 사무총장 4년 임기를 마치게 되면 정년을 넘겨 68세가 되니 별수 없었다. 가르치던 제자들에겐 미안했지만 정든 캠퍼스를 떠나야 했고 가끔 박사 학위 후보자들만 돌봐주었다.

한위 17대 사무총장 재임 기간(2004~2008)에 해야 했던 사업과 활동은 오랜 역사와 전통에 따라 역대 사무총장들의 일상적 업무와 크게 다르지 않았다. 파리 유네스코 본부에서 열리는 총회나 집행이사회, 기타 여러 나라나 지역에서 열리는 회의와 활동에 참여하기 위해 해외 출장이 무엇보다 중요했고, 매년 10차례 이상, 어느 해는 15차례나 해외 출장을 가야 했다.

내가 특히 중점을 두고 추진한 사업과 활동은 후진국, 약소국들의 교육, 문화를 발전시키기 위한 교류와 협력 사업이었다. 동아시아에서는 북한과 몽골에 중점을 두었고, 아프리카에서는 에티오피아와 우간다에 집중했다. 마침 마이클 잭슨과 삼성그룹이 제공한 국제 협력 기금 10억 원이 있어서 북한에 교과서 인쇄기와 종이를 보내는 대북 교육 지원 사업을 할 수 있었고, 에티오피아 교사들에게 컴퓨터 정보기술 교육 훈련과 우간다 종족 갈등 지역 교사들에게 평화 교육을 실시하는 프로젝트도 추진했다.

70 넘어 전주 무형유산원으로

이렇게 유네스코 두 기관의 책임자로 8년의 임기를 잘 마무리했는데, 만 70세가 막 넘은 2012년 뜻밖에 또 하나의 유네스코 국제기관의 사무총장직을 맡으라는 소명이 나에게 왔다. 이번에는 문화부와 문화재청이 유네스코와 함께 카테고리 2 기관으로 창립한 '유네스코 아시아 태평양 무형유산센터'(ICHCAP)의 초대 사무총장직을 맡아달라는 요청이었다.

아태무형유산센터는 내가 한위 사무총장으로 재직하던 2005년 10월 파리에서 열린 33차 유네스코 총회 시 한국 정부 대표가 세계 최초로 무형유산 발전을 위한 센터의 설립 의사를 표명하고 2008년 2월 집행이사회에 설립 제안서를 제출한 사업이었다. 내가 퇴직한 뒤 2009년 10월 35차 총회에서 설립 승인을 받고 그동안 설립 기획단을 조직해 창립을 준비하고 있었다.

설립 기획단에는 한위 문화팀에서 함께 근무했던 직원 박성용이 본부장으로 실무책임을 지고 있었는데, 나를 잘 아는 그가 문화재청에 나를 초대 사무총장으로 추천해 허락을 받았다는 것이다. 창립 초대 총장은 유네스코 카테고리 2 기관을 창립해 운영해 본 경험이 있는 내가 맡아야 원활히 발전시킬 수 있다고 설득했다고 이야기했다.

사실 나는 평화 교육에는 전문 지식과 경험이 있어서 아태교육원의 원장직을 맡았던 것이었는데, 무형유산 분야는 유네스코 한위 사무총장 시절에 다루기는 했지만 전문 분야도 아니고 개념도 생소해 별로 맡고 싶지 않았다. 더구나 사무처가 대전과 전주에 있어서 이 나이에 지방으로 출근하는 것도 쉽지 않은 일이었다. 또한 한위 총장직을 마친 뒤 2009년부터 중국 내몽고 사막에 풀을 심어 아시아의 사막화를 방지하는 또 하나의 환경 평화 운동 기관 에코피스 아시아(Ecopeace Asia)를 창립하고 이사장을 맡아 3년째 바쁘게 자원봉사 활동을 하고 있었다. 교수 연금으로 생활이 가능했고 자녀들도 자립해 다른 월급이 필요한 사정도 아니었다. 오히려 이젠 들어앉아 못다 한 공부와 책을 써서 학자로서의 삶을 정리해야 할 때라는 생각도 들었다.

그런데 또 이렇게 예상치 못한 요청이 유네스코 측에서 나에게 오는 이유가 무엇일까? 내 뜻이나 계획과 관계없이, 우연히, 때를 따라 이런 놀라운 요청이 오는 것은 무언가 하늘의 뜻이 있는 것이 아닐까 하는 생각이 들기도 했다. 또한 아직은 건강하니 좀 더 일하라고 보내 주는 신호가 아닐까, 무형문화가 정신적, 도덕적, 미적 가치를 함유하는 문화유산을 말한다면 나의 철학 연구, 특히 사회문화 철학 연구에 도움이 될 것 같으니 새로운 도전을 해본다는 의미가 있지 않을까 하는 긍정적 마음이 떠오르기도 했다.

결국 이 뜻밖의 요구를 거절하지 못하고 다시 한번 유네스코의 울타리 안에 들어가 평화의 가치를 추구하는 활동을 해보기로 결심했다. 임명 절차는 전처럼 복잡하거나 어렵지 않았다. 이명박/박근혜 보수 정권 시기였지만 경쟁 인물도 보이지 않았고 유네스코의 구조나 내용을 나만큼 경험한 사람도 없어서 신속히 무난하게 진행되었다. 별로 정치성이 없는 자리여서 해당 부서인 문화재청의 결정에 청와대는 즉시 동의를 보내왔다.

나는 2012년 1월 2일자로 대전에 사무실을 둔 유네스코 아시아 태평양 무형문화센터(ICHCAP)의 초대 사무총장으로 문화재청장의 임명을 받았다. 한국에 설치된 유네스코 세 기관의 장을 모두 맡게 되었다 해서 "유네스코 3관왕"이라는 별칭도 생겼다. 이제까지 한국 유네스코에서 세 기관의 총장을 연달아 지낸 사람은 없었다고 한다.

나는 대전에 총장 숙소로 마련된 아파트에 거주하면서 새로운 업무를 시작했다. 그러나 대전의 사무처는 임시였고, 유네스코 본부와 약속했듯이 전주에 '무형문화유산원' 건축이 완료되면 아태센터는 전주에 상주하도록 결정되어 있었다. 대전에서 일한 지 1년 반 만에 건축이 완공되어 2013년 가을에 전주로 사무처를 옮겼고 20여 명의 직원과 함께 전주에 마련된 총장 관사로 이사했다.

아태무형유산센터는 2007년에 한국이 제일 먼저 신청했지만 직후 중국과 일본에서도 신청해, 유네스코 본부(사무총장: 마쯔우라)는 세 나라와 협의를 거쳐, 2009년 동시에 설립 허가를 내주었다. 아시아 태평양 지역은 48개국이나 되는 넓은 지역이고, 무형유산의 범위와 종류도 많고, 세계 인구 절반 이상이 사는 곳이어서 한 나라의 센터가 전부 관할하기엔 역부족이라는 것을 모두 인식하고 있었다. 그래서 2008년 동북아 5개국 사무총장 회의에서 아태무형유산센터 설립에 대한 문제를 논의했을 때 나는 한, 중, 일 세 나라의 센터가 지역을 나누든가, 유산의 분야나 종류를 나누어 맡아 협력적 분업을 하자고 제안했다.

그러나 유네스코의 집행이사회는 중국에 유산교육센터를 세우고, 일본에는 유산연구센터를 세우고, 한국은 유산 정보와 네트워킹을 전담하는 센터를 설립하라는 결정을 내렸다. 서로 중복되는 모순과 갈등도 있지만 한, 중, 일 3국은 그렇게 업무를 나누기로 했고, 상호 교류 협력하며 일을 시작했다. 그래서 나는 매년 중국과 일본의 센터를 방문해 보고를 듣고, 우리가 총회를 할 때는 중국과 일본의 센터장이나 대표를 초대해서 협의하는 방식을 유지했다.

한국 센터의 법적 정식 명칭은 '유네스코 아시아 태평양 무형문화유산 국제 정보 네트워킹 센터'(International Information and Networking Centre for Intangible Cultural Heritage in the Asia-Pacific Region under the Auspices of UNESCO)라는 긴 이름이지만, 우리는 약칭으로 '아태무형유산 센터'(Intangible Cultural Heritage Center in Asia-Pacific, ICHCAP)라고 불렀다.

ICHCAP의 초대 사무총장 임기는 3년이어서 2014년 말에 퇴임하도록 되어 있었는데, 후임 사무총장 선출과 임명이 늦어져서 2015년 4월 말까지 3년 반을 근무했다. 이렇게 나의 생애를 돌아보니, 환갑을 맞은 2001년부터 만 74세가 된 2015년까지 15년을 유네스코의 세 기관과 에코피스 아시아의 장으로 중책을 맡으며 많은 경험과 일을 통해 배우고 에큐메니칼 지구촌 평화 운동에 헌신할 수 있었다. 참으로 하나님의 크신 축복과 은혜를 입었으니 엎드려 감사드리지 않을 수 없다.

다음으로 내가 맡았던 유네스코 세 기관의 목적과 성격, 중점 사업을 요약해 본다.

아시아 태평양 국제이해교육원장(APCEIU)

89년에 베를린 장벽이 무너지고, 90년에 독일이 통일되고 소련과 동구 공산권이 해체되면서 유럽의 동서 냉전 체제는 순식간에 무너졌다. 이제 이념 전쟁의 위험은 제거되었지만 93년에 헌팅턴 교수가 예언한 대로 문명 간의 충돌이 곳곳에서 새롭게 일어나게 되면서, 95년에 유네스코는 세계 평화를 위해 서로 다른 종족, 문화, 종교 간 이해와 관용을 증대시키는 국제이해교육을 강화해야 한다고 결의하게 되었다.

세계 인구의 절반이 넘는 36억의 인구가 45개국에 살고 있고 불교,

힌두교, 기독교, 이슬람교 4대 종교의 본고장인 아시아 태평양 지역은 종족, 종교 간 갈등과 충돌이 상존하는 곳이어서, 다른 어느 지역보다 화해와 관용의 정신을 심어주는 국제이해교육이 시급히 요구되었다.

유네스코 한국위원회는 일찌감치 이 점에 착안하여 아태 지역에 국제이해교육을 확산시키기 위한 아시아 태평양 국제이해교육원을 설치하겠다는 제안을 97년 유네스코 총회에 제출했고, 99년 허가를 받아, 2000년 유네스코 카테고리 2 기관으로 아태국제이해교육원을 창립하였다.

개념도 생소한 국제이해교육(Education for International Understanding)의 전문 기관을 만들기 위해서는 유네스코와 국제이해교육의 역사와 이념에 대해 공부해야 했다. 낮에는 시간이 없어 주로 밤에 문헌들을 가져다가 읽어보니, 상당한 이념과 철학이 들어 있었다.

국제이해교육은 1차대전이 끝난 20년대 유럽의 학자들에 의해 시작되었다. 독일, 프랑스, 영국 등이 오랫동안 같은 기독교 문화 전통을 갖고서도 편협한 민족우월주의, 국가주의 때문에 1차대전이란 비극에 휩쓸린 것을 반성하면서 국제이해교육의 필요성을 인식하게 되었다고 한다. 다시금 비극적 전쟁을 막으려면 각국의 교육 체계부터 개혁해서 자기 민족, 자기 나라 중심의 역사관이나 가치관을 극복하고 이웃 나라를 편견 없이 이해시키는 교육을 해야 한다는 깨달음이었다.

프랑스, 독일 등 유럽의 철학자, 교육학자, 심리학자가 모여 연구 토론하기 위해 24년 스위스의 제네바에 국제교육연구소를 설치하면서 새로운 교육 운동을 시작한 것이 그 효시였다. 유명한 발달심리학자 피아제(J. Piazet)가 연구소 창립을 주도했다.

이들은 각국의 학교 교과서를 모아다가 분석하면서 잘못 기술된 자국 중심의 역사나 편견들을 지적하고 세계 평화와 공존을 위해 교육이 지켜야 할 보편적 규범을 만들었다. 그러나 30년대 유럽의 파시즘과 나치즘이 날뛰면서 이런 평화 교육의 노력은 제네바에 설치된 국제연맹(League of Nations)과 마찬가지로 무산되고 말았다.

세계는 다시금 2차대전의 열화 속에서 수천만 명의 인명을 앗아갔고, 전쟁이 끝난 45년에야 다시금 정신을 차려 세계 평화를 위한 국제연합(UN)을 창설하게 된다. 핵폭탄이 터져 일본이 항복함으로 대전은 끝났지만, 어떻게 한두 달 만에 국제연합이 탄생하고 46년 11월에 유네스코가 조직될 수 있었을까?

문헌을 뒤져보니 1차대전 후 조직된 국제연맹의 뿌리가 있었고 전쟁을 막기 위한 학자들의 국제이해교육의 노력이 있었기 때문에 가능했다. 이미 2차대전 중에도 프랑스, 영국, 독일의 학자들이 비밀리 모여 국제연합, 유네스코와 같은 기구를 만들 준비 모임을 가졌고, 여기엔 아인슈타인 같은 핵물리학자도 참여했던 흔적이 있다.

이렇게 창설된 유네스코가 처음부터 강조한 사업이 국제이해교육이었다. 50년대의 활동을 보면 영국, 독일, 프랑스 등 유럽의 나라들이 전쟁의 상처를 극복하고 화해와 평화 공동체를 이루기 위해 각급 학생들에게 국제이해교육을 실시하였으며 교류 방문 프로그램을 대대적으로 추진했다. 엘리트 고등학생들은 반드시 1년 동안 이웃 나라에 가서 공부하며 프랑스어, 독일어, 영어를 익히며 국수주의적 민족관을 극복하는 것이 교육의 목표가 될 정도였다.

유럽의 나라들이 이처럼 전쟁과 갈등을 극복하고 유럽공동시장을 거쳐 유럽의회와 공동체를 조직하고 유럽 화폐(Euro)까지 만들어 낸 것을 보면, 국제이해교육의 성과가 얼마나 위대했던가를 알 수 있다. 이런 역사를 알고 보니 내가 맡은 아시아 태평양 국제이해교육원은 엄청난 사명과 과제를 안고 있는 기구였다. 유네스코의 역사상 처음으로 아시아에 국제이해교육원을 설치했으니, 종교와 문화 전통이 다양한 아시아에 유럽과 같은 평화와 안보 공동체, 경제 협력체를 구축하겠다는 원대한 목표와 꿈을 가지고 노력해야 한다고 생각했다.

이를 깨닫고 보니 2년 동안 설치 작업을 해놓고 학교로 돌아가야겠다던 처음 생각이 잘못된 것을 알았다. 일생을 바쳐도 못다 할 꿈같은 일을 어떻게 몇 년만에 할 수 있을까? 일단 4년 임기를 채우기로 하고 아시아 태평양 지역을 살피며 각지에서 일어나고 있는 전쟁과 폭력 갈등을 조사하고, 그 나라의 교사, 교육 전문가들과 학교 교과과정을 분석하며, 평화교육, 국제이해교육의 방안들을 연구하는 세미나와 워크숍을 추진해보기로 했다.

아시아에서 특히 문제시되는 종교 간 갈등과 전쟁 지역을 중점적으로 연구하기로 하고 학술진흥재단의 지원을 받아 인도의 카쉬밀 분쟁, 스리랑카의 싱갈레스 불교도와 타밀족 사이의 분쟁, 인도네시아의 말루쿠섬에서 기독교와 회교도들이 3년 동안 2만 명을 서로 죽인 폭동 사태, 필리핀 민다나오섬에서 가톨릭과 회교도들의 게릴라 전쟁 등을 조사 연구하는 네 팀을 만들어 조사 활동에 나섰다.

동시에 국제이해교육 전문가들의 네트워크를 만들기 위해 2002년 피지에서 태평양 지역 15개 나라의 교육자 50명을 초청해 일주일간 연구 세미나를 했고, 2003년 콜롬비아대학 평화교육연구소의 유명한 평화 교육자인 베티 레이든 교수를 모시고 100여 명의 평화 교육 전문가와 함께 이라크, 아프간 전쟁까지 포함하는 전 세계의 문화, 종교 간 갈등 문제를 연구하는 워크숍(IIPE)을 서울 크리스챤아카데미에서 열었다.

이와 함께 매년 국내 교사들의 국제이해교육 직무 연수를 10일씩 실시했고, 2003년과 2004년에는 아태 지역 20여 개국 교사들을 불러 3~4주 간 훈련하는 장기 교육 훈련도 실시했다. 토 스위힌 교수 부부 등 전문가 들이 아시아 여러 나라의 사례들을 모아 장기 교육 교재를 만들었다.

유네스코 한국위원회 사무총장(2004~2008)

2004년 10월 22일 유네스코 한국위원회 사무총장으로 취임하면서 나의 사무실은 명동 유네스코 회관 6층에서 9층으로 옮겨졌다. 아시아 태평양 국제이해교육원장 사무실과는 비교도 안 되게 크고, 직원 수도 다섯 배가량, 예산도 열 배 이상 큰 기관이었다. 게다가 명동의 회관을 소유하고 있어서 임대 사업까지 책임져야 하기 때문에 꼭 무슨 국영기업 체 사장이 된 기분이었다.

평당 1억이 넘는 명동 땅 500평에 세워진 12층 건물 유네스코회관은 60년대에 서울 중심부에 지은 최초의 고층 빌딩으로 옥상 스카이라운지 는 데이트 장소로도 유명했다. 유네스코 한위는 이 건물 임대료 수십억 원으로 인건비 등 경상 유지비를 감당했고, 정부 각 부처나 국제기관들, 민간 단체들이 출연해 주는 수십억 원으로 각종 사업과 프로그램을 해 나가고 있었다. 이 밖에도 약 100억 원의 기금이 있었고, 이천에 2만 평 부지와 연수원이 있어 전 세계 193개 유네스코 국가위원회 중 가장 재산 이 많다는 부러움을 사기도 했다.

유네스코 한국위원회 위원장은 법률상 교육과학기술부 장관이기 때문에 건물 사업자등록은 교육부 장관으로 되어 있지만, 관리 운영의 책임은 사무총장이 맡고 있기 때문에 나는 건물 임대사업자나 다름없었다. 매달 임대료 징수가 어떻게 되는지, 공실률이 몇 %인지를 챙겨야 하고, 경기가 나빠 임대료 수입이 떨어지면 직원 채용에도 영향을 미쳐 건물 임대와 기금 투자로 수입을 증대시켜야 하는 책임마저 지게 되었다.

유네스코는 교육, 과학, 문화의 국제적 협력과 교류를 통해 지적, 도덕적 연대를 강화하며 세계 평화와 발전을 도모하자는 목표로 창설된 유엔의 전문 기구다. 따라서 회원국들은 정부의 해당 부처들뿐 아니라 학계, 문화계, 시민사회의 여러 단체와 민간 전문가들이 함께 참여하는 '유네스코 국가위원회'를 조직하여 다양한 업무와 활동을 통합 조정해 나가고 있다.

그러나 국가위원회의 조직과 성격은 각 나라에 맡겨졌기 때문에 그 구조와 기능이 나라마다 달랐다. 대체로 위원장은 교육부 장관이 맡는 나라들이 많지만, 사회주의 국가들은 대부분 외무부 장관이 맡고, 혹 문화부 장관이나 국무총리가 맡는 나라들도 있었다.

국가위원회도 우리나라처럼 60명이나 70명 혹은 100명을 정부의 여러 부처 관리와 학계, 문화계 대표들로 구성하기도 하고, 10명이나 20명의 핵심 요원만으로 조직된 나라들도 있다.

우리나라는 50년 6월 이탈리아 피렌체에서 열린 유네스코 5차 총회 시에 55번째 국가로 가입하였다. 그러나 불행히도 열흘 뒤 6.25전쟁이 터지는 바람에 아무런 일을 할 수 없었고, 전쟁이 끝난 54년 1월에야 유네스코 한국위원회를 설립하고 초대 사무총장으로 정대위 박사를 임명했다. 당시 첫 과제는 전후 복구 사업과 학교 재건이었다.

전쟁 도중인 52년 유네스코 총회에 백락준 문교부 장관이 참석하여 전쟁으로 파괴된 학교들의 복구와 교육 지원을 호소했고, 그 결과 유네스코는 한국에 교과서 인쇄기와 용지를 지원했다. 나는 초등학교와 중학교에 다니던 시절 "이 교과서는 유네스코의 지원으로 인쇄된 책입니다. 문교부 장관 백락준"이라는 구절이 찍힌 교과서를 가지고 공부한 기억이 있다. 피난 시절 천막 교실 간이의자에 앉아서도 유네스코가 찍어준 교과서가 있었기에 우리는 공부할 수 있었고 학업을 계속할 수 있었다.

나는 사무총장에 취임하면서 제일 먼저 우리가 유네스코로부터 받은 은혜를 개발도상국에 갚아야 한다고 생각했다. 마침 마이클 잭슨과 삼성이 기부한 10억 원의 기금이 있어, 이를 활용해서 후진국들의 교육 발전을 돕는 협력 사업을 추진했다. 이 기금과 통일부 후원금으로 북한의 평양 교육 도서 인쇄 공장에 조치원 공장에서 쓰던 현대식 4도 교과서 인쇄 윤전기를 보내 설치했다.

대한교과서 주식회사의 기술자 세 명을 평양에 보내 몇 달씩 체류하며 조립했는데, 전압이 약하고 주파수 사이클이 맞지 않아 한국에서 수천만 원씩 들여서 변압기와 암페어 조정기를 사 보내야 했고, 구리 전선 줄까지 수백 미터를 사서 보내는 난관을 감내하며 성사시켰다. 절차가 복잡해 2년이 걸려서야 35m 길이의 고속윤전기를 북한으로 보내 설치했고, 2006년 11월 평양에서 고속 인쇄기로 교과서를 찍는 모습을 보고 나는 기쁨의 눈물을 흘렸다.

선생 중인 아프가니스탄 카불에도, 호텔 앞에서 폭탄이 터지는 불안한 시절인데, 들어가서 교육부 장관과 관계자들을 만나고 전시 학교의 노천 교실들을 살펴보았다. 책상도 의자도 없고 칠판이 없어 시멘트벽에 검은 칠을 하고 흰 돌가루 같은 것으로 백묵을 만들어 쓰는 모습을 보고, 300개 중학교에 생물 교육 궤도를 만들어 공급해 주라고 3만 불을 지원했다.

종족 분규 전쟁으로 10만 명의 어린이가 죽은 우간다에 가서 주임

교사 50명을 모아 평화 교육 세미나를 열었고, 에티오피아 아디스아베바에서 80여 명의 교사에게 한국교육학술정보원(KERIS)의 전문가들을 데리고 가서 ICT의 교육 활용에 관한 훈련 프로그램도 실시했다. 그밖에 몽골의 장애인학교 점자교과서 발행 지원, 라오스의 청소년 교육 시설 지원, 동티모르의 교육 시설 지원 등 교육 협력 사업을 우선적 과제로 삼고 실시하려고 애썼다.

유네스코는 창설 당시부터 유네스코 협동학교(ASP) 사업을 통해 국제이해교육과 교육 협력, 세계 시민 교육, 평화, 인권, 지속가능발전 교육 등 가치관 교육을 실시해 왔다. 우리나라에도 60년대부터 내가 다니던 서울사대부고와 숙명여고, 부산남성여고 등 유네스코 협동학교들이 지정되어 국제 교류와 이해 증진을 위한 활동을 해 왔다. 현재는 100여 개의 중고등학교가 가입되어 있고 일본, 중국 등 아시아 여러 나라와 교사 학생 교류, 자매결연 협력 사업들을 추진하고 있다.

나의 재임 기간 동안 일본 문부성이 매년 150명의 한국 교사를 일본의 5개 주 학교에 나누어 2주간씩 방문하도록 초청하고 여행 비용을 전담하는 한일 친선 교류 프로젝트를 실시해 우리가 교사들을 선발하고 보내는 일을 수행하였다. 나도 방문 단장으로 150명의 교사를 인솔하고 일본에 간 적이 있다. 우리도 일본 교사들을 초청해 한국을 이해하게 하자고 교육부를 설득했고, 일본 교사 50명을 초청해 10일간 한국 학교들을 방문하게 하는 프로젝트를 실시했다. 수년간 한일 평화 교류에도 좋은 성과를 가져왔는데, 이후 중단되고 말았다.

또한 매년 열 개 국내 중고등학교 학생들을 선정해 몽골이나 캄보디아, 인도네시아, 말레이시아에 보내서 자매결연을 맺게 하고 학생과 교사들을 교류하는 프로그램을 실시하여 매우 감동적인 성과를 가져왔다.

학생들이 헌 교복과 쓰던 참고서를 팔아 돈을 모아 컴퓨터나 교육 자료들을 사 들고 가서 주고 오는 감격스러운 일들도 있었다.

북한의 학교들과도 교류를 트기 위해 2008년 7월 서울사대부여중 이홍자 교장과 부산남성여고 김용무 교장을 동반하여 평양의 제1중학, 금성중학, 모란봉 제1중학, 김책공업대학 등을 방문하였는데, 같은 해에 금강산 관광지에서 피살 사건이 일어나 남북 관계가 경직되어 계속 추진하지 못했다.

유네스코는 교육 분야에도 할 일이 무진장 있지만, 문화, 과학, 정보 분야에도 엄청나게 많은 일들이 있다. 몇 가지만 들어본다면, 우선 문화 분야에서는 세계문화유산과 자연유산의 등록, 보존 사업과 문명 간 대화 교류 사업, 문화 다양성 촉진 사업이 중요하다.

자연과학 분야에서는 인간과 생물권보존지역(MAB) 지정과 생명윤리, 기후변동, 대양과 물 문제, 쓰나미 같은 재난경보 대책, 과학기술 교육의 증진 등이 국제적으로 논의되고 협약이 만들어진다.

인문사회과학에서는 사회변동에 따른 인간안보와 지속가능발전이 핵심을 이루며 인권, 평화, 민주주의를 촉진시키기 위한 정부의 사회 정책이나 시민운동들을 연계시켜 인간의 얼굴을 가진 세계화를 지향한다.

정보 분야에서는 전 세계적으로 확산되고 있는 정보 커뮤니케이션이 모든 사람에게 도달되며 유익할 수 있는 Information For All 프로그램을 필두로 해서, 언론 자유 문제, 방송·영화·신문 매체의 보편적 확산을 통해 지식사회를 건설하는 문제들이 논의되고, 협약과 프로젝트들이 만들어진다. 그 밖에도 청소년, 여성, 아프리카 문제 테스크 포스(Task Force)가 있고, 전략 정책국에서는 문명 간의 대화 프로젝트와 미래 예측 연구 프로젝트가 추진된다.

우간다에서 평화 교육

　나는 한국위원회 사무총장으로 4년 동안 재임하면서 한국이 국제 무대에서 선도적인 역할을 하기 위해 총회나 집행이사회, 주요 분과 회의에 직원들을 대동하고 참석해서 중요한 발언과 제언을 한두 가지씩 하도록 했다. 국제회의와 무대에서 한국의 역할과 위상을 높이자는 뜻에서였다.

　결과적으로 집행이사국으로 선출되었고, 세계유산위원국 선출에 102표를 얻어 캐나다 다음으로 2등으로 당선되었다. 2010년 세계예술교육대회를 유치했고, 제주도 화산섬과 용암동굴의 자연유산 등재, 팔만대장경과 의궤를 기록유산에 등재, 강릉 단오제와 아리랑, 김치를 세계무형유산으로 등재하는 등의 성과도 있었다.

　국내적으로는 유네스코 활동의 확산을 위해 유네스코 뉴스와 웹사이트를 개편하고, 교사 교육과 민간 활동 강화를 위해 유네스코 협회 연맹의 조직 강화를 도왔다. 이천에 있는 한위 소속 연수원을 유네스코 평화센터로 개칭하고, 지구촌 평화마을(이천 영어마을)을 설치해 정부와 자치단체의 지원금 30여억 원을 받아 '지구촌 교육관'과 '상생관' 등 건물 두 채를 지은 것도 임기 중 중요한 과업이었다.

원어민 교사들이 가르치는 영어 마을이지만, 유네스코의 글로벌 이슈들을 내용으로 가르치기 때문에 일석이조의 효과를 기대할 수 있었다. 이 덕에 나는 2008년 11월 14일 경기도 이천 시장으로부터 이천 명예시민 증을 수여받았다. 2008년 10월 21일 퇴임식을 하면서 한위 직원들이 4년 동안 내가 국내외에서 한 연설문들을 묶어서 『지구촌의 평화를 향하여』 (*Toward the global peace village*)라는 책을 출판해 증정해 준 것은 고마운 일이다.

북한으로 보낸 교과서 인쇄기

유네스코 세 기관의 책임자로 일했던 10여 년의 삶을 회고하면서 기록해 두고 싶은 일이 여러 가지 있다. 교육, 문화, 과학 분야의 국제적 협력을 통해 세계 평화와 발전을 이룩하려는 유네스코가 해야 할 일은 너무나 많지만, 나는 특히 어려운 나라들의 교육 발전에 도움이 되는 일을 해 보려고 노력했다. 아프리카 우간다 분쟁 지역의 교사들에게 평화교육을 실시했던 일, 한일 교사들을 매년 200여 명씩 교류 방문케 하면서 적대 감정의 극복을 위한 이해 교육을 추진한 일, 폭탄이 터지는 아프가니스탄 카불에 들어가 전쟁 중 천막 교실에서도 수업할 수 있도록 칠판, 백묵, 생물 궤도를 공급했던 일 등 힘들지만 보람된 일들이 많았다.

그러나 가장 드라마틱하면서도 보람과 의미를 느꼈던 일은 북한에 교과서 인쇄기를 보냈던 일이다. 아시아 태평양 국제이해교육원장과 유네스코 한국위원회 사무총장을 지낸 기간(2001~2008)은 마침 남북정 상회담이 이루어진 호기여서 북한과의 교류 협력 사업을 추진하기에 좋은 시기였다. 같은 시기에 파트너였던 북한의 유네스코 민족위원회 서기장 리흥식 씨는 외무차관을 겸한 국제통이자 이해성이 넓은 호인이 어서 서로 말이 잘 통했다.

2004년 북한 측 요청으로 교과서 인쇄용지 200톤을 보냈는데, 2005년 에는 인쇄기가 필요하다는 요청이 왔다. 인쇄기를 사 보내기 위해서는 수십억 원의 자금이 필요한데, 그만한 자금도 없었을뿐더러 우리나라에 서 생산되는 물품도 아니어서 우리나라보다는 선진국이 해야 할 일인 듯싶었다.

그런데 직접 북한에 가서 보니 교과서 인쇄기가 절실하게 필요함을 확인할 수 있었다. 평양 시내 대동강 옥류교를 건너면 교육 도서 인쇄 공장이 있는데, 공장 안에는 57년도 러시아제 낡은 인쇄기 두 대가 덜거 덕거리며 시커먼 종이에 한 장씩 천천히 찍고 있었다.

초·중등학교 학생들은 네 명당 한 권의 교과서를 배급받아 쓰고 다음 후배들에게 물려주어야 하며 3년을 쓰고 나서야 폐기 처분한다는 것이 다. 또한 절대 밑줄을 치거나 글씨를 쓰지 못하게 엄격히 통제했다.

나는 6.25전쟁 후 피난 시절 유네스코가 지원한 인쇄기로 찍었다는 교과서로 공부한 기억이 나서 어떻게 해서든 북한의 교과서 인쇄 시설을 개선해야겠다고 결심했다. 혹시 기증을 받을 수는 없을까 생각해 대한 교과서 주식회사에 직원을 보내 알아보았더니 마침 낡은 인쇄기를 교체 하려고 하니 가져간다면 주겠다는 것이다.

얼른 조치원에 있는 공장에 가서 기계를 살펴보니 높이 5m, 넓이 3m에 35m나 되는 긴 회전식 4도 천연색 인쇄 윤전기로 프랑스제 Haris M 200인데, 18년 정도 사용한 인쇄기였다. 원가는 50억 원쯤 되는데 지금 팔아도 5억 원은 받을 수 있고, 수명은 길어 아직 10, 20년은 문제없다고 했다. 그리고 유네스코에서 운반비와 설치비만 부담한다면 기계는 공짜로 주겠다고 했다.

나는 망설이다가 2005년 초 파리 유네스코 본부를 통해 북한 대표부에 새 인쇄기는 아니지만 받겠다면 보내겠다는 뜻을 전했다. 우선 중국 단둥(丹東)에 있는 조선민족경제협력연합회에 가서 물자 수송 및 허가 절차를 알아보라고 했더니, 내용 검토 후 허가가 결정되면 남북한 물자 교류는 단둥 대표부를 통해야 한다고 전해 왔다.

2005년 8월 5일 신의주가 보이는 압록강 철교 근처에 있는 조선민족 경제협력 단둥 대표부의 오광식 대표를 찾아가 만났고 부대표 김교학, 안복일 등이 함께 자리했다. 오 대표는 인쇄기에 관해 자세히 질문했다. 어느 나라가 제조했는지, 몇 년도 산이며, 전기 용량은 얼마이고, 필요한 부대시설은 어떤 것인지를 묻고, 규격에 맞는 종이가 없으면 공급해 줄 수 있는지 물었다. 기술적으로 검토해야 할 사항이 열 가지나 되어 단둥 대표부로서는 본국에 문의해야 하니, 허락이 나면 실무적 협의는 개성이나 금강산에서 교육부나 교육 도서 인쇄 공장 측과 직접 만나 의논하라고 했다.

단둥에서 돌아와 조건들을 검토해 보니 보통 복잡하고 힘든 문제가 아니었다. 35m 길이의 윤전기를 여섯 등분으로 해체해 여섯 개의 컨테이너에 실어야 하고, 이것을 인천항에 옮겼다가 배로 북한 남포항까지 운송해야 하며 또 남포에선 차로 평양까지 운송해서 인쇄 공장에 들여놓은 후 재조립해서 시운전해야 한다. 대한교과서의 기술 직원 중 조립공 두 명과 작동 인원 한 명, 적어도 세 명이 북한에 가서 몇 달간 일해야 하는 문제도 있었다.

이 모든 과정을 남북 모두 통일부와 협의해 허가받아야 하고 오가는 비용도 엄청나서 배보다 배꼽이 더 커질 수도 있는 문제였다. 대한교과서 측은 기계 제공 외에 다른 비용은 댈 수 없다고 하며 너무 힘들 것 같으니 포기하자고 했으나, 나는 사장과 상무를 만나 비용은 우리가 해결할 테니 조립하는 기술자 파견만 책임져 달라고 간곡히 설득했다. 대한교과서는 6.25전쟁 직후 유네스코가 지원해 준 인쇄기로 교과서를 인쇄하기 시작했으니, 이번에 북한에 인쇄기를 보내면 그때 빚을 갚는 게 되지 않느냐고 덧붙였다.

통일부에는 남북 교류 협력 사업 지원비 예산이 있기 때문에 지원 신청서를 냈다. 우리가 50%를 내면 통일부가 50%를 도와주는 방식이다. 이때 유네스코 한국위원회에는 마이클 잭슨이 공연 후 기탁한 3억 원과 삼성에서 기탁한 기금 7억을 합해 후진국 지원 예산 10억 원이 있었다.

회사와 통일부의 허락을 받은 후 북한 교육성에 편지를 보내 기술 파견 비용, 부대시설 비용 등을 책임지겠다고 약속했다. 그랬더니 북측에서 2005년 11월 5일 금강산에서 실무 협의를 하자는 연락이 왔다. 마침 금강산 관광이 진행되던 때여서 나는 교육팀 직원 두 명과 교과서 인쇄 기술자 두 명을 데리고 금강산으로 가서 북한 측 실무진을 만났다.

금강산 호텔에는 북한 교육성 교육 기자재 관리국의 오윤석 기사장과 교육 도서 인쇄 공장 김용원 지배인이 민화협 참사 두 사람과 함께 와 있었다. 오윤석 기사장이 말하기를, 사실 인쇄기가 18년이나 쓴 낡은 기계여서 제대로 작동할까 걱정했지만, 사무총장님의 성의를 고맙게 여기고 또 유네스코라는 국제기구를 통한 제안이어서 받아들이기로 결정했다고 했다.

기술적 문제는 검토할 사항이 많았다. 노광기, 공기압축기, 중앙공급식 냉각수를 보내는 냉동기, 이중금속 PS판, 잉크, 종이, 전기, 가스 등 모든 것이 갖추어져야 인쇄기가 작동되기 때문이다. 또한 4도 색깔을 인쇄하려면 2급 종이 70gm 수십 톤이 있어야 한다.

생전 처음 듣는 인쇄소 전문 용어들을 이해하기 어려웠지만, 실무 기술 직원들과 종이에 그림을 그려가며 이해하려고 애썼다. 결국 모든 책임은 나에게 있기 때문이다. 북측에선 설치 장비 공구까지 모두 가지고 올라와야 한다고 하고, 회사 측에선 어떤 정도인지 북한 인쇄소에 가 봐야 알겠다며 확답을 피했다. 나는 필요한 공구는 지원하겠다고 달래며 겨우 합의문(MOU)을 만들어 양측의 서명을 받았다.

금강산에서 돌아와 조치원 교과서 공장에 다시 가서 직원들과 기술 문제, 장비 문제 등을 검토하고 인쇄기를 해체해 컨테이너에 옮겼다. 한 달여 만에 인천항까지 운송했고, 배에 실어서 12월 말에 북한 남포항으로 보냈다. 곧바로 인쇄 공장으로 옮겨 조립 작업이 실시될 줄 알았는데, 다음 해 2006년 2월까지도 아무 소식이 없었다.

알아보니 평양과 신의수 사이를 달리는 철도 기차가 1월 중 선천 역을 지날 때 다이너마이트 창고가 폭발하는 사고가 있었다는 것이다. 그해 북한의 1, 2월은 몹시 추워 영하 20도 이하의 날씨가 계속되었고, 3월이 되어서야 날이 풀려 겨우 남포항에 대기하고 있던 인쇄기를 평양으로 옮겨 놓을 수 있었다. 이후 기술자를 보내달라는 연락이 왔다.

통일원의 방북 허가를 받아 대한교과서 기술자 세 명을 평양으로 보냈는데, 컨테이너 여섯 대를 풀어 기계를 조립하던 중에 긴급 연락이 왔다. 조립이 불가능하다는 것이다. 이유를 물었더니 쓰던 인쇄기 속에 냉각수를 담은 로라 열일곱 개에 물이 남아 있었는데, 남포항의 추운 겨울 두 달을 지내면서 물이 얼어 팽창하는 바람에 쇠 로라가 울퉁불퉁해져서 못 쓰게 되었다는 것이다. 더구나 북한에서는 부속 로라를 구할 수도 없어 포기하고 돌아와야 하는 상황이었다.

나는 대한교과서 김동식 상무에게 연락해서 로라에 물을 빼지 않고 그대로 보낸 건 회사 책임이니 로라를 새로 구입하거나 수리해서 해결하라고 소리쳤다. 김 상무는 누가 남포항에 두 달 동안이나 기계를 놓아두어 얼게 할 줄 알았느냐고 변명하면서, 프랑스제 Haris 200M은 더 이상 생산되지 않아 부속품을 구할 수 없다고 말했다.

그렇게 고생해서 평양까지 기계와 기술자를 보냈는데, 이런 사고가 날줄 누가 알았겠는가. 그러나 여기서 포기하고 싶지 않았다. 나는 북한에 가 있는 기술 직원들에게 못 쓰게 된 로라 열일곱 개를 전부 남한으로 가지고 오라고 했다. 여기서 수리해 보고 추가 비용이 들면 내가 해결하겠다고 했다.

다시 남쪽으로 내려온 쇠 로라들을 수리하기 시작했다. 냉각수 로라는 고속으로 회전하기 때문에 무게가 균형 잡히지 않으면 망가지게 되어 있다. 따라서 로라를 두드리고 깎아서 균형을 잡았다. 2m 이상 되는 로라를 정밀 진단기로 검사하며 펴는 데 두 달이 걸렸다. 그런데 그중 대형 로라 하나가 완전히 비틀어져서 깎을 수도 없이 못 쓰게 된 것이다. 프랑스에서도 구할 수가 없다고 하니 국내 시장을 뒤져 보기로 했다. 약 한 달 후 대구 어느 고물상에서 같은 규격의 대형 로라를 한 개 찾았다고 연락이 왔고, 돈이 얼마가 들더라도 사라고 했다.

수리한 열여섯 개와 새로 구입한 한 개의 로라를 다시 북한으로 올려 보냈고, 결국 조립에 성공했다. '포기하지 않으면 길이 있구나!'라는 생각에 너무 기뻤다. 기술 직원들의 성의와 노력이 고마웠다.

하지만 다시 가서 조립하던 기술 직원들이 또 곤란한 연락을 해 왔다. 조립이 끝나 시운전을 해보고 있는데, 북한의 전력이 약해 작동이 힘들다는 것이다. 전압이 380V가 나와야 하는데 겨우 350V밖에 나오지 않았고, 이마저도 고정되지 않고 높았다 낮았다 해서 이 전기로는 1시간에 3,000장을 4도 인쇄로 찍어 내는 고속 윤전기를 돌릴 수가 없다는 것이다. 또 고민이 생겼지만 여기까지 와서 포기할 수는 없었다.

북한에 연락해 금강산 회의를 다시 소집했다. 2006년 7월 11~12일 오윤석 기자재국장과 김동식 대한교과서 상무와 내가 삼자 회동을 통해 전기 문제 해결을 위한 협약을 다시 했다. 공장의 전기 시스템을 380V까지 올리려면 변압기가 있어야 하고 또 기계 용량에 맞게 암페어도 50에서 60으로 높여야 하니 컨버터(Frequency Converter)도 한 대 있어야 했다.

변압기는 2,000만 원, 컨버터는 5,000만 원이나 했다. 겨우 돈을 마련해 사서 남포항으로 실어 보냈더니, 이번엔 변전소에서 인쇄 공장으로 들어오는 전선줄이 문제가 있어 변압기를 설치해도 380V가 제대로 나오지 않는다는 것이다. 전선줄이 구리철사가 아닌 니켈 줄이어서 도중에 새는 전기가 많았고, 이에 변전소까지의 거리를 계산하여 14mm 구리 전선줄 250m를 구입하려 했지만 북한에선 구할 수가 없었다. 하는 수 없이 1,700만 원을 들여 요구량의 세 배나 되는 구리 전선줄 750m를 사서 보냈다.

조립과 시운전이 한참 진행 중인 2006년 9월 초, 갑자기 북한이 핵실험을 했다. 남한에서는 난리가 났고 많은 북한 교역과 지원 사업들이 중단되었다. 기술자들의 가족들이 생이별한다고 야단들 하는 탓에 회사 사장은 아무 의논 없이 기술자들에게 중단하고 돌아오라는 철수 명령을 내렸다. 이 소식을 들은 나는 김동식 상무와 이야기를 나눴다. 나는 핵실험 했다고 조립 작업하던 기술자들을 철수시키면 북한 측과 신뢰가 무너져 다시 북한에 못 들어갈 수도 있으니 자제해 달라고 사정했고, 김동식 상무는 그래도 가족들이 안전을 걱정하니 철수해야 한다고 했다.

나는 그렇게 작업이 중단되면 기술자들이 쓴 비용을 부담할 수 없다고 맞섰다. 계속된 논쟁 끝에 기술자 한 명만 남고 두 명은 내려왔다가 핵 문제 시비가 풀리면 다시 방북케 하자는 타협안을 제시해 회사 측을 설득했다. 나의 제안대로 기술자 한 명만 남아 있다가, 3개월쯤 지나자 핵실험 시비도 가라앉았고 조립 기술자 두 명도 다시 방북하게 되었다.

드디어 조립과 시운전이 끝나고 기증식을 하자는 연락을 받고, 2006년 11월 28일~12월 2일 정우탁 교육팀장과 김동식 상무를 대동하고 다시 평양으로 올라갔다.

11월 30일 인쇄기 기증식에는 북한 민족화해협력위원회(민화협) 부의장 박경철 씨와 교육성 간부들, 공장 직원들이 참석했고 나의 기념사로 식을 진행한 뒤 인쇄 윤전기를 가동했다. 컴퓨터 작동기를 조절하니 한참 웅웅대며 열을 내더니 길이 35m, 높이 5m의 윤전기가 고속으로 회전하면서 인쇄물이 쏟아져 나왔다.

아직 제본기가 없어서 십여 명의 여공이 쏟아져 나오는 인쇄물을 주워 담아 재단·제본을 위해 옮겨 갔다. 그중 한 장을 꺼내 살펴보았는데, 초등학교 3학년 수학 교과서로 숫자와 그림들이 여러 색깔로 찍혀 있는 것을 보고 눈물이 콱 쏟아졌다. 만 2년간 쌓였던 고민과 한숨이 삽시간에 감격의 눈물로 변했다.

기증식에서 컴퓨터로 윤전기를 작동한 기술자는 북한 인쇄 공장 직원이었다. 핵실험 난리로 기술자들이 철수했을 때 남아 있던 한 사람이 3개월 동안 북한 기술자들에게 컴퓨터로 작동하는 방법을 가르쳐 주었더니 오늘 그 실력을 발휘했다는 것이다. 또한 조립 설치 도중 인쇄된 잉크를 말리기 위해 한국에서처럼 LPG 가스를 사용할 수 없었던 북한이 전기 열을 사용하는 시스템을 개발해 장치하는 것을 보고 그들의 기술력에 놀랐다고 말해주었다. 남북한 기술자들의 협동으로 이루어 낸 기적 같은 일이었다. 오윤석 국장은 북한에서 처음으로 4도 색깔의 깨끗한 교과서를 찍어 냈다는 데 감격했다.

이 고급 인쇄 윤전기가 작동하려면 여러 가지 부분품, 잉크, 종이가 계속 공급되어야 하는데, 북한에선 아직 물품의 수입 조달이 어려워 당분간 유네스코 한국위원회가 통일부의 지원을 받아 공급하기로 했다. 하지만 북한에서 교과서 공급을 위해 필요한 인쇄용지는 매년 1천여 톤인데, 우리가 보내는 인쇄용지는 200톤씩으로 턱없이 부족했다.

그럼에도 북한 교육성은 인쇄 윤전기 기증에 대만족을 표시했고, 앞으로 교육 발전을 위해 남북한 유네스코가 긴밀히 협력하자고 제안하면서, 2007년 말에 나를 다시 초청했다. 인쇄기가 제대로 돌아가는지 보고 싶기도 해서 교육팀 직원 두 사람을 데리고 11월 6~10일 평양을 다시 방문했다. 허광일 교육성 고등교육국장, 김철근 대외교육국장과 협력 문제를 장시간 의논했는데, 그들은 유네스코와 함께 북한에 직업교육대학을 설립해 달라고 부탁했다. 경제발전과 민생을 위해서 생활필수품 등 경공업을 발전시켜야 하는데, 기술도 인력도 부족하니 남한의 기술과 생산력을 배울 수 있도록 직업 기술 교육을 실시할 대학이나 직업교육학교가 필요하다는 것이다. 나는 우선 정부에 건의해 보겠다고 답했다. 남북 관계가 좋아지면 가능한 일이었기 때문이다.

하루는 오윤석 국장과 임인철 기사장과 함께 보고 싶었던 교육 도서 인쇄 공장을 방문했다. 윤전기는 여전히 바쁘게 돌아가고 있었다. 인쇄된 교과서 한 권을 달라고 하니, 중학교 물리 교과서와 화학 교과서를 한 권씩 가져다주었다. 국어나 역사 교과서를 보고 싶었지만, 정치적 문제 때문에 과학 교과서를 준 듯했다. 어쨌든 우리가 보낸 인쇄기로 교과서가 계속 찍히고 있는 것을 확인할 수 있었다. 그들의 말에 따르면 학교마다 교과서 공급 사정이 크게 좋아졌다고 한다.

인쇄 시설은 발전했지만, 종이가 부족해서 문제였다. 이제는 북한 어린이들의 교과서 용지 공급을 위한 캠페인을 벌여야겠다고 생각한 나는 서울로 돌아와서 유네스코 협동학교(ASP)를 통해 북한 돕기 모금 운동을 실시했다. 전국에 100여 개의 중고등학교가 유네스코 협동학교로 지정되어 있었으며, 이 학교들은 유네스코를 통한 국제 교류 활동을 했고 매년 우수 학교에게는 사무총장이 표창하는 제도도 있었다.

여러 협동학교에서 모은 돈을 합해 인쇄용지 200톤과 학용품을 들고 2008년 7월 9~15일 평양을 다시 방문했다. 이때 남북한 중고등학교의 교류와 협력 사업을 추진할 목적으로 협동학교 교장 두 명을 대동했으며, 서울사대부여중 교장이자 부고 후배인 이홍자 선생, 부산남성여고 김용무 교장, 유네스코 한위 전성민 협동학교 팀장, 이승환 본부장, 이주옥 간사 등 5명을 동반하여 평양의 금성학원, 제1중학, 모란봉1중학, 김책공대, 창광유치원 등을 방문했다. 남한 중고교 교육자들이 북한의 교육 현장을 참관한 첫 케이스였다.

가는 학교마다 학생들이 강당에 모여 노래와 춤, 악기 연주 등의 공연으로 우리를 환영해 주었다. 우리가 방문한 학교들은 북한의 최고 엘리트 학교였기 때문에 시설도 훌륭했는데, 제1중학은 김정일 장군이 어렸을 때 다녔던 학교라 더 특별했다. 수영장, 실험실, 체육관이 잘 갖추어져 있었고, 영어 수업에 참관해서 영어로 질문하고 그에 답하는 학생들을 보니 수준도 퍽 높아 보였다.

그리고 다시 교육 도서 인쇄소를 찾아갔다. 인쇄기는 여전히 잘 운행되고 있었다. 단지 아직 제본기가 없어서 여공들이 손으로 옮겨 재단과 제책을 하고 있는 모습이 유감이었다. 제책기까지 지원해 주었으면 좋겠다는 말을 공장장이 했지만, 나의 사무총장 임기도 끝나가고 남북 관계까지 어려워져 더 추진할 수는 없었다.

우리가 평양에 체재하는 동안인 7월 11일에 금강산에서 남한 관광객 박왕자 씨가 북한 군인의 총에 맞아 죽는 사고가 발생했다. 마지막 날인 14일 저녁 우리에게 환송 만찬을 베풀어 준다던 박경철 민화협 부회장은 금강산 사태 수습을 위해 급히 강원도로 가게 되어 만찬에 참석치 못했다.

우리는 무사히 귀국했지만, 금강산 총격 사태 후 남북 관계는 얼어붙었다. 금강산 관광 사업이 중단된 지 10년이 되어 가지만, 오늘까지 다시 열리지 않고 있다. 이런 사태가 나기 전에 인쇄기 지원 사업을 마무리한 것은 매우 다행이었다고 생각한다. 인쇄기는 10년이 지난 지금도 고장 없이 잘 돌아가고 있다고 한다. 남북 관계가 어려워도 북한 어린이들의 영양과 교육을 돌보는 일은 민족의 장래를 생각해 지속되어야 할 것이다.

아태무형유산센터 사무총장(2012~2015)

2012년 1월 2일 나는 대전으로 가서 문화재청장으로부터 아태무형유산센터의 초대 사무총장직 임명을 받고 대전에 설치된 사무처로 출근해서 10여 명 기획단 직원과 함께 유네스코 무형유산 업무를 시작했다. 박성용 정책사업 본부장 이하 직원들은 이미 창설 기획단에서 2010년경 부터 활동해 왔으므로 센터의 업무는 어느 정도 틀이 잡혀 있었고 예산도 확보되어 있었다.

그래서 10여 년 전 아태국제이해교육원 초대 원장으로 임명받아 창립 작업을 할 때와는 사정이 달랐고 훨씬 편했다. 사무실 장비와 자동차까지 갖추어져 있고 이미 아태 지역 몇 나라들과 정보 교류 업무를 실험적으로 하고 있었다. 3년 전까지 활동했던 유네스코 무대였으므로, 유네스코 아태 지역은 활동 분야만 문화유산으로 바뀌었을 뿐 나에게 친숙한 곳이었고 각 나라에 친분을 쌓은 주요 인사들도 많았다.

무형문화유산이란 궁전이나 사원처럼 건물 형태의 유형유산이 아니라 공연예술이나 축제, 공예, 음식, 기술처럼 고정된 형태가 없는 문화를 말하며 인류의 삶과 문화 발전에 지대한 공헌을 해 온 각종 정신적, 정서적, 기술적 문화유산을 포괄한다. 어떤 나라에선 무형유산이란 표현 대신 '비물질 문화유산'이란 명칭을 쓴다.

전통적 가치관이나 공동체 문화가 와해되고 유지가 어려워진 오늘의 산업화, 세계화 시대 속에서는 윤리적 가치관이나 정신문화를 보존하고 계승하는 일이 너무나 중요하게 되었다. 이 문제를 인식한 유네스코가 2003년에 "무형문화유산 보호협약"을 결의했고, 매우 중요하지만 상실되기 쉬운 각 나라의 무형유산들을 유네스코의 세계유산으로 등재시켜 보호하는 일을 시작했다.

그 후로 나라마다 자신의 고유한 문화유산을 자랑하며 '유네스코 세계유산'으로 등재시키려는 노력을 경쟁적으로 하게 되어 오늘날 유네스코 사업과 활동의 가장 중대하고 의미 있는 분야가 되었다.

우리나라는 일찌감치 판소리와 종묘제례악, 강강술래 등을 등재시켰고, 내가 유네스코 한위 사무총장이던 시절 강릉 단오제를 무형유산에, 제주도 용암동굴과 화산섬을 자연유산에 그리고 고려 시대 활자 인쇄술로 찍은 『직지』를 기록유산으로 등재시킨 바 있다.

내가 다시 아태무형유산센터 사무총장직을 맡게 된 2012년부터 새롭게 무형유산으로 등재시킨 무형유산이 아리랑과 김치, 농악이었고, 북한과의 협의를 통해 씨름을 남북한이 공동으로 세계유산에 등재시키는 논의를 시작했는데, 내가 퇴임한 뒤 2018년에 실현되어 씨름이 최초의 남북한 공동등재 세계유산이 되었다.

아태무형유산센터를 창설하게 된 2010년대만 해도 아직 세계적으로 무형문화유산의 개념이나 중요성이 잘 인식되지 못했다. 우리나라에도 인간문화재를 중시하는 제도가 있었을 뿐 무형문화재 보존 운동은 없었다. 국내 무형유산 등록 제도를 만드는 일부터 시급했다.

이런 상황에 아태무형유산센터는 아시아 태평양 지역 48개국을 대상으로 각 나라의 무형유산 목록 작성과 이를 기록하고 보존하는 활동을 조사 연구하며 네트워크를 만들어 협력과 발전을 도모하는 일을 맡게 되었다. 나는 연구원들을 활용해 정보를 수집하고, 연구 세미나와 발표회를 조직하고, 수요 무형유산들을 기록(Documentation)하는 사업을 추진했다.

우선 아태 지역 48개국 중 '무형유산보호협약'에 가입한 30개국의 보호 활동을 지원하고 정보화와 체계화 작업을 통해 여러 나라의 보호 능력을 강화시키는 일이 중요했다. 소수의 몇 나라를 제외하면 대부분 무형유산을 보호하는 제도나 법률이 없었고, 유산의 종목 구분이나 목록 정리(Inventory)를 해놓지 않았다. 심지어 문화부도 전문 기관도 없는 나라들도 있었다.

나는 임기 3년 동안 15명 정도의 직원과 함께 언어, 문화가 다른 아태 지역, 심지어 영어도 통하지 않는 태평양 섬나라들까지 찾아가서 통역을 동반해 정보를 수집하고 네트워크를 만드는 작업을 수행했다. 30여 나라를 개별적으로 방문 조사하기는 어려워, 우선 환경과 조건이 비슷한 인접 국가들을 소지역으로 묶어 소지역 모임을 통해 정보화와 네트워크를 만들며 교육, 계몽, 발전의 길을 모색했다.

우리 센터는 일단 아시아 태평양을 동북아시아, 동남아시아, 중앙아시아, 태평양 섬나라 네 개 소지역으로 나누어 소지역 모임을 매년 개최하고 인맥과 정보화의 네트워크를 구축하는 노력을 했다. 비슷한 문화와 무형유산을 소유한 나라들끼리 자극을 주고받으며 발전책을 모색하는 것이 빠른 길이라고 판단했기 때문이다.

나는 특히 지리적으로나 경제적으로 매우 열악한 환경에 놓여 있는 태평양 섬나라들의 네트워크를 구축하는 데 많은 시간과 노력을 들였다. 3년 동안 다섯 번이나 장소를 옮기며 소지역 모임을 여느라 재정을 많이 썼다.

많은 노력 끝에 피지, 통가, 바누아투, 파푸아뉴기니, 팔라우, 미크로네시아 등 여섯 나라의 전문가들과 함께 『태평양 지역의 전통 지식과 지혜』(2014)라는 공동 연구 서적을 출판하게 되었다. 이 책에서는 여섯 섬나라의 부족 공동체의 관습과 예절, 건축술과 항해술, 음식, 생활 양식, 기술, 지혜 등 다양한 무형유산이 소개되고 자세히 묘사되어 있다.

또한 구소련 지역이었던 중앙아시아, 실크로드의 중심지였던 키르기스스탄, 우즈베키스탄, 카자흐스탄, 타지키스탄, 투르크메니스탄 등 5개국을 묶어 중앙아시아 소지역 모임을 돌아가며 다섯 차례 회의를 추진했다.

이 나라들은 이슬람 종교와 전통문화를 오래 소유했지만, 소련 공산주의 지배하에 70년 동안 많은 문화유산을 상실했고 러시아어를 강제로 쓰면서 민족 정체성마저 와해되었다. 그래서 냉전 체제가 해체된 90년대 이후로 20여 년 동안 언어, 종교, 종족 문화, 축제, 생활 습관 등 무형문화유산을 복원시키는 일에 관심이 높았다.

그래서 우리 센터는 이들의 상실된 전통문화유산을 파악하고 조사 연구하기 위해 온라인 툴(Online Tool)에 체계적으로 정보화하는 프로젝트를 이들과 함께 만들어 지원했다. 특히 숨어 있던 전문가들을 찾아내 그 나라의 구전 전통(oral tradition), 서사시(epic)에 나타난 민족 고유의 정신과 정체성을 찾아내 정보화하며 책으로 출판하는 사업을 추진하도록 고무하며 지원했다.

동남아시아에는 베트남, 캄보디아, 라오스, 미얀마, 태국 등 메콩강 유역의 5개국이 있고, 인도네시아, 필리핀, 동티모르, 브루나이, 싱가포르 등 태평양 주변 6개국이 있어 종족 문화 언어가 다양한 갈등 관계에 있기에 소지역으로 묶을 수가 없었다. 불교, 힌두교, 회교, 기독교 등 4대 종교와 전통문화가 오랫동안 지배한 나라들이어서 공통적 사업보다는 국가별도 특색 있는 사업을 개발하는 것이 필요하다고 보았다.

베트남에서는 그곳 문화연구소와 함께 창악, 수중 인형극 등을 기록화하는 훈련 워크숍을 추진하였고, 수백 개의 릴 테이프에 담긴 아날로 그 자료를 디지털화해서 DVD 등으로 재생시키는 복원 사업도 추진토록 지원했다.

라오스와 미얀마는 특히 미약한 나라여서 역량 개발을 지원하는 사업을 정부의 ODA를 활용해 실시해 보았다. 가령 전통 악기들의 목록

(Inventory)을 조사 연구하는 사업을 추진해 가이드북을 만들기도 했다.

중국, 일본, 몽골과 남북한이 있는 동북아시아 지역은 외교적 네트워크를 만들기가 힘들고 또 중국, 일본이 우리와 같은 아태무형유산센터를 운영하고 있어서 협력 사업을 만들기가 쉽지 않았다. 그럼에도 2014년 7월 1~2일 몽골의 수도 울란바토르에서 처음으로 "무형유산 정보화와 기록화의 방법론"이란 주제로 5개국 네트워크 회의를 개최하는 데 성공했다.

이 회의에 북한 대표를 참석시키기 위해 나는 특별히 많은 노력을 했다. 파리 유네스코 본부에서 회의 도중에 나의 간곡한 요청이 전달되어서 북한 유네스코 사무총장 리흥식 씨와 단독 회담이 이루어졌고 북한 무형유산 사업을 돕고 남북 협력을 추진하는 논의를 한 시간가량 했다.

나의 간청과 진정성을 파악한 북한 당국이 좀처럼 반응하지 않던 자세를 버리고 몽골 5개국 회의에 북한 대표를 보내주었다. 북한의 '민족유산보호지도국' 부국장인 로철수 씨를 단장으로 하는 일곱 명의 대표단을 울란바토르에 파견해서 한국 문화재청 직원들과 함께 비공식적으로나마 남북한 정책 담당자들의 협력 회의를 하는 성과를 거두었다.

북한에선 무형유산을 '비물질 문화유산'이란 단어로 표현한다는 것도 알게 되었고, 처음으로 북한의 문화유산 정책과 현황 보고를 듣고 알 수 있었다. 여기서 북한이 씨름을 유네스코 세계유산으로 등재시키려는 계획을 알게 되면서 남북한 공동등재를 시도해 보자는 논의를 하게 되었고, 2018년에 남북 관계가 호전되었을 때 남북한 공동등재가 실현되었다.

이 밖에도 나는 유네스코 본부에 등록된 NGO 대표자들과 연대해 국내외 NGO 대표들을 연결시켜 협력 활동을 하도록 노력했다. 아시아, 아프리카, 남미, 유럽의 대표적인 무형유산 NGO 활동가 30여 명을 한국에 초대해 전주 무형유산원에서 2014년에 한국의 활동가들과 함께 최초로 '국제 무형유산 NGO 네트워크 회의'를 개최했다.

출판 기록 사업으로는 3개월에 한 번씩 출판하는 영문판 잡지 *Courier* 가 20여 호나 발간되었고, 국가별 현황 조사 보고서도 30여 권 나왔으며, 그 밖에도 가이드북, 비디오, DVD 제작 등 무형유산 기록 사업도 적지 않게 해냈다.

에코피스 아시아(2009~2011) ― 몽골 사막에 풀을 심으며

유네스코 한국 사무총장 임기를 마친 2008년 10월 나는 67세였으니 교수 정년은 지났고 완전히 은퇴해야 할 때였다. 나는 아침 9시에 출근하지 않아도 되는 자유로운 삶을 일생 처음 누려보게 되었다. 이젠 교수직 연금이 나오니 무슨 일자리를 찾을 필요도 없고 여유를 즐기며 독서나 여행, 취미생활을 하면 되었다.

그런데 2009년 1월 환경운동연합 사무총장 최열 씨가 전화를 걸어와 새롭게 시작하려는 사막화 방지 사업의 대표직을 맡아달라는 것이었다. 실무진들은 있으니 대외적인 얼굴 노릇만 하면 된다고 해서 쉽게 생각하고 안 해보던 환경운동을 배우기도 할 겸 맡기로 했다. 환경운동을 직접 해보지는 않았지만, 이것 또한 지구촌 평화 운동의 한 부분이라고 생각했다.

하지만 맡고 보니 중국 내몽고의 사막에 들어가 풀을 심어 황사의 피해를 막아보자는 엄청난 일이었다. 나의 전공 철학적 지식만으로는 이해하기 어려운 지리학이나 생물학적 개념들이 많이 나와 공부하지 않고는 사업과 활동을 파악하기조차 어려웠다. 무엇보다 우선 환경운동

연합과 별도의 조직을 만들고 재정을 마련해야 했다. 은퇴자가 할 일이 아닌데 잘못 걸려들었구나 했을 때는 이미 늦었다.

우선 사단법인 등록을 위한 조직의 이름을 만들어야 했다. 나는 오랫동안 평화 운동을 했기 때문에 사막화 방지 운동도 평화 운동의 일환으로 이해하고 싶었다. 그래서 생태계의 평화라는 뜻으로 '에코피스 아시아'(Ecopeace Asia)라고 정했다. 아시아의 생태계를 회복하는 거창한 명칭이었다.

다음은 인맥을 동원해 저명인사들로 이사진을 구성하는 일이었다. 명칭도 중요하지만, 누가 책임지고 하는가도 조직 운동과 모금에 대단히 중요하기 때문이다. 우선 친구이자 경북대학 전 총장과 국회의원을 지낸 박찬석 교수와 집사람 손덕수의 이화여고 동창이며 한국일보사 고문인 장명수 여사에게 부탁해 이사 허락을 받았다. 환경문제 전문가인 가톨릭대 이시재 교수, 전북대 지리학과 이강원 교수, 효성여대 이정옥 교수, 국민대 이창현 교수, 강원대 정연숙 교수를 학계 대표로 영입하고, 강지원 변호사, 백찬홍, 이성범, 이강재 등 친지를 포함해 이사진을 꾸렸으며, 김지하 시인과 오재식 선배를 고문에 모셨다.

이사진 구성과 헌장 제정 등 창립 준비를 2월 한 달 만에 마치고, 3월 12일 서울 역사박물관에서 창립 행사를 열었다. 창립총회 초청장에 다음과 같이 목적을 설명했다.

한국과 중국, 일본, 몽골 등 동아시아인들의 평화로운 삶과 미래는 아시아의 생태계 보전과 지속 가능한 발전 여하에 따라 지대한 영향을 받게 되어 있습니다. 그동안 환경운동연합을 비롯한 여러 단체들이 중국이나 몽골의 사막화 현상을 막고 초지 조성을 통한 생태계 회복 운동에 실험적인 노력을 해왔습니다.

그러나 이 엄청난 과업을 일부 시민운동이 감당하기엔 역부족이었습니다.

이제 중국의 내몽고를 비롯한 사막화 지대에 푸른 꿈을 심는 생태계 회복과 보전 운동은 아시아인 모두의 생존과 미래가 달린 운명적 과제입니다.

아시아 여러 나라의 시민사회를 일깨워 공동의 미래와 평화 공동체를 가꾸어 나가고 아시아인들의 평화와 생태계 회복 운동으로 승화시키기 위해 "에코피스 아시아"를 창립하고자 합니다.

창립총회는 70여 명이 참석해 성황이었고, 나는 이사장에 선출되었다. 최열 총장과 오재식 아시아교육연구원장이 축사했고, 이강원 교수가 "중국 사막화와 아시아의 환경문제"에 대해 강연했으며, 오찬 시 내빈들의 축하 발언이 있었다.

이렇게 에코피스 아시아의 창립을 마치고 환경운동 경험이 풍부한 이태일 씨를 사무처장으로 임명해 일을 시작했다. 이태일 사무처장과 박상호 등 실무진들은 이미 2003년부터 '환경운동연합' 산하 사막화방지위원회에서 중국 길림성과 내몽고의 사막화 방지 연구 조사 활동과 현지 답사 활동을 했다. 사정을 알고 보니 환경운동연합에서 이 일을 시작했지만 회계 부정 사건이 생겨 계속할 수 없게 되어 법인체를 새로 만들어야 했다. 나는 이 사업을 살리기 위해 환경운동연합에서 독립한 에코피스 아시아를 창립한 셈이다. 에코피스 아시아는 외무부에 국제 협력 사업 단체로 법인등록을 마쳤다.

중국 내몽고의 차깐노르 초지 조성 프로젝트는 2008~2012년 현대자동차가 매년 3억 원씩 후원해서 진행하도록 환경운동연합과 현대자동차가 합의한 것으로, 우선 이 사업을 살려 성과를 내는 것이 중요했다. 어쨌든 나는 모처럼 시작된 아시아의 사막화 방지 사업을 독자적 법인체를 통해 성사시킬 책임이 있었다.

현대자동차 기업이 재정 지원을 하게 된 것은, 중국에 자동차를 많이 수출하니까 사회 공헌 사업으로 내몽고의 사막화 방지에 기여해 달라는 환경운동가들의 권유를 받아들여 중국의 발전에 봉사할 목적에서였다. 한국의 환경운동도 돕고 수출에도 도움이 되는 일거양득의 사업이었다.

사실 중국, 몽골의 사막화 문제는 지구 생태계와 인간의 생존을 위협하는 심각한 문제로 점차 알려지고는 있지만, 아직 방치된 상태였다. 아프리카의 사하라사막이 매년 수십 킬로씩 확대되어 큰 문제라는 것은 알고 있었지만, 이제 아시아에서 사막이 더 빨리 확대되고 있다는 사실은 잘 몰랐다. 한국에 날아오는 중국 황사의 빈도수도 연간 평균 1.7회였던 것이 최근엔 10회 이상으로 증가하였다.

원인은 여러 가지다. 기후변동의 탓도 있지만, 중국과 몽골의 많은 개발 사업으로 지하수가 줄고, 수천만 마리의 양, 염소 등 동물들의 지나친 방목으로 초원이 불모지로 변하는 게 큰 문제였다. 카쉬밀 생산 때문에 자꾸만 늘어나는 축산업으로 엄청나게 늘어나는 동물들을 그 넓은 땅이 감당하기도 어려웠다. 강우량이 연간 200mm 정도인 몽골엔 나무와 풀이 자라기도 어렵다.

중국 내몽고의 사막화는 점차 남쪽으로 내려와 북경의 70km 북쪽까지 강이 마르고 사막화 현상이 나타나고 있다. 이제는 황하의 수량도 엄청나게 줄어 유역의 농사도 물 부족으로 타격을 받고 있다. 앞으로는 황해의 물을 끌어 올려 담수화해서 농사를 지어야 하는 게 아니냐는 말까지 나오고 있다.

우리나라 국토의 여덟 배나 넓은 외몽고의 사막화는 더 심각하다. 지난 10여 년간 강과 호수가 1천여 개나 말라버렸고, 고비사막을 비롯해 전 국토의 41%가 이미 사막화되었으며 70%까지 사막화의 영향으로 퇴화했다고 한다.

그러나 중국과 몽골은 지금 개발과 산업화에 바빠 걱정만 하고 있지 사막화 방지 대책엔 엄두도 못 내고 있다. 일본, 호주, 유럽 몇 나라의 환경운동 단체들이 와서 나무 몇천 그루씩을 심고 가지만, 이것으로는 정말 새 발의 피도 안 된다.

우리나라 단체들도 가서 심었지만 강우량이 적고 염소들이 뿌리째 파먹어서 살아 남지 못한다. 울타리를 치고 계속 물을 퍼주지 않으면 심어도 소용이 없다. 토질과 기후에 맞는 나무였는가도 문제다. 나무를 심었다는 쇼에 그친 경우가 허다했다.

에코피스 아시아의 운동가들은 중국 내몽고의 농과대학 교수들과 협의해서 하나의 새로운 사막화 방지 사업을 발굴했다. 우리나라 국토의 다섯 배나 되는 내몽고 자치구의 시린꺼러 멍(盟)에 아빠까치라는 경상도만 한 향(鄕)이 있는데, 이곳에 100㎢나 되는 '차깐노르'('백색 호수'라는 몽고어) 호수가 있다. 염분이 있는 호수인데, 20년 전까지도 10m 깊은 물이 있던, 배를 타고 고기를 잡던 이 호수가 마르기 시작해 2002년에는 바닥까지 말라 알칼리성 분진이 하얗게 호수 바닥에 쌓이게 되었다. 그런데 서북쪽에서 8도 이상의 상한 바람이 불어오면 이곳 미세한 알칼리성 먼지들이 1천m 상공까지 날아 올라가 황사가 되어 대기 환류를 타고 수백, 수천km를 날아가 떨어진다는 것이다.

중국 과학자들이 수년간 조사한 결과, 황사는 모래바람이 아니라 이런 먼지바람이며 염분에서 나온 알칼리성 물질이 함유되어 있어 떨어지면 곡식이나 인체, 동식물에 피해를 입힌다고 한다. 결국 황사는 내몽고에서 불기 시작해 베이징과 텐진, 화북 지역을 거쳐 한국과 일본에까지 날아와 피해를 주고 있다.

지도상으로 보면 북경에서 600여km 북쪽에 위치한 아빠까치(旗)가 황사의 이동 경로에 있기 때문에, 마른 차깐노르호수는 곧 알칼리성 분진의 발원지가 된다. 2009년 5월 나는 이곳에 가서 서북풍이 심하게 부는 어느 날 마른 차깐노르호수의 하얀 먼지가 구름 떼처럼 하늘 위로 날아올라가는 모습을 목격했다.

아빠까치는 몽골어로 '삼촌의 땅'이란 뜻이다. 칭기즈칸의 후예 후빌라이왕이 자기 삼촌에게 하사한 땅이라고 해서 그때부터 그렇게 불리는 초원 지대다. 그때는 말들을 많이 키운 풍요한 초원이었는데, 지금은 목축도 어려운 마른 땅이 되어 알칼리성 황사의 진원지가 되었다.

알칼리성 먼지로 덮인 2,500만 평이나 되는 차깐노르호수를 어떻게 할 것인가? 이곳 농과대학 교수들과 사막화 방지 운동에 수년간 헌신해 온 분들의 자문을 받아, 우리는 마른 호수에다 '감봉'이라는 염성 식물을 심어 풀밭을 만들고 알칼리성 분진이 황사에 날아오지 않게 하자는 프로젝트를 계획하였다.

감봉이란 풀은 일년생으로 50cm 정도 자라지만 염분을 빨아들여 짠맛이 되기 때문에 식용 채소로도 쓰일 수 있어 경제성도 있다. 차깐노르호수 하나라도 풀밭을 만들어 이곳에서 일어나는 황사의 알칼리성 분진을 제거하면, 우리는 처음으로 황사의 독성 먼지를 제거하는 방법을 실제로 검증한 성과를 거둘 수 있게 되며, 이는 국가적인 사업으로 확대될 수 있을 것이다.

이런 비전을 가지고 5년간 현대자동차와 해보기로 계약을 맺고 매년 5억 원 정도의 재정 지원을 받아 200~300만 평의 풀을 심는 사업을 착수했다. 현지 주민들과 군청의 파종 기구들의 지원을 받지만, 여름 방학 때는 우리나라 대학생 200여 명을 선발해 차깐노르호숫가에 겔(몽골 천막)을 치고 한 주간씩 사막 체험을 하며 사장 작업 자원봉사 활동을 실행했다.

나도 매년 7, 8월에 대학생 봉사단에 어울려 사막에 풀을 심는 활동에 참가해서 고루고루 살펴보았다. 내몽고에 가서 말도 타보고 활도 쏘고 마두금 연주도 들으며 몽골의 문화 체험도 할 수 있는 프로그램이어서 학생들은 경쟁적으로 몰려왔다. 밤에는 너무나 맑은 북극 하늘의 환한 별을 보며 별자리를 찾아보는 게 환상적이었다. 2011년엔 중국 대학생 120명이 참가해 한중 대학생들이 함께 사막에서 일하는 경험을 했다.

에코피스 아시아를 창립한 지 3년 만에 차깐노르호수 한 편 수백만 평에 푸른 감봉이 자라나는 모습을 보며 의미와 보람을 느꼈다. 위성 촬영을 해 보니 푸른색이 보였다. 다행히 중국의 CCTV, 한국의 SBS, YTN, 한겨레 등의 보도로 많이 알려지게 되었다. 또한 중국 정부가 많은 관심을 보여 현대자동차에 사회공헌사업 우수상을 수여했다.

참으로 의미 있는 일이었지만, 한편으로는 여름엔 40도까지 오르는 더위의 사막에서 견뎌야 하고 겨울엔 영하 30도의 추위에 오라면 가 보아야 하는 쉽지 않은 일이었다.

2011년 말 에코피스 아시아 이사장의 첫 임기 3년을 마치려는 나에게 유네스코에서 또 다른 부름이 왔다. 내 나이 만 70을 넘어섰을 때였는데, 문화재청이 유네스코와 함께 창립한 아시아 태평양 무형유산센터의 초대 사무총장직을 맡아달라는 요청이었다.

동아시아 평화 역사 NGO 포럼(2011~2016)

내가 유네스코 사무총장이던 시절 사회과학 논의 중 하나가 동아시아의 역사 화해와 교과서 문제였다. 2005년이 을사늑약(1905) 백 주년이고, 2010년이 경술년(1910) 국치의 백 주년이어서 학계와 시민사회는 독도와 위안부 정신대 문제 등 역사 갈등과 교과서 왜곡의 문제로 심각한 논쟁을 벌였다.

유네스코 한국위원회는 전부터 한일 양국의 역사학자들 사이의 교류와 화해 및 공동 연구를 장려키 위해 유럽의 경험과 모델을 배우며 동아시아의 교과서 문제를 심층적으로 검토해 보는 국제회의를 여러 차례 열었다. 또한 회의에서 발표된 독일, 프랑스, 폴란드, 핀란드, 일본, 한국 학자들의 논문과 자료들을 널리 배포해 한일 양국의 역사학자와 교육자들에게 정보와 영향을 주려 했다.

나의 임기 중엔 민족사 중심의 역사 교과서를 수정하고 역사 화해를 촉구하는 국제 포럼이 두 차례 열렸다. 1차는 2007년 10월 9~10일 세종호텔에서 "역사 대화로 열어가는 동아시아의 역사 화해", 2차는 2008년 9월 8~9일 세종호텔에서 "기억의 공유와 다원적 보편성"을 주제로 한 포럼이었다.

포럼에서는 역사 화해와 교과서 수정은 역사학자들만의 노력으로 될 수 없고 정부는 물론 일반 시민사회의 관심과 노력이 중요하다는 것이 강조되었다. 독일과 프랑스의 교과서 수정이나 독일과 폴란드의 역사 화해도 결국은 시민사회와 NGO 등의 부단한 항의와 노력에 의해 이루어진 성과였다.

마침 을사늑약과 경술국치 백 주년을 맞아 일본의 사죄와 왜곡된 역사를 시정해야 한다는 시민사회의 목소리와 여론이 거세게 일어났고 역사 갈등과 왜곡은 한중 관계에서도 문제라는 것이 드러났다. 중국의 동북공정과 고구려 역사의 왜곡에 대응해야 한다는 국민 여론도 높아졌다. 게다가 남중해 섬 젠가꾸엔(다오이다이)을 둘러싼 갈등과 충돌 위기마저 감돌아 역사 화해 문제가 동북아 평화에 중차대한 과제가 되었다.

시민사회 NGO 단체들의 압력을 받은 정부는 2007년 '동북아역사재단'을 만들어 한일, 한중의 역사 갈등 문제를 조사 연구하며 대책을 강구하기로 했고 시민사회의 역사 정의 운동도 지원하겠다고 약속했다.

그러나 역사 화해 운동을 했던 시민사회 NGO 단체들은 정부 주도의 동북아 역사재단 설립에 만족할 수 없어 같은 2007년에 '동북아 평화를 위한 역사 NGO 포럼'을 결성했고, 일본과 중국, 유럽의 역사 화해 운동 단체들과 연대하는 세계대회를 개최했으며, 지속적 운동을 전개하기로 뜻을 모았다. 역사 화해는 정부의 노력만으로 이룰 수 없는 국제적 시민사회 모두의 과제라는 인식에서였다.

여기엔 이제까지 역사 교과서 문제나 독도 문제, 종군위안부 문제, 강제 징용 피해자 문제 등을 해결하기 위해 나섰던 단체들과 동학민족통일회, 흥사단, YMCA, 여성단체 등 30여 개 시민사회 NGO 단체가 가담했다.

2007년 첫 세계대회는 23개국에서 역사 NGO 단체들과 2천여 명의 국내외 참가자가 몰려와 대성황을 이루었다. 2008년 2차, 2009년 3차까지는 매년 열렸지만, 이후엔 격년제로 열었다.

세계대회는 지구촌 여러 곳에서 일어나고 있는 역사 갈등과 화해 운동을 파악하고 대응 전략과 방법을 모색하기 위한 국제회의와 워크숍을 진행시켰다. 세계대회가 열리지 않는 다음 해에는 우리 활동가들이 이웃 나라 한 곳을 방문해서 그곳의 역사 갈등 현장을 살펴보며 그 나라의 운동가나 단체들과 협력과 연대의 네트워크를 만드는 활동가대회를 했다. 이 대회는 우리나라 NGO 활동가들의 역사 문제 이해와 관심을 높이고 역량을 강화하기 위한 목적에서 추진되었다.

나는 2009년 세계대회와 2010년 활동가대회에 적극 참여해 주제 강연 등을 맡았고, 2011~2015년에는 역사 NGO 포럼의 상임대표로 선출되어 이장희, 양미강, 강성호, 이대수, 신주백 이사 등과 함께 4년간 대회와 운영을 이끌었다.

2010년 10월 2~5일에는 캐나다 토론토에서 활동가대회를 열어 중국 교포들의 역사 NGO 단체들과 함께 청소년들에 대한 바른 역사의식 교육 활동을 참관했고, 2012년 10월 18~21일에는 캄보디아 프놈펜으로 가서 대량 학살의 현장과 역사 화해의 어려운 문제들을 살펴보고 동아시아의 활동가들과 함께 연찬회를 가졌다.

2016년 7월 5~9일에는 유럽 30여 개국의 역사 교사들이 바른 역사 교육을 위해 활동하는 연합 운동 조직, 유로클리오(Euroclio)와 함께 네덜란드 덴하그와 위트레흐트(Utrecht), 암스테르담에서 거창한 활동가대회를 열어 동아시아와 유럽의 역사 교육자들과 평화 운동가들의 만남과 대화를 실현했다.

첫날 덴하그에선 역사 화해와 역사 정의에 관한 개념과 방법에 관해 토의했고, 둘째 날 라이덴(Leiden)대학에선 역사 교육과 평화 교육의 관계에 대한 세미나를 열었다. 셋째 날 위트레흐트대학에선 역사 교육의 방법론에 관해서 토론하는 워크숍을 열었는데, 역사 교육이 흑백논리에 빠지지 않고 다양한 관점(Perspective)을 수용해야 함이 강조되었다. "Dare to be grey"라는 표어가 인상적이었는데 "감히 회색분자가 돼라", 즉 흑백 선택에서 벗어날 용기를 가지라는 뜻이다. 넷째 날 암스테르담

으로 모두 이동해서 유명한 안네 프랑크의 집(Anna Frank House)을 견학
하고 기억(Memory)과 기록(Documentation)의 중요성에 관해 토의하며
안나 프랑크의 일기가 주는 역사 교육적, 평화 교육적 의미를 절감했다.
오토 프랑크(Otto Frank, 안나의 아버지)가 아우슈비츠에서 살아 돌아와
딸의 일기책을 읽고 벽에 쓴 글이 감동을 주었다. "To build a future, you
have to know the past", "Most parents do not know their daughter." 오토는
80년에 죽었지만 딸 안네의 일기장을 역사 교육과 평화 교육에 충분히
활용하고 실천했다.

동아시아 평화를 위한 역사 NGO 포럼으로서는 Euro Clio를 통해 유럽
의 중요한 파트너를 발견하고 좋은 모델들을 배울 수 있었다. 나는 이
모임 준비를 위해 2016년 3월 19~24일 북아일랜드 벨파스트(Belfast)에서
유럽의 역사 교육자 수백 명이 모인 Euro Clio 23차 대회에 참석해 이들의
실체와 경향을 파악하고 구체적 프로그램을 협의했다.

덴하그에 있는 이준 열사 박물관과 세계평화회의장 방문 견학도 감
명적이었고, 독일로 와서 저명한 역사 화해 운동 기관인 Georg Eckert
Institute도 방문해 많은 것을 배웠다. 우리 문제의 해결을 위해서도 다른
나라, 다른 지역에서 어떻게 역사 갈등 문제를 다루고 있는지 알아볼 필
요가 있었고, 활동가들은 여기에서 큰 감동과 힘을 얻었다.

역사 NGO 세계대회는 역사의식을 확산시키기 위해 처음부터 여러
대학과 함께 공동 주최하며 유대를 넓혀갔다. 2009년 3차 대회는 덕성여
대와 함께, 2011년 4차 대회는 연세대와 함께, 2013년 5차 대회는 경희대
와 함께, 2015년 6차 대회는 고려대와 함께 공동으로 개최했다. 내가 상임
대표의 책임을 지고 주도적으로 조직했던 세계대회는 4차와 5차 대회였
고 그 전후엔 공동대표의 책임으로 활동했다.

2011년 8월 18~22일 연세대학교에서 열린 4차 세계대회는 "동아시아의 백 년 역사를 다시 쓴다"라는 주제를 내걸고 1) 잘못된 역사 교육을 철저히 반성하며, 2) 역사 화해의 사례를 연구하고, 3) 새로운 역사 창조를 위한 규범과 제도를 모색하는 세 단계의 프로그램을 만들어 진행하였다.

나는 "동아시아 평화와 역사 교육의 역할"이라는 제목으로 주제 강연을 했는데, 유네스코의 국제이해교육과 역사 화해의 노력을 소개하며 유럽의 안보협력회의(CSCE) 같은 평화 공존 회의가 동아시아에도 창설되어야 한다고 강조했다.

첫째 날은 잘못된 역사 교육의 사례를 반성하는 열 개의 모델 수업반(class)을 만들어 사례 연구를 했는데, 동아시아의 사례뿐 아니라 독일과 네덜란드 등의 사례를 그 나라의 교사들을 초청해 직접 역사 수업을 진행하는 프로그램이었다.

여러 나라의 고통과 탄압, 희생의 역사를 반성하는 사례 보고를 들으며 참가자들은 슬픔과 눈물로 감격에 찬 시간을 보냈다. 가령 독일 보쿰시 고등학교 교사 하이데 리크(Heide Riek)는 2차대전 시 폴란드와 우크라이나에서 강제노동을 당해 억압과 고통 속에 일하다 죽어간 사실이 교과서에도 없고 가르치지도 않는다고 지적하며 반성적 수업을 했다. 둘째 날엔 피해자(Victim)들의 증언을 듣고 가해자와의 화해와 교류, 회복을 위한 보상의 방법 등에 관해 토론했고, 마지막 셋째 날엔 반성과 화해의 노력을 통해 앞으로 오욕의 역사를 다시 만들지 않으려면 어떤 가치와 규범을 가르치고 어떤 제도를 만들어야 하는가에 대해 전문가들과 라운드 테이블을 실시했다.

2013년 7월 22~27일 경희대학교에서 동북아역사재단(김학준 이사장)과 공동 주최로 열린 5차 세계대회에서는 "지구시민 사회가 동북아시아의 평화를 위해 어떤 역할을 해야 하는가?"의 주제를 중심으로 한국과 동아시아 여러 나라 NGO 대표들이 모여 역사 화해와 평화 공동체를 만들기 위한 협력과 연대의 틀을 찾아보았다.

2013년은 동아시아의 역사 갈등 문제가 어느 해보다 심각한 대립과 긴장을 야기한 위기의 해였다. 특히 일본의 아베 정권 수립과 우경화, 독도나 젠가꾸엔(다오이다이)섬의 영유권 투쟁, 일본 각료들의 야스꾸니신사 참배와 국수주의적 망언, 종군 위안부 정신대 불인정 등으로 한일 관계, 중일 관계에서 갈등과 적대감이 심각한 단계에 이르렀다. 그리고 6.25전쟁 정전협정 60주년이 되는 해이기도 해서 한반도 평화를 전망해 보기도 해야 했다.

그래서 학술적이며 이론적인 회의보다는 현안 문제를 해결하기 위한 구체적이며 실천적인 방안을 논의하는 국제회의를 열기로 하고 앞장서 운동을 하는 역사 NGO 단체들과 영향력이 있는 양심적 지식인, 종교인, 시민사회의 지도자들을 초청해 연대 활동을 모색하기로 했다.

대회의 기조연설자로는 일본의 저명한 평화 운동가며 전 유엔대학 총장을 지낸 무샤꼬지 킨하이데 교수를 초대했고, 일본 국수주의와 군국주의를 비판해 온 무또 이찌오를 한반도 평화협정 워크숍의 발제 강연자로 초정했나. 또한 중국에서 일본 짐략 시기에 일어난 민간인들의 피해 보상을 받기 위해 조직된 '대일 민간 배상연합회' 부회장인 천춘령 씨가 와서 중일 관계에 대해 발표했다.

5차 세계대회에는 19개국 40여 명의 해외 참가자와 국내 100여 명의 학자, 교사, NGO 활동가들이 참가했다. 40여 개의 다양한 프로그램이 제공되었는데 각 나라에서 진행해 온 역사 화해 운동들을 공유하며 연대 하기 위한 것이었다.

주제 발표를 함께 들은 후 "풀뿌리 활동 사례", "대안 모델 수업", "영토, 영해 문제", "시민사회의 행동 규범 제정" 등의 구체적 문제들을 중심으로 심도 깊은 워크숍과 그룹 토의를 통해 의미와 보람이 있는 세계대회를 진행했다.

IX. '기독교사회발전협회'를 회고하며
(1996~2021)

　'한국기독교사회발전협회'는 86년 창립 시부터 2021년까지 35년을 내가 이사와 이사장의 책임을 맡아 애정을 바쳐 자원봉사 활동을 한 기관이다. 교회가 사회발전과 사회 구원의 사명을 실천해야 한다는 뜻을 가지고 에큐메니칼 선배 동지들과 함께 민주화와 세계화 시대에 작은 규모나마 추진해 본 의미 있는 경험이었다. 지금은 일반 회원의 몫을 하고 있지만, 앞으로 에큐메니칼 후배들이 그 뜻을 잘 살려 값진 열매를 맺기 바라면서 지난 역사의 대강을 회고하며 기록해 남기려 한다.

'기사발' 창립과 소규모 발전 사업

　한국기독교사회발전협회는 70년대 기독교 민주화운동의 일선에서 헌신했던 선배와 동지들이 독재 정권 말기에 정치권에서뿐 아니라 사회와 경제 등 각 분야에서 실질적인 민주화를 추진할 수 있는 운동과 리더들을 지원하기 위하여, 독일 교회 EZE의 후원으로 풀뿌리시민운동 단체들을 돕는 소규모 지원 사업을 추진하면서 시작되었다.

86년 2월 7일 '한국기독교사회발전위원회'라는 이름으로 조직되어 김관석, 박형규, 박상증, 강문규, 오재식, 조화순, 이효재, 이삼열 8인을 운영위원으로 하고, 이사장에 김관석, 서기에 이삼열, 회계에 오재식을 선임해 소규모 사업을 지원하는 활동을 시작했다.

기독교노동운동(기노련), 농민운동(기농), 빈민운동(기빈협), 여성운동(기여민), 목회자 정의 평화 운동(목정평), 광산복지운동(광명회) 등 소규모 사회발전 운동 단체들에게 EZE로부터 매년 30만 마르크 정도의 지원금을 받아 연간 1천만 원 혹은 500만 원씩 지원하였다.

교회 단체나 기독교 대학, 병원처럼 법인체가 아니어서 법적인 공공기관으로 인정받을 수 없는 허약한 시민, 민중운동 단체들을 EZE가 돕도록 하기 위해 기사발이란 공인 기관을 만들어 우산의 역할을 한 것이다.

초기엔 기독교사회연구소(기사연)에 사무실을 두고 김경남 목사가 사무를 보았고, 86~87년엔 종로 5가에서 오경원 씨가 실무 간사를 맡았고, 87년 말~91년엔 강선미 씨가, 92~93년엔 곽숙희 씨가 EZE의 지원으로 신축된 숭실대 사회봉사관에서 일하며 사업체들과 연락하는 실무를 담당했다.

기사발 창립 시 정관에는 창립 목적을 이렇게 적었다.

한국의 도시빈민, 노동자, 농민, 여성들이 민주적이고 인간화된 공동체적 삶을 향유할 수 있는 사회발전을 위하여 주체적으로 계획 추진하는 사업을 지원하는 것을 목적으로 한다.

여러 사회 분야에서 기층 민중들이 불의한 정치, 경제, 사회적 구조를 변화시키고, 공동체 안에서 인간의 삶을 위한 보다 나은 조건을 만들어 내기 위한 자발적 노력들을 강화하고 지원하는 데 있다.

기사발 위원회가 신청을 받아 지원한 소규모 발전 사업들은 경제성이 있는 사업이라기보다는 민중 층의 의식화와 계몽 작업, 공동체 운동, 어린이, 유아들을 돌보는 사회복지 프로그램들이었다. 지역사회 주민들이나 민중이 스스로 참여해서 본인의 삶의 질과 권익을 향상시키면서 사회를 발전시키는 노력들을 선정하려고 애썼다. 초기엔 의식화 교육과 계몽 사업들이 많이 신청되고 선정되었으나, 해를 거듭할수록 지원 사업을 선정하는 원칙과 기준을 엄격하게 정해 위원회에서 결정했다.

지원 분야는 1) 노동자 운동, 2) 농어촌, 광산촌의 운동, 3) 도시빈민 운동, 4) 지역사회 주민 교육환경 운동, 5) 여성들의 권익 향상 운동 등 다섯 분야로 나누어 보았다.

1) 노동 분야에서는 초기에 '기독교노동자총연맹'(기노련)의 조직 홍보 활동을 지원했고, 노조가 활성화된 90년대엔 '여성노동자회', '노동과 건강연구회', '노동인권회관', 구미, 인천 등지의 '노동상담소' 등을 지원했다.

2) 농민운동 분야에서는 초기에 '광주농민문제연구소', '순창농민상담소', '농민조합' 생산자 공동체 운동, 유기농, '흙살림연구소' 등을 지원했는데, 전남 장성군 남면의 백운교회 남상도 목사가 주도한 한마음 공동체는 크게 성공한 사례로 기사발의 오랜 지원을 받았다. 강원도 태백시 황지중앙교회 이정규 목사가 주도한 '광산노동자복지회'도 광원 부인들에게 양모를 짜서 이불과 스웨터를 만드는 생산을 하도록 해서 큰 성과를 보았다.

3) 도시빈민 지역 발전 사업으로는 서울, 인천 등 대도시 빈민 지역의

서민들을 위한 어린이집, 탁아소, 공부방, 주부교육문화 운동 등이 주류였다. 유미란 전도사와 동생 유미옥 자매가 개척한 '산돌공부방'은 우리나라 공부방 운동의 효시를 이루었고, 인천 만석동의 공부방을 오래 운영한 홍미영 씨도 모범 사례였다. 그 밖에 10여 곳의 공부방, 탁아소, 어린이집을 지원했고, '서울 지역 공부방 연합회'의 교사 교육 프로그램도 도왔다.

4) 지역사회 운동으로는 여수, 목포, 수원의 '환경운동센터', '배달환경연구소', '실과 바늘', '협성생산공동체', '녹색교통운동', '안산독서회', '대전 시민의 모임' 등 지방자치 실현을 위한 다양한 운동 단체를 지원했다.

5) 여성을 위한 발전 사업이 가장 많은 부분을 차지했는데, 여러 가지 교육 운동, 복지 활동, 문화 운동을 지원했다. 주요 단체들은 '한국여성노동자회', '여성민우회', '기독여민회', '일하는 여성 나눔의 집', '제주여민회', '수원여성회', '대전충남여민회', '부천여성모임' 등이다. 90년대 초에 여성 운동 단체들이 연합해 '한국여성단체연합'(여연)을 결성하자 기사발에서 독립해 여연을 통해 지원받도록 EZE와 협약했다. 그러나 90년대 후반에 생긴 '인천 여성의 전화', '전주 성폭력 예방 치료센터' 등 모델 사업은 기사발이 지원했다.

86년부터 90년대 초까지 기독교사회발전위원회는 독일에서 매년 30~50만 마르크(2~3억 원) 정도의 자금을 받아서 발전 사업들을 선정해 1천만 원 정도씩 활동비를 나누어 주는 일을 했다. 나는 숭실대 사회봉사관의 기독교사회연구소 안에 하프 타임 월급(40~50만 원)만 받는 간사 한 명을 두고 총무와 조직 활동을 하는 형태로 운영했다. 풀뿌리운동 단체에 봉사하는 간사들이 5~10만 원 정도의 월급을 받던 때였다.

소규모, 중간 규모의 발전 사업

93~94년에 와서 한국 경제와 정치 상황은 크게 달라졌다. GDP도 1만 불에 달하고, 민주화가 진전하며 노동조합이 활성화되고, 지방자치제도가 실시되어 우리가 돕던 사회발전 운동들에도 구조적 변화가 일어났다. 정부와 지자체의 사회복지 활동과 예산도 증대해서 재야 운동가들의 헌신적 봉사나 주먹구구식 운영, 작은 성금이나 후원에 의존하는 열악한 재정으로는 더 이상 버틸 수 없게 되었다.

주부 사업이나 어린이 사업, 노동자·농민 사업도 이제는 전문적 능력과 자격을 갖춘 인력이 있어야 하고 시설과 자금이 확보되어야 지속 가능했다. 임시가 아닌 항구적 사업체로 수입을 만들어 내든가 고객들이 혜택에 대한 대가를 지불할 수 있는 구조를 갖추지 않으면 존속하기 어렵게 된 것이다.

기사발은 급변하는 새로운 상황에 대처하기 위해 조직과 운영 방식을 바꾸기로 했다. 지원 사업 선정 기준도 의식화, 계몽, 조직 운동에서 생산성과 지속성을 갖춘 발전 사업으로 전환하게 되었다. 빈민 구호나 어린이, 노인 돌봄은 지자체나 관청의 관할로 넘어가, 중산층 시민들의 공동체 운동, 환경, 의료, 문화, 교통 등 삶의 질을 향상시키는 발전 사업을 주 대상으로 옮기게 되었다.

전문성, 사업성, 지속 가능성이 새로운 방향과 평가의 기준이 되니 소규모의 지원 사업으론 감당할 수 없는 일이 되었다. 따라서 재정 지원도 연간 1천만 원의 소규모 지원이 아니라 3천만 원이나 5천만 원 정도의 중간 규모의 지원이 있어야 사업다운 사업을 할 수 있었다.

이렇게 변화된 구조와 상황에 직면해서 기사발은 보다 전문적이고 지속성 있는 발전운동본부를 만들고 조직적인 활동을 하는 센터를 갖출 필요가 있었다. 그래서 비용이 더 들더라도 독립된 사무처를 구하고 전문 인력을 두어 사업 선정, 지원뿐 아니라 발전 사업 활동가들의 교육, 지도, 홍보, 출판, 연구 업무도 감당할 수 있게 해야 한다는 결론에 이르렀다. 결국 94년에 기사발의 사무처를 종로 5가로 옮기고, 허충준 목사를 풀타임 사무국장으로 임명하고 박희선을 행정 간사로 두어 인력을 보완했다.

소규모 사업 중에서 사업성 있는 발전 사업들은 '장성 한마음공동체', '태백광산복지회'처럼 중간 규모 사업(Middle Range Projects)으로, 지원금을 3천만 원으로 올렸다. 그리고 생협 운동이나 무공해 비누를 만드는 생산 공동체 같은 수익성 있는 사업들을 발굴해 중간 규모 사업으로 지원했다. 그러면서 중간 규모 사업 지원은 무상으로 하지 않고 사업이 성공한 2~3년 뒤에 무이자로 상환하도록 대여 기금(Endowment) 형식을 취했다. 사업이 부진해 지원금을 갚지 못한 사례도 있었지만 대부분 원금을 갚았다.

90년 초 남상도 목사가 시작한 '한마음 공동체'는 보기 드문 성공 사례였다. 백운교회 소재의 농가 90여 호를 결집하여 무공해 농산물을 생산하는 공동체를 만들고 생산조합과 판매조합을 결성케 했다. 남 목사 자신이 농사꾼이 되어 똥지게를 지고 퇴비를 만들어 유기농을 성공시키자 '똥목사'란 별명까지 얻게 되었다. 다음엔 광주 시내 도시민들과 직거래를 성사시켜 94년경엔 29개 아파트 1,500여 세대의 소비자들을 교육하고 조직해서 '한마음 소비자 공동체'를 만들어 냈다. 우리 지원금 5천만 원과 정부 융자를 보태 2억 3천만 원 들여 냉장 창고를 지어 농산물 장기 보관을 가능케 했다. 소규모 발전 사업으로 시작해 7년 만에 수십억 원에 달하는 생산, 판매, 소비 공동체를 만든 현장을 보고 나는 너무나 감격했다.

EZE 지원 종식과 기사발 자립책

86~96년 만 10년 동안 EZE의 지원금을 받아 나누어 주는 활동을 했기 때문에 기사발 위원회나 사무국은 다른 모금을 하거나 기금을 모을 필요가 없었다. 그런데 94~95년경 한국이 경제발전국가(OECD)로 인정되면서 EZE의 원조를 받을 자격을 잃어버리게 되어 문제가 생겼다. EZE는 독일 정부의 예산을 받아 사용하기 때문에 규정을 어길 수 없다고 했다.

85년 말 기사발은 창립 10주년을 맞으며 위원회를 중심으로 여러 차례 평가 회의를 열고 새로운 전망에 대한 토론을 거듭했다. 문제는 독일의 원조가 끊어질 경우 기사발이 문을 닫을 것인가, 아니면 자구책이나 자립책을 강구할 것인가 하는 실존적 문제였다.

기사발 운영위원회는 오랜 고민과 토론 끝에 기사발을 자립적이며 전문적인 발전 운동 기관(Development Organization)으로 확립시키자고 결의했다. 이제는 한국이 개발원조 수혜국에서 공여국으로 전환되어야 할 시기가 오고 있으니, 이를 위한 준비를 해 나가야 했다. 국내의 발전 사업뿐 아니라 아시아와 아프리카 등 우리보다 뒤떨어진 후진국과 빈곤국에 개발원조를 할 수 있으려면, 기사발이 정부의 개발원조금(ODA)이나 교회와 민간 기구들의 개발협력 자금을 활용해서 해외 후진국들의 발전 사업을 도울 수 있는 전문 기구로 발전해 가야 한다는 기대와 전망을 가지고 결정했다.

또한 이제까지 한국이 많은 원조와 도움을 받았으니, 앞으로는 이웃이나 다른 나라를 돕고 받은 은혜를 갚는 나라가 되는 데 교회가 모범적인 실천을 해야 한다는 자긍심도 작용했다. 이미 한국교회는 후진국을 비롯한 해외에 많은 선교사를 파송하고 있었고, 선명회(World Vision)나 굿네

이버스와 같은 빈민 구호나 발전 사업에 헌신하는 단체도 많이 등장했다.

이렇게 하기 위해서는 기사발이 국내 모금과 해외 지원을 할 수 있는 법인체로 발전해야 하기 때문에 지금까지의 기독교사회발전위원회 조직으로는 감당할 수 없었다. 그래서 '한국기독교사회발전협회'(Korean Christian Cooperaion for Social Development)로 명칭을 바꾸고 정관을 다시 만들어 법인 신청을 하기로 결의했다. 새로운 이사진을 구성하고 사무국의 기능과 조직도 확대 개편하기로 했다.

96년 12월 13일 사단법인 '한국기독교사회발전협회' 총회를 대의원 50여 명의 참석하에 개최하여 정관 통과와 임원 선거를 해서 법인체의 출범을 단행했다. 새 이사로 강문규, 박상증, 오재식, 정희경, 신혜수, 박창빈, 이삼열, 허춘중 8인으로 하고, 강문규를 이사장에, 정봉덕, 안재웅을 감사에 선출했다. 허춘중 목사가 사무국장의 책임을 지고 보건복지부에 법인 신청을 해서, 97년 9월에 사단법인 허가를 받아 등록을 마쳤다.

새로운 출발을 위해 지난 10여 년간 쌓아온 한국 기독교의 사회발전 사업과 활동을 정리한 기록을 공유할 필요가 있어서 『인간을 위한 사회발전 운동』, 『한국 사회운동의 과제와 전망』(개마서원, 1997)이라는 두 권의 책을 출판했다. 97년 12월 8일 출판을 기념하며 기사발 창립 12년과 새출발을 축하하는 모임을 연세대 동문회관에서 열었다.

법인체로 새출발은 했지만, 어떻게 자립할 수 있는 재정을 만들며 해외 지원 활동을 시작할지가 커다란 문제였다. EZE에 마지막 도움을 요청해 보라는 이사회의 부탁을 받고 나는 어떻게 편지를 써야 할지 고심한 끝에, 기사발이 이제부터 국내 교회로부터 모금해서 아시아 후진국들의 사회발전을 돕는 일을 할 테니 그런 능력과 체제를 갖추기 위해 마지막으로 5년만 더 도와달라는 요청을 해보기로 했다.

사무국 직원들과 의논해 1997~2001년까지 5년간 추진할 사업 계획서와 예산 계획서를 작성하고 지난 10년의 성과에 대한 평가와 장기적 전망을 추가해, 96년 5월 10일 EZE로 발송했다. 지난 10년간 지원한 57개의 소규모와 중간 규모 발전 사업에 대한 평가와 계속되어야 할 사업들의 필요성과 의미를 설명하고, 이를 일부는 대여 기금 형태로 지원해서 상환되는 금액으로 아시아 지역 발전 사업을 추진하는 기금으로 사용하겠다고 하며 55만 마르크의 자금 지원이 5년간 필요하다고 요청했다. 우리도 자체 모금을 통해 30~40%를 부담하고 앞으로 늘려가겠다는 계획도 내용에 포함했다.

96년 9월 17일 EZE에서는 우리의 마지막 요청을 잘 이해했다며 긍정적인 대답을 보내왔다. 모금(Fund Raising) 능력을 기르고 점차 아시아의 빈곤국들에게 발전 사업을 지원하려면 적어도 5년 동안의 준비가 필요하다는 것을 이해했다며 5년간 270만 마르크(약 13억 원) 지원을 승낙해 주었다. 여기엔 매년 열 개의 소규모 사업(1,200만 원)과 다섯 개의 중간 규모 사업(3~5천만 원)을 지원하는 예산이 들어 있었다. 우리는 사업의 성격과 중요도에 따라 1년 지원, 2년 지원, 3년 지원으로 나누어서 지원하기로 했다.

99년에 지원한 열 개의 소규모 사업은 나음과 같다. 1년 지원 사업은 '평화를 만드는 여성회', '경기 남부 산업보건연구회', '산재노동자협의회', 2년 지원 사업은 '외국인 노동자 대책협의회', '주한미군 범죄근절운동본부', '전국 여성농민회 총연합', 3년 지원 사업은 '진주 성폭력예방치료센터', '안산 풀뿌리환경센터', '청소년 문화포럼 은빛나라', '인천 기독교 노동상담소'였다

아시아 지역의 발전 사업 찾기

10여 년 동안 국내에서만 사회발전 사업을 지원한 기사발은 이제 제3세계 해외로 진출하려면 어떤 사업들이 있는지 탐색해 보아야 했다. 먼저 나와 강문규 이사장은 중국에 가서 시범 사업을 찾아보기로 했다. 일단 남경에 있는 중국 기독교 사회사업 기관인 '애덕기금'(Amity Foundation)을 찾아가 딩 주교를 만나고 한웬자오의 도움을 받아 중국에서의 개발 사업들을 방문하기로 했다.

98년 2월 9~14일 강 이사장과 허춘중 총무와 나, 세 사람이 중국 남경의 애덕기금을 방문하고 사회발전 사업들에 대한 브리핑을 들은 뒤에 직원의 안내를 받아 후난성(湖南) 신화 지역의 농촌 개발 사업 현장을 찾아갔다. 식량 증산을 위해 농지를 확장하고 농수로를 개발하는 사업이었는데, 일단 신화 지역 농토 개발 사업에 1만 불을 지원했다.

98년 8월 24~28일 강 이사장과 허 총무는 베트남 하타이성의 한 마을을 방문했다. 여기엔 강 이사장이 주도하는 '지구촌나눔운동'이 설립한 한베협력센터와 기술 학교가 있었고, 여기서 직업 훈련, 영농 지도, 보건 의료, 신용 금고 등의 지역 발전 사업과 민간 교류 활동이 추진되고 있었다. 32차 이사회에서 강 이사장의 제안으로 기사발이 여기에 참가하기로 결의했다. 우선 지구촌나눔운동과 함께 협력해서 경험을 축적하는 것이 좋겠다고 생각했다.

98년 9월 6~10일 허 총무는 네팔에 가서 YMCA 회장의 안내로 코카나 마을을 방문하고 빈민의 삶을 살펴보았다. 열악한 이 마을의 발전을 위해 기독 청년들과 함께 '코카나 공동체 발전사업위원회'를 조직하고 돌아왔다. 이들과 함께 지역 발전을 위한 교육, 의료, 위생 사업들을 추진하기로 했다.

98년 9월 21~26일 아시아 여러 나라 사회발전 운동가들의 훈련과 연대를 위해 활동가 워크숍을 주최했다. 인도, 필리핀, 미얀마, 중국, 한국에서 EZE의 지원을 받는 발전 사업의 활동가들과 CCA, 독일에서 온 실무자 35명이 참여해 "대안적 사회발전을 위한 교류와 연대"라는 주제로 정보와 경험을 나누고 연대를 다짐했다. 기사발과 한국의 활동가들이 아시아의 상황과 사회문제를 배우고 발전의 방향과 전략을 모색하기 위한 모임이기도 했다. EZE와의 약속을 실천한 사업이었다.

후속으로 99년 1월 23~30일 국내 주민 운동, 사회운동 활동가 15명이 필리핀에 가서 도시 빈민 운동과 북부 농어촌 지역 개발 사업의 현장을 방문하고 주민 조직의 방법과 접근 양태를 배우고 돌아왔다.

2002년 6월 29일~7월 4일 강 이사장과 허 총무와 나는 막 독립한 동티모르를 방문해 구스마오 대통령을 만났고 다우데레 마을에 세운 봉제 공장의 설비와 여성 기술 교육 사업을 지원하기로 약속하고 돌아와 모금을 하기로 결정했다.

기사발의 아시아 지역 발전 운동 지원 사업은 이렇게 시작되어 몇 나라의 긴급한 사례를 알리며 모금 활동을 추진하게 되었다. 중국 후난성의 식량 자급을 위한 농수 개발 사업, 베트남 하타이성 농촌 마을의 암소 지원과 신용협동조합 사업, 미얀마의 농촌 교회 지도력 개발 사업, 네팔의 봉제 공장 지원과 코카나 마을 개발 프로젝트 등을 기사발이 지원한다는 사실을 「교회와 사회발전」 계간지를 통해 홍보하며 모금을 시작했다.

우선 교인들이 소액을 헌금할 수 있도록 구체적 액수를 제시하기도 했다. "베트남과 미얀마에 우물 한 개 파는 데 200불(25만 원)", "네팔의 여성들 봉제 공장에 필요한 재봉틀 한 대 1천 불(120만 원)”, “캄보디아 농촌 교역자 월급 15불(2만 원)”, “베트남 카우뱅크에 소 한 마리 20만 원”을 제시해서 모금을 요청했고, 이렇게 해서 교회별로 교인들에게 모금을 시작했다.

베트남 암소은행(Cow Bank), 암소 지원 사업

2~3년간 아시아 여러 나라의 발전 사업을 돕는 실험을 해보면서 기사 발이 오랫동안 지속적으로 참여하게 된 사업이, 베트남 농민들에게 암소 한 마리씩 나누어 주고 3년간 기르게 해서 새끼를 낳아 갚게 하는 암소은행(Cow Bank) 사업이었다.

이 사업은 지구촌나눔운동이 하타이성 카오비안 마을 공동체와 함께 추진한 사업이었는데, 2000년부터 기사발이 참여하기 시작하면서 교회를 통한 모금 활동이 확산되었고, 후원자들의 현지 방문을 통한 베트남 농민들과의 만남도 이루어져 여러모로 성과를 거둔 발전 사업이었다.

2000년에 암소 50마리를 지원했었는데, 2001년 5월에 허 총무가 가서 보니 큰 소를 사서 양육한 가정은 벌써 새끼 다섯 마리를 낳았다며 좋아했다. 카오비안 마을에 800명 아동이 다니는 초등학교 건물을 짓다가 중단되었는데, 기사발이 1만 불(1,300만 원)을 지원해서 완공했다. 이 건물은 마을 청소년들의 야간 학교나 의료 진료소로도 쓰이고 있다고 한다.

6개월 된 암소 한 마리를 20만 원을 내고 사서 보내면, 3년 뒤에 새끼를 낳아 이웃집에 나누어 줌으로 빈곤을 퇴치하고 자립적 공동체를 만든다는 이 사업은 많은 호응을 받았고 지속 가능한 사업으로 정착될 수 있었다. 많은 교회들이 대대적으로 모금에 참여했고, 많은 어린이, 청소년들도 참여했다.

2004년까지 5년 동안 카오비안 마을에 보낸 소가 50마리, 타잉까오 마을에 45마리, 미홍 마을에 27마리, 모두 122마리였다. 카오비안에 보낸 50마리 중 47마리가 회수되어 다른 가정에 나누어졌다. 2006년 번남 마을에 보낸 암소 55마리는 100% 상환되어서, 2009년 6월 7일 다른 가정에 보내는 전달식을 했는데 인명진 목사와 신선 총무, 지구촌나눔운동의 김혜경 사무총장, 한베협력센터의 최의교 소장이 참석했다.

2000년에 시작한 기사발의 베트남 암소 지원 사업은 10개 마을, 420개 농가에 암송아지 420마리를 지원했으니, 1억 5천만 원 정도가 모금된 셈이다. 특히 기사발 이사 인명진 목사가 시무하고 있는 갈릴리교회에서는 교인 전체의 참여로 여러 차례 2천만 원씩 모금해 보냈다. 허춘중 총무(1994~2004)와 신선 총무(2005~2009)의 헌신적 노력으로 10여 년을 지속한 사업이었다.

기사발의 자립과 새로운 방향 모색

아시아 지역 발전 사업에 진출하려던 기사발이 베트남 암소은행 지원 사업을 성공적으로 할 수 있었던 것은 지구촌나눔운동이 베트남 현지에 전문 인력과 조직을 유지하고 암소 지원과 양육 사업을 관리했기 때문에 가능했다. 우리는 국내 모금을 해서 보내는 일만 했다.

2008년 지구촌나눔운동은 미얀마의 임마누엘 공동체를 통해 인력거(싸이카) 지원 사업을 하면서 기사발이 모금으로 참여해 줄 것을 요청했다. 랑군 근교의 빈민 지역 가정에 인력거(1,500불) 한 대씩 주면 택시처럼 운행해 1~2년 뒤 번 돈으로 갚게 하는 암소은행과 비슷한 사업이었다. 기사발은 시범적으로 인력거 20대 값을 지원하고, 광고를 냈지만 베트남 암소 사업처럼 모금이 되지 않았다.

나는 2011년 한국기독교사회발전협회 4대 이사장으로 취임하면서 아시아 발전 사업 정책을 바꾸었다. 기사발은 지구촌나눔운동이 하는 사업의 현지 사정은 모른 채 모금만 해서 보내는 일은 더 이상 하지 않겠다고 하며 베트남 암소은행 사업과 미얀마 인력거 사업을 중단했다. 사업 현장의 일을 모르고 자금 지원만 한다면 우리의 역량이 자랄 수 없고 타 기관의 보조 역할만 하는 것이 되기 때문이다.

강문규 이사장은 지구촌나눔운동의 이사장을 맡아 정부의 공적개발자금(ODA)을 활용해 사업과 조직을 크게 키웠고, 지원 사업과 지역도 많이 확대했다. 기사발이 지구촌나눔운동의 모금 후원 기관처럼 되면 자립 가능성이 없게 될 것 같았다. 한때 강 이사장은 나에게 기사발과 지구촌나눔운동을 통합해서 큰 기관을 만들자는 제안을 하기도 했지만, 나는 철저히 반대했다. 한국교회의 사회발전 의식을 성장시켜 기사발이 언젠가는 EZE처럼 공적 자금을 활용하는 기독교 해외 원조 기관으로 발전해야 한다고 생각했기 때문이다. 더욱이 기사발은 독일교회개발원조처의 도움으로 시작되었으니 한국교회의 기관으로 존속해야 한다고 생각했다.

그러나 사실 나 또한 EZE의 외원에만 의존해 온 기사발이 어떻게 자립하며 지속할 수 있는지 고민이 많았다. EZE의 원조는 약속대로 2001년으로 끝이 났다. 그러나 3년 대여 자금 사업들이 있어서 2003년까지 EZE 사업이 지속되었다. 결산해 보니 중간 규모의 대여 자금 사업 대부분이

성공해서 상환된 돈이 약 5억 원 정도가 되었다.

나는 외원이 떨어진 기사발의 지속과 장래를 위해 사무실 건물과 간사 1인의 인건비가 최소한 확보되어야 한다고 생각해 이 돈으로 부동산 구입을 하자고 제안했다. 강문규 이사장이 흔쾌히 동의해 주어서 2004년에 반도오피스텔 1206호를 1억 2천에, 광화문 오피시아오피스텔을 2억 5천에 구입해 기사발의 기본 재산으로 만들었다.

필리핀의 해상촌과 콩고의 기독교 대학

2011년 6월 27일 기사발은 백주년기념관에서 창립 25주년 기념 감사 예배를 드리며 나를 4대 이사장으로 취임시켰다. 박상증, 강문규, 오재식, 박형규 목사를 비롯한 교계 인사 100여 명이 모여 축하해 주었다. 강문규 선배가 80세가 되어서 70세가 된 나에게 배턴을 물려준 것인데, 책임감이 무거웠다.

나는 취임하면서부터 기사발이 해외 발전 사업을 지원하려면 교회의 성금만으로는 부족하기 때문에 정부의 공적 자금을 활용할 수 있어야 가능하다는 생각에 해외개발공사(KOICA)와 교섭하려고 노력했다. 그리고 교회와 크리스천들이 내는 자부담금도 있어야 하기 때문에 모금도 했다. 그리고 두 가지 프로젝트를 만들어 KOICA에 제출했다.

우선 믿을 만한 해외 기독교 발전 사업과 운동가가 있어야 기사발이 후원 활동을 할 수 있고 프로젝트를 만들 수 있기 때문에 새로운 현장을 찾는 일이 중요했다. 나는 새로 임명한 나영희 사무국장과 함께 숭실대 시절부터 잘 알고 지낸, 필리핀의 빈민촌에서 10년이나 구호와 발전 운동을 하고 있는 박선호 목사의 나보타스와 탄사 지역의 청소년 기술 교육 사업을 프로젝트로 만드는 작업을 했다.

마닐라 해안가에는 바닷물 위에 허술한 판잣집을 짓고 사는 해상촌에 수만 명의 빈민과 버려진 아이들이 사는데, 박 목사는 이곳에 들어가 교회와 유치원, 기술학교를 짓고 수백 명의 어린아이와 청소년의 대안학교 교육을 10여 년째 하고 있었다. 정규 교육을 받지 못한 청소년들에게 컴퓨터 교육이나 자동차 수리공 교육을 시켜 취업케 하는 기술 교육 센터를 운영하는 것이다. 마침 국내 교회 다섯 곳에서 지원을 약속해 자부담금 5천여만 원이 마련되어서 KOICA에 3년간 연간 1억 5천만 원의 원조를 신청했다. 실사 조사까지 받았지만, 기사발의 실적이 허약하다고 해서 받지 못했다.

그런데 마침 EZE의 아프리카 담당 간사에게서 콩고의 기독교 대학에서 강의할 한국의 교수들을 보내주면 좋겠다는 요청이 왔다. 가르칠 교수가 없어 수천 명의 학생이 수업을 제대로 받지 못하는 상황에서 한국의 발전 모델을 배우겠다며 한국 교수의 파견을 원한다는 것이다. EZE와 다시 협력할 수 있는 기회이기도 해서, 일단 내가 콩고 현지에 가 보겠다고 했다.

2011년 4월 17일~5월 8일 독일 EED(EZE의 새 명칭)의 여비 지원을 받아 콩고의 수도 킨사사(Kinshasa)에 있는 기독교 대학(UPC), 고마(Goma)의 대학(ULPGL), 부카부(Bukavu)의 아프리카 기독교 대학(UEA) 그리고 르완다 부타레(Butare)의 개신교 대학(PIASS) 등 네 개 대학을 20일간 방문해 조사하고 시설과 학생, 교수의 열악한 상황을 파악했다.

킨사사의 기독교 대학은 8천 명의 학생과 50여 명의 교수가 있었고 외래 방문 교수들이 와서 강의를 채워주는 형편이었다. 전임 교수가 한

명도 없는 과도 있었다. 가령 5년제 의과 대학에는 200명씩 1,000명의 학생이 있는데, 교수는 13명뿐이었다. 남아공에서 교수가 와서 한 달간 머물며 한 학기 강의를 몰아 하고 가면 두 달은 자습을 해야 한다. 다른 대학들도 사정은 비슷했다.

나는 조사 보고서를 쓰면서 교수 발전(Faculty Development) 문제가 가장 시급하다고 지적했고, 일단 총장이나 운영자들이 한국의 대학에 와서 보고 협력의 길을 찾아보는 것이 좋겠다고 제안했다. EED는 나의 제안대로 한국 대학 방문을 추진해달라고 했고, 나는 기독교 대학인 연세대, 이화여대, 숭실대, 한동대, 서울신대 등 다섯 개 대학 총장들과 교섭하여, 아프리카 기독교 대학 총학장 7명이 2011년 11월 13~24일 한국에 와서 다섯 대학을 방문하는 계획을 세워 추진했다. 또한 아프리카 학생들을 석박사 과정에 보내 교수 요원을 양성하는 문제를 협의했는데, 연세대, 이화여대, 숭실대, 한동대에서 장학금 제공 등 긍정적 답변을 해주었다.

당장에 필요한 교수의 강의를 채우기 위해 나는 한국의 은퇴 교수를 1~2년씩 콩고에 가서 봉사하게 하는 방안을 제시하며 독일 측에서 숙식비를 부담해 주면 가능할 것 같다고 했더니 추진해 보라는 답변이 왔다. 콩고의 대학 총상들은 이 제안을 적극 환영하면서 교내 숙소 제공이 가능하다고 했다.

나는 기사발이 아프리카의 교육과 사회발전에 기여할 수 있는 프로젝트가 될 것 같아 진지하게 추진해 보았다. 우선 '민주화교수협의회' 임원들과 협의해서 뜻있는 교수들과 2012년 1월 13일 '아프리카교육 발전협의회'를 결성했다. 조희연, 정현백, 장시기, 박한규, 지은희, 김성진, 손혁상 교수 등이 참가해 아프리카 콩고와 카메룬 대학을 돕는 프로젝트를 만들어 KOICA에 1억 6천만 원의 자금 지원 신청서도 제출했다. 기사발 나영희 사무장이 협의회 간사로 회계와 연락책을 맡았다. 4월 26일 출범식과 세미나를 진행하며 교수들은 매우 의욕적으로 추진했지만, 콩고의 내전과 치안 불안으로 KOICA가 지원을 유보해서 교수 파견은 진행하지 못했다.

한 가지 보람된 성과는 르완다 기독교 대학(PIASS)의 교수 발전을 위해 여성사회학 강사였던 조세핀 무카베라(Josephine Mukabera)를 한국으로 초청해 유학시킨 일이다. 조세핀은 서울대에서 4년간 박사과정을 마치고 학위를 받은(2016) 후에 귀국해 현재 르완다국립대학에서 여성학과장으로 활약하고 있다. 여기엔 독일 교회 장학금(OESW)으로 튀빙겐대학에 유학했던 서울대 사학과 한정숙 교수의 도움이 있었다. 한 교수는 서울대 장학금을 연간 2천만 원씩 받을 수 있게 돕고 직접 지도교수로 가르치며 한국의 여성운동을 경험하게 함으로 조세핀이 좋은 학자가 되는 데 기여했다. 기사발은 약간의 부대 비용과 의료비를 부담했다. 앞으로 이런 케이스가 아프리카 교육 발전 사업에 좋은 모델이 될 수 있으리라 믿는다.

아시아와 아프리카의 발전 사업에 관심을 가지면서도, 가능하다면 가장 가까운 북한을 돕는 사업을 가장 우선적으로 해야 한다고 생각했다. 사실은 남북 관계가 좋았던 2000년 6월 강문규 이사장과 나는 EED를 방문해서 대 북한 지원 사업을 기사발이 EED와 공동으로 추진하도록 협의하고 왔다. 농업 발전 사업에 연간 60만 마르크(약 3억 원)를 4년간 지원하는 데 기사발이 30%를 부담한다는 조건이었다. 실제로 2003년에 평양 제2 농기계 수리 공장 건립에 5천만 원을 지원했다.

북한이 열리지 않고 남북 관계가 불안하니, 한국이 직접 대북 지원 활동을 할 수가 없었다. 그래서 나는 2014년에 프랑스의 민간 구호 단체 SPF를 통해 북한 어린이들의 영양 공급을 위한 콩우유 공장에 콩과 설탕 값을 보내는 운동을 시작했다. SPF 재단은 2012년에 평양의 남쪽 빈곤층이 사는 사동 지역에 콩우유 공장을 짓고 콩우유를 짜서 근처의 학교 1천여 명의 어린이에게 점심으로 콩우유 한 잔씩 나눠주는 사업을 추진하고 있었다. 나는 유네스코 일로 자주 파리에 가서 이들을 알게 되었고, 우선 어느 후원자의 기탁으로 5천 불(600만 원)을 기사발 이름으로 보내고 소액이나마 모금을 시작했다.

2011년 12월 나는 강문규 이사장과 미얀마 양곤을 방문해 임마누엘 공동체의 레투(Saw Ler Htoo) 목사를 만나 인력거 지원 사업은 지구촌나눔운동이 전적으로 맡아 계속하기로 하고, 기사발은 태풍으로 집을 잃고 양곤에 피란 와서 천막 치고 사는 빈민 가정에 돼지 한 마리(150불)씩을 사주고 직접 키워 새끼를 다른 가정에 분양하는 '돼지은행' 사업을 실험적으로 해보았다.

기사발은 자립적 해외 지원 사업을 이런저런 방식으로 시도해 보았다. 아직은 회비나 후원금이 적어서 몇천만 원의 소규모 발전 사업을 실험적으로 하는 정도에 머물고 있지만, 한국 기독교의 사회 구원에 대한 신앙과 의식이 높아지면 독일 교회의 EED처럼 필요한 역할을 할 수 있다는 기대를 가지고 인식의 확산을 위한 노력을 계속하고 있다.

사회발전에 대한 교회의 책임과 인식을 높이기 위해 2017년엔 "에큐메니칼 담론 마당"을 열어서 박상증, 안재웅, 민영진, 배현주 등의 발표를 듣고 30여 명의 교회 지도자가 열띤 토론을 했다. 현재는 매월 "포럼 카이로스"를 열어 '교회와 사회발전'에 관한 토론과 홍보를 계속하고 있다.

X. 다시 크리스천, 대화문화아카데미에서
(2017~2025)

2015년 4월 유네스코 아태무형유산센터 사무총장직을 마치고 자유로운 몸이 되었을 때 이미 나는 74세였기에 다시는 아무 직책도 맡지 않고 여유롭게 노년의 삶을 즐겨보려고 했다. 일복이 많아 수십 년간 두세 가지 일을 동시에 하면서 쉴 새 없이 살아왔기에 이제는 지난 삶을 돌아보며 정리할 시간을 가질 참이었다.

특히 틈을 얻지 못해 미뤄두었던 원고 정리와 책 출판이 급선무였다. 무엇보다 70년대 '독일에서의 민주화운동'의 역사를 잊기 전에 정리해야 할 것 같아 회고록을 써서 「기억과 전망」 2015년 겨울호와 2016년 봄호에 실었다.

사회철학 교수로 많은 논문과 강연 발표를 했지만 일에 매달리느라 이제까지 전공 서적은 출판하지 못했는데, 더 이상 미룰 수가 없었다. 80년대부터 30년간 썼던 사회철학 논문들을 추리고 편집하는 데 1년이 넘게 걸렸다. 일생 쓰고 싶었던 제목, 『현실 개조를 향한 사회철학의 모색』(철학과 현실사, 2017)으로 600여 쪽의 책을 출판했다. 사회철학 책을 내고 나니 묵은 체증이 풀리는 것 같았다. 다음은 기독교 사회윤리와 평화 통일 운동에 관한 글들을 추려 출판할 차례였다.

그런데 2017년 8월 크리스챤아카데미의 강대인 이사가 나에게 '대화문화아카데미' 이사장을 맡아달라는 뜻을 전했다. 재단법인 '여해와 함께'를 조직 개편하면서 산하에 크리스챤아카데미, 대화문화아카데미, 배곳 바람과물 세 프로그램 부서를 두는데, 그중 대화문화아카데미를 맡아달라는 부탁이었다.

나는 76세 고령에 새 기관의 책임을 맡는 것은 무리며 말년의 삶을 정리할 게 많아 할 수 없다고 사양했다. 한 달쯤 지나 아카데미의 이사로 중책을 맡았던 박종화 목사, 신인령 교수 등에게서 다시 간곡한 부탁이 왔다. 기관 운영의 책임은 아니고, 교회 관계 프로그램은 크리스챤아카데미 채수일 목사가 맡았으니, 사회문제 프로그램은 내가 오랫동안 해왔던 일이니까 젊은 후임자를 선정할 때까지만 맡아달라는 요청이었다. 아카데미의 재정이 넉넉지 못해 봉사로 일할 사람이 필요하다고도 전해왔다.

듣고 보니 고민이 생겼다. 어려운 때 잠시 도와달라는 부탁인데 거절하는 것이 옳은가? 크리스챤아카데미는 내가 26세 청년일 때 강원용 목사님을 찾아가 일하게 된 첫 직장이며 내 일생을 에큐메니칼 운동에 참여하노록 도와순 귀중한 기관이었는데, 나를 필요로 한다면 도움이 되는 것이 빚을 갚는 일이 아닌가? 이 뜻밖의 부름은 교회와 사회의 다리를 놓고 새 길을 찾는 아카데미 운동으로 내 삶의 시작과 끝을 맺으라는 하나님의 뜻이 아닌가?

두어 달 고민 끝에 나는 강대인 이사를 만나 수락의 뜻을 전했다. 2017년 10월 14일 한남클럽에서 모인 여해와 함께 이사회가 나를 여해와 함께 이사이자 대화문화아카데미 프로그램의 실행이사장으로 임명했고, 11월부터 일주일에 2일을 출근하며 대화 모임 프로그램을 운영하기 시작했다.

26세의 청년 간사로 열정을 품고 일했던 크리스챤아카데미에 50년 뒤 76세의 노년이 되어 그 일부인 대화문화아카데미의 이사장으로 다시 가게 된 나의 심정은 감격스러우면서도 착잡했다. 옛날의 그 화려했던 크리스챤아카데미가 아니었기 때문이다.

강원용 목사님이 설립하고 이끄시던 크리스챤아카데미(1965~2000)는 독일 EZE 지원으로 수유리에 아카데미하우스를 짓고 호텔을 운영했으며, 풍부한 재정으로 수십 명의 직원을 고용하고, 매년 수십 회의 숙박 대화 모임을 개최해서 논의된 문제와 내용이 신문 방송에 즉시 반영되는 등 사회의 주목을 끌고 영향력이 큰 기독교 기관이었다.

EZE의 지원금이 종결되고 아카데미하우스도 처분한 뒤 2005년 평창동의 작은 '대화의 집'으로 옮긴 여해와 함께 재단은 적은 기금과 모금으로 5~6명의 전담 직원과 자원봉사자들이 힘들게 운영하면서, 소수의 일일 대화 모임으로 아카데미 운동의 명맥과 전통을 이어가고 있었다.

또한 산업화와 민주화 이후 사회 정치 문제를 연구하고 논의하는 시민사회의 경쟁 기관도 많이 늘어나서 대화문화아카데미가 종래의 사회적 관심과 언론의 주목을 받기는 매우 어려운 환경이었다. 특히 2000년대에 와서는 사회문제를 거론하며 큰 목소리로 외치는 시민운동 단체들이 수천 개로 늘어나서 제각기 여론의 시장을 점령하려 하니, 대화를 통한 화합과 개혁을 내세운 대화문화아카데미 운동이 독보적 성과를 이루고 빛을 보기가 어려운 상황이었다.

그래도 강원용 목사 그리고 크리스챤아카데미의 이름과 이미지가 교회와 일반 사회에 오랫동안 각인되어 있었던 덕에 아카데미에 대한 관심과 기대는 아직 살아있었다. 그리고, 숙박 대화 모임은 못 하지만, 소수의 전문가가 4~5시간 이상 깊이 있게 토론하는 대화 모임은 아카데미의 전유물이기에 편파성 없는 객관적 담론 마당으로서 인정받고 있었다. 아카데미 운동은 좌우 시민운동 단체들이 설득과 계몽을 위해 하는 대중 강연 토론과도, 학자들만 모인 학술 세미나와도 다른 대화 모임의 특성과 장점을 유지하며 살리려고 노력했다.

나는 한국 철학계에서 학술 세미나와 심포지엄도 많이 운영했었고, 유네스코에서 평화와 발전에 관한 국제적 교육 모임과 토론회도 오랫동안 추진했었는데, 이제는 서로 다른 입장과 견해를 가진 사람들이 모여 상대의 이야기를 듣고 반성하며 화해와 각성의 효과를 노리는 아카데미 특유의 대화 운동을 이끌게 되었다.

80을 내다보는 나이에 이렇게 값지고 보람 있는 일을 주신 하나님께 감사하며 나의 오랜 경험과 다양한 경력을 살려서 대화를 통한 소통과 개선, 사회문제의 해결책을 찾는 데 마지막 정열을 바치기로 결심했다.

동북아와 한반도 평화포럼

대화문화아카데미의 이사장직을 맡은 기간(2017~2025) 동안 중점적으로 해야겠다고 생각한 과제는 우선 '평화포럼'의 계속과 발전이었다. 2000년에 강원용 목사께서 창립해서 열정적으로 추진했던 평화포럼은 2007년 목사님의 별세로 중단되었다. 이홍구 전 총리가 이사장직을 계승하기로 했지만, 결국 대화문화아카데미로 넘겼기 때문에 사실상 내가 추진해야 했다.

나는 이미 오랫동안 한국교회협을 중심으로 '기독교 평화 통일 운동' 을 해 왔기 때문에 평화포럼의 부활과 지속은 나의 당연한 관심사였고 또 시기적으로도 중대한 과제가 아닐 수 없었다. 이홍구 전 총리는 평화 포럼의 지속을 고맙게 여기며 평화 문제 대화 모임 때마다 직접 참여해 여는 말씀과 마무리를 해 주었다.

북한의 핵실험(2006)과 대륙간탄도탄(ICMB) 개발로 유엔의 제재가 강화된 이후 남북 대화는 중단되었고, 특히 박근혜 정부 시(2012~2017) 금강산 관광과 개성공단이 폐쇄됨으로 2017년 남북 관계는 최악의 상황 에 이르렀다. 김정은과 트럼프의 장거리 미사일과 핵단추 협박은 일촉 즉발 핵전쟁의 위기를 암시했다.

그런데 평창동계올림픽(2018)을 계기로 북한의 참여와 남북정상회 담, 북미정상회담까지 전개되며 2018년은 남북 관계와 분단 체제에 획기 적인 대전환을 맞는 해가 되었다. 나는 평화포럼의 전통을 계승하며 시 민사회의 지혜를 모아 남북 평화 공존의 메시지를 공론화하기 위한 대화 모임을 네 차례 개최했다.

2018년 1월 23일 "올림픽과 평화" 대화 모임에선 북핵 위기를 타개하 는 다양한 해결책을 고유환, 이부영 등이 제시했으며, 평창올림픽의 효 과와 영향을 분석 논의했다. 6월 19일 "정상회담과 평화 체제의 길" 대화 는 성공적인 판문점 선언과 북미정상회담의 성과를 분석하며 냉전 체제 의 해체를 전망하는 논의를 문정인(대통령 특보), 정성장(세종연구소)의 발 제와 40여 명의 각계 전문가의 참여로 성황을 이루었다. 평화 체제의 전망이 논의된 토론을 언론에서도 관심 있게 보도했다. 11월 16일 "남북 관계 개선과 시민사회의 역할" 대화에서는 문재인 대통령의 9.19 방북정 상회담과 휴전선 초소 폐지에 고무되어 남북 관계 개선의 길을 전망하면서 이제는 정부 주도만이 아니라 시민사회 각계가 나서서 민간 교류와 새로운 거버넌스를 주도해야 한다는 주장이 나왔다.

이러한 낙관적 기대와 전망은 2019년 트럼프와 김정은의 하노이 북미정상회담 실패로 실망과 허탈감으로 역전되고 말았다. 한반도 평화 문제는 잠시 쉬고 악화일로를 걷고 있는 한일 관계 개선과 동북아 평화 문제에 눈을 돌려야 했다. 마침 3.1운동 100주년 해여서 한일 시민사회의 교류와 대화에 힘을 쏟게 되었다.

2019년 3월 29일에 열린 "한일 관계 새로운 백 년을 모색한다" 대화에는 일본의 전 총리 하도야마 유키오가 "일한 관계 새로운 백 년"을 발제 강연했고, 와다 하루키 교수도 일한 협력과 일조(북한) 국교 수립을 주장했다. 10월 21일엔 다시 "동아시아 평화와 한일 관계 개선"을 주제로 한 모임에서 한일 원로 지식인들이 동아시아 평화를 위한 네트워크를 만들자는 제안을 구체적으로 협의했다. 전 와세다 총장 니시하라 하루오와 오카모토 아쓰시 이와나미 대표가 와서 "동아시아 평화 이니셔티브 구상"을 발표하며 한·중·일 시민사회 지도자 네트워크를 만들자고 제안했고, 이부영 동아시아평화회의 운영위원장이 이에 적극 호응하며 아카데미와 공동으로 한·중·일 협력을 추진하기로 했다.

2020년에는 대화문화아카데미와 동아시아평화회의(이홍구 이사장, 이부영 운영위원장)가 공동으로 니시하라 하루오 총장이 제안한 "동아시아 평화 이니셔티브" 원로 지식인들의 모임을 성사시키는 '동아시아 평화포럼'을 개최하기로 합의했다. 일본 측에선 "전쟁 없는 동아시아 공동선언"을 함께 발표하자고 제의해 왔다. 이부영 위원장은 2020년 동경올림픽과 2022년 북경 동계올림픽을 이어서 한·중·일 시민사회 지도자들의 동북아 평화 체제 형성을 위한 연대 조직을 만들자는 거창한 기획을 제안하였다.

이런 꿈과 기획을 기초로 서울시 박원순 시장의 후원과 도움을 받아 일본 측과 대화하며 동경 회의를 준비했는데, 코로나 팬데믹이라는 세계적인 질병 유행 사태가 벌어져 차질이 생겼다. 할 수 없이 악화일로를 걷고 있는 한일 관계 개선을 위해 우선 2020년 7월 25일 "코로나 위기와 한일 관계 웨비나"라는 주제로 한일 원로 지도자들의 대화를 화상회의로 개최했다.

일본의 후쿠다 전 총리와 한국의 이홍구 전 총리의 축사로 시작해, 강제노역자 피해 보상 문제 등을 민간 협상으로 해결하는 방안을 제시하며 동아시아 평화 추진 기구를 만들자는 의견을 교환하였다. 일본에선 이시자카 고이치(릿쿄대 교수), 도고 가즈히코(전 네덜란드 대사), 야노 히데키(일한공동행동), 우쓰미 아이코(평화학 교수) 등이 발제했고, 한국에선 최상용, 남기정, 양기호, 지명관, 김재신, 손열, 박홍규 교수 등이 토론에 참여했다.

이후 코로나 때문에 한일 간 대화는 계속되지 못했지만 동아시아 평화를 위한 전문가 담론 마당은 2020년 10월 6일, 12월 1일, 12월 16일에 세 차례 더 열렸다. 호사카 유지, 하영선, 김준형, 고유환, 이혜정, 조영남, 김정수 등 70여 명의 전문가가 토론에 참여했다.

문재인 정부 말기엔 종전 선언 카드를 제기하며 한미 관계와 남북 관계의 개선을 시도하는 정부의 노력이 있었다. 2021년 11월 10일 코로나 팬데믹으로 대면 회의가 불가능해서 ZOOM으로 전문가 10여 명을 초대해 "한반도 평화의 길 ― 남북 관계의 개선은 가능한가?"라는 주제로 담론 마당을 개최했다. 정성장, 정욱식, 박명림, 이현숙 등은 평화 체제와 비핵화의 노력이 병행되지 않는 종전 선언은 정치적 쇼일 뿐이라고 말했다.

　윤석열 정부가 들어선 2022년은 우크라이나 전쟁이 격화되고 대만
해협의 무력 충돌이 노골화되는 세계 정세에 북한이 핵 선제공격을 법제
화하고 탄도미사일을 연속 발사해 전쟁 위기가 심각했다. 이에 11월 30일
"전쟁 위기와 한반도 평화"라는 주제로 박명림 교수, 하태경 의원(국민의
힘), 이재정 의원(민주당), 이부영, 김진현, 최상용, 현인애 등이 모여 전문
가 토론이 있었다. 이전 5월 27일엔 "북한 인권 문제와 한반도 평화"를
주제로 이성훈, 이원웅, 이주영, 오준 등의 발제와 토론을 진행했다. 북한
인권 문제는 더 이상 뜨거운 감자로 회피될 것이 아니라 포괄적인 성찰과
균형 잡힌 이해로 비정치적으로 논의할 필요가 있다고 강조되었다. 북한
인권만이 아니라 코리아 인권으로 국제 사회적 논의를 해야 한다는 주장
도 있었다.

　2024년 1월 김정은 위원장이 "한반도에는 두 개의 적대국가가 있다",
"민족 공동체 회복이나 통일은 불가능하며 포기하겠다"고 선언함으로
한반도 평화 통일 운동과 정책 논의는 심각한 타격과 혼란을 겪게 되었
다. 북한 헌법개정으로 휴전선을 조선과 한국의 국경선으로 삼겠다는
김정은의 발언과 후속 조치들이 평화포럼의 지대한 관심사가 되었다.
대화문화아카데미는 이 심각한 주제를 논의하기 위해 최고의 전문가들
로 '평화 콜로키움'의 기획위원회를 조직해 연속적인 토론과 연구 발표
회를 추진했다. 정성장(세종연구소 북한센터장), 김성경(북한대학원 교수),
이현숙(WPS아카데미 이사장), 정욱식(평화네트워크 대표), 이부영(자유언론
실천재단 명예이사장), 정의길(한겨레 기자), 박지나(대화문화아카데미 연구원)
등이 기획위원으로 참여하여 두 국가론의 숨은 뜻과 의도를 분석하고,
후속 과정을 지켜보며, 평화적 활용 가능성을 검토해 보기로 했다.

평화 교육과 위안부 문제 논의

하노이(2019) 이후 남북정상회담과 북미정상회담에 대한 기대가 실망과 좌절로 돌변하자 활발했던 국내 평화 통일 운동이나 모임도 가라앉았다. 트럼프의 돌변을 보며 '역시 미국은 믿을 수 없구나'라는 절망과 함께 자주 독립적 평화 운동의 필요성이 강조되었다.

다른 한편 문재인 정부의 9.19 선언과 대북 양보에 반발하는 보수적 대북 강경론이 득세하면서 평화 통일 운동은 좌우 대립, 분열, 갈등의 양상이 노골화되는 현상이 나타났다. 한미 합동군사훈련을 강화해야 한다는 안보주의와 훈련을 중단하고 대북 관계를 개선해야 한다는 평화주의가 대립하며 시민사회의 남남 갈등이 정치권의 양극화와 함께 심화되어 갔다.

이런 때 대화문화아카데미는 평화와 안보 논쟁을 극복하고 시민사회의 평화 의식을 심화하는 평화 교육의 발전에 힘써야 한다고 생각해 2020년 말부터 평화 교육 세미나와 대화 모임을 조직하기 시작했다. 그래서 평화포럼의 과제를 "동아시아 평화 담론 마당"과 "평화 교육 담론 마당"으로 양분화해 추진했다.

2020년 12월 4일 서머셋팰리스에서 개최된 1차 "평화 교육 전문가 담론 마당"은 중고등학교에서 실시되는 평화 교육과 안보 중심의 통일 교육을 비판 분석하며 개선 방향에 논의를 집중했다. 강순원, 정용민, 오덕열, 송민영, 이충재 등의 발표와 토론으로 학교와 사회의 평화 교육 실태를 파악하며 모순, 갈등을 지적했다.

2021년 10월 23일에 열린 "평화 교육의 발전을 위한 대화" 모임에서는 반평화적인 분단 체제 속에서 70여 년 동안 소외되고 이단시되어 온 평화

교육을 살리기 위해 몸부림치며 노력한 교육 현장의 교사들의 고백과
사례를 듣고 나누는 감동적인 담론 마당이 열렸다. 김성근(충북 부교육감),
정현이(대전초 교사), 조은경(전주중 교사), 김병연(양재고 교사)의 모범적 실
천 사례를 듣고 평화 교육 발전을 위한 네트워크와 협력 방안을 논의했다.

2021년 10월 19일과 30일에 열린 3차 "생태 평화 교육 전문가 담론
마당"에서는 코로나 팬데믹 질병과 기후변동, 생태계 파괴라는 중첩된
위기 속에서 생태 평화 교육을 시도하는 소수의 전문가를 초대해, 그들
의 경험을 듣고 확대·확산시킬 수 있는 방법에 대해 담론 마당을 실시했
다. 신승철(생태지혜연구소장), 주요섭(생명사상연구소장), 김선철(기후정의
활동가) 등의 발제와 20여 명의 활동가의 다양한 논의가 있었다.

2020년 7월 25일 일본의 원로 지식인들과 동아시아 평화 이니셔티브
를 논의하기 위해 화상으로 개최했던 "한일 관계 웨비나"에서는 무엇보
다 한일 관계 개선이 되려면 강제노역자 보상, 위안부에 사죄 및 보상
문제가 해결되어야 한다고 강조하였다.

그런데 2015년 12월에 박근혜 정부와 아베 정부가 위안부 문제 해결
을 위해 맺은 합의서를 문재인 정부가 파기하고, 피해자들이 한국 법정
에 제소한 재판은 21년 1월 8일과 4월 21일에 서로 엇갈리는 판결이 나와
피해자 보상 문제를 둘러싼 한일 관계와 논쟁은 극도로 악화되었다. 강
제노역 피해 보상을 위해 일본 기업의 자산을 강제 매각하여 현금화해야
한다는 판결까지 나왔기 때문이다.

이런 혼란과 감정적 대결을 막고 평화적 해결을 시도하기 위해 와다
하루키를 비롯한 일본의 원로 지식인 8인이 21년 3월 23일에 성명서를
발표하고 고노 담화(1993)의 정신을 살려 양국 정부와 시민들이 합리적
으로 해결할 것을 주장했다.

2021년 8월은 김학순 할머니가 처음으로 위안부 할머니임을 증언 (1991)한 30주년이기도 해서 '정의기억연대'를 비롯한 민변, 법률단체들이 법적 투쟁을 주장하며 타협안을 주장하는 그룹들과의 갈등과 논쟁이 심화했다.

일본 측 원로 지식인들은 대화문화아카데미가 추진해 온 동아시아 평화포럼의 파트너들이기도 해서, 우리는 그들의 성명서에 호응하지 않을 수 없었다. 이를 위해 복잡한 위안부 문제부터 해결해야 했고, 국내 여러 운동가와 합리적 방안을 논의하기 위해 이 문제를 깊이 연구하는 서울대 일본연구소의 남기정 교수와 함께 몇 차례 대화 모임과 세미나를 개최하였다.

1차 모임은 2021년 5월 26일 대화의 집에서 강제노역자와 위안부 문제를 돕기 위해 노력한 단체와 개인 30여 명이 모여 일본 시민사회 원로들의 성명서를 검토하고 상황의 분석과 대응책에 관해 의견을 듣는 대화 모임을 실시했다. 남기정 교수의 발제와 김창록, 김현정, 이신철, 최봉태, 한혜인 등 여러 단체와 그룹의 서로 다른 입장과 견해가 개진되고 논쟁했다.

2차 모임은 2021년 6월 30일 서울대 일본연구소에서 열렸다. 일본 측이 주장하는 '고노 담화의 정신'을 바르게 이해하고 아베 정권의 잘못된 정책을 비판하기 위해 동북아역사재단의 남상구 박사의 발제 강연 "고노 담화의 역사적 의의와 활용 가능성"을 듣고 해결책을 논의했다. 박홍규, 신혜수, 양기호, 양미강, 양현아 등이 토론했고, 위안부 강제 동원 사실 인정, 피해자에게 사죄와 반성, 역사 연구와 교육을 통한 기억 유지와 재발 방지 노력이 한일 간에 합의·실천되어야 한다고 결론지었다.

3차 모임은 2021년 10월 27일 서울대 일본연구소에서 ZOOM으로 열렸다. 일본의 새로운 수상, 기시다 후미오 정권의 성격과 경향을 파악하기 위해 오태규 전 오사카 총영사의 발제를 듣고 전문가들의 토론이 있었고, 결론은 일본 정권의 태도와 무관하게 미해결의 해결책을 찾자였다. 고노 담화의 맥락에서 1) 일본 총리의 사죄를 문서화해 피해자에 전달, 2) 2015년 합의를 문서화해 교환, 3) 일본 정부가 지출한 10억 엔은 사죄금임을 확인, 4) 잔여금을 성평등 기금으로 교육과 기억 계승에 사용 등의 주장을 계속하며 일본 정부가 해결할 때까지 미해결로 남겨두자는 결론이었다.

4차 모임은 윤석열 정부와 일본 기시다 내각이 새로운 접근과 시도를 보이는 때를 맞으며 2022년 12월 16일 서울대 일본연구소에서 ZOOM으로 열렸다. 위안부 문제를 다루어 본 정의기억연대(이나영 이사장)와 위안부행동(CARE 이사장 김현정) 등 여러 단체와 학자의 의견을 듣고 협의했다. 30주년을 맞는 고노 담화의 정신에 입각하여 강경파와 온건파 주장의 최소공약수를 가지고 입장 표명을 하는 건의문을 만들기로 합의했다.

자유민주주의를 다시 생각한다

오랜 분단 체제 속에서 반공 보수주의에 매달린 대한민국의 이념적 정체성은 자유민주주의를 절대화하는 이데올로기 틀에 갇혀 정치, 경제, 사회, 문화의 개방과 발전에 장애가 되고 역기능의 역할을 하는 경우가 많았다.

2017년에 문재인 정권이 수립되면서 대북 관계 개선과 진보적 분위기가 형성되자 자유민주주의에 대한 비판과 이념적 논쟁이 시작되었다.

헌법과 역사 교과서에 대한민국의 기본 이념을 자유민주주의로 규정한 사실에 회의를 표하며 자유를 제거한 민주주의만으로 해야 한다는 주장이 나왔다. "대한민국은 민주공화국이다"라는 헌법 1조를 근거로 이념적 정체성을 민주주의와 공화주의로 해야 한다는 주장도 나왔다.

나는 대화문화아카데미 이사장을 맡으며 우선적 프로그램으로 평화포럼과 "민주주의 이념과 제도"에 관한 대화 모임을 중점 과제로 삼았다. 이념 문제는 내가 전공한 사회철학의 과제이기도 해서 사회철학자, 사회과학자들을 초대해 "자유민주주의를 다시 생각한다"라는 주제로 학술적 토론을 세 차례 실시했다.

2018년 12월 7일에 개최한 1차 모임의 초청장에 자유민주주의를 다시 생각해야 하는 이유를 이렇게 썼다.

개헌 논의와 역사 교과서 논쟁에서 보이듯이 자유민주주의의 개념과 이해에 대한 갈등과 대립이 깊어지고 있습니다. 자유민주를 고수하는 입장도 민주주의로 표시하자는 입장도 다 일리가 있지만 합리적인 토론에 이르지 못해 좌우, 보수, 진보의 진영 간 논쟁거리가 되고 있습니다. 시민의식이 성장하면서 개인의 자유와 권리에 대해서는 관심이 높아지고 있으나 자유의 본질적 가치와 사회적 책임에 관한 의식은 부족합니다. 더욱이 불필요한 이념 정치적 논쟁이 이 주제의 공공 성찰을 가로막고 있습니다. 정치권의 이데올로기 논쟁을 지성인들의 성숙한 논의의 장으로 올려놓는 일은 미래 세대를 위해서도 남남 갈등의 완화를 위해서도 필요한 일입니다.

30여 명의 학자와 전문가가 참석한 1차 대화 모임에서 "자유민주주의 사상의 철학적 문제와 정치적 논쟁"에 관해 윤평중, 홍윤기, 강원택 교수가 발표하고 이진우 교수의 사회로 3시간 동안 진지한 토론과 논쟁이 있었다. 윤 교수는 자유민주주의의 현대적 위기를 신자유주의와 비민주 자유주의 범람에서 보면서 시대적 한계를 지적했다. 특히 한국 보수 정치의 정당화 이론으로 동원된 자유민주주의는 냉전반공주의와 천민자본주의와 결합되어 자유민주주의의 합리적 담론을 왜곡시키고 있다고 비판했다.

자유민주주의의 개념과 오용의 역사, 사회민주주의의 보완과 비판, 한국적 상황의 이해에 관해 많은 주장과 논쟁이 있었다. 여러 철학자, 사회과학자 외에도 이부영, 김진현, 주대환, 김영호, 이대근, 최상용, 도법, 박인제, 김성재 등 정치인, 언론인들이 참여해 토론을 전개했다.

토론과 논쟁은 자연히 자유민주주의의 역사적 한계와 단점을 보완하는 이념과 정책에 관심을 보이며 사회민주주의와 공동체 자유주의에 관한 담론 마당으로 연결되었다. 2019년 4월 10일에 열린 2차 대화 모임 "자유민주주의와 사회민주주의, 대안인가 보완인가"에서 김홍우, 신진욱 교수가 발제하고 장동진, 윤영오 교수의 논평을 들은 후 강원택 교수의 사회로 28명이 토론했다.

2019년 12월 6일에는 "공동체 자유주의의 의미와 실천 과제"를 주제로 박재완(한반도선진화재단 이사장), 김선욱(숭실대 교수)이 발제하고 신진욱, 장은주 교수의 논평을 들은 후 이진우 교수의 사회로 24명이 토론했다. 모든 이념과 개념은 장단점과 한계가 있으므로 이론에서가 아니라 실천 속에서 실험되고 보완되어야 한다는 인식을 공유하는 데 대화의 의미와 성과가 있었다.

선거제도와 정당정치의 개혁

군부 독재 시대를 물리치고 민주화(1987)를 성취한 지 한 세대, 30년이 지났지만 한국의 민주정치는 주권자 국민의 권리와 참여의 면에서나 삼권분립, 의회민주주의, 지방자치 모든 방면에서 저급한 후진성을 벗어나지 못하고 있다. 무엇보다 심각한 제도적 병폐는 승자독식의 대통령 중심제와 거대 양당의 적대적 공생제가 오랫동안 지배하고 있어 정치 개혁과 다양한 발전을 가로막고 있다는 문제였다.

백만 명의 촛불시위로 표출된 광장 민주주의(2016)가 박 대통령 탄핵과 정권 교체를 성취한 이후(2017), 여야 정치권에서는 개헌과 제도 개혁의 목소리가 높아졌고 후진적 민주정치를 선진화해야 한다는 주장이 울려 퍼졌다. 국회에서도 2018년 정치개혁특위를 구성했고, 헌법과 정치관계법의 개정을 위한 논의를 시작했다.

삶의 정치와 시민의 참여정치를 오랫동안 모색해 온 대화문화아카데미는 "한국 정치의 새 길, 새로운 틀"이란 표어를 내세우며 정치개혁과 민주정치 제도의 확립을 위한 학계, 정계, 언론계의 전문가들과 함께 연속적인 대화 모임과 연구 토론을 추진하였다. 2018년 3월 30일 "개헌 정국의 중요 쟁점" 대화 모임에선 대통령 개헌안의 내용을 분석하고 아카데미의 헌법 논의에 참여했던 학자들, 박명림, 박찬욱, 박은정 등이 진영 논리를 벗어난 개헌의 방향과 핵심적 과제를 제시했다. 9월 5일 연속된 대화 모임 "의회정치 발전과 선거제도"에서는 당시 정치권의 뜨거운 화두였던 선거제도 개혁에 대한 다양한 의견과 제안을 검토하고 국회의 논의를 촉진시키기 위한 구체적인 과제를 작성해 보내기로 했다.

국회 정치개혁특위 위원장이기도 한 심상정 의원은 "선거 개혁의 핵심 과제" 발제에서 거대 양당의 기득권 유지를 지속시키는 현 선거제도를 개혁하기 위해 유권자의 표심을 왜곡하는 소선거구제와 단순다수대표제의 시정과 비례대표제 확대를 주장했다. 민심이 그대로 반영되는 제도를 위해 연동형 비례대표제를 도입하고 지역과 비례를 2대 1로 하며 의원 수를 330명으로 증대하자고 주장했다. 하승수 변호사는 독일식 연동형 비례대표제의 장점을 표의 등가성 확보와 사표 방지, 소수정당의 원내 진입과 다당제, 지역주의 완화, 연합정치와 협치 등이라고 설명하고 적극 도입을 주장했다. 드디어 2020년 총선에 연동형 비례대표제가 실시되어 47석의 비례의원 수를 두고 경쟁했으나 거대 양당이 위성정당을 만들어 독점하는 바람에 정의당 등 소수정당은 오히려 더 큰 손해를 보는 악폐를 가져왔다. 아카데미로서도 헛수고였고 허탈한 결과였다고 자괴감을 금치 못했다.

2019년 1월 31일 "정당정치의 개혁 과제" 연속 대화 모임에서는 민의를 제대로 반영하는 정치제도와 새로운 틀을 만드는 데 선거법과 함께 정당법의 개혁이 필수적 과제라는 것과 그 개혁 방안이 논의되었다. "민주정치 30년의 경험과 한국 정당정치의 현주소"를 발표한 서강대 서복경 교수는 한국의 민주정치는 정당 부재의 정치였다고 날카롭게 비판했다. 성부에도, 의회에도, 선거에도 정당이나 정책은 제구실하지 못하고 형해화되고 수단화되었다.

주권자 국민이 참여하고 뜻을 반영하는 정치가 가능하려면 정당정치가 제대로 활성화되어야 하는데, 우리나라의 정당들은 정치인들의 선거용 수단과 도구일 뿐 민의 참여와 반영이 불가능한 구조를 갖고 있다. 정당법 개정의 방향은 우선 정치 결사의 자유를 심대하게 제한하는 조항부터 개정해야 한다. 공무원, 군인, 교사, 목사들이 정당에 가입할 수 없는 법, 정당결성의 자유를 제한하는 법, 원내정당과 원외정당의 차별과 제한, 정치자금법의 모순 등이 개정되어야 한다.

크리스찬아카데미와 에큐메니칼 운동

나의 주 임무는 대화문화아카데미 이사장이었지만, 자매 기관인 크리스찬아카데미의 에큐메니칼 운동이나 교회의 사회적 책임에 관한 프로그램에는 늘 함께 참여하며 공동으로 일을 추진했다. 한신대 총장과 경동교회 목사였던 채수일 교수가 크리스찬아카데미의 이사장으로 봉사했고, 이상철 목사가 원장으로 실무를 맡았는데, 나와 뜻이 잘 맞아 몇 가지 중요한 사업을 함께 기획하며 실시하였다.

한국 개신교의 고질적 병리 현상의 하나는 교파 분열과 개교회 중심주의다. 대표적 교파인 '예수교장로회'가 70여 개 총회로 갈라져 있고, 연합 기관들도 신학적 토대나 신앙관을 따라서가 아니라 이해관계에 따라 이합집산하는 혼란상을 면치 못하고 있다.

종래에는 교회협의회를 중심으로 한 에큐메니칼 진보 진영과 한기총이나 한교협에 속하는 에반젤리칼(복음주의적) 교단들이 결합한 보수 진영으로 나뉘었는데, 최근에는 진영 내에서도 좌우로 갈리며 서로 이단시하며 분쟁과 대립이 심화하고 있다.

WCC를 용공시하며 타 종교 포용과 차별금지법 문제로 에큐메니칼 운동을 적대시하고 WCC 탈퇴를 주장하는 움직임이 KNCC 안에서도 일어났다. 교회의 부정부패와 세습, 패권 싸움과 법적 투쟁들이 매스컴에 널리 퍼지며 오늘의 교회는 세상의 조롱거리가 되고 있다.

특히 코로나 사태 이후 교회에 안 나가는 가나안 교인들이 늘어나며 교인 수가 30%씩 감소한다는 통계, 청년들이 교회를 떠난다는 소식이 교회의 미래 전망을 어둡게 하고 있다.

크리스챤아카데미는 강대인 이사와 나를 포함해 교회 갱신과 에큐메니칼 운동을 어떻게 추진해 갈지 여러 차례 숙의하는 모임을 가졌다. 시급한 과제는 많지만 에큐메니칼 운동과 진보적 교회 갱신 운동에 앞장서 온 크리스챤아카데미는 한국교회의 에큐메니칼 정신과 의식을 강화하고, 교회 갱신의 새로운 모델을 구상하고 제시해야 한다고 논의했다.

마침 2022년 8월 독일 카를스루에(Karlsruhe)에서 WCC 11차 총회가 열려 10차 부산 총회를 주최한 한국교회가 WCC와 에큐메니칼 운동에 대한 관심과 의식을 높일 기회를 만들게 되었다.

당시 WCC 실행위원인 배현주 교수를 2021년 초에 아카데미에 초청해서 총회 준비 상황을 듣고, 이 기회에 한국 안의 여러 에큐메니칼 운동 단체들과 연합해서 총회의 주제 확산과 논의를 중심으로 1년 동안 준비 모임을 겸한 집회를 계속하기로 합의했다.

2021년 6월 30일 경동교회에서 20여 개 에큐메니칼 운동 단체(KNCC, KSCF, EYC, YMCA, YWCA, 교회여성연합 등) 대표 50여 명이 모여 총회 주제인 "화해와 일치로 이끄는 그리스도의 사랑"에 대한 배 교수의 해설을 듣고 한국교회의 참여를 위해 여러 기관이 매월 주도하는 동행 모임 행사를 하기로 결의했다. 이후 22년 6월 29일 10차 동행 모임을 하기까지 여러 교회와 생명·평화·노동·인권·여성 운동의 현장을 순회하며 매번 100여 명의 교회 지도자와 신도가 모여 에큐메니칼 부흥회를 열었다.

1년간 다양한 형태로 추진된 WCC 동행 모임은 크리스챤아카데미가 주관했으며 특히 청년, 여성들의 많은 참여를 독려했다. 결국 2022년 8월

30일~9월 8일 독일 카를스루에에서 열린 WCC 11차 총회에 교단 총대들 외 200여 명이 넘는 한국 교인이 참관해서 세계교회의 예배 모습과 활동을 보고 배우는 성과를 거두었다. 8월 25~29일 함부르크(Hamburg)에서 북독일교회가 주관한 사전회의(Preconsultation)에도 동행 모임의 대표 30여 명이 참석해 에큐메니칼 견문을 넓혔다. 이렇듯 크리스챤아카데미는 한국교회의 WCC 총회 참여에 크게 공헌했다.

코로나19가 불러온 재난과 삶의 위기를 반성하며 교회의 책임과 과제를 성찰하기 위해 크리스챤아카데미는 교회협과 공동으로 2020년 9월부터 21년 4월까지 일곱 차례의 연속 토론회를 개최하여 생명 문화와 사회·경제 개혁의 길을 논의했다. 코로나 위기와 교회 갱신의 방향을 모색하는 시대적 과업이었다.

또한 교회 갱신의 한 모델을 추구하기 위해 경동교회와 함께 "여해예론"이란 프로그램을 만들어 추진했다. 교회가 예배만 보고 끝내지 않고 사회문제를 의식하고 토론하는 마당을 만들어 신앙생활의 구체적 실천을 도와야 한다는 취지로 한 달에 한 번 주일 예배 후 오후 2시에 주제별 강좌와 토론 마당을 여는 프로그램인데, 강원용 목사의 호를 따서 여해예론(예배와 토론)이라고 불렀다. 생태계와 기후위기 문제, 동북아와 한반도 평화, 사회복지, 노동문제, 이주민의 인권, 탈북민 문제 등 주제별로 강사를 초대해 예배당에서 강연을 듣고 토의했다. 2022년부터 시작해 몇 년간 크리스챤아카데미가 도와 실험해 보고 있지만, 앞으로는 교회가 이와 같은 프로그램을 개척하길 기대한다.

진보와 보수교회의 대화

한국 사회와 정치권의 남남 갈등, 보수와 진보 진영 간의 대립과 패권 투쟁은 날로 심각해지고 있는데, 교회마저 좌우 이념 갈등과 편파적 노선 싸움에 휩쓸려 파당을 짓고 비방과 멸시의 화살을 날리는 한심한 현실이 전개되고 있다.

정치투쟁을 선동하는 광장에 전광훈 목사와 교회 지도자들이 줄지어 나타나 수십만 교인에게 왜곡되고 편향된 신앙관과 윤리관을 주입하는 기막힌 현상을 보면서 암담한 현실에 한숨만 쉬고 있을 수는 없었다. 보수 기독교의 극우화, 독단화를 막기 위해서는 건전한 복음주의 보수 기독교와 손잡고 한국교회의 건강한 토대를 구축해야 한다고 생각했다.

나는 크리스챤아카데미가 보수 진영의 윤리 운동을 이끌고 있는 '기독교윤리실천운동'(기윤실)과 연대해서 보수와 진보의 대화 마당을 열고 극우 보수화를 막는 노력을 해보자고 제안했다. 기윤실의 지도자 손봉호, 백종국 교수와 의논하고 동의를 얻어 2021년부터 기윤실과 공동주최로 대화 모임을 열기로 합의했다.

첫 모임은 2021년 5월 21일 "극우 개신교는 어떻게 기독교를 과잉 대표하게 되었는가?"를 주제로 열렸으며, 하상응, 박성철, 하홍규, 김혜령, 권혁률 등의 발표와 논찬을 듣고 양측 30여 명이 진지한 대화를 나누었다.

이어서 2021년 11월 16일엔 "대선정국의 한국 기독교"를 주제로 기독교의 정치참여와 편향성 문제를 가지고 배덕만, 김선욱, 장동민, 김성경 교수 등의 발제와 논찬을 듣고 양측 20여 명의 목회자, 평신도가 대화를 나누었다.

2022년에도 두 차례 추진되었는데, 5월 24일 "새 정부에 바람", 12월

5일 "개신교의 민주주의 총평"을 주제로 토론했다. 2023년에도 5월 30일 "청년의 눈으로 본 한국 사회와 기독교", 12월 1일 "이데올로기와 한국 사회 그리고 교회"를 주제로 모임을 열어 기윤실과의 대화 모임은 날로 깊이 있게 발전했다.

크리스챤아카데미와 기윤실의 공동 대화는 진보·보수 진영의 갈등과 차별의식을 이해하며 상호 존중과 소통의 분위기를 만드는 성과를 거두었다. 2023년 말에 두 기관은 그 공로를 인정받아 「조선일보」가 주관하는 '민세 안재홍 상'을 수여 받았다.

나는 대화문화아카데미 이사장 임기를 4년(2017~2021)만 하려고 했지만, 코로나19 전염병으로 계획한 일들과 WCC 총회가 지연되는 바람에 연장되어 결국 8년을 일하고 2025년(84세) 말에 이사장직을 마쳤다.

시대가 많이 바뀌었지만 크리스챤아카데미, 대화문화아카데미의 사명과 역할은 더욱 중요하게 요청되는데, 노년 이삼열의 마지막 에큐메니칼 봉사가 의미 있는 한 마당이었기를 바란다.

에큐메니칼 운동의 현장

| 1장 |

유신 시대 독일에서
사회선교 활동

I. 파독 광부, 간호사의 고난과 인권 선교

한국의 젊은이들이 외화 획득과 일자리를 얻기 위해 광부, 간호사로 서독에 파견되어 일하게 된 지 60년이 되었다. 63년 12월 광부 123명이 루르광산 노동자로 취업을 시작한 이래 77년까지 7,936명의 광부가 독일 광산에 와서 일했다. 간호사들은 66년 1월 128명이 독일 병원에서 일한 것을 시작으로 76년까지 11,057명이 간호사나 간호보조원으로 와서 여러 지역에서 일했다. 도합 1만 9천여 명이다.

GNP 국민소득이 100불을 넘지 못하던 가난과 굶주림의 60년대에 라인강의 기적으로 급성장한 독일로 광부, 간호사들을 파견해 외화를 벌어 경제발전에 기여케 한 것은 매우 훌륭한 정책이었다.

당시 1,000마르크 전후의 적은 월급이었지만 꼬박꼬박 국내 가족들에게 송금해 집안을 살리고 조국 근대화에 공을 세운 것은 파독 광부, 간호사들의 위대한 업적으로 찬사를 받아 마땅하다.

그러나 선진국이라는 독일에 환상을 갖고 갔던 파독 광부, 간호사들이 얼마나 힘든 고생을 겪어야 했는지, 얼마나 열악하고 억압된 역경과 조건에서 고달픈 삶과 노동을 해야 했는지 알고 기억하는 사람이나 정보는 많지 않다.

고생했던 광부, 간호사들도 이미 70, 80세 노년이 되어서 자신들의 아픈 과거를 잊었거나 기억하고 싶지 않은 듯하다. 파독 노동자들의 삶과 업적은 칭송되고 미화되는 경우가 많지만 당시 파독 정책의 문제나 열악한 환경과 조건에 대한 책임, 당한 고통과 아픔을 고발하는 보도나 기록은 찾아보기 어렵다.

파독 60년의 화려한 축제가 양국에서 이어지고 있는 이즈음, 노동자들이 당해야 했던 역경과 고통을 기억하면서 교회가 어떻게 대처하며 선교봉사적 책임을 감당했는지도 반성해 볼 필요가 있다는 생각이 들었다.

나는 68년에 독일 괴팅겐(Göettingen) 대학으로 유학을 가서 정치철학을 전공하였지만, 73년경부터 재독 한인 교회(장성환 목사)의 요청으로 파독 간호사, 광부들의 어려운 사회적 문제를 조사해 독일 교회와 한독교회협의회에 보고하는 일을 했다. 학위를 마친 77년부터는 보쿰 사회선교부(Innere Mission)에 설치된 한국노동자사회상담소 소장으로 근무하며 루르 지역 광산(Ruhr Kohl AG)에서 일하는 한국 광부들의 권익을 위한 사회상담자(Sozial Berater)의 직책을 맡았다.

파독 간호사들의 힘든 삶과 병원 일

파독 간호사들이 독일에 올 때 평균 연령은 23~27세의 꽃다운 나이였고 70% 이상 미혼이었다. 간호보조원으로 온 여성들은 30세가 넘는 경우도 있었지만 대부분 젊은 시절에 독일에 가서 돈을 벌어 보다 나은 장래의 삶을 개척하기 위해서 지원한 여성들이었다.

그러나 3년 계약으로 독일 병원에 오게 된 한국 간호사들은 생활과 적응에 큰 어려움을 겪으며 일을 시작한다. 첫 번째 어려움은 언어 장벽이며 소통의 어려움이었다. 대부분의 파독 간호사들은 독일어 교육을 제대로 받지 못한 채 형식적인 어학 강습을 몇 번 받고서 출국 비행기에 올랐다.

병원 근무 첫날부터 통역도 없이 수간호사(Oberin)의 지시를 받지만, 이해하지 못한 채 손짓, 발짓, 눈치로 일해야 했다. 물론 한국 간호사들에게 맡겨진 일은 한국에서 보조원들이 하는 환자의 몸 씻기, 대변 치우기, 식사 수발하기 같은 힘든 육체노동이었으며 독일 남녀 환자들의 체격이 커서 수발이 매우 어려웠다.

독일과 한국의 간호사 제도가 달라 독일의 간호사(Krankenschwester)는 주사를 놓거나 약물을 주는 의학적 일을 하지 않고 환자나 병실 정리 청소 등 수발을 드는 일을 하기 때문에 애초부터 한국의 대학 교육을 받은 간호사들에겐 전혀 맞지 않고 익숙지 않았다.

할 수 없이 허드렛일하며 견뎌야 했는데, 독일 의사나 간호사들과 언어 소통이 어려워 오해를 일으키거나 실수하는 경우도 많았고 충돌과 갈등을 빚는 경우도 수없이 많았다.

언어의 장벽은 통역이 없는 병원 근무에서뿐 아니라 생활 전반에 혼농과 어려움을 가져왔다. 임금 제도, 보험 제도, 생활 규칙을 이해하지 못해 손해와 혼선이 일어나기도 했다.

생활상 가장 어려운 문제는 음식 문제였다. 집단 기숙사에서 제공되는 독일 음식이 한국인 입맛에 전혀 맞지 않아서 괴로웠다. 빵과 감자를 주식으로 하는 독일 식사는 밥과 김치와 국을 먹고 살아온 한국인에겐 잘 맞지 않았는데, 이를 기숙사에서 일주일, 한 달 내내 먹어야 하기에 무척 힘들었다.

이런 어려움과 부적응 문제가 쌓이면 고향 생각이 더 나면서 향수병과 우울증을 앓는 경우가 생긴다. 이와 같은 고통과 병은 독일에 온 간호사들이 초기 1~2년 동안 대부분 겪는 일이다. 이 기간 동안 적응이 어렵고, 병원 생활이 힘들고, 의사소통이 되지 않아 갈등이 커지면 정신장애가 생기고 심지어 극단적 선택을 하는 일들도 적지 않게 일어난다.

무엇보다 심각한 문제는 가족과의 별거 문제였다. 당시의 계약과 외국인 법에 의해 가족을 동반할 수 없어 기혼 간호사들은 3년간 가족과 별거해야 했고 항공 여비가 비싸 가족을 방문할 수도 없었다. 이들은 열심히 일해서 번 돈을 국내로 송금해 남편과 자녀들의 삶을 도왔지만 장기간 별거로 가정 파탄이 생기는 경우가 적지 않게 일어났다.

미혼 여성 간호사들이 장기 근무로 나이가 들어 마땅한 한국인 결혼 상대자를 찾지 못해 독일인이나 외국인과 만나고 결혼하는 경우가 점차 늘어났다. 때로는 결혼 상대자나 애인을 잘못 만나 이혼, 별거, 재판 등으로 고생한 경우들도 많았다.

안타깝게도 이러한 무거운 짐으로 스스로 목숨을 끊은 간호사들이 19명이나 된다. 독일에 온 지 1년 만에 자동차를 사서 고속도로에서 몰다가 큰 사고를 내고 어쩔 줄 몰라 자살한 K 양, 본국의 남편에게 돈을 다 보내고 아끼며 살았지만 다른 여성에게 남편을 빼앗기고 자살한 간호보조원 L 양, 결혼하고 자식까지 있는 줄 모르고 어떤 광부와 사랑에 빠져 임신까지 했는데 결혼할 수 없다는 것을 알고 자살한 C 양 등의 사례들이 있었다.

파독 광부들의 힘겨운 중노동과 박탈된 권리

파독 광부 수천 명의 사회적 문제는 간호사들과는 비교할 수 없을 만큼 훨씬 더 열악하고 고통스러웠다. 땅굴 속에서 매우 힘들고 험한 중노동에 시달린 파독 광부들이 사고나 질병으로 노동하기 어려울 땐 쉽게 해고당해 출국당하는 등 노동자의 기본적 권리를 행사할 수 없는 노예적인 고용 계약에 종속되어 있었다.

더구나 이들은 외떨어진 광산촌 집단 기숙사와 땅굴 속에 숨겨져 있었기 때문에 이들의 문제는 간호사의 문제들처럼 독일 사회에 알려지거나 문제시되지도 않았다. 독일어를 전혀 못 하는 광부들은 기숙사별로 한두 명씩 배정된 통역관들에 의해 통제와 감시를 받기 때문에 자유가 없는 군대 병영 같은 생활을 했다.

60년대 초 한국과 독일 양국 정부는 협약을 맺어 한국 광부 2천 명을 3년 계약의 연수생(Praktikant)으로 독일 광산에 파견하기로 합의했다. 나이는 20~35세의 건강한 남자로 병역을 마치고 광산 근무를 1년 이상 해본 경험자 중에서 선발하기로 했다. 연수생의 목적으로 오기 때문에 가족은 동반할 수 없고, 3년 계약기간 뒤에는 반드시 귀국하고 다른 광부들이 그 수만큼 와서 교대하는 로테이션 원칙을 철저히 지키도록 했다.

한인 광부들의 열악한 문제들은 사실상 이렇게 불리한 양국 정부 간의 협약과 시행규칙에서 생겼다. 파독 광부 2천 명 가운데 실지로 광부 일을 해본 경험자는 15% 정도밖에 되지 않았고, 70% 이상이 고졸이며, 대졸자와 중퇴자는 20% 가까이 있었다.

60~70년대 빈곤과 실업이 가득한 한국에서 해외 파견, 특히 독일로 나갈 기회를 얻기 위해 고학력의 청년들이 지원했고 여러 가지 직업 경험

을 가진 사람들, 성악가, 작가, 목사, 권투선수까지 다양한 전문직 경력자들도 있었다.

해외 출국이 불가능했던 시대에 선진 독일에 가서 돈을 벌기 위해 이들은 없는 광산 근무 경력을 위조해 만들고 50㎏ 쌀가마를 들어 올리는 신체 검사를 통과해 파독 광부로 선발될 수 있었다.

평균적으로 독일의 광부보다 키도 작고 몸무게도 적은 한국 광부들이 20㎏의 무거운 착암기를 들고 지하 1천 미터 아래, 38도까지 올라가는 땅굴 속에서 땀 흘리며 하루에 4~5m의 석탄을 캐는 일은 감당하기 쉽지 않은 중노동이었다. 더구나 대부분 광부 경험이 없었기에 신체적으로나 정신적으로 감당키 어려운 심한 고역이었다.

힘든 지하 노동을 견디기 어려운 광부들이 며칠씩 병가를 끊어 일하지 못하거나 몸의 부상으로 중노동을 감당하지 못할 때는 해고를 당하는 일들이 적지 않았다. 해고가 되면 광부들의 체류 허가가 자동으로 소멸하기 때문에 금방 추방 명령을 받아 독일을 떠나야 한다.

결국 파독 광부들은 실업 보험료를 내고도 실업 보험금을 탈 수 없고 독일 국민이 받는 사회보장의 혜택도 받을 수 없는 유랑민 같은 신세였다.

또 하나의 어려운 문제는 한국 광부들이 반드시 광산이 제공하는 집단 숙소에 거주해야 한다는 규칙이었다. 광부 기숙사는 대부분 한 방에 2~4명이 거주하며 화장실, 세탁실, 샤워실, 부엌을 수십 명이 함께 쓰는 열악한 환경의 수용소였다.

밤낮 8시간씩 3교대로 근무하는 광부들이 한방에 3~4명이 있으면 서로 근무시간이 달라 잠을 깨우고 방해하는 일이 잦아 휴식을 충분히 취할 수 없다. 한 사람은 새벽에 일을 마치고 와서 잠을 자야 하는데, 다른 동료는 그때 일어나 식사하기 위해 라면을 끓여 먹으려 달가닥거린다.

그럼에도 방세는 모두 똑같이 85~120마르크씩 냈다.

이런 기숙사 생활을 견디지 못한 광부가 밖에 나와 개인 방을 얻어 보려고 했으나 광산 회사는 계속 방세를 월급에서 떼어 가며 허락해 주지 않았다. 광부 기숙사는 학생 기숙사나 간호사 기숙사와는 달라 휴게실이나 오락실 등이 불비한 전시 막사 같은 곳이었다.

3년의 계약기간이 끝나면 무조건 귀국해야 했고, 지상 근무나 타 직종으로 옮겨보려 했지만 체류 허가나 노동 허가를 받을 수 없었다. 단지 그사이 한국 간호사나 독일 여성과 결혼한 경우에는 부인 덕에 가족으로서 체류 연장을 받게 되어 다른 직종에 취업하는 일이 가능했다.

안타깝게도 3년 계약기간 중 땅굴에서 일하다 갱도에서 사고로 생명을 잃은 경우도 적지 않았고 부상을 당해 장애인이 된 경우도 많았다. 광부협회가 펴낸『파독 광부 30년사』에 의하면 63~79년 사이 독일에 와서 일한 광부 중 작업 중에 사망한 광부는 27명, 자살자는 4명으로 기록되어 있다.

파독 노동자의 인권을 위한 교회의 노력

이처럼 파독 광부, 간호사들은 어려운 역경 속에서 고달픈 삶과 노동을 견디고 있었지만 파독 정책 자체에 대한 비판이나 문제 제기, 환경이나 조건을 개선하려는 노력은 오랫동안 보이지 않았다.

이런 가운데 한국 간호사들의 부적응과 사회문제에 관심과 노력을 보인 기관이 독일 교회였다. 특히 언어 소통 능력 부족으로 병원과 기숙사에서 갈등과 불편한 일들이 생기고 정신 착란이나 극단적 선택을 하는

사람들까지 나오게 되자, 68년 가톨릭교회 사회봉사 기관인 카리타스
(Karitas Verband)는 간호사들의 사회적 심리적 적응 문제를 돕기 위해
사회상담소를 설치하기 시작했다. 70년에 처음으로 프랑크푸르트와 쾰
른에 설치했고, 그 후 베를린, 함부르크, 프라이부르크, 뮌헨, 마인츠 등
열한 곳에 한국간호사상담소를 설치하고 상담자를 임명했다. 카리타스
는 처음부터 개신교의 사회봉사 기관인 디아코니아(Diakonisches Werk)
와 함께 추진했으나, 가톨릭 상담소가 대부분이고 개신교 상담소는 두
곳뿐이었다.

상담자들은 문제가 생긴 지역 병원을 찾아다니며 병원 당국과 독일
간호사들과 소통하며 갈등과 오해를 풀고 독일과 한국의 사회적, 문화적
차이와 사정을 이해시키도록 노력했다.

간호사들의 문제는 그런대로 알려져서 상담소들이 설치되었지만,
파독 광부들의 심각한 문제와 고통, 인권 침해에 관해서는 거의 알려지
지 않았고 70년대 초까지 한국이나 독일 사회에서 거론되지도 않았다.
교민들은 광부들의 사정을 알고 있었지만 대사관의 눈치를 보며 비판이
나 불평을 쏟아내지 못했다.

결국 KNCC가 파송한 장성환 목사가 72년에 독일 노드라인 베스트팔
렌주 한인 교회 목사로 부임하면서 수백 명의 광부가 교회에 나와서 힘들
고 아픈 사정을 털어놓게 되었다. 장 목사는 광부, 간호사의 사회문제를
독일 교회에 보고했고 도움을 요청했다. 독일개신교회(EKD)도 교회로
서의 선교 봉사적 책임감을 느끼고 한국 노동자들의 인권 선교와 환경
개선에 관심을 보였다.

그 첫 노력이 74년 6월 24~28일 뒤셀도르프에서 개최한 1차 한독교회
협의회였다. 이는 간호사, 광부들의 사회적, 인간적 문제와 인권 개선을

위해 한국교회 대표자와 전문가들을 독일로 초대해 실정을 파악하게 하고 함께 대책을 마련해 보자는 의도에서 추진되었다.

이를 주도한 기관은 독일개신교 선교국(Missionswerk)의 동아시아 위원회(Ostasien Kommission)였는데, 외무국 총장 헬드(Held) 박사를 위원장으로, 서남독선교부(EMS) 등 지역 선교부 대표들과 봉사국, 개발원조국 관계 기관 요원들이 위원으로 참여했다. 일본 선교사 한 명, 대만 선교사 한 명, 한국의 장 목사가 위원으로 있었고, 나는 상임고문으로 참석했다. 이 위원회는 3개월에 한 번씩 함부르크에 모여 일본·대만·한국 교회와의 협력 문제를 논의하고 결정했다.

1차 한독교회협의회에 초대된 한국교회협 대표는 김관석 총무, 강원용 한독위원장, 김해득 사령관, 김윤식, 김창희 목사와 전문가로 노정현, 이문영 교수 등이었고, 나는 전 과정을 통역했다.

재독 한인 교회 문제를 논의할 때는 베를린의 정하은 목사, 함부르크의 이재형 목사, 프랑크푸르트의 이화선 목사, 뮌헨의 이영빈 목사도 초대되었다.

6월 25일 한독 교회 대표 20여 명은 회의에 앞서 파독 노동자들의 현장을 세 곳으로 나누어 탐방했고 간호사, 광부, 기능공들의 어려움을 듣는 시간을 가졌다. 뒤셀도르프의 디아코니아와 마리아병원을 방문해 40여 명의 한국 간호사와 만난 교회 대표들은 간호사 파독 정책과 계약에 대한 많은 문제와 비판을 들었다.

오버하우젠의 로베르크(Lohberg)광산을 방문한 대표들은 지하 1천 미터 땅굴 속까지 들어가 채탄 작업 현장을 탐방하고 광부들과의 대화를 통해 많은 어려움과 차별 문제들을 파악할 수 있었다.

함부르크의 조선(Werft) 공업소를 방문한 대표들은 600명의 기능공의 삶과 노동조건을 듣고 보았다. 역시 가족과의 별거, 노동법상의 혜택이나 보호를 받지 못하는 차별이 문제였다.

6월 26일에는 세 곳 현장을 방문한 대표들의 보고와 소감을 듣고 상담소에서 오래 일한 간호사 상담자들의 의견을 들은 뒤 네 그룹으로 나누어 개선책 마련을 위한 토의를 계속했다. 28일 폐회식에서 장문의 보고서와 결의문을 채택했는데, 간호사, 광부들의 인권 보호와 문제 해결을 위해 다음과 같은 중요한 제안을 발표했다.

1. 독일에 파견되어 일하는 모든 한국 노동자에겐 취업된 현지까지 가족을 동반할 수 있도록 허락되어야 한다.

2. 파독 노동자로 선발된 간호사나 광부들에게는 노동조건과 환경, 임금과 복지, 보험, 사회 문화 환경에 대한 충분한 정보와 지식이 출국 전에 전달되고, 충분한 독일어 교육이 실시되어야 한다.

3. 기숙사와 집단 숙소는 최소한의 개인별 사적공간이 보장되는 곳이어야 하며 취침과 휴식에 지장을 받지 않도록 해야 한다.

4. 한국 노동자들의 노동계약이 다른 비독일 외국인 노동자들에 비해 차별이나 불이익이 없는지 검토해야 한다.

5. 한국 노동자를 위한 상담소의 수를 늘려야 하며, 특히 루르 지역 한국 광산 노동자들을 돌보기 위한 상담소를 시급히 설치해야 한다.

이 결의문에 따라 독일 개신교회는 한국 노동자의 인권과 인도적, 사회적, 법적 문제 해결을 위해 많은 노력을 기울였다.

우선 보고서와 결의문을 정부와 노동조합, 병원협회 루르광산본부 등 관계 요로에 보내 한국 노동자의 권익을 보호할 것을 요청했다. 특히 한국을 방문하는 아른트(Arndt) 독일 노동부 장관에게 파독 노동자들의 계약조건을 인도적으로 개선하기 위한 협의를 한국 정부와 추진하도록 했다.

무엇보다 중요하고 시급한 과제는 열악한 환경에서 어려움과 고통을 당하는 광부들을 상담해 주고 도와 줄 사회사업가(Sozial Arbeiter)를 채용하는 문제였다. 간호사들을 위해서는 이미 여러 곳에 상담소가 설치되었지만, 광부들을 위한 상담소는 아직 한 곳도 설치되지 않았었다.

동아시아위원회 총무인 프리츠(Fritz) 목사는 이 결정에 따라 루르 지역 한국 광부들의 상담을 전담하는 상담 기관을 설치하기 위해 나와 함께 여러 가지 노력을 했다. 우선 세계교회협의회 도시산업선교부(WCC-URM)의 지원을 받아 나를 상담역으로 임명해, 나는 77년 3월부터 보쿰에서 상담 업무를 시작했다.

보쿰 사회선교부가 정식으로 '한국인 사회상담소'(Sozial Beratung fur Koreaner) 간판을 달아준 것은 78년 6월이었다. 나는 이제 상담 사무실과 방문용 자동차를 제공받고 선교부 직원으로 상담과 돌봄 업무를 하게 되었다. 한국 광부들을 위해 설치된 최초의 상담소였다.

한독교회협의회의 주 관심사가 된 파독 노동자의 인권 문제는 76년 3월 4~6일 한국 수원에서 열린 2차 협의회에서도 계속 논의되었고, 특히 78년 11월 20~23일 독일 뒤셀도르프 카이저스베르트(Duesseldorf-Kaiserswerth)에서 다시 모인 3차 협의회에서는 그동안의 진전 상황을 검토하며 한국 노동자의 법적 지위 개선책을 건의했다.

3차 협의회엔 김관석, 강원용, 이천환, 강신명, 조덕현, 김준영, 안병무, 노정현, 강문규, 오충일 등 15명의 거물급 한국 대표단이 왔고, 독일 측에서도 샤프(Scharf) 대주교, 헬드, 쇼버(Schober), 레만 하벨

(Lehman-Habeck) 등 거물 지도자들이 대거 참석했으며, 미국, 영국, 스웨덴 등 교회 대표들도 옵서버로 참석했다. 나는 박종화 목사와 통역을 나누어 맡으며 광부들의 상담자로서 발줌광산, 에발드(Ewald)광산의 인권 탄압과 차별, 부당 해고, 추방 문제를 자세히 보고했다.

3차 협의회는 독일 광산 노조를 통해 광부들의 억압, 차별 철폐와 가족 동반, 자녀 교육 등 법적 지위 개선을 위해 계속 노력하기로 결의했다.

파독 광부 2천여 명은 노드라인 베스트팔렌(Nordrlein-Westfalen)주의 10여 개의 탄광에 분산되어 일하고 있었다. 서쪽의 아헨(Aachen), 딘슬라켄(Dinslaken), 동쪽의 겔젠키르헨(Gelsenkirchen), 레클링하우젠(Recklinghausen), 북쪽의 오버하우젠(Oberhausen), 캄프린트포르트(Kamp-Lintfort), 카스트로프라우첼(Castrop-Rauxel)은 수백 km씩 떨어져 있어서 혼자서 모든 광산을 찾아다니며 광부들을 만나고 상담하는 일은 불가능했다. 다행히 광산 근처에 50~100명의 광부, 간호사가 모이는 한인 교회가 5~6곳 있어서, 일단 한인 교회를 중심으로 광부들과 대면하고 전화 상담을 하면서 구호 요청이 있는 곳으로 달려가는 방식으로 일했다.

장성환 목사는 매 주일 아침 9시에 아헨, 11시에 본(Bonn), 1시에 뒤스부르크, 3시에 보쿰, 6시에 도르트문트를 다니며 한인 교회 예배를 인도하고 설교했는데, 임영희 사모는 하루에 500여km를 운전하며 목회를 도왔다. 나도 가끔 동행하며 상담과 교육 친선 행사를 인도했다.

파독 광부들을 위한 상담소가 설치되었다는 소식이 한인 교회들을 통해 알려지면서 해고, 사고, 병가, 추방, 재판 문제 등으로 상담과 도움을 요청하는 전화가 밤낮을 가리지 않고 왔다. 나는 독일어를 모르는 광부 피해자들을 대동하고 눈코 뜰 새 없이 광산 기숙사, 병원, 변호사 사무실, 행정재판소, 노동재판소 등을 다니며 그들을 도와주고 돌보는 일을 했

다. 안타까운 사정, 억울한 일, 슬픈 일도 많이 체험했고, 상담, 교섭, 재판
을 통해 강제 추방을 막고, 해고된 자를 복직시키고, 사고로 부상 입은
광부에게 노동재판으로 10~20만 마르크의 보상금을 받게 해주는 등 기
쁜 일들도 여러 번 있었다.

그래도 독일에는 사람의 인권을 보장하는 법률제도가 있었고, 정의
감으로 적은 수임료를 받고 도와주는 변호사들, 회사와 노조에 개입해
억울한 희생을 막아준 교회와 봉사 기관들로부터 많은 도움을 받았고,
상담 활동의 보람을 느낄 수 있었다.

에발드광산의 저임금과 숙소 개선 투쟁

사회상담자라는 직책을 맡아 77년 3월에 보쿰으로 오게 된 나는 우선
보쿰한인교회를 중심으로 상담 업무를 시작했다. 그런데 일을 시작하자
마자 보쿰에서 30분 정도 떨어진 레클링하우젠에 있는 에발드광산 노동
자들이 심각한 고통과 수난을 당하고 있다는 소식을 듣게 되었고, 바로
달려가 사정을 알아보았다.

파독 광부들의 근로조건과 계약 내용이 매우 불리하고 차별적이라
는 것은 알고 있었지만, 레클링하우젠 광부들에게 강요된 조건과 역경은
다른 광산에서 찾아보기 어려운 심각하고 열악한 것이었다.

에발드광산에는 76년 11월 독일에 온 광부 160여 명이 배치되어 있었
는데, 다른 곳보다 사고자와 해고자가 훨씬 많았고 저임금, 질병, 통역의
행패로 고생하는 피해자들이 많았다.

나는 에발드광산 기숙사를 자주 찾아갔고, 몇 달 동안 십여 명의 해고

자와 사고자, 저임금 수령자를 상담한 뒤 문제의 핵심 원인을 알게 되었다. 에발드광산의 유독 불리하고 억울한 환경과 조건은 잘못된 계약조건과 임금 규칙에서 나왔다는 사실이었다.

피해자들을 상담하며 노동계약서를 살펴보니, 76년부터 오게 된 파독 광부들의 계약서에는 전에 없었던 조항이 추가되어 있었는데, 계약기간 만료 전에도 해고할 수 있다는 조항이었다. "개인적 사유나 행태조건에 따라(aus Verhaltens Bedingten Gruenden) 계약기간 만료 전에라도 해고할 수 있다."

그리고 임금 계산 방식도 시간제 임금이 아니라 능력제 임금(Gedinge Lohn) 규칙을 적용한다고 적혀 있었다. 광부들은 이런 사정은 전혀 알지 못한 채 선진국 독일에 가면 돈을 많이 벌 수 있다는 장밋빛 환상만을 가지고 왔다. 이들은 땅굴 속에 들어가 하루 8시간을 일하고 나오면 등급에 따른 하루치 임금(Lohn Gruppe) 액수에 따라 정한 대로 임금이 나오는 줄 알았다. 당시의 등급 10에 해당하는 일당은 85마르크였다. 그런데 월급 표를 받고 보니 일한 날짜별로 임금이 달라 하루에 70마르크, 60마르크도 있고, 심지어는 40마르크를 받는 날들도 있었다.

알아보니 능력제 임금이란 캐낸 석탄의 양에 따라서 하루 임금이 달라지는 제도인데, 적정 임금 85마르크를 받으려면 기준치가 되는 2.5Kappe만큼의 석탄을 캐내야 했다. 2.5Kappe란 16.5m³나 되는 부피의 양을 말하는데, 이것은 석탄을 캐는 막장 굴의 높이가 2.1m, 넓이가 1.2m일 경우 5.6m의 길이만큼 착암기를 들고 캐내야 하는 양이었다. 허약한 몸으로는 감당키 어려운 양이었다.

또 하나의 문제는 이 광산의 땅굴이 경사진 막장(Steile Lagerung)이어서 평지보다 힘들고 석탄이나 돌이 떨어져 부상을 당하는 일도 상당히 자주 일어났다. 사고가 아니어도 힘에 겨워 지치면 병을 앓게 되고, 병가가 많아지면 지상이나 쉬운 곳으로 옮겨 주는 게 아니라 곧장 해고를 당했다.

더욱이 에발드광산의 광부들이 의무적으로 거주해야 하는 집단 숙소는 매우 비참했다. 12㎡의 좁은 방에 2층 침대를 놓고 4인이 자는 닭장 같은 초라한 곳이었다. 부엌도 제대로 된 부엌이 아니라 같은 크기의 방에 열두 개의 곤로를 놓고 상수도는 두 곳에만 있어 라면을 끓여 먹을 수 있는 정도의 공동 부엌인데, 이곳을 45명이 함께 사용했다. 그리고 130명이 거주하는 숙소에 세탁기는 한 대밖에 없었다.

광부들은 한국인 통역 R 씨에게 여러 번 불평과 개선 요구를 전달했으나 들은 체 만 체했고 광부들은 독일어를 못 해 회사에 직접 불평을 전할 길이 없었다. 한국에서 빚을 지고 온 광부들이 우선 은행 융자라도 받아서 갚으려는데, 통역은 은행 융자라고 속이고 자기 돈을 고율의 이자로 빌려주는 돈놀이까지 하고 있었다.

에발드광산의 얽히고설킨 문제들과 피해를 해결하기 위해서는 우선 광부들 스스로가 당면한 역경과 계약조건의 부당성을 인식하고 개선하고자 하는 의지를 갖도록 하는 것이 필요했다. 나는 광산 기숙사로 들어가 자치회장 송대근과 간부들을 만나 여러 차례 대화와 협의를 통해 광부들이 스스로 문제를 제기해야 교회나 여론의 도움을 받을 수 있다고 강조했다.

숙소의 불편함과 통역의 부당한 통제와 횡포에 염증을 느낀 광원들은 여러 차례 의논 끝에 광산 사장과 노조위원장에게 호소문을 제기하기로 결정했다. 송대근 자치회장은 "최저 임금의 보장"과 "기숙사 시설의 개선"을 요구하는 호소문을 작성해 자치회원 168명의 서명을 받아 사장과 경영진에게 77년 12월 12일자로 보냈다. 나는 이 호소문을 독일어로 번역해 회사의 사장과 경영위원장에게 보내면서, 그 사본을 이종희 주독 한국대사와 오스카 베터(Oskar Vetter) 독일 노동조합 총재에게 발송했다. 그리고 보쿰 지역 교회 사회선교부와 동아시아위원회로 보내 교계에 알렸다.

당황한 회사에서는 12월 22일자로 자치회장 송대근을 해고하고 R 통역관을 통해 감시 활동을 강화했다. 그러나 이것은 오히려 광부들의 분노를 폭발시켜 100여 명의 광부는 다음날 23일 밤 10시에 긴급 총회로 모여 새벽 2시 반까지 열띤 토론을 하며 송대근의 해고 취소와 R 통역관의 교체를 요구하기로 결의했다.

싸움은 크게 확대되었다. 한국 대사관에서는 사태 수습을 위해 12월 30일 임정삼 수석 노무관을 급파하여 오후 3시 자치회원들을 소집해 무마하려 했으나, 40여 명만이 참석해 노무관과 새벽 4시까지 심한 논쟁을 벌였다.

임 노무관은 "호소문 서명운동은 무모한 짓이다. 문제를 계속 일으키면 후배 광부들이 못 온다. 국가이익을 생각해 말썽을 없애 달라"고 강요해 일부 광원들은 서명을 취소하기도 했다. 그러나 다수의 자치회원들은 더 굳세게 단합해 통역 교체와 송 자치회장의 해고 취소를 요구했다.

에발드광산의 저임금(임금 삭감) 정책과 계약기간 내의 부당 해고와 추방을 한국 대사관은 문제 삼지 않고 동의해 주고 묵인하겠다는 입장을 보인 것이다. 이런 상태에서 노동자들의 호소문만으로 광산기업주의 정책을 바꾸기는 어려워 보였고, 교회나 노조가 나서야 했다.

나는 광산노조(I.G.Bergbau) 본부를 찾아가 한국 광부들의 사회적, 법적 문제를 제기하며 도움을 요청했다. 78년 2월 24일에 노조 간부 알커

(Alker) 씨와 위원장 빈디쉬(Josef Windisch) 씨를 만나 한국 광부들이 독일 광산노조의 회원이며 매달 20마르크의 회비를 내지만 아무런 도움을 받지 못하고 있음을 지적하며 노조 요람이라도 한국어로 번역해 배포해 달라고 했고, 에발드광산 문제를 털어 놓았다.

다행히 빈디쉬 광산노조위원장은 나의 주장과 변호에 깊은 관심을 보이며 구체적인 증거와 사례를 문서로 보고해달라고 요청했고, 나는 78년 4월 17일자로 상담자로서의 상황 보고와 요청문을 작성해 보냈다. 확실한 근거를 제시하기 위해 임금 삭감을 당한 광부 열 명의 월급 명세서를 첨부했고 기숙사 문제와 통역의 문제도 자세히 기술했다. 언어 소통이 어려운 한국 노동자가 160여 명인데 통역 한 사람에게 모든 걸 맡긴다는 것은 말이 안 되며, 병원에서 의사와 소통이 되지 않아 오진과 과처방이 생겨 다리를 자르고 내장 수술을 하는 등 비극이 일어나고 있다고 고발했다.

이러한 나의 호소문은 독일 개신교 외무국(Aussenamt)의 외국인 담당 믹쉬(Miksch) 목사를 통해 국회에 전달되었고, 노총에서뿐 아니라 정부의 노동부 장관에게까지 가게 되었다. 에발드광산 사장 폴(Pohl)에게 수많은 문의와 항의 전화가 왔으며, 교회 대표와 노조위워장도 사장을 찾아가 만났다.

이런 과정을 통해 광부들의 숙소 문제는 개선되었다. 4인이 2층 침대에 거주하는 방은 사라졌고 30% 정도의 광부들이 사설 개인 숙소로 옮기게 되었다. 조기 해고나 저임금 문제는 일부 시정되었지만, 계약조건의 근본적 갱신은 독일 노총과 교회의 개입에도 해결할 수 없었다. 한국 정부가 나서지 않았기 때문이다.

다른 광산에서도 계속되는 저임금과 해고 사태를 제도적으로 저지할 수는 없었지만, 나는 해고자의 추방을 막기 위해 변호사를 동원해 노동재판소에 고소했고, 재판을 끌면서 체류 허가를 연장시키고 병 보험이나 사고 보험(Unfall Rente), 사회부조금(Sozial Hilfe)을 받게 하는 일을 수십 건 처리했다.

그런 중에도 한 가지 기뻤던 일은 헤르네(Herne) 노동재판소에서 자치회장 송대근의 해고를 취소하고 복직 판결을 내렸다는 소식이었다. 78년 7월 15일자 레클렝하우젠 신문 *WAZ*에 이 소식이 크게 보도되었다. 아우스트(Aust) 변호사와 함께 송대근의 사진을 크게 실은 *WAZ*는 "판사가 광산 보스에게 해고 사태를 책망했다(Schelte)"라는 제목하에 재판 과정을 의미 있게 보도했다. 광산 노동자 50명이 법정에 와서 송 자치회장을 동조하며 방청했고, 판사가 "노총 사무총장 베터 씨에게 호소문 보냈다고 해고하는 게 말이 되느냐"고 폴 사장을 꾸짖었으며, 변호사 벨코보스키(Welkoborsky)가 한국 광부의 노동계약과 조건이 노예 장사(Sklaven Handel)를 하는 사람들의 계약과 비슷하다고 지적한 말도 기재했다.

에발드광산 노동자들의 항거와 투쟁은 적어도 숨겨져 있던 억압과 불평등, 광부들의 고통과 희생을 고발하고 여론을 일으키는 데 큰 성과를 거두었다고 할 수 있다.

(「기독교사상」 2023년 10월호에 게재된 글)

II. 한독 교회 선교 협력의 어제와 오늘

* 이 글은 2023년 2월 16~20일 서울에서 열린 "제10차 한독교회협의회"에서 발표한 이삼열의 주제 강연 "평화를 위한 한독 교회 에큐메니칼 협력 50년을 돌아보며"이다.

74년 6월 24~28일 독일 뒤셀도르프에서 한독교회협의회 1차 회의가 열렸을 때 독일교회 동아시아위원회(Ostasien Kommission) 상임고문(Ständige Berater) 자격으로 참석해 전 과정 통역을 맡았던 내가 49년 뒤인 2023년 오늘 서울에서 모인 10차 회의에서 회고담을 나누게 되니 깊은 감회를 금치 못한다.

76년 수원에서 모인 2차 회의에는 참석하지 못했지만, 78년 뒤셀도르프에서 모인 3차 회의와 81년 서울 아카데미하우스에서 모인 4차 회의에는 독일 교회 대표단의 일원으로 참석해 박종화 목사와 통역을 나누어 맡았다.

82년에 귀국해 숭실대 교수로 있으면서도 독일 교회 선교부와의 인연 때문에 독일개신교개발원조처(EZE)나 에큐메니칼 장학회(ÖSW), 사회봉사국(DW), 크리스챤아카데미(Evangelische Akademie) 일로 한독 교회 관계의 일에 관여하게 되었으며, 독일의 통일 직후 93년 5월 2~7일 베를린 바트 사로우(Berlin-Bad Saarow)에서 열린 7차 한독교회협의회에는 KNCC 대표로 참석하였다.

지난 반세기 동안의 한독 교회 관계 역사나 협력 사업들을 살펴보자면, 내가 보관한 문서철이나 기억에 남는 일만 해도 엄청난 양이며 내가 알지 못하는 수많은 일들까지 조사해 열거한다면 수백 쪽의 책을 써도 모자랄 것이다.

한국교회사에서 독일 교회가 미친 영향과 업적은 대단히 큰 의미가 있기에 앞으로 체계적, 역사적 연구와 정리가 있어야 할 것이다. 여기에 나의 체험담이 참고가 되기를 바라면서 몇 가지 기억을 서술해 보려고 한다.

샤프 감독 방한과 한독 교회 관계의 시작

한독 교회 관계의 공식적 출범은 65년 10월 독일개신교연합 총회장 샤프(Scharf) 감독이 외무국 총장 비슈만, 봉사국 원로 슐링겐지펜(Schlingensiepen)과 함께 한국을 방문함으로 시작되었다. 방문의 목적은, 강원용 목사를 중심으로 추진된 크리스챤아카데미가 독일 개신교 아카데미(Evangelische Akademie)의 지원을 받게 되므로 한국교회 지도자들을 만나 아카데미 운동과 한국교회의 사정을 살펴보기 위해서였다.

65년에 창립된 한국 크리스챤아카데미는 EZE에서 100만 불의 원조를 받아 67년 수유리에 아카데미하우스를 완공했고, 교회 갱신과 사회발전을 목표로 사회 여러 분야의 대화(Tagung)와 교육 사업을 시작했다.

KNCC는 독일 교회와의 친선과 에큐메니칼 선교 협력을 강화하기 위해 67년 초 한독위원회(Deutschland Kommission)를 조직하고 교단별로 한 명씩 대표를 선정해 위원회를 구성한 뒤 강원용 목사를 초대 위원장으로 선출했다.

독일교회 세계선교협의회(EAGWM)는 67년 7월 동아시아위원회를 조직하고 지역선교 단체 대표들과 외무국 대표 등으로 구성해서 KNCC 한독위원회의 파트너로 연락 및 사무 처리를 하도록 결정했다. 초기엔 한국교회를 대표해 제네바 WCC에 직원으로 근무하는 박상증 씨가 참여했고, 73년부터는 KNCC가 파송한 장성환 목사가 위원으로 참여했다. 당시 괴팅겐대학 유학생이던 나는 한독교회협의회가 시작된 74년부터 상임고문의 자격으로 3개월에 한 번씩 모이는 동아시아위원회 회의에 참석했다.

63년부터 파독 광부와 간호사들이 수천 명씩 독일에 오면서 70년대 초에는 재독 한인이 1만여 명에 달했다. 루르광산 지역과 전국의 병원에 산재한 파독 광부, 간호사 중 기독교 신자들이 독일 교회당을 빌려 예배하며 수십, 수백 명이 모이는 한인 교회가 여러 곳에 형성되었다. 자연히 독일에서 유학 중인 목사나 신학생들이 설교했지만, 전담 목회자가 아니므로 임시적 목회를 했고 교회는 안정되지 못했다.

전담 목회자를 요청하는 한인 교회들의 청원을 받은 동아시아위원회는 KNCC에 재독 한인 교회 목회를 책임질 목사 한 명을 파견해 줄 것을 요구했다. 72년 KNCC 한독위원회는 복음교회 장성환 목사를 독일로 파송했다.

장성환 목사는 73년부터 광부, 간호사 3~4천 명이 일하는 루르 지방의 여러 교회를 맡아 뒤스부르크에 거주하며 노르트라인 베스트팔렌

(Nordrhein-Westfalen) 주교회에 소속된 한인 교회 5~6곳의 목회를 전담했다. 이때 다른 지역의 한인 교회들은 개별적으로 교섭하여 함부르크에는 이재형 목사, 베를린에는 정하은 박사, 프랑크푸르트에는 이화선 목사를 임명했고, 슈투트가르트에는 75년경 KNCC의 추천을 받아 김종열 목사가 부임하게 되었다.

주별로 독립된 독일 교회가 한인 교회들을 어떻게 지원하고 목회자를 임명해야 할지 일치된 법칙이나 규범이 없어서 한동안 혼란스러웠고 재독 한인 교회들을 연합해 조정하는(coordinate) 문제가 복잡했는데, 동아시아위원회는 한독위원회와 여러 차례 협의해서 합의문을 만들었고, 한독교회협의회를 열어 논의하고 개선했다.

파독 근로자 문제와 1차 한독교회협의회

한국 정부는 외화 획득을 위해 노동력을 독일로 수출했지만, 한국 광부, 간호사들의 체류 조건과 노동 상황은 독일 노동자나 다른 나라에서 온 노동자들과 비교해서 매우 열악하고 불리했다. 노동자들의 불리한 조건과 곤경을 독일 교회에 호소해서 개선해 보기 위해 장성환 목사는 유학생이던 이삼열과 함께 광부, 간호사들의 문제를 조사해 상황보고서를 작성했고, 이를 동아시아위원회에 제출했다.

이러한 문제를 쓴 보고서를 받고 나서 동아시아위원회는 재독 한인 교회 문제와 함께 파독 노동자들의 어려운 사회적 문제들을 토의하기 위해 한독교회협의회를 개최하자고 KNCC에 제안하였다. 이렇게 첫 한독교회협의회가 74년 6월 24~28일 뒤셀도르프에서 열리게 되었다. 한국

대표로는 김관석 KNCC 총무, 강원용 한독위원장, 김윤식, 김해득, 김창희, 노정현, 이문영 등 6명이 참석했고, 독일 대표로는 플로린(Florin) 세계선교부 총무, 믹쉬 외무국 외국인 담당, 포저(Poser) EZE 총무, 쇼버 사회봉사국 총재, 선교부 실무자 등 10여 명이 참석했다.

회의에 앞서 양국 대표단은 세 팀으로 나누어 6월 25일 하루 동안 1) 간호사들의 병원 근무, 2) 광부들의 지하 땅굴 노동 현장, 3) 함부르크의 소선공 노농자들의 일터를 탐방하고 노동자들과 대화하며 문제를 파악하는 시간을 가졌다. 나와 함께 광산의 좁은 땅굴 속으로 들어가 허리를 굽히고 숨을 헐떡거리며 뛰면서 현장을 목격한 노정현 교수는 죽을 뻔한 지옥 체험이었다며 토론 시간에 보고하기도 했다.

다음날 26일 사회봉사국(Diakonisches Werk)에서 근무하는 한국 간호사 상담자들과 쇼버 총재가 동석해 간호사들의 근무조건과 생활 환경, 심리적, 인간적 문제 개선을 위한 토론을 한 뒤 독일병원협회에 건의할 내용을 정리했다.

27일은 독일 교회의 외국인 정책과 외국인 교회 지원 대책을 외무국 담당관으로부터 듣고 한인 교회와 목회자 파송 문제를 협의했다. 이날 독일 내 다섯 지역의 한인 교회 목회자들도 초대되어 현황과 문제들을 보고했으며 한독 교회 대표들과 장시간 토론했다.

KNCC에 속하지 않은 보수 교단들의 선교사들이 와서 에큐메니칼 한인 교회를 분열시키는 문제, 독재 정권과 인권 탄압을 비판하는 설교를 한 장성환 목사를 대사관이 빨갱이로 몰아 고립시키려는 작태를 보이는 일, 광산 통역들이 광부들에게 장 목사의 교회에 나가지 못하도록 협박하고 압력을 행사한 일 등 문제들이 제기되었으며, 독일 교회가 한인 교회의 신앙의 자유를 지키도록 보호해 줄 것을 요청했다.

재독 한인 노동자 문제와 한인 교회 문제는 76년 수원에서 2차 협의회가 열렸을 때나 78년 뒤셀도르프에서 3차 협의회가 열렸을 때도 주요 의제로 계속 논의되었고, 여러 가지 개선책이 제기되었으며, 독일 정부와 고용주 기업체에도 건의문을 전달했다. 그 결과 3년 임기를 마친 후 계약을 연장할 수 있게 되었고, 기숙사 시설이나 근무조건 등 개선이 이루어졌다. 루르 지방 광부들의 노동·사회문제를 돕기 위해 보쿰 사회선교부에 한국노동자사회상담소를 설치하기도 했다.

이처럼 최초의 한독교회협의회는 재독 한인들의 교회와 사회 문제를 협의하고 해결하기 위해 열렸지만, 2년마다 한 번씩 오가며 모이기로 한 협의회가 2차, 3차로 계속되면서 독일 교회는 한국교회와 사회문제에 점차 깊은 관심을 갖게 되었고 양국 교회 지도자들의 상호 이해와 협력의 정신은 차츰 강화되었다.

인권과 사회선교를 위한 협력과 연대

76년 3월 3~10일 수원에서 열린 2차 협의회는 한국교회의 역사와 신학적 문제, 교파 분열의 과정 그리고 사회정치적 문제를 심도 있게 토의했으며, 독일 교회 지도자들에게 한국교회와 정치사회 현실을 알리는 계기가 되었고 깊은 인상과 관심을 일으켰다.

특히 한국 측 참가 예정자였던 안병무 박사, 이태영 여사가 3월 1일 명동성당에서 열린 민주구국기도회에 참석한 죄로 구속되어 참석치 못함으로, 독일 대표단은 박 대통령에게 석방 탄원서를 보내고 공보부 장관을 방문하여 신앙의 자유와 인권문제 개선을 촉구했다. 유신 독재 체제하에서 인권과 사회정의를 외치다 구속된 목회자들과 고난을 무릅쓰고 순교적 정신으로 투쟁하는 기독 학생들, 산업선교 실무자들을 현장에서 보면서, 독일 교회 대표들은 형제교회의 수난과 그리스도인들의 용감한 저항에 깊은 관심과 공감을 갖게 되었다. 발표된 결의문 속에는 다음과 같이 깊은 형제애와 연대감이 표현되어 있다.

한독 양 교회는 선교적 과제에 대한 신학적 이해를 넓히고, 선교 협력과 형제적 우애(bruederliche Freundschaft)를 강화하기 위해 교역자와 실무자 청년 학생들의 상호 방문 교류를 증진하고 경험과 배움을 서로 나누어야 한다. 협의회의 만남과 대화를 통해 한국과 독일 양 교회는 서로 우정과 연대 속에 매여 있음을 알게 되었다. 앞으로도 이런 만남이 계속되어 한독 양 교회가 기쁠 때나 슬플 때나 주님이 이끄시는 공동체 의식(Gemeinschaft)을 강화하게 되길 희망한다.

특히 나치 독재하에 수난을 당하면서 저항했던 고백교회의 전통을 이은 독일 교회는 같은 탄압과 수난을 당하는 한국교회를 보며 모른 체할 수 없었고, 한국교회 대표들은 독재와 분단이라는 같은 역사를 체험한 독일 교회를 향해 정신적, 물질적 지원과 협력을 요청하게 되었다.

한국의 인권 문제와 사회선교에 깊은 관심을 가진 독일 서남독선교부(EMS)는 72년부터 안병무 박사 등을 초청해 한독 신학자와 교회 지도자들의 연구 모임(Klausur Tagung)을 개최하여 본회퍼나 니뮐러 등 고백교회의 신학과 전통을 주제로 신학적 토론의 장을 베풀었다.

73년 11월 2차 연구 모임에서는 40여 명의 한독 교회 관계자가 참석해 반독재 민주화에 나선 박형규 목사 등 기독자들의 석방을 요구하며 저항하는 한국 그리스도인들과 연대하겠다는 성명서(바일슈타인 선언서)를 발표하기도 했다.

또한 서남독선교부는 한국교회의 인권운동과 사회선교를 돕는 구체적 사업들을 앞장서 추진했다. 1차 한독교회협의회를 마친 직후 7월 1~3일 슈투트가르트에서 서남독선교부와 한국기독교장로회(PROK)의 교류 협력 사업을 구체적으로 논의하는 협의회를 개최했다.

이 협의회에서 기독교장로회 이영민 총무, 김관석 목사, 안병무 박사 등은 구체적인 선교 협력 사업들을 제안했으며 서남독선교부와 기독교장로회는 앞으로 산업선교와 선교 교육 사업 등의 과제를 함께 수행하기로 합의했다.

보다 구체적인 협의는 76년 서울에서 서남독선교부와 베를린선교부(BMW)와 기독교장로회 사이에 열린 2차 협의회에서 이루어졌다. 이는 수원에서 열린 2차 한독교회협의회 직후 모인 후속 모임이었다. 합의문(agreement)에는 한국 목회자나 선교 실무자들을 독일 교회의 선교동역자(co-worker)로 오게 하여 언어 훈련 뒤 수년간 근무하게 하는 계획이 있었다. 이 협정에 따라 기장의 많은 목회자, 선교 실무자, 신학생들이 독일에 와서 배우며 선교 활동을 하고 돌아왔다. 이 밖에도 선교교육원, 신학연구소가 독일 교회의 지원으로 설립되고 운영되었다.

분단 극복과 평화를 위한 한독 교회의 사명

78년 11월 20~23일 뒤셀도르프 카이저스베르트에서 다시 모인 3차 한독교회협의회는 심층적인 신학적 토론과 교회사적 성찰을 통해 한독 교회 간 친교와 연대 의식을 더욱 긴밀하게 발전시켰다. "한국과 독일에 서 그리스도를 고백하며"(Confessing Christ in Korea and Germany)라는 주제로 모인 협의회에는 양국 교회의 거물들이 참석했고 깊이 있는 주제 발표와 토론이 진행되었다.

독일 측에선 샤프 감독 회장, 헬드 외무 총장, 쇼버 봉사국 총재, 하벨 선교국 총장, 슐링겐지펜 카이저스베르트 사회봉사회 이사장을 비롯한 여러 지역 교회와 선교부 대표자 27명이 참석했고, 한국 측(KNCC)에선 김관석, 강원용, 이천환, 강신명, 정진경, 김해득, 조덕현, 성갑식, 김형 태, 안병부, 노정현, 강문규, 김준영, 표용은, 오충일 등 거물급 교계 지도 자 15명이 참석했다. 또한 3차 한독교회협의회에는 미국, 영국, 일본, 스웨덴, 스위스, 네덜란드, CCA에서도 교계 지도자 여러 명이 옵서버로 참석해 에큐메니칼 협의체의 분위기를 형성했다.

헬드 박사와 강원용 박사가 각기 독일과 한국의 분단 상황과 고통의 역사 속에서 교회가 해야 할 신앙고백과 실천 과제를 발표했고, 장시간 의 토론을 거쳐 아래와 같은 요지의 결의문을 만들었다.

분단과 독재의 경험을 공유하는 양국 교회가 그리스도의 이웃 사랑과 평화의 복음을 증거하기 위해서는 전통과 정치 문화적 차이를 보다 깊이 이해하면서 인권과 사회정의, 분단 극복과 세계 평화를 이루기 위한 공동의 연구와 노력을 함께해야 하며, 이를 위해 상호 유대와 협력을 강화해야 한다.

한국 대표들은 전쟁이 아닌 평화적 방법의 남북 통일을 희망한 반면, 독일 대표들은 동서독의 평화적 분단 체제를 유지해야 하며 일방적 통일은 동서 유럽의 균형을 깨뜨리기 때문에 유럽의 평화를 위해 포기해야 한다고 주장했다. 그럼에도 적대적 분단의 극복과 평화 공존이라는 목표는 독일과 한국 모두 같기에 양국 교회는 상호 경험과 지혜를 교환하고 협력을 강화해야 한다고 뜻을 모았다.

3년 뒤 81년 6월 8~10일 4차 한독교회협의회가 "분단국에서의 교회의 사명"을 주제로 서울 아카데미하우스에서 열렸을 때 그 뜻은 더욱 구체적으로, 실천적으로 논의되었다. 79년 10월 유신 독재가 붕괴되고, 80년 5월 광주민중학살과 함께 5공화국 군부 독재가 다시 등장하면서, 북한과의 평화 통일에 대한 요구가 교회와 시민사회 속에서 거세게 일어났기 때문이다.

4차 협의회는 한국교회의 평화 통일 운동을 획기적으로 발전시킬 중대한 결정을 내놓았다. 공동결의문 4항에는 이렇게 명시했다. "분단된 우리 국가의 통일이 무엇보다 중요한 교회의 과제다. 한국과 독일 양국의 분단은 서로 상이한 역사적인 배경과 세력에 의해 생기게 되었으나 양국의 교회는 자유와 정의와 평화 가운데서 통일을 성취하려는 민족의 의지와 포부를 기독교적 사명과 책임감으로 받아들여야 한다." 제5항에서는 이렇게 명시했다. "우리는 한국교회협의회가 통일 문제를 연구하며 추진하는 위원회나 연구소를 설치할 것을 권장하며, 독일 교회가 재독 한인들의 평화 통일 논의를 지원하도록 요청한다." 이 결의문은 한국교회로 하여금 평화 통일 운동을 구체적으로 실천할 수 있는 계기와 토대를 마련해 주었다. KNCC는 이 결의에 따라 82년 2월에 통일 문제 연구원을 설치하였고, 오재식 원장과 운영위원, 전문위원들을 임명함으로 교회의 평화 통일 연구와 실천 운동을 시작하였다.

그 결과 84년 WCC와 함께 추진한 도산소 동북아평화회의, 86년 글리온 남북 교회 지도자회의, 88년 한국기독교 평화통일선언 등 교회가 민간 통일 운동의 물꼬를 트는 놀라운 업적을 만들어 내었다. 한독교회협의회의 가장 중요한 성과였다고 생각된다.

89년 베를린 장벽이 무너지고 동독과 동구 공산권이 해체되면서 독일은 기적적인 통일을 평화적으로 성취하게 되었다. 이제 한국교회는 독일의 통일을 부러워하며 독일에서 지혜를 배워야 했다. 동서독 통일의 과정과 문제, 화해를 위한 교회의 역할에 대하여 정확히 알 필요가 생겼고, 이에 한독교회협의회를 다시 열자고 요청했다.

독일 교회는 이러한 요청에 부응해 93년 5월 2~7일 동독 베를린 바트 사로우에서 7차 한독교회협의회를 열었다. 통일 직후에 생긴 혼란과 불평등, 여러 가지 문제와 후유증을 보고 듣고 이해하며 많은 교훈을 얻을 기회를 한국교회와 통일 운동 지도자들에게 제공한 것이다. 갑작스런 흡수통일 직후에 붕괴된 동독(DDR) 주민들이 당한 경제적, 심리적 고통과 인도적 문제들을 직접 들어보았고, 한반도에서 독일과 같은 갑작스런 흡수통일은 기대할 수도 감당할 수도 없고 바람직하지도 않다는 토론을 했다. 통일 후 동독인들의 차별과 소외를 극복하고 정의와 인권, 화해를 실현하기 위한 교회의 사명과 책임이 막중함을 성찰하며 공감했다.

한독 교회 협력의 분야와 특징

한독 교회 협력의 역사를 내가 관여했던 1~4차와 7차 한독교회협의회의 자료와 기억에 의거해 스케치해 보았지만, 반세기에 걸친 다양한 사건과 엄청난 일들을 다 조망하기엔 너무나 부족하고 제한적이었다. 앞으로 체계적이며 학술적인 조사 연구를 통해 전모가 밝혀지기를 바라면서, 초창기의 경험과 전문을 근거로 서론에 불과한 한 부분을 약술할 뿐이다.

한독 교회의 교류와 협력의 역사를 제대로 조망하려면, 협의회의 기록뿐 아니라 교단별 협력 사업과 인적 교류, 기관별 재정 지원과 개발원조, 에큐메니칼 회의와 장학 사업을 모두 파악하며 서술해야 하지만, 이를 위해선 자료 조사와 관계자들의 면담 등 상당한 노력과 시간이 필요하다.

교단별 협력 사업으로는 기독교장로회와 독일 서남독선교부가 74년부터 추진한 수많은 교류와 협력 사업들이 파악되어야 하고, 예수교장로회가 독일 팔즈 주교회와 84년부터 맺고 시작한 교류 협력 사업들이 전부 종합되어야 한다. 기장과의 협력은 EMS의 동아시아 책임자 슈나이스(Schneiss) 목사가, 예장과의 협력은 팔즈주 선교부 책임자 프리츠 목사가 주도하고 열정적으로 오랫동안 많은 일들을 하였는데, 최근에 두 분 모두 돌아가셔서 인터뷰조차 할 수 없게 되었으므로 남긴 편지와 회의록들을 조사 연구해야 한다.

예수교장로회가 독일 교회와 선교 협력을 하기 시작한 것은 84년경으로 기장보다 10여 년 늦었지만, 팔즈 주교회와 밀접하고 충실한 교류 협력 관계를 유지 발전시켰다. 85년 팔즈 주교회가 박창빈 목사를 에큐메니칼 선교 동역자(Oekumenische Mitarbeiter des pfalzischen Landeskirche)

로 초청해 3년간 활동하게 했고, 그 후 여러 예장의 목회자를 선교 동역자로 초청했다. 팔즈 주교회 선교 방문단이 여러 차례 한국을 방문해 한국 교회와 사회를 깊이 이해하며 친교를 맺어오다가 2000년부터는 팔즈 주교회가 아프리카 가나 교회와 함께하고 있는 선교 사업에 예장 영등포 노회(Synod)를 참여시켜, 가나의 빈곤 지역에 컴퓨터 기술 학교를 세워 운영하는 선교 사업을 한국, 독일, 가나 3개국이 공동으로 추진하는 데까지 이르렀다.

한국이 도움을 받는 나라에서 주는 나라로 발전하고, 이제 한국교회가 독일 교회와 함께 아프리카 선교를 공동으로 하게 된 것은 교회사나 선교사적으로도 대단히 큰 의미를 갖는 모델을 만들었다고 생각된다.

EZE가 한국교회와 사회 여러 기관에 재정 지원과 협력 사업을 수행한 업적과 성과는 대단하다고 평가되어야 한다. 크리스챤아카데미, 연세대, 이화여대, 계명대 등 기독교 대학들, YMCA, YWCA를 비롯한 교회와 사회 기관들에 발전 사업으로 30여 년간 지원한 원조 액수를 합한다면, 나의 짐작으로도 수천만 불이 넘을 것이다. 60년대부터 90년대까지 EZE가 개발원조로 한국에 지원한 발전 사업들의 성과와 업적은 보다 체계적으로 조사 연구될 필요가 있다.

또 한독 교회의 중요한 협력 사업으로 빼놓을 수 없는 사업은 독일 교회의 장학 사업이다. 나 또한 그 혜택을 본 사람 중 하나지만, 많은 한국의 신학자, 목회자, 평신도들이 독일 교회의 장학금으로 수년간 독일 유학을 했고, 박사 학위를 받았으며, 귀국해 교회와 사회, 대학의 발전에 이바지하고 있다.

특히 독일 교회 사회봉사국(DW)이 60년대부터 한국의 목회자와 신학자들의 연수를 위해 지급한 신학생 장학금(Theologen Programm)은 한국에 수십 명의 신학 교수와 교회 지도자를 배출하였다.

독일 교회는 70년대부터 후진국의 사회발전 지도자들을 육성하기 위해 에큐메니칼 장학금(Oekumenisches Studienwerk) 제도를 운영했는데, 한국에서 50여 명의 인재가 이 장학금으로 유학한 뒤 돌아와 대학교수, 장차관, 시민사회 지도자가 되는 성과를 거두었다.

이처럼 다양한 분야에서 이루어진 한독 교회 협력의 역사를 일일이 다 파악하기는 불가능하지만, 대략 살펴보더라도 다음과 같은 몇 가지 의미와 특징을 발견할 수 있다.

1. 미국, 영국, 호주 교회와는 달리 독일 교회는 한국에 자기 교파(Denomination)를 세우거나 교단의 선교사를 파송하지 않았고, 교회 건물을 짓거나 교회 성장을 위한 협력 사업을 하지 않았다. 50년 전에 시작된 독일 교회와의 선교 협력은 150년 전에 시작된 미국, 영국, 호주 교회의 선교와는 질적으로 다른 새로운 형태의 선교 관계였다.

2. 독일 교회의 선교 협력은 초기부터 크리스챤아카데미, 도시산업선교, 사회봉사 훈련과 같이 교회가 사회발전과 개혁에 봉사하는 사회선교적 사업과 활동에 집중되었다. 특히 70~80년대 군부 독재 시절 구속된 목회자와 학생들, 해직된 교수와 지식인들을 돕는 교회협(KNCC)의 인권운동 사업을 적극 지원해서 민주화에 적지 않은 공헌을 했다. 교회 성장보다는 사회발전에 참여하는 기독 학생, 청년, 여성과 빈민 지역의 민중 선교, 여성 선교를 도왔다.

3. 나치 독재와 동서독 분단이라는 아픈 역사적 경험을 가진 독일 교회는 군부 독재와 남북한 분단의 고통 속에서 저항하는 한국교회

에 특별한 관심과 연대 의식을 보였고 또한 루터나 바르트 등 독일 신학에 영향을 받은 한국교회는 독일 고백교회의 저항이나 동서독의 평화 공존에 높은 관심을 가짐으로 한독 교회의 교류 협력은 깊은 공감대와 정신적 유대 속에서 신속히 발전할 수 있었다.

4. 앞으로도 분단 극복과 평화 통일을 절실하게 추구해야 하는 한국교회는 민주적 사회발전과 평화적 통일을 모범적으로 달성한 독일의 역사와 경험에서 많은 것을 배우며 실천해야 하기 때문에, 독일 교회와의 교류 협력 관계는 폭넓게 강화되어야 하며 신학적 대화나 정책적 협의의 수준과 질은 향상되어야 한다.

III. 유럽 교회의 산업선교 활동

유럽산업선교회(ECG)의 간사로

14년간의 독일 유학과 에큐메니칼 활동의 마지막 2년 동안 나는 유럽산업선교회(ECG)의 간사직을 맡아 유럽 10여 개 나라의 도시산업선교 현장을 탐방하며 아시아와 연대 활동을 추진하는 특별한 기회를 갖게 되었다.

79년 말 유신 독재의 붕괴로 한국 민주화의 길이 열렸을 때 나는 가능하면 속히 독일 망명 생활을 청산하고 모국으로 귀환하리라 결심하였다. 학위를 마친 뒤 77년 봄부터 파독 광부들의 인권상담소장직을 정리하는 일과 한국에 들어가서 어떤 직장을 가질 것인가를 염려하면서 국내 정세를 살펴보고 있었으나, 12.12 사태로 전두환 군부가 득세해 안개 정국을 만들고 민주화의 길을 저지하는 모습을 보며 귀국의 길이 쉽게 열릴 것 같지는 않아 보였다.

이 무렵 제네바 WCC-URM의 토드 목사에게서 뜻밖의 제안이 왔다. 유럽산업선교회의 간사를 맡았던 존 모이어 목사가 Frontier Internship 총무로 떠나게 되어 자리가 비었으니 내가 그 자리를 맡으면 좋겠다는 제안이었다.

유럽산업선교회는 유럽 여러 나라의 도시산업선교 활동을 하는 기관이나 조직체들이 교류 협력을 위해 결성한 협의체인데, 외국인 노동자 문제 같은 공통된 문제를 함께 해결해 보려고 하니, 독일에서 한국 광부, 간호사들의 인권 개선을 위해 활동한 경험이 있는 내가 적합한 후보자라고 생각했다는 것이다.

귀국하려면 광산 노동자상담소장의 일은 누군가에게 맡기고 떠나야 했기에 보쿰 사회선교부에 사표를 내고 후임자를 추천했다. 나는 광산 노동자로 왔다가 3년 근무를 마치고 독일 사회봉사학교(Diakonie Hochschule)를 졸업하고 사회봉사자(Diakon)의 자격을 얻은 피호균 집사를 추천했고, 80년 초부터 그가 상담소장직을 맡게 되었다.

나는 귀국 준비 기간을 고려하여 2~3년만 ECG 간사직을 맡겠다고 약속하고, 80년 4월 초 취임했다. 유럽산업선교회 간사직은 WCC-URM에서 지원하는 자리였기 때문에 월급은 제네바에서 받았다. 전임자 모이어는 암스테르담에 사무실을 두고 근무했지만, 나는 살고 있던 보쿰에 사무실을 두고 유럽 여러 나라를 다니면서 활동하였다.

WCC 본부 제네바에서 전 세계 도시산업선교 활동을 총괄 지휘하던 조지 토드 목사는 유럽 교회의 보수적인 산업선교 활동에 진보적 의식을 심어줄 목적으로 아시아의 산업선교 운동과 연대하길 바라면서 한국 노동자의 인권 선교를 하던 나를 ECG 간사로 임명했다. 토드 목사는 나를 WCC의 선교와 전도국(CWME)의 협동간사(consultant)로 임명받게 하고, WCC-URM에서 월급을 받으며 유럽산업선교회의 간사직을 맡도록 하였다.

당시 제네바 URM 부서엔 후에 WCC 총무가 된 케냐의 샘 코비아가

농촌 선교(Rural Mission) 담당으로 함께 일하고 있어서, 그와 자주 만나 아프리카 도시농촌선교 이야기를 들었다. 자주 제네바에 갔기 때문에 세계 각지에서 찾아오는 도시산업선교 책임자나 실무자들을 만날 수 있었고, 여러 곳의 도시농촌선교 일을 파악할 수 있는 좋은 기회였다.

유럽 14개국의 산업선교 협의체

66년 10월 WCC-URM의 지원·주최하에 '유럽 교회와 산업사회협의회' 가 열리게 되었는데, 이 협의회에서 상호 협력과 발전을 위해 상시적인 협력체(Permanent Contact Group)를 만들자고 결정함으로 유럽산업선 교회가 창립되었다.

유럽의 경제와 산업이 점차 국제화하고 다국적기업과 외국 노동자 문제가 날로 심각해지는 상황에서, 교회의 산업선교와 봉사도 국제 협력 과의 교류가 중요하기 때문에 유럽 산업선교의 협의체와 네트워크를 출범시킨 것이었다.

정식 회원 단체로 참가한 나라는 서유럽 14개국이었다. 산업선교를 전담하는 조직이나 단체가 있는 나라들은 영국, 독일, 스위스, 네덜란드 정도였고, 프랑스, 이탈리아, 스웨덴, 핀란드, 덴마크 등은 사회윤리나 민중 선교 단체들이 회원 조직체였으며, 나머지는 개인이나 그룹이 그 나라의 산업선교를 대표하며 총회에 참석했다.

유럽 여러 나라의 교회와 선교 활동은 역사와 전통, 교파와 신학에 따라 많은 차이가 있었고 내용과 성격도 서로 많이 달랐다. 그것은 조직 의 명칭에서부터 나타났다.

영국 교회는 Industrial Mission Association이라고 하는 산업선교 목사(Industrial Chaplain)들의 연합체가 대표했으며, 독일은 Kirchlicher Dienst in der Arbeitswelt(KDA), 즉 '교회의 노동세계봉사'라는 명칭의 부서가 참가했다. 스위스는 Reformierte Arbeitsgemeinschaft Institut Kirche und Industrie(교회와 산업 개신교위원회), 네덜란드는 '산업선교봉사회', 프랑스는 Mission Populaire Evangelique(개신교 민중선교회), 스웨덴과 핀란드는 Committee on Church and Society(교회와사회위원회), 덴마크는 Social Ethic Committee(사회윤리위원회), 이탈리아는 Centro Sociale Protestante(개신교사회센터), 오스트리아는 Betriebs Seminar(기업세미나)가 회원 조직체였다.

스페인과 포르투갈은 가톨릭 국가교회가 유지되는 동안 개신교는 금지되거나 탄압을 받았기 때문에 교회 수도 극히 적고 매우 허약해서 조직 없이 개인 연락 책임자만 등록되어 있었다.

ECG는 동유럽 사회주의국가들의 교회들과도 연락과 대화를 유지했다. 그중 동독, 헝가리, 폴란드, 루마니아, 체코슬로바키아 5개국은 가끔 모임에 참석하였다.

그동안 했던 ECG의 주요 사업은 연차 대회(Annual Meeting) 이외에 노조 간부 5개국(독일, 영국, 프랑스, 네덜란드, 벨기에) 수련회가 있었고 제철공입 노동사 교류와 회의(영국, 독일, 네덜란드, 스웨덴, 핀란드) 같은 프로그램이 있었다.

ECG를 운영하는 임원은 실행위원회(Executive Committee)인데, 회장은 프랑스의 앙드레 린하르드(Andre Leenhardt), 서기는 노르웨이의 게르드 아르세트(Gerd Anne Arset), 회계는 스위스의 피에르 스트라우스(Pierre Strauss), 간사는 이삼열(Samuel Lee) 4인이 실행위원이었다.

ECG 간사의 책임을 맡은 나에겐 회원국 14개국 중 가장 중요한 나라들부터 방문해 그 나라의 교회와 산업선교의 실태를 파악하고 네트워크를 형성하는 일이 급선무였다. 가급적 그 나라의 산업선교대회나 특별회의가 있을 때 참관을 겸해서 갔다가 회의 후 한두 주간 체류하며 주요 도시와 교회 기관의 산업선교 활동들을 찾아보고 실정을 파악하려고 노력했다.

많은 시간을 들여 돌아본 나라는 영국의 Indeustrial Mission과 독일의 KDA(교회의 노동세계봉사), 스웨덴 교회의 Church and Society, 핀란드의 교회와사회위원회였다. 총회를 마치고 한 주간 파리에 머물며 프랑스의 Mission Populaire 등 도시 빈민 선교를 하는 센터들을 방문하기도 했다.

유럽 교회 지형상 북유럽에는 개신교나 루터교가 강해서 산업선교나 사회봉사 선교가 잘 발전되었지만, 가톨릭 교세가 강한 남유럽에는 개신교 세력이 약해서 프랑스나 이탈리아는 사회선교 단체들이 매우 허약했다. 또한 개신교가 오랫동안 탄압받고 금지되었던 스페인의 산업선교는 목사 몇 사람만이 개인적으로 관심을 가질 뿐이었다.

영국의 산업선교회(IMA)와 도시 선교

81년 1월 17~30일 나는 영국의 산업선교(Industrial Mission)의 조직과 활동을 파악하고, 주요 인물들과 인터뷰하고, 주요 현장 활동을 방문하고 견학하기 위해 런던, 엘리, 버밍감, 맨체스터, 리버풀 등에서 머물며 여러 모임과 회의에 참석했다.

유럽에서뿐 아니라 세계적으로도 가장 먼저 산업화가 이루어지고 공업화가 발달한 영국이 공업 환경이나 노동문제를 심각하게 직면하면서, 영국 교회는 산업사회 문제에 대처하는 산업선교 활동을 가장 먼저 그리고 오랜 기간 하게 되었다.

교회가 산업사회나 공장 지역에 관심을 갖고 목회자나 선교사를 파송하는 전통은 사회주의 노동운동의 강화로 노동자들이 교회를 떠나게 된 150년 전부터였다. 교회를 떠난 노동자들에게 복음을 전파하려면 공장 지대로 찾아갈 수밖에 없었고, 그들과 대화하려면 노동의 문제나 공장과 산업화의 문제를 거론하지 않고서는 불가능했다.

영국에는 산업선교를 전담하는 상근 산업목사(Industrial Chaplain) 제도가 있는데, 산업선교연합회(Industrial Mission Association)에 소속된 전담 산업목사의 수는 80년도 현재 150명이었다. 교파별로는 다수 교파인 성공회(Anglican) 목사가 115명, 감리교 12명, 스코틀랜드 교회 9명, 개혁교회 연합 10명, 침례교 2명, 가톨릭교회 3명이었다. 전담 산업목사의 수는 60년대 31명에서 70년대 92명으로 확대되었는데, 80년대 150명까지 늘어났다.

그러나 교단별로 임명된 산업선교 목사들이 일하는 방식은 교단별로도 개인별로도 아닌, 철저하게 지역별로 이루어진 지역 산업선교팀(Local IM Team)에 초교파적으로 소속되어서 그 지역의 산업 지대에서만 팀으로 활동하게 되어 있다.

전국을 여덟 개 지방(Region)으로 나누고 지방마다 여러 개의 지역 선교팀이 조직되어 활동하는데, 이 팀은 지역마다 존재하는 '지역 산업 선교 이사회'(Local IM Council, Board)의 통제와 관리를 받는다. 이 지역 이사회에는 교회 대표와 산업계 대표가 함께 참여하는데, 산업계 대표는 경영자 대표와 노동조합 대표로 구성되어 목사와 경영자와 노동자가 균형을 이룬다.

이런 조직과 구도에서 보이듯이 영국의 산업선교는 교회와 산업계가 함께 수행하는 매우 사무 행정적인 성격을 띠고 있다는 것을 알 수 있다. 산업선교 목사의 인건비는 파견한 교회가 부담하지만, 활동비는 교회와 산업계가 반부담하는 원칙을 세웠다. 실제 운영 내용은 지역마다 달랐다.

따라서 산업선교 목사들은 기업의 편이나 노동자의 편에 치우치는 활동을 해서는 절대 안 되고 가급적 중립적 입장에서 노동자의 복지(Welfare)나 목회 상담 활동(Pastoral Care)을 했다.

내가 만난 IM 목사들은 영국의 산업선교가 이런 중립 지대에서 속히 벗어나 약자의 편에 서서 잘못된 구조적 문제를 비판하는 새로운 방향을 모색해야 한다고 주장했다.

나는 산업선교연합회 대표 마이크 웨스트(Mike West) 목사의 안내로 1월 19일 런던에서 열린 전국대회(Churches Consortium on Industrial Mission)에 참석했고, 이어서 20명의 중앙위원회와 남 런던 산업선교부도 방문해 토론을 청취하며 분위기와 문제의식을 파악했다.

대체적인 분위기는 영국의 산업선교가 너무 개인주의적 구원과 자유주의 신학에 얽매여 있었는데, 이제는 산업사회의 정의로운 변화와 제도의 개선을 위한 운동과 의식화에 관심을 갖고 산업목사의 역할이 변혁의 일꾼(Change Agent)이 되도록 해야 한다는 주장들이 많았다.

특히 북쪽 맨체스터 산업 지대로 가서 자동차공업이나 제철공업, 중화학공업 지대에서 활동하는 산업선교 목사들을 만나보니, 노동조합 운동과 노동자들의 복지, 해고, 공해, 외국인 노동자들의 문제에 깊은 관심을 가지고 여러 가지 참여 활동을 하고 있었다. 많은 공장이 문을 닫고 대량 실업자가 양산되며 다국적 재벌 기업들이 독과점 체제를 만드는 경제구조를 민주적으로 정의롭게 개혁하려면, 통증 완화적 치료(Palliative) 방식의 산업선교로는 부족하며 해방신학적 안목을 가질 필요가 있다는 주장들이 나왔다.

나는 이들의 요청에 따라 한국과 필리핀 등에서 민중신학적 안목으로 노동자 빈민층과 연대해서 민주화와 노동조합 운동을 함께하는 도시산업선교를 소개하며 제3세계와 아시아의 산업선교팀들과 연대하며 교류할 필요가 있음을 강조했다. 그리고 아시아교회협의회에서 발간한 "신학과 이데올로기"(Theology and Ideology) 팸플릿 몇 구절을 읽으며 신앙과 이념 문제의 논쟁을 소개하기도 했다.

전국대회에서 제기된 또 다른 문제는 영국의 산업선교도 다른 나라와 제네바에서처럼 도시산업선교로 이름을 바꾸고 도시선교(Urban Mission)에도 중점을 두어야 하지 않느냐는 것이었다. 전통적으로 산업 노동자 문제에 중점을 둔 산업선교는 산업 지대를 벗어난 실업자와 도시 빈민, 범죄 청소년, 소외된 여성 문제에는 무관심하거나 등한시했다는 비판이었다.

대도시마다 증대하는 실업자 빈민들의 삶을 개선하기 위해 도시선교센터(Urban Center)들이 생겨났고 토니 애디(Tony Addy) 같은 도시 선교자들이 연대 네트워크를 조직하려고 시도하고 있었다.

도시산업선교로 명칭을 바꾸는 데 회의적이며 반대하는 자들은, 산업선교는 산업 노동자 문제에 집중해야 하며 범위가 넓은 모든 분야에 피상적으로 관여해서는 안 된다고 했다. 또한 어떤 이는 산업(Industry)의 개념이 공업뿐만 아니라 농업, 상업, 인간 생활을 돕는 서비스도 포함하는 단어이기 때문에 산업선교의 명칭을 유지하자고 주장했다. 또한 대상을 넓혀 모든 사람을 위한 민중 선교(People Mission)로 하거나 노동자

선교(Workers Mission)로 하되, 공장 노동자와 도시 노동자를 포괄하는 개념으로 쓰자는 주장도 있었다. 여러 논쟁 끝에 도시선교센터들과의 관계 문제를 더 깊이 연구하고 각 지역에서 검토해 보기로 결론을 맺었다.

나는 이틀 동안 애디와 메리 매컬리스(Mary Macalese) 수녀의 안내를 받아 맨체스터와 리버풀에 있는 도시선교센터 여러 곳을 방문했다. 허름한 건물 안에서 실직 청소년들에게 편물, 요리, 목공 등의 기술 훈련을 하는 센터들과 흑인 실업자들에게 읽고 쓰는 영어 교육을 하는 센터들이 었다.

산업선교가 가난한 사람들 편에 서서 빈부격차와 소외계층을 만들어 내는 정치사회구조를 개혁하는 데 보다 더 앞장서야 한다는 주장들이 특히 도시 빈민 선교자들에게서 많이 나왔다.

80년 1월 '사회정치경제 개혁을 위한 기독교 단체'(Christian Organization for Social, Political, Economic Change)라는 명칭의 조직체(COSPEC)가 태동해서 진보적 기독교 운동 단체들이 연합 전선을 펴는 모습을 보였다. 진보적 감리교 연합(Alliance of Radical Methodists), 침례교 혁신 그룹(Baptists Renewal Group), 기독교 사회주의 운동(Christian Socialist Movement), 기독교 여성주의 그룹(Christian Feminist Group), 인종차별 반대 크리스천(Christian against Racism and Facsism), 도시선교사업(Urban Mission Project) 등 조직과 단체들이 가입해 연합체를 만들었다.

여기에 개별적으로 가입한 산업선교 목사들이 있었는데, 이들에게서 산업선교가 단체로 가입하자는 주장이 나왔다. 그러나 목적이 같으니 가입하자는 주장과 산업선교는 정치적 투쟁에 나서면 안 된다는 반대론이 맞서 논쟁했을 뿐 산업선교 단체는 가입하지 않았다.

독일 교회의 노동세계봉사회(KDA)

나는 유럽산업선교회 간사를 맡으면서 독일의 대표적인 산업선교 단체인 '교회의 노동사회봉사'(Kirchlicher Dienst in der Asleitswelt, KDA)의 조직과 활동을 알아보고 국제적 연대 가능성을 짚어 보았다.

KDA는 독일개신교연합회(EKD)가 55년도 총회에서 "교회와 노동자 세계"(Church and Worker's World)라는 결의문을 채택한 후 창립되었다. 주별 교회(Landerkirche)에는 이미 산업목회자, 사회 담당 목사(Social Pastor), 산업 봉사자(Industrial Diakons), 사회봉사 요원(Social Secretaries)들을 관할하는 부서가 있어, 노동문제나 사회·경제·복지 문제들에 관한 선교적 활동을 하고 있었다.

교회와 노동 세계를 연결하는 다리 역할을 하는 KDA는 현대 산업사회 속에서 그리스도의 복음을 전파하며 경제 질서와 노동자 문제에 교회의 메시지를 내놓기 위해 조직된 선교 기구였다. 정의로운 노동의 구조, 평등한 노동조건, 노동의 인간화, 노동 약자 보호, 소득과 기회와 책임, 공정한 분배 등의 문제를 목표로 세워놓고 노동조합, 기업경영자 대표, 정당, 여러 노동자 단체와 협의해서 성명서를 발표하는 방식으로 일했다.

독일 교회 KDA에 소속된 산업목사, 사회봉사자 실무 요원 등 전체 상근 요원은 80년 당시 300명이었다. 매년 모이는 총회에는 주별 대표자 50여 명이 모여 사업 보고와 정책 토론을 했다.

복잡한 사회·정치·경제문제를 분석 이해하며 교회의 복음적, 윤리적 입장을 토론해 성명서로 발표하기 위해서 KDA는 여러 연구위원회와 토론 그룹을 유지하고 있었는데, 특히 실업 문제, 노동의 인간화 문제(Humanization of Work), 외국인 노동자 문제, 제3세계 발전 문제 등에 관한 것이었다.

KDA도 현대 산업구조가 다국적기업이나 외국인 노동자 수의 증대로 국제화 양상을 피할 수 없게 되자 다른 나라의 산업선교와 국제적 협력과 연대가 절실히 필요함을 느끼게 되었다.

가령 오펠(Opel) 자동차 회사가 여러 나라에 설립되게 되면 독일 노동자들은 타국 노동자들과 대화나 교류를 해야 하고 유럽 노동조합의 확대에도 관심을 가져야 한다. 그래서 ECG는 노동자들의 국제 교류 협력 프로그램을 마련하고 5개국 노조 지도자 훈련(Shop Stewards Training) 사업도 추진했다.

스웨덴 교회의 사회선교 활동

나는 81년 3월 19~30일 스웨덴을 방문해서 형편을 알아보았다. 마침 19~21일 Kursgard에서 이주 노동자 문제를 놓고 큰 회의가 열렸고, 나는 강연자로 초청받아 간 김에 스톡홀름, 웁살라 등 여러 곳을 둘러보았다.

스웨덴은 전체 인구 800만 중 거의 100만 인구가 타국에서 온 이주 노동자(Immigrants)였다. 핀란드, 노르웨이, 덴마크 등 북구에서 온 이주민 40만여 명은 이미 국적을 얻어서 동화되었고, 외국 국적을 가진 42만 명의 이주 노동자의 삶과 권익을 보호하는 일이 교회의 관심사였다. 특히 터키, 이란, 시리아에서 종교적 학대를 받아 피란을 오게 된 기독교 신자 2만여 명이 차별과 소외를 당하지 않도록 망명권을 인정해 주고 언어, 습관 등 적응을 도와야 한다며 토론했다.

스웨덴 교회는 본부에 교회와사회위원회를 두고 사회적 문제들에 관여하는데, 도시산업선교도 이 위원회의 소관 업무였다. 13개 교구(Diocess)에서 추천을 받아 교회중앙이사회가 임명하는 10명의 위원이 교회와사회위원회를 구성하고 운영한다.

교구마다 감독의 산하에 교회와사회지역위원회가 있어서 노동문제나 사회윤리 문제를 다루는데, 몇몇 교구에선 실업자 문제, 공해 문제, 외국인 노동자 문제 등 산업선교에 열심이라고 한다. 또한 교회와사회 위원들이 직접 여러 도시나 공장 노조를 방문해서 노동자들의 문제를 협의하고 도와준다고 한다.

베스테로스(Vasteros Diocese) 교구에는 '교회와 노동 생활 관계'(Relation Between Church and Work life)라는 위원회가 지역 노동문제를 살피고 있는데, 여기에는 노조 간부 2명, 경영자 대표 1명, 여성 정치인 1명, 신학자, 목사 3명이 있다.

오랫동안 루터교를 국가교회로 유지했던 스웨덴은 국민 98%가 교회 세금을 내고, 교회가 전 국민의 주민등록과 출생, 결혼, 사망 장례를 관할하는 행정 기구와 같은 곳으로서 매우 관료적인 모습이 보였다.

그래서 오랫동안 산업 노동자 문제는 교회의 관심사가 아니었다. 80년대쯤엔 노동운동가들이 교회를 몹시 비난하고 적대시했는데, 교회는 늘 노농윤리와 근면, 질서를 강조하고 임금 투쟁이나 파업(Strike)을 맘모니즘(Mammonism)으로 규탄했기 때문이었다.

국가공무원과 같은 목회자들은 노동자 문제에 관심이 없었기 때문에 스웨덴에서 산업선교는 발전하지 못했고 지금도 과반수의 보수적 목회자는 공장이나 노동자 방문을 꺼린다고 한다. 그러나 베스테로스와 같은 여러 지역의 제철 공장이 문을 닫아 수만 명의 실업자가 양산되자 교회와 목회자들은 점차 노동과 산업 문제에 관심을 보이고 노동의 가치와 의미에 대해 토론하기 시작했다. 이곳에서 한국과 필리핀의 산업선교와 노동운동을 소개한 나의 강연에 대한 반응은 충격과 감동으로 나뉘었다.

핀란드 교회의 도시산업선교

나는 스웨덴 방문에 이어 3월 30일~4월 5일 핀란드를 방문했다. 4월 3~8일 휘빈캐(Hyvinkaa)에서 열리는 교회와사회대회에서 "가난한 자들을 위한 선교"(Mission to the poor)라는 제목으로 강연하게 되었기 때문이다. 여기서 나는 도시산업선교를 하는 목사들을 만나볼 수 있었다.

ECG 총회에 왔던 헬싱키의 유하니 베이콜라(Juhani Veikkola) 목사가 핀란드 방문을 주선했고, 본인 집에서 지내게 해 주며 친절하게 안내하고 통역해 주었다.

핀란드의 인구 500만 중 92%가 루터교 신자여서 교회는 막강한 힘을 가지고 있었고, 8개 교구에 600여 개의 지역교회, 1,300명의 목사와 1만 5천 명의 교회 직원이 있었다.

교회 본부에는 선교, 교육, 봉사, 청소년, 예배, 음악 부서 외에 스웨덴과 마찬가지로 교회와사회위원회가 있어서 사회선교 문제들을 관할하고 있었다. 이 위원회는 산하에 여러 개의 소위원회(Subcommittee)를 두고 있는데, '평화 소위원회'는 평화 교육과 회의를 주관하며 '헬싱키회의' 같은 국제회의를 지원한다고 한다. 또한 '노동윤리 소위원회'(Ethics of Work)는 노동문제에 관련된 여러 주제를 연구하는 working group을 조직해 활동하게 한다. 여기서 "노동과 소외", "인간적 사회", "핵에너지", "사회

윤리와 봉사", "성과 폭력", "신경제 질서" 등에 관한 보고서들이 나왔다.

핀란드 전체에서 산업선교를 전담하는 목사와 봉사 요원은 10여 명에 불과하지만, 교구 목사를 겸하며 노동자나 실업자들을 방문하는 목회자들은 많다고 한다.

특히 적극적으로 산업선교를 하는 교구가 러시아 국경과 접해 있는 이마트라(Imatra)였기 때문에, 나는 이틀 동안 이곳을 방문했다. 이마트라는 폭포수와 전력이 풍부한 산림 지대여서 제철 공장, 제지 공장, 전자산업 등이 몰린 산업 지대였고, 4만 명 인구 중 절반이 노동자로 구성된 공장 도시였다.

이곳의 산업선교사 오시 오자넨(Ossi Ojanen) 목사는 특히 실업자들과 부상 당한 노동자(Invalid)들을 위한 선교 활동으로 존경을 받았다. 그는 이들에게 자존감과 용기를 심어주고 장래에 대한 공포와 불안감을 덜어주기 위해 30명 단위로 그룹을 조직해서 2주에 한 번씩 회의를 주재하며 그들이 상호 접촉과 대화로써 스스로 힘을 얻게 했다. 또한 현직 노동자들의 토론 그룹을 만들어서 노동의 의미와 일터에서의 인간관계, 생산과 공해 등의 주제를 가지고 8주간 매주 한 번씩 만나 토론하게 했다. 그는 교회당 건물에서 노동자들의 그룹 모임을 2시간씩 진행한 후 그들과 함께 사우나를 했다.

나는 4월 2일 헬싱키대학 신학부에서 "아시아에서의 도시산업선교"(UIM in Asia)라는 제목으로 강연하면서, 가난한 자를 만들어 내는 사회구조와 경제 체제를 정의롭게 개선하는 일이 산업선교의 방향이 되어야 한다며 아시아의 사례를 들어 강조했다.

유럽과 아시아 산업선교의 연대

세계교회협 도시산업선교부(WCC-URM)의 토드 목사가 나를 유럽산업선교회 간사로 임명한 데는 유럽 산업선교를 지원하기 위한 것뿐 아니라 아시아 도시산업선교(CCA-URM)와의 협력과 연대를 통해 유럽 산업선교의 혁신적 발전과 함께 세계적 연대를 강화하려는 뜻이 있었다.

나의 근무계약서엔 ECG 회장 게하르트 클라인(Gerhard Klein), CCA-URM 총무 조지 나이난(George Ninan), WCC-URM 총무 조지 토드 3인의 서명이 있었고, 근무 내용에는 아시아 도시산업선교부와 유럽 교회와의 협력 사업을 돕는다는 항목이 들어 있었다. 이제 나는 ECG와의 협력과 연대를 추진하기 위해 한국, 인도, 필리핀 등 아시아 여러 나라의 도시산업선교 활동도 자세히 알아야 했다.

먼저 아시아의 URM을 찾아가 배울 필요가 있었다. 마침 취임 한 달 뒤 80년 5월 초 호주 멜버른에서 WCC 선교대회가 있고 전 세계 도시산업선교 전문가들의 워크숍도 있어서, 나는 멜버른에 가서 아시아, 아프리카, 남미에서 온 도시산업선교 거장들을 만났다. 그곳에서 나이난, 짐바브웨의 카나안 바나나(Canaan Banana) 등 URM 지도자들과 한국에서 온 오재식, 조지송 목사, 박형규 목사 등을 만나 전 세계 URM에 대한 오리엔테이션의 기회를 가졌다.

멜버른 회의를 마친 뒤 일본 교토로 가서 아시아교회 도시산업선교 위원장인 다께나까 교수를 찾아뵙고 많은 정보를 얻었다. 또한 나이난 총무와 오재식 전 총무의 소개를 받아 대만, 홍콩, 필리핀, 인도의 주요 센터와 인사들을 방문하고 현장 경험을 한 뒤 독일로 돌아왔다.

아시아의 도시산업선교는 유럽의 산업선교와는 성격이나 이념, 전략에서 너무나 많은 차이가 있었다. 아시아에는 공장 노동자들이나 도시 빈민들이 당하는 억압과 착취, 고통이 너무 심하고 강자들과의 대화나 타협이 불가능하기 때문에, 저항과 투쟁을 수단으로 삼고 단체를 조직해 힘과 의식을 기르는 일이 아시아 URM의 현실적 목적이었다. 한국, 필리핀, 대만, 홍콩, 인도의 사정이 비슷했다.

그런데 영국, 독일, 스칸디나비아 등 유럽 여러 나라의 산업선교는 교회와 산업계가 대화와 협력을 통해 노동자의 복지 문제나 기업윤리 문제 등을 해결하는 중립적 입장에 있었다. 간혹 노동자의 편을 도우며 저항·투쟁하는 산업목사들이 있었고, 그래서 해임이나 수난을 당하는 경우도 있었지만 극소수일 뿐이었다.

이런 상황에서 유럽과 아시아의 URM 관계자들이 협력하거나 연대 관계를 맺게 하는 일은 쉽지 않았다. 우선 정보자료 교환, 상호 방문, 초청을 통해 서로를 알게 하고 서로 다른 환경과 조건, 전략과 방법을 이해하도록 만드는 것이 나의 책임과 과업이었다.

연대와 협력의 필요성은 금방 드러나게 되었다. 내가 5월에 필리핀과 홍콩을 방문한 뒤에 마닐라의 산업선교 기관인 ECD(Ecumenical Center for Development)에서 도와달라는 요청이 온 것이다. 마닐라 교외에 있는 독일 직물 회사 'Triumph International'의 필리핀 여공들이 저임금과 부당한 해고에 항의하며 투쟁을 벌이고 있는데, 독일 본사 노동자들에 대한 처우와 노동조건에 대한 정보를 조사해 알려달라는 요청이었다.

쉽지 않은 일이었지만 나는 독일 산업선교 단체인 KDA의 대표 클라인 목사에게 사정을 알리고 도움을 부탁했고, 슈투트가르트에 있는 KDA 산업선교 요원들이 Triumph International 본사의 노동자들과 접촉해 회사의 내용과 노조의 형편을 알아냈다.

몇 달이 걸렸지만 독일의 Triumph International 본사의 사정과 노동조합의 내용 그리고 회사가 노동조합과 맺은 '단체협상합의서'(Collective Bargaining Agreement)를 얻어내는 데 성공했다. KDA는 이 정보자료들을 영어로 변역해 홍콩에 있는 CCA-URM과 마닐라의 URM 실무자에게 보내주었다. 이 정보자료들은 필리핀 여공들의 투쟁에 매우 의미 있게 사용되었다.

홍콩 CCA-URM에서 여성 노동자 문제를 전담하는 수녀 닥닥(Sister Dagdag)이 알려온 결과는 놀라웠다. 다국적 회사인 Triumph International의 노동자 투쟁에 독일에서 보내준 임금 협상에 대한 정보를 활용해서 필리핀 여공들의 투쟁이 성공했을 뿐만 아니라 태국 방콕에 있는 Triumph 회사에도 노조가 조직되었고, 홍콩의 같은 회사에도 영향을 끼쳐 여공들의 목소리가 높아가고 있다는 소식이었다. 또한 인도네시아의 Triumph 지사 노동자들과도 접촉 협의 중이라고 했다.

다국적기업의 노동조건, 임금, 노조 결성에 관한 정보가 아시아 산업선교 CCA-URM의 네트워크를 통해 유용하게 활용된 사례가 유럽과 아시아의 연대를 통해 이루어진 실적을 체험하면서 나는 매우 기뻤다.

81년 7월 4~9일에 마닐라에서 열린 TNC(초국적 기업)에 대한 아시아 지역회의에 참석하면서 Ecumenical Center for Development의 소장 타구바(Cesar Taguba)와 CCA-URM의 닥닥 수녀와 함께 Triumph International의 여공들을 만나 여러 시간 투쟁 경험과 과정을 자세히 듣고 다음 전략을 협의했다.

아시아에 있는 Triumph International 지사들의 노동문제를 개선하기 위해 독일 본사에 있는 노동조합 간부들을 필리핀에 초청해 지사의 현황을 파악하게 하고 필리핀 현지의 노동자들을 지원하며 연대케 하는 전략을 의논했다.

이를 위해서는 독일의 산업선교 KDA의 주요 인물들이 아시아와 제3세계의 사정을 알고 아시아의 산업선교 활동을 지원할 수 있도록 계몽하고 대화하는 일이 필요했다. KDA로서도 독일 다국적기업의 윤리 문제에 무관심할 수 없었다.

드디어 다국적기업의 문제와 제3세계의 발전, 세계 경제질서의 문제를 가지고 KDA와 ECG가 함께 토론하는 협의회를 82년 3월에 개최하기로 합의했다. 나는 81년 6월 5일에 당시 KDA 회장 발터 존(Walter Sohn) 목사를 비롯한 임원 5명과 ECG의 클라인, 베르크 목사를 글라드베크(Gladbeck)로 초청해 이를 위한 준비 모임을 실시했다.

아시아 산업선교와의 연대와 협력의 요청은 유럽 안에서도 일어났다. 영국에는 필리핀 여성 노동자가 1만 8천 명 있는데, 그중 6천 명이 불법 거주자로 추방의 위험에 놓여 있어 구조와 도움이 필요하다는 호소가 왔다.

70년대 초 영국은 관광 산업이 붐을 이루며 호텔과 식당이 늘어나 값싼 노동력을 얻기 위해 필리핀의 젊은 여성들을 호텔 방 청소, 레스토랑 접대, 병원 청소 등의 일자리에 대거 취업시켰다. 조건은 저임금을 받고 일할 미혼 여성이었는데, 영국에 와서 결혼하거나 전에 결혼했던 일이 밝혀지면 가차 없이 추방당한다는 것이다. 이들을 보호하기 위해 몇몇 수녀와 산업목사가 나서서 여론을 일으키며 ECG에 도움을 요청했다. 한 주에 38 파운드라는 저임금에 시달린 필리핀 여성들은 가족 송금을 위해 투잡(tow job)을 뛰며 건강을 해치고 질병을 앓는 일이 늘고 있다는 것이다.

네덜란드에서는 로테르담 항구에 대형 어선과 유람선들이 정박할

WCC 조지 토드 목사와

때 값싼 노동력으로 고용되었던 필리핀, 스리랑카, 인도 등 아시아의 선원들이 배 밖으로 나와서 저임금과 배 안에서의 억압, 고문 등에 항의하며 데모하였고, 이로 인해 해고된 선원들과 유랑하는 노숙자들이 많아지고 있었다.

마닐라의 에큐메니칼센터(ECD)에서는 들라또레(Ed de Latore) 신부를 파송해 유럽에 있는 해고 노동자들을 상담하며 돕는 데 ECG가 협력해 달라는 요청을 보내왔다. 일일이 다 열거할 수 없이 많은 요청이 밀려오는데 혼자 다 감당하기는 어려워, 해당 기관에 연결해 주는 도리밖에 없는 경우가 많았다.

유럽산업선교회가 당면한 큰 문제는 나라마다 급격히 증대하는 외국인 노동자와 이주노동자 문제였다. 영국, 독일, 프랑스, 스웨덴 등 유럽 여러 나라에 수백만 명이 몰려와 80년에 이미 1천만 명을 넘어섰다. '손님 노동자'(Guest Worker)로 불리며 선진국에 와서 노동권, 체류권에 차별을 받고 해고자와 사고자들이 속출하는 외국인 노동자와 이주민 노동자의 문제를 ECG는 더 이상 외면할 수 없게 되었다.

결국 외국인 노동자 문제 협의를 위해 81년 8월 1~8일 이탈리아 피네롤로에 위치한 아가페하우스(Agape House)에서 "제3세계에서 유럽에 온 이주민 노동자 회의"(European Conference on the Immigration Workers in Europe from the Third World)를 개최했다. 영국, 독일, 이탈리아, 프랑스, 스위스 등에서 여러 단체와 운동 그룹의 대표 90여 명이 참가해 일주일간 연구 토론과 발표회를 가졌으며, 여기서 "이주민들의 정치적, 조합적 권리 문제", "유럽에서 점증하고 있는 인종차별주의(Racism)", "외국인법 문제", "피난민과 비정규 노동자 문제" 등이 깊이 있게 토론되고 대책 논의가 있었다. 영어, 독어, 불어, 이탈리아어 등 언어가 서로 달라 쉽지 않은 회의였는데, 나는 제네바 WCC-URM에 요청해 7천 마르크의 재정 지원을 받아 이 회의를 지원했다.

세계교회협의회(WCC) 총회와 시대적 과제

I. 카를스루에(Karlsruhe) 총회와 지구 행성 살리기

WCC 카를스루에 총회의 시대적 과제

전 세계 개신교회 대표들이 7~9년마다 한 번씩 모이는 WCC 총회는 성서적, 신학적 성찰과 함께 당면한 시대적 과제를 교회와 그리스도인들이 어떻게 해결하며, 어떤 책임과 사명을 감당해야 하는가를 논의하면서 에큐메니칼 운동의 방향을 설정하는 중대한 회의다.

2022년 8월 31일~9월 8일 독일 카를스루에에서 열린 11차 WCC 총회는 120여 국에서 3천여 명의 개신교 신자가 모여 "그리스도의 사랑이 세상을 화해와 일치로 움직인다"(Christ's Love moves the world to reconciliation and unity)라는 주제로 예배와 주제 발표, 성경 공부, 에큐메니칼 대화, 총회 회의 등 여러 가지 행사와 모임을 가졌다.

이번 총회 주제의 특색은 처음으로 그리스도의 사랑(love)을 주제어로 내놓았다는 것과 화해(reconciliation)를 강조했다는 것이다. 코로나 팬데믹과 기후변동으로, 우크라이나 전쟁으로 많은 인간이 희생되고 생태계가 파괴되는 세계 속에서 교회가 해야 할 사명이 일차적으로 그리스도의 사랑으로 돌보고 치유하는 일이라는 생각이 깔려 있었다.

또한 이념과 종교, 전통과 문화의 차이로 분열과 갈등이 심화되는 오늘의 세계와 교회의 현실에서 평화를 만들고 유지하는 길은 화해와 일치를 모색하는 데 있다는 의식이 전제되어 있었다.

분열과 갈등은 사회나 국제 문제뿐 아니라 교회의 심각한 문제이기도 했다. WCC 회원 교단 사이에도 동성애 문제와 타 종교와의 관계 문제로 탈퇴한다든가 갈라지는 현상이 일어나고 있어, 화해와 일치는 교회가 실제로 당면한 시급한 과제이기도 했다.

특히 생태계의 파괴로 지구의 종말이 거론되는 오늘날, 인간과 나라, 민족 사이의 화해뿐 아니라 인간과 자연환경과의 화해, 공존이 더욱 강조되기 때문에 보다 역동적이며 포괄적인 화해의 개념 정의가 필요하게 되었다.

11차 WCC 총회가 열린 2022년의 시대적 상황은 그야말로 여러 가지 위기가 겹치는 종말론적(eschatology) 상황이었다. 기후 위기만 해도 키리바시(Kiribati) 등 태평양의 섬나라들이 해수면의 상승으로 침수, 침몰의 위기를 맞고 있고, 파키스탄에선 폭우와 홍수로 1천여 명이 죽고 인구의 3분의 1인 3천만 명이 집을 떠나 이주민이 되는 곤경에 빠졌으며, 아프리카에선 4년 내내 가뭄으로 2천만 명이 굶어 죽었고, 유럽에선 여름에 40도의 뜨거운 날씨와 500년 만의 가뭄으로 라인강의 수위가 40cm로 내려가 배가 뜰 수 없는 수난을 당했다.

러시아의 침공으로 벌어진 우크라이나 전쟁으로 벌써 수만 명의 군인과 시민들이 죽었고, 1,300만의 민간인이 폭격과 파괴로 폐허가 된 집을 떠나야 했으며 난민이 되어 국경을 넘어 피란길에 올랐다. 비극은 여기에 그치지 않고 냉전 종식 이후 평화가 유지되던 유럽에서 NATO와 러시아가 대결하는 3차대전, 핵전쟁의 위기가 도래하고 있는 현실이다.

카를스루에 총회에는 우크라이나 정교회 대표들과 러시아 정교회 대표들이 모두 참석했는데, 개회식에서 축사한 독일 대통령 슈타인마이어(Steinmeier)는 불법적인 침략전쟁을 옹호한 러시아 정교회를 향해 날카로운 비판의 화살을 날리며 WCC 총회가 러시아 정교회의 회개와 전쟁 지지 철회를 강하게 요청해야 한다고 목소리를 높였다. 정교회 대표 몇 사람은 대회장을 떠나 러시아로 귀국했다고 한다.

전쟁과 폭력은 우크라이나만의 일이 아니었다. 세계 도처에서 계속되는 학살과 고문, 팔레스타인을 점령한 이스라엘의 폭력과 억압, 파푸아의 원주민을 학살하는 인도네시아 군대, 시리아와 레바논에서의 종족 학살 등 WCC 총회가 평화와 정의, 인권을 추구하기 위해 다루어야 할 시대적 과제는 곳곳에 있었다.

이번 총회는 교회가 당면한 시대적 과제와 선교와 봉사를 효율적으로 수행하기 위해 '에큐메니칼 대화'(Ecumenical Conversation)라는 프로그램을 만들었다. 23개의 주제별 토론 그룹을 조직해 매일 지속적인 심층 대화를 하면서 결의문에 담을 의견과 방안을 찾아보는 프로그램이었다. 화해와 일치를 위해서는 서로 다른 의견과 입장들이 충분히 개진되고 깊이 있게 토론되어야 한다는 점에서 소그룹의 심층 대화는 매우 의미 있는 진행 방식이었다.

대화의 주제는 기후위기, 건강과 치유, 중동 평화, 정의로운 평화, 인간의 성 문제, 디아코니아, 선교와 봉사, 4차 산업혁명, 인종차별, 종교 간 대화, 성평등, 신학 교육, 창조의 보전과 물 문제 등 주제별로 30명 이내의 대화 마당을 조직해서 네 차례 진행했다.

여기서 토론되고 합의된 보고서들을 성명서작성위원회(Public Issue Committee)에 보냈고, 이를 종합하여 전체 회의의 결의문이 작성되었다.

전체 회의를 통해 결의된 성명문은 에큐메니칼 운동의 방향과 과제를 설정해 주는 지침서라 할 수 있다. WCC의 소속 교회들은 앞으로 7~8년 동안 이렇게 합의된 지침에 따라 활동하고 실천할 것을 요청받는다고 할 수 있다. 이번 총회가 발표한 성명서(public statements)는 다음의 네 가지였다.

1) 지구 행성 살리기, 정의롭고 지속 가능한 지구 공동체를 향하여(Living Planet, seeking a justice and sustainable global community)

2) 평화를 만드는 일, 화해와 일치로 세상을 움직여야(The things that make for peace, moving the world to reconciliation and unity)

3) 우크라이나 전쟁, 유럽 지역에서의 평화와 정의(War in Ukrine, Peace and Justice in the European Region)

4) 중동 지역의 모두를 위한 정의와 평화의 모색(Seeking Justice and Peace for all in the Middle East)

이 밖에도 성명서는 아니지만 중요하게 논의된 내용을 회의록(minute) 형식으로 발표하는 공식 문서가 있는데, 다음 네 가지 문서를 채택했다.

1) 한반도에서의 전쟁 종식과 평화 건설을 위한 회의록

2) 파푸아 원주민들인 다수 기독교인들의 억압 상황에 대한 회의록

3) 나가르노-카라바크 전쟁 범죄(2020) 결과에 관한 회의록

4) 시리아 아랍계 그리스도인들 집단 학살에 관한 회의록

이번 총회에서 가장 시급한 과제로 결의한 성명서 "지구 행성 살리기"
의 핵심 내용을 살펴보자.

지구는 하나님의 것이며 그 안의 모든 것도 주님의 것이다. 하나님의 형상대로
창조된 인간은 하나님의 귀중한 유일한 창조물을 성실하고 책임 있게 돌보는
자(care taker)로 봉사해야 할 사명을 받았다.

피조물과의 관계를 인간 중심적으로 좁게 이해하던 방식은 이제 생명 전체에
대한 이해로 수정되어야 한다. 우리는 모두 하나님의 전 피조물에 상호 의존되
어 있다. 우리는 회개하고(metanoia) 피조물(자연)과의 새롭고 정의로운 관계
를 맺어야 할 소명을 받았다.

우리는 모든 피조물의 생명을 위협하는 인간의 이기심과 탐욕을 회개해야 한
다. 이제 회개할 시간도 별로 없다. 아마도 이번 총회가 지구 행성이 살 수 없는
곳으로 추락하는 것을 막기 위하여 함께 행동할 수 있는 마지막 기회일 것이다.
기후와 환경정의를 위해서는 다음과 같은 실천이 요구된다.

— 화석연료는 끝내야 한다. 생산도 중단해야 한다.

— 부자나라들은 가난한 나라들의 탄소 감축 비용도 부담해야 한다.

— 화석연료 비확산 조약을 추진해야 한다.

— 자연의 권리 장전을 만들고 기후범죄법정을 설치하자.

— 탄소중립 실천을 위해 WCC 회의 여행도 엄격히 제한하고 디지털 회의로
   전환하자.

— 정의롭고 풍성한 지구를 위해 회개하고 행동하는 에큐메니칼 10년을 설정
   하자.

II. 하라레(Harare) 희년 총회와 폭력 극복 10년
— WCC 8차 하라레 총회 참가기

WCC는 세계의 양심

WCC 창립총회 당시 참가한 교회는 42개국 147개 교회의 대표 351명 과 그 밖의 참관인들까지 1,200여 명이었으나, 50년 뒤인 이번 8차 총회에 는 120여 개국 340개 회원교회의 대표 960명과 4천여 명의 기타 참가자가 모인 대성회였다. 창립 당시는 대부분 서구 백인 교회들이었으나, 이번 에는 제3세계의 유색인종들이 3분의 2를 차지했고 서구의 백인 교회가 소수가 되어 문자 그대로 세계교회가 다 모인 모습이었다.

그러나 외형적인 규모나 양적 크기보다 더 중요한 것은 질과 내용이 다. 과연 이렇게 외형적으로 성장하고 가톨릭의 바티칸 공의회에 맞먹 는 WCC가 지난 50년의 세계사 속에서 차지하는 의미와 비중은 무엇일 까? 세계사의 문제와 과제들과 동떨어진 고립된 그리스도인들만의 잔 치였을까, 아니면 세계를 하나님의 뜻에 따라 보다 정의롭고 평화롭게 질서 있게 변화시킨 교회였을까?

이를 평가하며 반성하는 것이 이번 대회의 목표였다. 결코 쉬운 평가는 아니다. 그러나 이번 하라레 총회의 전반적 분위기는 WCC가 지난 50년 동안 세계사 속에서 정의와 자유, 인권과 평화를 심고 발전시키는 데 커다란 역할을 하였음을 하나님께 감사하며 자축하는 축제의 분위기였다.

이와 같은 축제의 절정이 대회 마지막 12월 13일, 3천여 명이 함께 한 WCC 50주년 기념식이었다. 희년의 기념 대회를 축하하기 위해 짐바브웨 대통령 무가베와 남아프리카 대통령 만델라가 나란히 WCC 총무 콘라드 라이저 박사의 안내를 받으며 우뢰와 같은 박수 속에 입장했다. 연단에서 환호하는 합창단의 노래에 맞춰 한바탕 춤을 춘 만델라 대통령은 축사의 첫마디를 이렇게 시작했다.

WCC는 지난 50년 동안 세계의 양심이었습니다. … 세계의 양심들을 활성화시켜 가난한 자들에게 기쁨을 주고 억눌린 자들, 소외된 자들을 해방시키는 데 커다란 공헌을 했습니다. 그 덕에 남아프리카도 해방과 독립을 맞이했습니다.

회의를 마치고 돌아오는 비행기 안에서 새롭게 WCC의 중앙위원으로, 실행위원으로 선출된 나의 귓속으로 "WCC는 세계의 양심"이라던 만델라의 음성이 쟁쟁하게 울렸다. 앞으로 7년간 어떻게 WCC가 계속 세계의 양심이 되도록 만들 것인가? 에큐메니칼 운동에 참여한 우리 모두의 책임과 과제가 적지 않음을 실감했다.

아프리카의 꿈과 북소리

개회 예배와 폐회 예배뿐만 아니라 매일 아침저녁으로 수천 명이 함께 예배드리는 곳은 하라레대학 캠퍼스 잔디밭 위에 세워진 대형 천막이었다. 무대 옆 찬양대석에는 울긋불긋한 원색적 예복을 입은 성가대원들이 아프리카의 북소리와 토속적 악기에 리듬을 맞추어 몸을 흔들며 찬송을 불렀다. 아프리카의 원시적 맥박을 담은 북소리는 예배 분위기를 더욱 엄숙하게 만들었다.

토속적인 울부짖음과 화음이 담긴 찬양은 종교적 음악이었으며, 여기에 적나라한 춤과 율동으로 인간의 환희와 고통, 온갖 격정과 번뇌를 몸으로 표현하면서 드리는 예배는 참으로 다이내믹했다. 세계 각지에서 온 많은 사람들이 공통으로 했던 말은 가장 즐겁고 재미있는 프로그램이 예배 시간이었다는 것이다.

매일 아침 다른 주제와 내용, 다양한 찬송으로 예배드렸는데, 4천여 명의 참석자가 한마음이 되고 한 형제자매가 됨을 느낄 수 있도록 공동체적 행위를 하나씩 했다. 가령 비단 천 위에 존경하는 순교자의 이름을 쓰게 한다든가, 치유의 잎사귀를 상징하는 배추 잎사귀를 수천 개 바구니에 담아 나눈다든가, 눈물의 항아리를 놓고 각자 가진 고통과 한숨의 눈물을 상징하는 물 한 컵을 쏟아붓게 한다든가 하는 의식이었다.

예배 천막의 연단 앞에는 '아프리카의 십자가'라고 불리는 4.5m에 이르는 대형 나무 십자가가 세워져 있었다. 십자가의 가운데 직경 2m 정도의 아프리카 지도가 달려 있었는데, 지도 위에는 아프리카인들의 고통과 억압, 해방과 투쟁의 역사가 상징적으로 조각되어 있었다. 데이빗 무타사(Mutasa)라는 예술가가 조각한 이 십자가는 화려하지 않고 수

수한 모양으로, 식민지 시대 노예적 노동을 하며 건설한 철도의 받침목으로 쓰였던 낡은 티크목을 재료로 썼다. 아프리카의 고난과 기쁨, 절망과 희망을 함께 상징하기에 충분한 조각품이었다. 아프리카의 십자가 아래 수천 명의 세계교회 그리스도인이 함께 모여 예배드리는 것이 이번 총회의 하나의 심볼이었다. 그래서 8차 총회를 마치며 "아프리카의 십자가 아래서"라는 제목을 달게 되었다.

WCC가 꼭 어느 지역의 문제만을 염두에 두는 조직체는 아니지만, 8차 총회는 아프리카에 특별한 관심과 목표를 둔 대회였다. 아프리카의 북소리(drum)를 들으며 아프리카의 꿈(dream)을 생각해 보는 것이 전체적 인상이었다. 21세기 세계교회의 과제를 논한다면, 아프리카의 고통과 고민 해결을 빼놓을 수 없다. 아프리카의 꿈과 문제를 보다 분명히 느끼기 위해서 아프리카의 상황, 역사적 배경, 현실적 고통을 연극, 비디오, 시, 율동으로 보여주는 발표회가 있었고, 이어서 전체 토론이 있었다.

20세기의 아프리카는 고통과 절망의 역사에서 벗어나기 위한 투쟁의 시대였으며, 21세기는 아프리카 흑인들의 꿈을 실현하는 희망의 세기가 되어야 한다는 것을 문제의식과 과제로 설정하였다.

원래 아프리카는 슬픔과 비극의 무대가 아니었다고 한다. 기독교 역사로 본다면 아기 예수가 헤롯의 칼을 피해 피난을 갔던 곳이 아프리카였다. 고대에는 유럽이나 아시아에 비해도 떨어질 것이 없는 훌륭한 문명을 창출하였다. 희랍 철학자들이 학문과 기술을 배우러 갔던 곳도 아프리카였다.

그러나 16세기 이후 유럽인들이 항해와 무역으로 드나들면서 아프리카는 식민지가 되었고, 많은 원주민이 살육을 당하거나 노예로 팔려 갔다. 아프리카인들은 미국, 남미로 끌려가 노예 노동을 하며 미국과 서구를 부강하게 만들었다. 식민지가 된 아프리카 땅은 백인들이 통치하며 다수의 흑인은 인간의 기본권을 누리지 못한 채 억압당하고 착취당했다.

수백 년의 억울한 고통과 슬픔의 역사를 뒤로하고 이제 대부분의 아프리카 나라가 백인의 식민 통치에서 해방되어 흑인 정부를 수립했다. 그러나 아시아 여러 나라에서도 경험한 바와 같이 식민 통치에서 독립된 것만으로 모든 문제가 해결되지는 않는다. 외부의 적이 물러가면 내부의 적이 생기는 법이다. 백인 통치가 물러가자 흑인 독재자들이 나타났다.

독립전쟁을 치른 흑인 지도자들이 정권을 잡으면서 대부분의 나라는 장기 독재와 인권 탄압, 부정부패, 종족과 파벌의 대립과 전쟁 그리고 가난과 궁핍으로 시달리게 되었다. 국민은 무지와 가난에서 벗어나지 못했고, 권력을 비판하고 대체할 힘을 가진 시민사회도 없었다. 상당한 기간 동안 야당이 없는 일당 독재가 호황을 누렸다.

이번 총회가 열렸던 짐바브웨도 예외가 아니었다. 영국의 식민지에서 무장 독립투쟁을 지도한 현 대통령 무가베는 98년 현재 18년간 장기 집권하고 있으며, 74세인 그는 2002년까지 임기를 남겨 놓고 있다. 학생들의 시위와 비판을 탄압하다 못해 8개월 전부터는 아예 대학의 문을 닫아 버렸다. WCC 총회가 독재에 항거하는 대학생들을 쫓아내고 폐쇄한 하라레대학에서 열린 것도 아이로니컬한 일이다.

노동자들의 데모와 스트라이크도 심각해져서, WCC 총회가 개회되기 2주 전 무가베 대통령은 긴급조치를 발동해서 모든 노동자 파업을 6개월 동안 금지하는 특별 명령을 내렸다. 기아선상에서 허덕이는 국민을 외면한 채 30대 초반의 젊은 미인인 부인과 함께 이탈리아, 영국으로 크리스마스 쇼핑을 다닌다는 비난이 국민의 입에서 불만으로 줄줄 나왔다.

짐바브웨는 정치적으로는 독립했지만 경제적, 사회적으로는 식민지 시대를 아직 벗어나지 못하고 있었다. 전체 농경지의 70%가 국민의 2%밖에 안 되는 백인들의 소유였다. 토지개혁의 목소리는 높지만, 백인들은 쉽게 땅을 빼앗기지 않겠다는 자세에 높은 보상액을 요구하는 서구의 압력이 드세다. 외채는 감당할 수 없이 높아 1천억 불에 달하고, 환율은 한 해에 70%나 떨어져 화폐가치가 1불당 20:1에서 1년 사이 34:1이 되었으며 언제 더 떨어질지 모르는 불안과 혼란에 쌓여 있다.

민주화, 경제발전, 인권 회복, 교육, 건강, 주택 등 사회발전의 엄청난 과제를 안고 있는 짐바브웨에서 그 꿈과 희망을 실현시키기 위해 교회는 무엇을 해야 하며, 세계교회는 어떻게 도와야 하는가? 아프리카에서 선교와 복음화를 바르게 실천하는 것이 21세기 세계교회 에큐메니칼 운동의 과제라는 의미를 조금은 알 것 같다. 아프리카를 재건하고 발전시키는 일이 백인들의 죄악을 회개하는 길이기도 하기 때문이다.

다원화 시대 교회의 일치

WCC 총회는 1) 예배와 설교, 주제 강연, 이슈별 발표회 등 전체 모임, 2) 회무 처리와 사업 보고, 임원 개선 등이 있는 공식 대표들만의 회의, 3) 업무 분야별로 나누어 보고와 의견 수렴을 시도하는 공청회(Hearing)와 분과 토의(Section) 등 세 가지로 나눌 수 있는데, 이번에는 한 가지 더 추가되어 4) 파다레(padare)라는 시장 형태의 모임들을 곳곳에 벌려 놓고 자유롭게 물건을 사고파는 식의 의견 교환과 대화를 나눔으로 총회의 여론을 만들어 가는 새로운 프로그램이 시도되었다.

특히 파다레는 500가지 이상의 프로그램이 있어서 하루 종일 뛰어다녀도 프로그램의 10분의 1도 참관하기 어렵다. 공청회도 다섯 장소와 분야로 나누어 동시에 진행되어 공식 대표들도 전체 회의 이외의 프로그램들은 일부분밖에 참관치 못하며 종합된 보고서가 나와야 대강 파악하는 정도다.

이런 전체적 맥락에서 볼 때 이번 8차 총회가 특별한 관심을 갖고 토론하면서 중요한 에큐메니칼 아젠다가 되었다고 생각되는 주제들은 무엇일까? 내 나름대로 판단하여 다음 네 가지로 정리해 보았다. 이는 곧 앞으로 WCC의 중점적 과제가 되는 것이기도 한데, 1) 에큐메니칼 운동의 정체성과 교회의 일치(Unity), 2) 세계화(Globalization)와 외채 탕감(Debt Cancellation), 3) 폭력의 극복(Overcoming violence)과 평화의 문화(Culture of peace), 4) 성(Sexuality)에 대한 바른 이해와 성관계의 윤리다.

무엇보다 하라레 총회가 많은 시간과 정력을 들이며 다룬 문제는 21세기 에큐메니칼 운동의 정체성과 교회의 일치를 유지해 가는 문제였다. WCC는 지난 50년 동안 로마 가톨릭을 제외한 정교회와 개신교회의 대부분이 가담한 대표적 개신교 연합체다. 이번 총회에서 가입한 9개 교단까지 340개 교단이 회원으로 있으며, 전체 그리스도인은 3억 5천만~4억 5천만에 이르는, 대략 4억의 세계 인구를 포괄하는 조직체다.

그러나 가톨릭교회의 통합 기구인 바티칸 공의회와 달리 WCC는 각 회원 교단이 독립성과 자율성을 가지며 교회와 예배 의식, 사회 신조 등에서 상당한 차이가 있는 여러 교단의 협의체에 불과하다. 이 안에는 크게 정교회(Orthodox), 개신교(Reformed), 성공회(Anglican) 계파가 있으며, 개신교 안에도 수십 개의 교단이 있어 연합 사업과 일치가 간단치 않다.

교파 분열보다 심각한 긴장과 갈등은 교리와 신학 사상의 차이에 기인한다. 특히 사회참여성이 강한 자유주의, 진보주의와 보수주의, 복음주의(evangelical)의 갈등 대립은 뿌리가 깊다. 그 밖에도 성령파로 불리는 오순절파(pentacostal)와의 오해와 갈등이 풀리지 않고 있으며, 아프리카의 토속적인 문화나 인물들에 의해 창건된 독립교회들(African Instituted Church)도 한 무리를 이루고 있어, 다양한 종파나 색깔이 조화롭게 일치를 이루거나 협력하는 것은 쉽지가 않다.

사실 지난 50년 동안 커다란 분열은 없었으나 탈퇴와 회원 정지 등 우여곡절이 많았으며, 이번 총회에 앞서서도 정교회 측에서 총회 참석을 보류하겠다는 경고가 나올 정도로 WCC 내부의 갈등은 심각했다. 정교회 측의 반발은 WCC가 너무 개혁주의 신학에 좌우된다는 것과 정교회의 역사와 전통을 무시하고 개신교회의 신학과 프로그램에 적응시키려 한다는 것이다. 또한 의결 기구에 25%의 참여와 결정권을 보장받고 있지만 이를 50%까지 높여 정교회와 개신교가 1:1로 연합되어야 한다는 것이다.

의식과 이해가 다른 성만찬에는 함께 참여할 수 없기 때문에 이번 하라레 총회에서도 성만찬 예식은 따로 하자고 주장했다. 불가리아의 정교회 등 일부 정교회는 탈퇴하겠다고 통고해 왔다. 이뿐 아니라 자유주의 계파에서 동성애(Homosexual)를 지지하는 파들이 대거 모인다고 해서, 보수주의, 복음주의, 정교회 쪽에선 WCC가 동성애자들의 참여를 인정하면 탈퇴하겠다고 했다.

이런 분열과 탈퇴의 위협 속에서 WCC는 어떻게 하나의 교회로서의 모습과 구조를 유지해 갈 것인가가 초미의 관심사가 되지 않을 수 없었다. 안 그래도 많은 보수 교단과 복음주의 교회들은 WCC가 너무 정치적으로 앞서나가고 전통 신앙과 교리를 무시한다고 비난하며 비협조적,

방관적 자세를 유지하고 있다. 인권과 정의, 평화와 화해의 프로그램을 추진하다 보면 이해관계와 입장의 차이로 심각해지는 경우도 허다하다.

이런 교회 안의 분열과 갈등을 해소하거나 봉합하면서 일치(Unity)를 이루어 가려면 WCC나 교회에 대한 새로운 이해와 구조가 필요하다는 것이 공통된 문제의식이 되었다. 이러한 문제를 해결하려는 시도가 이번에 채택된 "WCC의 공동의 이해와 전망"(Common Understanding and Vision, CUV)이다.

이 문서의 기본 핵심은 WCC가 모든 교회 위에 군림하는 초교회(Super Church)가 될 수 없고 모든 교회의 연합체(Union)도 아니며 한 가지 특정한 교회론이나 신학적 교리에 근거해서도 안 된다는 토론토 선언(1950)을 재확인하면서, WCC는 '교회에 부과된 공동의 사명(Common Calling)을 감당하기 위한 교회들의 친교와 협의체(Fellowship of Churches)'라는 점을 부각하는 데 있다.

이것은 다원화 시대, 교파주의나 지역주의가 다시 활성화되는 오늘의 시대에 더욱 필요한 이해며 전략이다. 느슨한 협의체라야 함께 모일 수 있고 일치를 유지할 수 있다. 라이저 총무는 '에큐메니칼 광장'(Forum, Space)을 강조했다. 하나의 광장에 모여 협의하고 돌아가서 자기 지역과 나라, 여러 현장에서 각자의 방법과 전략으로 복음적 사명을 실천하면 된다는 것으로, 여기에는 WCC의 구조와 기능을 이렇게 바꾸겠다는 의도도 있다.

물론 이 안에 대해서는 여러 가지 논란이 있었다. WCC의 운동성과 강한 영향력을 약화시키는 것이 아니냐는 우려도 제기되었다. 그러나 WCC가 너무 기구 중심의 에큐메니칼 운동이었다는 비판과 반성은 여러 곳에서 나왔다. 제네바를 오가는 전문가들, WCC의 여러 위원회에 속한 사람들, 직업적 운동가들의 기구이지 어디 교회를 대표하는 기구냐는 비난에 새로운 형태의 조직과 운동이 필요하다고 강조하기도 했다.

이런 요구를 수용한 보완책이 이번에 결정된 '교회와 에큐메니칼 기관들의 포럼' 창설이다. 이는 WCC가 제안해서 세상의 모든 교회, 기독교 단체를 회원, 비회원 따지지 않고 가능하면 가톨릭교회까지 한자리에 앉아서 협의하는 광장(Forum)을 따로 만들자는 안이다.

이 밖에도 '정교회와 개신교의 공동위원회(Joint Commission)', '복음주의자와 오순절교회들과의 협의회', '지역 에큐메니칼 기구(REO)들과 각 나라의 교회협의회(NCC)들과의 네트워크 형성' 등 여러 가지 일치운동을 위한 결의안들이 채택되었다. 이런 구조 변화를 시도한 새 문서(CUV)는 에큐메니칼 운동의 새로운 이정표(Milestone)라고 평가되었고, 21세기 WCC 운동에 중요한 방향타가 될 듯했다.

세계화와 외채 탕감 문제

이번 하라레 총회에 참석한 사람들이 회의장에서 가장 많이 들은 단어는 아마도 '세계화'(Globalization)가 아닐까 생각된다. 누구나 다 복음적 실천과 선교의 상황을 말하면서, 20세기 말의 가장 심각한 문제로 세계화를 논하지 않을 수 없기 때문이다. 그러나 전 세계 여러 나라에서 온 교회 대표들의 세계화에 대한 설명과 주장은 다 같은 것은 아니었다.

대체로 선진국에서 온 대표들은 세계화 현상에는 부정적인 것도 있고 긍정적인 것도 있다고 하는 데 비해, 제3세계 후진국에서 온 사람들은 대부분 세계화는 부정적인 것이며 심지어 '더러운 것'이라고 하기도 했

다. 세계화가 경제뿐 아니라 문화, 기술, 사상, 종교, 인종이 국경을 넘어
교류되므로 발전에 획기적 조건이라고 보는 교과서적 설명과 오늘의
세계화는 주로 경제적인 세계화를 말하는데 이것은 곧 국제 투기자본의
횡포, 외채의 압박, 후진국의 종속과 빈곤화를 의미한다는 상황적 주장
이 큰 대조를 이루었다.

많은 토론과 논쟁 끝에 정책위원회가 만든 문서에서는 "세계화란 오
늘날 모든 인간의 삶에 막대한 영향을 주는 불가피한 현실이며, 경제에
서만 아니라 정치 문화 윤리 환경 등 전 분야에서 매우 중대하며 도전적인
문제이기 때문에 기독교 신앙이 책임 있게 대응해야 하며 특히 세계화가
만들어내는 막대한 피해자(Victim)들과 사회악에 대해 관심을 가지고
대처해야 한다"는 요지로 정리되었다.

이 세계화가 가져오는 부정적 도전들, 즉 초국적 자본과 기업들의
무제한적 이윤추구, IMF, 세계은행 등 국제금융기관과 선진국들에 의한
수탈적인 외채의 악순환, 국제경쟁력 강화로 인한 기업의 도산과 폐쇄,
구조조정 및 대량 실업의 폐해, 전기, 통신, 교통, 에너지 산업 등 국가
기간산업과 공공기업들의 사유화와 독점화, 이로 인한 노동자들의 장시
간 노동과 인권 탄압, 여성의 소외, 환경파괴 등을 교회는 신앙적, 윤리적
책임감을 가지고 대처해 가야 한다는 것이다.

이를 위해서 교회는 경제와 신앙의 관계를 보다 더 깊이 연구해야
하고, 교인들을 교육해야 하며, 나아가 시민사회의 여러 조직이나 운동
과 연대해서 대안 체제를 모색하고 희생자들을 보호하기 위해 노력해야
한다고 결의되었다.

하라레 총회의 여러 결의문 가운데 사회적으로 가장 관심거리가 된
문제는 외채 탕감(Debt Cancellation)에 관한 것이었다. 특히 8차 총회는

WCC 희년(Jubilee) 총회이기 때문에 개회 시부터 희년의 정신이 강조되었고, 노예를 해방시키고 빚을 탕감해 주는 희년의 전통과 풍습에 따라 세계 최빈국들의 감당할 수 없는 외채를 탕감해 주어야 한다는 결의문을 상징적으로 채택했다. 물론 이 결의문의 효력에 대해서는 아무도 장담할 수 없다.

나는 특히 이 문제에 관심을 갖고 외채 문제를 토론하는 분과 토의와 파다레(Padare) 행사를 쫓아다녔다. 특별히 9일 저녁에 '2천 년 희년 운동'(Jubilee, 2000)이 주최한 외채 문제 공청회는 큰 성황을 이루었고, 아프리카 여러 나라의 외채 문제의 진상이 적나라하게 파헤쳐졌다.

WCC의 아프리카 지역 회장 산타나 여사, 보스와나의 대주교 마클루, 아프리카 인권위 총무 모불리 등은 이 공청회에서 아프리카 여러 나라의 외채들은 잘못 들여와 잘못 쓰였기 때문에 탕감되어야 한다는 주장을 폈다. 많은 독재자와 독재 정부가 갚을 수 없는 외채를 들여와 사치 방탕하고 허비한 뒤에 국민에게 갚으라는 것은 말이 안 된다는 것이다. 빚으로 들여온 점보기를 누가 타고 다니느냐는 것이다. 모잠비크나 우간다의 독재자들이 외국 빚을 들여다가 탕진하고 해외로 빼돌리고 국민은 아무 혜택을 못 받았으니, 그건 독재자들의 사채이지 국민의 공채일 수 없다는 것이었다.

그리고 채무의 계약은 국민의 동의 없이 만들어져 높은 이자를 내야 하고, 이자를 갚기 위해 또 빚을 늘이는 외채 누적 악순환이 계속되고 있었다. 외채는 해가 갈수록 늘어나 점점 갚을 길이 없어졌다. 한 통계에서 보면 85~92년 아프리카의 외채는 850억 불에서 4,700억 불로 다섯 배 이상 늘어났다. 결국 외채란 가난한 자들이 부자를 보조하는(subsidize) 격이라는 것이다. 그리고 이미 이 빚들은 원금의 몇 배나 되는 높은 이자

지불을 통해, 다른 이득을 통해 이미 다 갚은 것이나 마찬가지라는 주장도 제기되었다.

마클루 대주교는 "나의 신학에서 세계화란 말은 더러운 말이다"라고 했다. 인간의 세계화는 불의한 경제질서를 의미할 뿐이고, 하나님의 세계화(Devine)는 곧 외채 탕감을 말하는 것이다. 아프리카인들을 옭아매는 사슬인 외채에서 풀려나지 못하면 결국 다시 아프리카는 식민지가 되고 만다고 열변을 토했다.

함께 사는 세상을 위한 교회

에큐메니칼 운동의 핵심은 함께 사는 하나의 세계를 만들려는 하나의 교회 운동이었다. 그 어원인 oikoumene가 인간이 함께 사는 세상(The Inhabited World)을 의미하기 때문이다. 8차 총회에서 WCC가 21세기 에큐메니칼 운동의 과제로 설정한 프로그램들을 보더라도 결국 인간이 함께 사는 세상을 만드는 데 걸림돌이 되는 요소들을 교회가 어떻게 제거하도록 노력하느냐에 초점이 모아져 있다. 갈등과 폭력의 문제를 해결하고 화해와 평화의 세계를 만들려는 노력도, 성차별을 극복하고 성에 대해 대립되는 의견과 이로 인한 분열을 극복하려는 운동들도 모두 함께 사는 세상을 만들어야 하는 교회의 사명에 충실하기 위한 것이다.

이번 총회가 특별히 주목한 세계 분열의 상황은 세계화로 인한 빈부 격차의 세상 말고도 종교와 문화, 인종과 지역 간의 차별과 갈등으로 인한 폭력과 전쟁의 계속적인 증대에 있었다. 동서 냉전 체제가 해소된 90년대에 와서도 인종과 종교 간의 갈등으로 인한 국지적 전쟁과 폭력들은 유고슬라비아, 체첸, 르완다, 소말리아, 수단 등에서 끊임없이 확산되고 있다.

걸프전쟁은 또 하나의 세계대전을 일으킬 위험을 안고 있다. 미소 강대국들에 의해 통제되었던 지역 간, 인종 간 갈등이 폭발해서 무력투쟁과 폭력의 문화를 만들어 내는 것이 오늘의 현실이며, 평화를 만들어야 하는 교회에 심각한 도전이 된다. 남부 수단에서의 종파 간 살육과 폭력은 이미 100만 명 이상의 생명을 짓밟았고, 테러, 고문, 착취, 강간 등은 많은 인간들, 특히 여성, 어린이들을 눈물과 한숨 속으로 몰아넣는다.

이번 총회에서는 2000년의 첫 10년을 '평화의 문화 10년'으로 정하자는 제안이 결의되었다. 함께 사는 세상을 만들기 위해서는 우선 폭력과 전쟁이 없는 세상을 만들어야 한다. 이를 위해서는 가난과 결핍을 제거하고 억압과 착취를 막아야겠지만, 평화를 만드는 일이 투쟁과 대결을 통해서만 이루어질 수는 없기 때문에 이제는 좀 더 상호 이해와 관용, 화해와 용서를 통해 평화의 문화를 만들어 가야 한다는 것이 평화 선교의 새로운 인식이다.

평화의 문화를 심기 위해 아동들(15세 전후)을 군대나 게릴라로 끌고 가 살육을 자행시키는 것을 금지하는 운동을 전개해야 한다는 결의문도 나왔다. 특히 여성에 대한 폭력, 강간, 구타, 차별, 소외를 없애고 그들의 인권을 증진시켜야 한다는 결의도 다시 채택되었다.

이렇게 함께 사는 세상을 만드는 데 앞장서야 할 교회는 당연히 누구보다도 함께 공존할 수 있는 포용적인 공동체(Inclusive Community)가 되어야 한다. 교회가 차별적이고, 비민주적이고, 어떤 그룹이나 사람들을 배제하는 집단이어서는 본질에 어긋나며 교회의 사명을 다할 수 없다.

과거에 교회는 여성 차별적이었다. 그러나 점차 에큐메니칼 운동은 성 차별을 극복하고 여성 안수와 여성 대표 비례할당제를 채택하여 상당한 진전을 보였다.

그러나 이런 진전이 아직은 소수 교회에 머물고 있으며 세계교회의 보편적 모습이 되지 못하고 있다. 장애인의 차별과 소외의 극복도 심각한 문제다. 과연 교회가 장애인들이 자유롭게 드나들 수 있는 곳인가의 반성은 끊임없이 제기되고 있다. 청소년들의 소외 문제도 심각하다. 청소년들이 자꾸 교회를 떠나는데, 이들을 포용하지 못하고 관용하지 못하기 때문이다. 또 원주민들(Indiginous)을 차별하고 소외시키는 교회들이 많다. 더욱 포괄적인 교회로 만들어야 한다는 과제는 앞으로 중요한 목표와 안건이 되리라 본다.

이 점에서 특히 심각히 논의된 문제는 성의 이해와 윤리에 관한 것이었다. 현대 사회는 서구적 근대화와 합리성의 가치관이 주도하던 시기를 벗어나 포스트 모던이라는 다원주의와 상대주의의 물결 속에 휘말리

고 있다. 특히 이 중에도 성문화가 크게 변혁을 일으키고 전통적 기독교
적 성 윤리도 많이 허물어졌다.

결혼과 이혼, 피임과 인공유산, 혼전 성교와 동성애 등의 문제에서
사람들의 가치관이 크게 달라지고 새로운 성문화와 형태들이 범람하고
있다. 이제 성 문제는 교회 안에도 침투되어 많은 논란과 갈등을 일으킨
다. 특히 서구에서는 동성애자들의 인권을 주장하며 교회 안에서 동성
결혼식을 요구하는가 하면, 목회자 가운데도 동성애주의자들이 생겨
동성애자 목사 안수를 요구하고 있다.

하라레 총회에서는 동성애자들의 공식적 집회와 발언은 허용하지
않았지만, 이 문제로 인한 논쟁과 토론은 여러 곳에서 심각하게 벌어졌
다. 공식으로 나타난 쟁점은 교회가 동성애자들을 거부하며 교회에서
추방할 수 있느냐는 것, 아프리카의 토착교회들이 일부다처제(Poligamy)
를 허용하고 있는데 WCC 회원 교단으로 가입시킬 수 있는가에 관한 것이
었다.

공식적인 합의와 결론은 동성애자들의 별도 집회를 허용하지 않겠
다는 것, 일부다처제를 허용하는 교단은 WCC에 가입할 수 없다는 것이었
지만, 이를 둘러싼 성 문제에 대한 담론과 주장은 천태만상을 이루었으며,
과연 앞으로 교회가 성(Sexuality)에 관해 획일적이며 규제적인 윤리와
규범을 강요할 수 있을 것인가에 심각한 의문과 이견이 제기되었다.

성의 쾌락도 하나님께서 인간에게 허락하신 축복의 하나라고 보았
을 때 기독교가 요구하는 성 윤리는 과연 절대적인 것인가, 전통적인 성
관계나 혼인 속에서 성의 쾌락을 누릴 수 없는 사람들이 다른 방식으로
쾌락과 안정을 추구하는 경우 이를 비윤리적인 것으로 금지시키는 것이
타당한가의 문제들이다. 이미 서구에서는 혼전 동거가 보편화됐고 이혼

률이 절반을 넘어서고 있는 상황에서, 앞으로 기독교는 어떤 결혼과 성 윤리를 가르쳐야 하는가?

더욱이 아프리카에서는 에이즈(AIDS)로 인해 수많은 생명이 죽어가고 앞으로 수백만의 인구가 줄어들 위험에 놓여 있다. 부부간에도 콘돔을 사용하라는 보건학자들의 충고를 과연 교회의 성교육이 수용할 수 있겠는가에 관해 여러 곳에서 지대한 관심과 흥분 속에 토론이 진행되었다. 서구 기독교인들은 이미 폴리가미의 와중에 들어가 있지 않느냐는 아프리카 토착교회 대표들의 따끔한 비판도 있었다.

최종적으로 프로그램 위원회의 결의문에는 이렇게 적혀 있다.

총회의 전체 회의와 공청회, 파다레 등에서 인간의 성생활 문제가 교회가 직면하고 있는 중요한 문제로 제기되었다. 성의 이해에 관한 이슈들이 교회를 분열시키고 있는 것도 사실이다. 성에 대한 이견이 교회의 불일치와 차별, 불의의 원인으로 간주되고 있다. 성 문제에 대한 기독교적 인간학, 성서적·해석학적 이해, 신학적·사회학적 연구가 절실히 요망되고 있다.

아마도 성 문제와 성 윤리에 관한 담론이 21세기 세계교회에 중대한 이슈로 등장할 것이다. 더불어 함께 사는 세상을 만들기 위해서는 교회가 성에 대한 다른 이해를 가진 사람들을 포용하는 일이 불가피한 과제가 될 것이기 때문이다.

III. 포르투 알레그레(Porto Alegre) 총회와 새 흐름 모색
― WCC의 주요 과제와 문제의식

98년 12월 짐바브웨의 수도 하라레에서 모였던 WCC 8차 총회는 창립 50주년을 기념하는 희년 대회로서도 의미가 컸지만, 규모로서도 가장 큰 모임이었다. 8년 뒤인 2006년 2월 브라질의 포르투 알레그레에서 모인 9차 총회는 총대 수를 700명으로 30%나 줄였고, 대회 기간도 11일로 가장 짧은 총회였다. 예산과 경비를 줄이면서 효율적으로 총회를 치르자는 취지였다.

그러나 이 축소 지향적인 변화의 모습에서 오늘의 WCC와 에큐메니칼 운동의 상황과 문제의식에 변화가 일어나고 있음을 감지할 수 있다. 큰 잔치를 벌이려는 의욕이 감퇴한 것일까? 재정 형편이 나빠진 탓일까? 그런 이유도 분명히 있었지만, 보다 중요한 배경은 WCC가 자기의 역할과 정체성에 대해 보다 차분해지고 겸손해지는 데 있다고 할 수 있다.

하라레에서 포르투 알레그레에 이르기까지 WCC가 고민했던 핵심 과제가 무엇이었는가 묻는다면, 답은 여러 가지로 다를 수 있다. 선교 신학적으로나 에큐메니칼 운동의 관점에서는, 이미 잘 알려진 대로, '폭력 극복 10년'을 중심으로 한 교회의 평화 선교와 화해의 사명을 들 수 있고, 세계화 시대에 빈곤과 양극화로 고통받는 사람들의 삶과 권리를 돌보는(Caring for life) 일, 타 종교와의 대화와 협력, 여성, 청소년, 장애인, 원주민 문제 등이 핵심 과제와 프로그램으로 등장했다.

그러나 이 과제들을 추구해 가는 방식이나 문제의식에서는 과거 WCC와는 매우 다른 모습을 보인다. 지난 8년 동안 1년에 두 번씩 WCC의 중앙위원과 실행위원으로서 열네 차례 회의에 참석해 본 나는 WCC가 차츰 겸손해지고 있다는 느낌을 강하게 받았다. 70년대나 80년대처럼 전쟁, 빈곤, 차별, 인권, 환경문제 등에 대해 WCC가 제네바 본부를 중심으로 대응책과 특별 사업(Project)을 만들어 신속히 대처하던 방식은 많이 사라졌다.

그때처럼 사업 예산이나 이를 감당해 낼 직원들이 충분하지 않다. 예산은 매년 약 5%씩 축소되었고 프로그램 부서 직원 수는 70년대의 절반 이하로 줄었다. WCC에 많은 사업 자금을 지원하던 선진국 교회나 선교 단체들은 WCC를 통하지 않고 직접 개발도상국의 시민단체나 NGO에 사업비를 제공하고 있다.

WCC가 지난 8년 동안 가장 많은 시간 동안 토론하고 고민했던 문제는 신학적인 문제도 선교 정책적인 문제도 아닌, WCC의 역할과 기능에 관한 자기 정체성의 문제였다고 생각된다. 교회 연합과 협의 기구로서 WCC가 어떤 구조와 조직 프로그램을 가져야 하느냐였다. 이런 고민은 이미 8차 총회 이전부터 시작되어 하라레 총회에서 "공동의 이해와 비전"(CUV)이라는 문서를 채택하였고, 하라레 총회 후 WCC의 새로운 자기 정체성을 모색하기 위해 여러 가지 프로그램과 논의가 시도되었다.

그중 하나가 WCC에 가입하지 않은 여러 교파, 교단과의 대화와 협의체 구성에 대한 모색이었다. 특히 아프리카, 남미 쪽에서 급격히 부상하고 있는 오순절교회들과의 대화와 협력을 위해 여러 차례 협의회를 열었다. 한국의 순복음교회(조용기 목사)도 초청되어 여러 번 대화에 참여했다. 신학적인 입장과 관심사가 다르더라도 에큐메니칼 교회는 하나의 교회이며, 함께 대화하고 손잡아야 한다는 것이다.

이것은 반 에큐메니칼적인 복음주의(evangelical) 교회들에 대해서도 마찬가지였다. 그 밖에 여러 나라 민족 전통에서 생긴 독립교회들과 대화와 연대를 모색하자는 것이 WCC의 새로운 방향이요 정책이었다. 라이저 총무는 가끔 '에큐메니칼 공간(Space)'을 강조했다. 에큐메니칼 운동이란 여러 다른 교회가 함께 만나는 '공간'이라는 의미가 강하다는 것이다.

또한 이미 WCC와 협력 관계에 깊이 들어와 있는 가톨릭교회와의 공동사업, 교회가 아닌 여러 선교 단체와의 협력 또한 개혁교, 루터교 등 여러 교단의 연합체와의 협력 모색 등을 중점 과제로 삼았다. "공동의 이해와 비전"(CUV) 이후 에큐메니칼 운동의 핵심은 교회들의 친교를 강화하는 쪽으로 옮겨졌다고 볼 수 있다.

중앙위원회와 실행위원회에서 토의히다 결국 성사되지는 못했지만, WCC는 모든 교회와 기독교 단체, 지역 기구, 교단 협의체를 한데 모아 결속시키는 기독교 포럼 운동을 추진했다. 앞으로 타 종교와도 협력·대화해야 하는 마당에, 한 하나님과 성경을 믿는, 그리스도를 주로 고백하는 교회들이 가톨릭, 개신교, 정교회, 무교회주의 가릴 것 없이 함께 뭉치며 한 울타리 안에 있자는 운동이다.

정체성 모색의 다른 한 면은 WCC 안의 교회 간의 관계 문제였다. 특히 성찬식 문제, 동성애 문제 등으로 화합이 잘 안되는 정교회와 개신교회의 관계를 개선하기 위해 '특별위원회'가 조직되어 7년 내내 토의했다. 포르투 알레그레 총회에서 개정된 WCC의 헌장과 규칙들은 모두 이 특별위원회가 준비하고 만든 것이다. 핵심은 교회, 교파 간에 의견이 다를 때 소수자의 의견도 모두 존중하는 '합의 결정제'(Consensus Decision Making)를 도입한 것이다.

특히 어려운 문제들은 정교회와 비정교회 개신 교단들을 5:5로 하는 특별위원회를 항구화하여 해결하도록 규칙과 구조를 만들었다. 여기엔 아직 많은 논란이 있으나, WCC는 에큐메니칼 운동의 방향을 한편으로 치우치지 않고 회원 교단의 의사를 존중하는 전원합의 결정제로 나아가겠다는 의지를 천명한 것이라 볼 수 있다.

9차 총회 직전 3년 동안에 주로 논의되었던 WCC의 정체성 모색에는 '에큐메니칼 운동의 새로운 흐름(Reconfiguration)'이라는 프로젝트가 있었다. 라이저 총무의 마지막 아젠다이자 코비아 신임 총무가 계승한 '새 흐름' 논의는 에큐메니칼 운동이 당면한 위기의식과 관련이 있다. 지금까지 에큐메니칼 운동의 본부로 주역을 담당했던 WCC가 이제는 모든 다른 교회나 운동 단체와 함께 공유하며 하나님의 선교를 수행하는 형태로 바뀌고 있으며 또 바뀔 수밖에 없다는 것이다. 사실상 오늘날 에큐메니칼은 WCC의 전유물이나 독점물이 아니다.

지역마다 NCC, CCA 같은 교회 연합 기구가 있고, 교파별로도 루터교, 성공회, 감리교, 개혁교회(WARC) 등의 세계적 연합 기구가 있다. 그 밖에도 세계선교회(WMC), 세계봉사회(CWS) 등 수십 개의 세계 기구가 있다. 때로는 대회나 협의회 등이 중복되는 경우도 많다. 회원 교단들이 교회 연합 운동에 내는 회비나 부담금도 다중화되어 있다.

이렇게 다양화, 다중화된 에큐메니칼 운동을 재정비할 필요가 있다는 것이다. 5년 내지 7년마다 한 번씩 열리는 세계대회도 WCC와 개혁교회연맹(WARC), 루터교연맹(LWB) 등이 통합해서 하면 비용, 시간을 절약할 수 있고 효율적일 것이다. 이 '새 흐름' 논의는 포르투 알레그레 총회 이후에도 계속되면서 새 가닥을 잡아 나갈 것이고, 에큐메니칼 운동의 구조와 방향에 큰 변화를 가져올 수 있다. 그러나 기구나 전통의 고유성을 주장하는 흐름도 있어 변화가 쉽지는 않다는 전망도 있다.

에큐메니칼 운동의 새로운 정체성과 방향 모색이라는 큰 틀 속에서 지난 8년간 WCC가 추진한 중점 사업들도 형태와 방식이 많이 바뀌었다. 하라레에서 시작된 대표적 운동인 '폭력 극복 10년'(2001~2010) 운동도 철저히 지역별, 나라별, 교단별로 분산화(decentralize)시켰고 통제나 간섭, 지침, 평가를 하지 않았다. 이제 WCC는 합의된 결정을 소속 교단이나 지역 기구들이 수행할 수 있도록 권장하고 촉구하는 일과 자문하고 네트워킹하는 일에만 신경을 쓰겠다는 것이다.

2002년 WCC는 팔레스타인과 예루살렘의 평화를 위해, 폭격과 폭력의 저지를 위해 여러 나라 교회에게 에큐메니칼 방문과 동반(Accompany) 프로그램을 권장했다. 서구 교회들은 교인 수백 명씩을 파송해 현지에서 얼마간 머무는 운동을 전개해 성과를 보았다.

2003년에는 기독교 지역과 회교도 지역 사이의 전쟁과 폭력으로 수백만이 죽고 피난을 간 수단과 아프리카 분쟁 지역을 위해 화해와 평화를 촉구하는 운동을 전개했다. 수단 교회의 갈등 해소와 화해 운동을 전 세계 기독교인들이 지원하도록 촉구하여 많은 성과를 보았다.

2004년에는 폭력 극복 운동(DOV)의 중점을 미국에 두었다. 미국 교회와 기독교인들이 세계 평화의 문제와 이슈를 파악하고 군사주의와 전쟁 지지를 비판하도록 여러 운동을 돕고 대중을 계몽하자는 것이다.

2005년에는 아시아를 평화 운동의 중점 지역으로 지정했고, 2006년에는 WCC 총회와 관련 라틴아메리카를, 2007년은 유럽을 폭력 극복 운동의 중점 지역으로 선포했다.

이처럼 WCC는 각 지역과 나라에서 교회들이 평화, 인권, 정의, 봉사와 같은 선교적 과제를 추진하도록 계기를 만들고 촉매 역할로 한정하면서, 세상의 교회들이 함께 펠로우십을 이루고 대화·교류하는 장(Space)으로서의 자기상을 유지하려고 노력하였다.

하라레 총회 이후 WCC는 무엇보다 교회의 일치성, 한 몸 됨을 유지하기 위해 많은 노력을 했다. 교회를 갈라지게 하는 요인이 발견되면 그것이 신앙 문제든, 사회윤리 문제든, 교회 제도에 관한 문제든 가급적 다른 의견들을 포용하려는 자세를 보였다.

특히 폭력 문제, 성 문제로 대립되는 분위기 속에서 WCC는 여러 입장을 이해하려는 태도를 취했다. '인간의 성생활'(Human Sexuality)이라는 연구위원회를 조직하여 보고서를 작성한 것도 분열되는 교회들을 감싸 안기 위한 일치 운동의 시도로 볼 수 있다.

91년 7차 캔버라 총회에 나는 예장 평신도 대표로 참석해 '정의 평화 창조 위원회' 위원이 되었고, 98년 8차 하라레 총회에서 중앙위원과 실행위원이 되어 2006년 9차 포르투 알레그레 총회 때까지 16년간 WCC의 여러 에큐메니칼 활동에 참여해 많은 것을 배우고 얻었다.

예장 총회 교단 공식 대표로서의 WCC 활동은 마치게 되었지만, 크리스천으로서의 에큐메니칼 운동은 이후에도 계속하게 되리라 확신한다.

(「기독공보」에 실린 기고문)

에큐메니칼 운동의
선배와 동지

I. 강원용 목사와 에큐메니칼 삼총사

한국 기독교 에큐메니칼 운동의 역사를 쓴다고 하면 많은 인물이 등장하겠지만, 특히 에큐메니칼 삼총사로 불린 박상증(朴相增), 강문규(姜汶奎), 오재식(吳在植)의 역할과 공헌은 특기해야 할 사항이라 생각한다.

세 분은 에큐메니칼 운동이 오해와 편견 억압을 당하는 어려운 시기에 일생을 바쳐 헌신했을 뿐 아니라 비슷한 연령의 평신도로서 역할 분담을 하면서도 하나의 멋진 팀워크를 이루어 큰 힘을 만들어 왔고 역사적인 과업들을 지속적으로 수행해 왔다는 점에서 타의 추종을 불허할 만한 귀감이자 모델이 되었다고 보기 때문이다.

에큐메니칼 운동은 보통 기독교의 일지 운동, 교회의 연합 운동으로 알려지지만, 역사적 흐름과 신학적 정체성에서 본다면 교파적 선교를 지양하고 하나의 교회를 향한 하나님의 선교(*Missio Dei*)를 세계적으로 수행하면서 믿음과 삶, 신앙과 실천을 일치시키려는 운동이며 교회 속에만 갇힌 복음을 사회 곳곳에서 실현시키려는 조직적인 노력이라 하겠다.

자연히 에큐메니칼 운동은 한 교회나 한 나라에 머물 수 없고 국제적이며 초교파적인 운동이어야 하기 때문에 연합 기관이나 국제기구들이 주도해 갈 수밖에 없지만, 또한 교회의 선교나 평신도 운동에 뿌리를 내려야만 성공할 수 있는 어려운 운동이기도 하다.

이 점에서 에큐메니칼 운동은 100여 년 전 초기부터 연합 운동 기구인 IMC, YMCA, WSCF, CCA, NCC, WCC 등이 주도해 왔고, 이 기구들 속에서 활동해 온 인물들이 중심적 역할을 해 왔다.

그러나 유감스럽게도 한국에서는 에큐메니칼 운동이 많은 오해를 받고 핍박, 시련을 당해 왔으며, 아직도 기독교회 안에서 주류를 이루지 못하고 주변부에서 질시, 무시를 당하고 있는 형편이다. 개신교의 주요 교단에는 에큐메니칼위원회가 있고 WCC, CCA 등에 참여하고는 있지만, 교단의 선교 정책이나 교회 생활에 별 영향을 주지 못하고 있다.

20세기 전반 일제 시대에는 자유 없는 예속 가운데 외국 선교사들의 정책에 따라 교파주의, 근본주의에 매달렸고, 해방 후에는 분단 시대의 이데올로기에 억눌려 에큐메니칼 운동은 "용공이다", "신 신학이다", "혼합주의다"라는 비난을 받으며 이단으로 배척당했다.

예수교 장로교단에서 김재준 목사를 이단으로 징벌해 추방한 53년 대구 총회, 교단들의 분열, WCC와 같은 국제기구에서의 탈퇴 등의 사건들이 한국교회의 반 에큐메니칼 성향과 역사를 여실히 보여준다.

이런 상황에서 한국의 에큐메니칼 운동은 국제기구들을 통해 밖으로부터 들어올 수밖에 없었고, 외원에 의존하는 한계를 벗어나기 어려웠으며, 각성된 신학자나 운동가들에 의한 그룹이나 조직이 주도하는 운동이었고, 이들이 교회나 연합 기구들에 영향을 주어 변화와 개혁을 확산시키는 운동이었다고 볼 수 있다.

이 점에서 에큐메니칼 국제기구나 국내 지부 등에서 일한 지도자와 운동가들의 영향과 공헌이 중요했으며, 강원용 목사와 함께 박상증, 강문규, 오재식 삼총사의 오랜 팀워크와 협력 운동이 돋보이게 되었다.

나는 대학생 시절부터 이분들과의 인연으로 많은 가르침과 영향을 받았고, 여러 형태로 에큐메니칼 운동에 참여하게 되었으며, 깊은 유대 속에서 함께 활동해 온 세월이 반세기를 넘었다.

그동안 선배들의 활동과 업적에 대해서는 그들이 쓴 회고록과 자서전을 통해 많이 알려졌으나, 본인들의 기억에 의한 회고담일 뿐 체계적인 정리나 객관적인 논의를 통한 평가는 아직 이뤄지지 못했다. 이를 위해서는 많은 동시대인들의 증언이나 평가, 특히 지도와 영향을 받은 후배들의 체험과 기록이 필요하리라 본다.

또한 이미 여러 선배가 돌아가시고 기록이 많지 않은 상황에서 에큐메니칼 운동의 역사와 전통을 보전하려면, 함께 참여했던 남은 동지들과 후배들의 증언과 술회가 매우 필요하다.

이 글은 바로 이분들과 함께 내가 체험한 에큐메니칼 운동의 단면들을 회고하고 기록함으로써 앞으로 정리될 운동사를 쓰는 데 혹은 이 운동을 전수하고 발전시키는 데 도움이 되리라 믿으며 작성한 것이다.

대학생으로 만난 에큐메니칼 선배

사람의 운명과 인생 역정은 우연한 것 같은 만남과 관계에서 결정된다는 것을 이만큼 나이 들어보니 더욱 절실히 느끼게 된다. 내가 이런 선배, 이런 친구들을 못 만났더라면 나의 생애는 퍽 달랐을 것이다. 물론 사람의 환경과 성격이 더 결정적으로 좌우하겠지만, 주변 인물들과의 만남과 교제도 적지 않은 영향을 준다고 생각한다.

60년대 당시 서울 문리대 안의 기독 학생 운동은 두 개의 그룹으로 나뉘어 있었다. 신사훈 교수의 영향 아래 보수적 근본주의 정통 신학을 따르는 기독학생회와 YMCA 등 자유주의 경향의 '학생 기독교 운동'(SCM) 그룹이었다. 나는 새로운 신학 사조와 현실 문제에 대한 관심 때문에 SCM 모임에 참석했고 권태환, 노종호, 박한식, 김숙자 등과 SCM 그룹이 주최하는 강연회와 토론회에 참석했다. 당시의 실존주의 신학, 불트만의 비신화화 등을 토론했던 기억이 난다.

그런데 어느 날 미국 프린스턴신학교에서 공부한 선배가 귀국해서 후배들에게 아침 수업이 시작되기 전 8시부터 1시간 동안 성경 공부를 인도한다는 소식이 들렸다. 후배들에게 목청을 높여 가며 성경과 시대적 문제들에 대해 열강한 선배는 박상증 선생이었다. 나도 자주 참석하고 싶었지만, 친척 집에서 생활하던 때여서 아침 먹고 9시 첫 시간 수업에도 겨우 나왔기 때문에 한두 번밖에 참석하지 못했다.

4월 학생혁명 후 어느 날 학생 기독교 운동(SCM)의 지도자 선생들이 서울 문리대에서 기독 학생들을 만나겠다는 연락이 왔다. 문리대 건너편 의과대학 함춘원 앞에 수십 명의 기독 학생이 모였는데, 이때 나타난 선배 지도자들이 바로 박상증, 강문규, 손명걸, 오재식 등이었다. 4.19 이후 혁명적 분위기에 들뜬 대학생들에게 기독교적인 운동을 강화시키기 위해 에큐메니칼 학생 운동의 대선배들께서 작심하고 서울 문리대로 찾아온 것이었다.

이때가 한국학생기독교운동협의회(KSCC)가 결성되어 오재식 선배가 미국 선교사 제임스 레이니와 함께 기독 학생 운동을 강화하기 시작한 때였다. 함께 온 강문규 선생은 YMCA 대학생부 간사, 박상증 선생은 KNCC 청년국 간사, 손명걸 목사는 감리교 선교부 청년국 간사로, 한국의 기독 청년 학생 운동을 지도하는 대표적 인물들이었다.

이분들은 기독 학생들이 사회와 국가 발전에 기여해야 하고 개혁 운동에 앞장서는 운동을 적극적으로 추진해야 한다고 강조했고, 그러기 위해 대학 안에 SCM 운동을 강화할 것을 촉구했다. 영혼 구원만 외치며 사회 현실에 무관심하던 교회에서는 들어보지 못한 주장과 토론이었다. 더구나 이분들이 에큐메니칼 운동, 국제 기독교 운동과 연결되어 있다는 것을 알게 되면서 고교 시절 에큐메니칼 훈련을 받은 적이 있는 나에게는 중요한 관심의 대상이었다.

이때부터 나는 오재식 선배를 알게 되었고, KSCC 사무실이 있는 정동 교회 앞 젠슨홀에 드나들기 시작했다. 종로 2가 YMCA에서 열리는 강연회도 자주 참석했고 「기독교사상」에 실리는 선배들의 글도 읽었다. YMCA 출판부에서 나온 『기독교와 사회참여 ─ 사회적 급변 지역에서의 기독교 대책』이란 책이 나의 관심을 무척 끌었는데, WCC에서 나온 책을 강문규 선생이 번역한 것으로, *Christian Response in the region of rapid social change*라는 제목에서 기독교가 앞으로 나아갈 방향을 제시해 줄 것 같은 느낌을 받았다.

63년 봄 문리대를 졸업한 후 나는 장신대와 서울내 대학원 철학과에 동시 입학했고, 공군 상교 시험에도 합격했으며, 인천인성여고 교사로 취직도 했다. 신학교와 대학원, 공군 장교, 고교 교사 네 가지 길을 놓고서 무엇부터 해야 하나 고민하다가 우선 군복무부터 필해야겠다는 생각에 공군 장교 훈련을 받기 위해 대전으로 갔다. 4개월 훈련 후 장교로 임관받고 마침 공군본부 정훈감실에 정훈장교로 배속 받아 서울에 오게 되어 대학원 공부도 할 수 있었다. 신학교 공부는 군복무 때문에 일단 보류할 수밖에 없었다.

63년 8월부터 서울에 있게 된 나는 오재식 선배의 부탁대로 Frontier

Study 모임에 참석하게 되었다. 매주 수요일 저녁 창경원 옆 원서동 주택에 모여 함께 저녁을 먹은 후 맥케이, 가와지마, 김숙자 세 학생과 오재식, 박상증, 강문규, 손명걸, 짐 레이니 등 선배들까지 10여 명이 그날그날의 주제와 책을 놓고 두어 시간 토론을 벌였다.

64년 초까지 1년간 계속된 FSS 모임에 여러 번 참석하면서 맥케이, 가와지마와도 친해졌고, 어느 주말에는 합숙하는 세 사람을 강원도 철암교회에서 시무 중인 아버지의 목사관에 초대해 시골 구경을 시켜 주며 경북 안동까지 함께 여행했다. 그 후 김숙자는 강문규 선생과 경동교회에서 결혼식을 올렸고, 가와지마는 일본으로, 맥케이는 미국으로 돌아가 결혼했는데, 맥케이는 50년이 넘는 오늘까지 나와 편지를 주고받는 평생 친구가 되었다.

그 뒤 FSS 프로그램은 합숙 훈련이 아닌 스터디 그룹(Study group) 형태로 바뀌었다. 젠슨홀에 모여 지도교수와 함께 매주 토론하는 것으로, 세 그룹이 있었다. 한배호 교수가 지도하는 민족주의 토론 그룹, 현영학교수가 지도하는 공산주의 연구 그룹, 김동수 목사가 지도하는 세속주의(Secularism) 토론 그룹이 그것이다. 나는 잠시 민족주의 그룹에 속했는데, 68년 독일 유학을 떠나면서 중학교 교사인 나의 아내 손덕수를 참여하게 했다. 이영일, 김경재, 이종률 등과 함께 손덕수는 한배호 선생이 지도하는 그룹 활동을 하다가 독일로 왔다.

크리스찬아카데미와 강원용 목사

대학생 시절 이런저런 프로그램으로 알게 된 에큐메니칼 세 분, KNCC

의 박상증, YMCA의 강문규, KSCC의 오재식 선배와는 졸업 후 교회와
사회생활을 하면서 더 밀접한 관계를 맺게 되었다. 세 분은 서로 밀접하
게 연대하면서 국내 기독교 청년 학생운동을 이끌어 갔고, 국제기구들과
연결하면서 국내 에큐메니칼 운동을 국제적으로 확대시키는 데 주동적
역할을 하였다.

61년 뉴델리에서 열린 WCC 3차 총회에 강원용 목사, 박상증, 오재식
선생이 참석했고, 그 후 여러 차례 에큐메니칼 국제회의가 방콕, 홍콩,
마닐라, 싱가포르 등에서 열렸는데, 에큐메니칼 기관에서 일하는 분들
이 주로 참석하고 돌아와 보고했다.

63년 어느 날 박상증 선생에게서 나를 찾는다는 연락이 왔다. 이화여
대 총장 김활란 박사의 자택인 가회동 한옥에서 아시아 기독 청년 지도자
회의가 열렸는데, 여기에 참석한 미국 장로교 본부의 교지 부마 목사가
나를 찾는다는 것이다. 고교 시절에 참가했던 에큐메니칼 카라반의 책
임자로 미국에서 3개월간 함께 지낸 일본계 미국인 부마 목사가 한국에
들러서 박상증 선생에게 나를 찾아 달라고 부탁한 것이었다.

나는 김활란 박사 댁으로 가서 6년 만에 부마 목사를 나시 만났고,
내가 청년부 회상으로 일하던 동신교회에서 청년 헌신 예배를 열어 설교
자로 초청했다. 부마 목사 특별 환영 만찬에 초대되어 박상증, 오재식,
강문규, 손명걸, 현영학 선생 등과 환담하는 즐거운 시간도 가졌다.

그러나 이 선배들과 본격적으로 만나고 이분들이 맡은 에큐메니칼
운동에 직간접으로 연관을 맺게 된 것은, 67년 크리스찬아카데미의 간사
로 일하게 되면서부터였다. 공군 장교 4년 복무를 마치고 26세에 사회로
나오면서 나는 다시금 진로에 대한 고민이 생겼다. 이제 다시 신학 공부
를 해서 늦게라도 목사가 되어야 하느냐, 아니면 더 공부해서 교수가 되

거나 기독교 기관의 일을 해야 하느냐 갈림길에 서게 되었다.

마침 공군 장교 4년 동안 서울대 대학원에서 석사학위를 받았기 때문에 대학에서 시간 강사를 할 수 있는 자격은 얻었는데, 강사 자리를 구하기가 쉽지 않았다. 그때 은사 박종홍 교수의 추천으로 고황경 박사가 총장으로 있는 서울여대에 교양 철학 4시간 강사 자리를 겨우 얻게 되었다. 서울대 철학과에서 조교 자리도 얻었지만 무급 조교였다.

여러 고민 끝에 제대하기 몇 달 전 크리스챤아카데미로 강원용 목사를 찾아갔다. 강 목사님을 어렵게 찾아뵙고 나는 「기독교사상」에 소개된 크리스챤아카데미 소식과 교회와 사회의 다리를 놓겠다는 강 목사님의 글을 읽고 감동해서 아카데미 운동에 관심을 갖게 되었으니, 일할 자리가 있으면 기회를 달라고 부탁드렸다. 강 목사님은 아카데미 일이 시작되어 일할 자리는 있는데, 내가 누군지 모르니 집에 돌아가 내가 어떻게 살아왔고 무슨 생각을 하는지 써서 보내라고 하셨다.

나는 집에 돌아와 목사 아들로 살아온 경력과 기독교에 대한 문제의식, 교회와 사회참여에 대한 관심, 에큐메니칼 프로그램에 참여한 경험 등을 자세히 써서 10여 장을 우편으로 보냈다. 강 목사님은 수유리 아카데미하우스로 오라고 했고, 다시 찾아간 나에게 편지 내용이 좋았다고 하시면서, 그러나 나의 능력을 잘 모르니 우선 파트타임으로 한 주에 두세 번 나와 일을 거들어 보라고 하셨다.

67년 3월경부터 나는 주당 이틀은 서울여대 강사와 서울대 철학과 조교 일을 보고, 사흘은 크리스챤아카데미에서 보조 간사로 일하게 되었다.

67년 10월 강 목사님은 아카데미하우스에서 동아시아교회협의회(EACC)의 교회와사회대회를 주최하며 나에게 준비위원회의 책임을 맡기셨다. 전년도 66년 제네바에서 열린 WCC의 교회와사회대회의 후속

편으로 아시아의 상황 속에서 교회가 사회를 위해 무엇을 해야 하는가를 토론하는 중요한 에큐메니칼 대회였다.

준비위원으로는 기독교서회 김관석 목사, 기독학생연맹(KSCF) 총무 박형규 목사, 한국교회협의회(KNCC) 사회부총무 김준영 목사, 공보부 간사 박광재 목사와 아카데미를 대표해 이삼열이 임명되어 회의 준비와 손님맞이, 홍보 등의 책임을 맡았다. 여기에는 제네바 WCC의 교회와 사회 책임자인 폴 아부렉트와 M. M. 토마스, D. T. 나일스, 나바반, 해리 다니엘 등 에큐메니칼 거물들, 아시아 교회 대표자 60여 명, 국내 참가자 150명이 참가한 커다란 국제 대회였다. 에큐메니칼 운동을 배울 좋은 기회였다. 회의장 운영 등으로 몹시 바빴지만 틈틈이 회의 토론을 경청해 중요한 강연과 논쟁을 들었는데, 아시아의 상황에서 당시 국가 건설 문제, 민족주의 문제, 식민지 청산 문제와 교회의 역할 등에 관한 토론들이 기억된다.

65년경부터 국내에서 에큐메니칼 청년 운동을 주도하던 삼총사는 에큐메니칼 국제기구로 진출하게 되었다. 65년에 강문규 선생은 세계학생기독교연맹(WSCF)의 본부가 있는 제네바로 가서 아시아 총무가 되었으며, 66년엔 박상증 선생이 WCC의 청년 평신도국 간사로서 역시 제네바로 가게 되었다. 오재식 선배는 아카데미를 사직하고 YMCA와 KSCF에서 일하다가 71년에 아시아교회협의회(CCA) 도시농촌선교부(URM) 총무로 일본에 가게 되었다. 세 분 모두 10여 년씩 해외에 머물며 에큐메니칼 국제기구에서 활약하면서 국내 운동에도 많은 영향을 주었다.

바일슈타인 선언과 민주화운동

독일 유학 4년째인 72년에 10월 유신이 선포되고 박정희 대통령의 영구 집권 독재 시대가 막을 올렸다. 대학촌 괴팅겐에 처박혀 공부만 하던 나의 삶에 커다란 변화가 왔다. 독일 유학을 함께 하던 동창, 친구들과 해외에서라도 반독재 운동을 펼칠 수밖에 없었다.

아카데미와 WCC 일로 독일을 자주 방문하는 강원용 목사, NCC 김관석 목사, KSCF 박형규 목사, 한완상 교수 등이 우리 집에 찾아오셨고, 국내 사정을 자세히 알려 주셨다. 우선 언론통제로 보도도 되지 않는 국내 소식들을 독일 교회와 교포들에게 알려서 반독재 여론을 일으켜야겠다고 생각했다. 일제 시대 동경 유학생들이 일으킨 독립선언, 상해 임시정부의 독립운동 등이 국내 운동에도 큰 역할을 한 역사가 있지 않은가!

이런 가운데 73년부터 제네바의 박상증, 동경의 오재식, 강문규 선배로부터 소식과 연락이 오기 시작했다. "73년 한국 그리스도인 선언"이 국내에서 나왔다며 독일 교회와 교포들에게 배포해 달라는 요청이었다.

나는 재독 한인 교회 장성환 목사와 연결해 독일 교회와 한인 교회를 통해서 선언문을 돌렸다. 국내에서 박형규 목사와 기독 학생들, 수도권선교회 권호경, 김진홍, 김동완 목사 등이 구속되자, 서남독선교부(EMS)의 슈나이스(Schneiss) 목사와 동아시아위원회 프리츠(Fritz) 목사 등이 중심이 되어 한국 기독교의 민주화·인권운동을 돕자는 움직임이 일어났다.

한국 간호사, 광부들이 독일에 와서 교포의 숫자가 1만 명을 넘게 되자, 독일 교회도 한국교회와 관계를 맺기 시작했고 민주화·인권운동에도 관심을 보였다.

독일 교회와의 협력을 강화하기 위해서는 독일의 신학자나 교계 인물들을 포섭하는 것이 중요했고, 한국 문제를 인식시키기 위한 모임이 필요했다. 마침 슈나이스 목사가 한독 신학 세미나를 개최하겠다고 해서, 73년 11월 22~24일 하일부론 근처 바일슈타인(Beilstein)의 기독교가족수양관에서 한독 기독자 40여 명이 모여 세미나(Klausur Tagung)가 열리게 되었다.

나는 73년 9월 19일 제네바의 박상증 선생에게 이렇게 편지를 썼다.

이제는 일그러져 가는 조국의 운명을 목전에 두고 대결하든가, 도피하든가의 선택밖에 없는 것 같습니다. 가능하면 일본이나 미국에서 활동하는 진보적인 지성인들과도 연대해서 현실을 분석하고 용기를 연대하는 것이 중요할 것 같습니다. 이번 슈나이스 목사가 주선하는 11월 바일슈타인 모임이 좋은 기회가 될 것 같습니다.

나는 독일 유학생들의 코리아 세미나 보고서를 보내면서 국내 상황이 절망적으로 되어 가니 해외 기독자들과 지성인들이 연대해서 용기 있게 장기 투쟁 계획을 세워보자는 편지를 보냈고, 11월 바일슈타인 모임에서 모여 전략 협의를 해 보자고 제안했다.

박상증 선생은 동경의 강문규 선생과 뉴욕의 림순만 교수를 초대해 바일슈타인 모임에 함께 참석했다. 또한 독일에서 목회하는 장성환, 정하은, 이영빈, 이화선 목사, 김창락, 김정양 등 신학생, 이준모, 오인탁, 박경서, 배동인, 이삼열 등 유학생, 박봉랑, 장일조 교수, 미국의 림순만 교수, 신성국 목사, 제네바의 박상증, 방성, 동경의 강문규 선생 등 한국인

29명과 독일인 신학자와 선교부 직원 11명까지 총 40명이 모여 한국 문제를 진지하게 토론했다.

주제는 "가이사의 것은 가이사에게, 그리스도인들의 사회 정치적 참여 문제"였고, 성서 연구와 신학적 토론을 한 뒤 국내, 일본, 미주에서 그리스도인들이 반독재 인권운동을 어떻게 하고 있는지 보고를 들었다. 특히 강문규 선생은 국내 소식을 자세히 전해 주었고, 박상증 선생은 WCC가 박형규 목사의 구속과 신앙적 저항 운동에 충격을 받아 구속자 가족들을 지원하기로 했다는 보고를 했다.

참석자들은 밤늦게까지 열띤 토론과 논쟁을 한 뒤 "재독 한국 그리스도인 선언"을 발표하기로 결의했다. 내가 초안을 만들고 장시간 토론한 뒤 서명인들은 밝히지 않기로 하고 발표한 바일슈타인 선언문이다.

우리는 나치 독재 시절 독일의 고백교회가 바르멘(Barmen) 선언을 한 것처럼, 한국 그리스도인들이 신앙적 양심에서 불의와 독재에 저항한다는 결의를 바일슈타인 선언에 담았다. 이는 독일, 미국, 일본, 국내의 주요 기독교 지성인들이 모여 토론하고 발표한 선언이라는 점에서 역사적 의미를 갖는다.

또한 해외 그리스도인의 동지적 네트워크가 생기는 계기가 되었다. 제네바, 동경, 뉴욕, 독일의 연결 고리가 생긴 것이다. 역시 에큐메니칼 선배들의 연대의 힘이 작용한 것이다. 선언문 5천 부를 찍어 국내외 각지에 돌렸다.

74년 들어서 국내 상황은 더 악화되었고, 긴급조치로 인해 개헌 청원을 주도한 장준하가 15년 징역을 받는 등 많은 지식인, 종교인이 구속되고 학원, 언론이 무자비하게 탄압 당했다. 나는 독일의 유학생, 기독교 목사, 간호사, 광부 55명으로 '민주사회건설협의회'(민건회)를 조직하였으며, 3월 1일 본(Bonn)의 베토벤광장에 100여 명의 교민을 모아 반독재 궐기대회를 열고 한국 대사관 앞까지 데모 행진을 했다. 이때 마침 동아시아 선교 회의차 독일을 방문한 박상증 선생이 대만 쇼끼코 목사, 독일 슈나이스, 프리츠 목사와 함께 데모에 참석했다.

나는 독일의 유학생 동지들과 민건회 조직과 데모 준비를 추진하면서, 74년 1월 24일자로 박상증, 강문규, 림순만 선생에게 간곡한 공동 수신 편지를 썼다.

우리가 바일슈타인에서 맺은 결의와 각오로 보다 조직적이고 항구적이며 적극적인 자세로 투쟁에 들어가야 하겠습니다. … 오는 삼일절을 디데이로 해서 동경, 워싱턴, 뉴욕, 본, 캐나다에서 일제히 교민들이 한국 대사관 앞에 집결해 공동으로 작성된 반독재 선언문을 낭독하고 시위를 벌이는 일을 하자는 것입니다. 국내에도 사전에 선언문과 전략을 침투시켜 국내 동지들에게 자극과 성원이 되도록 하면 국내에 불을 지르는 일에 도움이 되리라 여겨집니다.

나는 "민주사회건설 선언문"을 초안해 독일의 농지들과 토론해 결정했으며, 동경의 강문규, 오재식 선생에게 국내에 전달해 줄 것을 부탁하고, 뉴욕의 림순만 박사를 통해 워싱턴, 시카고, 로스앤젤레스, 샌프란시스코의 민주 운동자들에게 보내도록 했다. 결국 독일에서 삼일절 데모가 일어났고, 미국 뉴욕, 로스앤젤레스 등 여러 도시에서 반독재 집회가 열렸다.

삼일절 데모가 열린 뒤 나는 림순만 박사를 통해 미국 기독학자회가 주최하는 연차 대회에 주제 강연자로 초대받아 뉴욕으로 갔다. 74년 4월 11~13일 뉴욕 스토니 포인트(Stony Point)에서 모인 재미 한국 기독학자회(Korean Scholar's Association)에는 김재준 목사를 비롯해 임창영 전 유엔 대사, 이승만 목사, 이상철, 선우학원, 림순만, 동원모, 김동수 등 저명한 교수, 박사, 목사 100여 명이 모였고, 반독재 민주화운동을 지원하는 결의를 했다. 회장인 이승만 박사와 림순만 교수가 나를 초대한 것은 독일의 민주화운동과 미주 여러 도시의 운동을 연결시키기 위해서였다.

나는 회의 후 한 달 동안 워싱턴, 애틀랜타, 로스앤젤레스, 샌프란시스코, 오리건, 시카고, 애나보, 토론토 등 여러 도시를 방문해 강연회와 모임에 참석했고, 미주의 운동들을 살펴보며 독일 민건회와의 유대를 형성했다.

특히 5월 12~15일에 캐나다 토론토에 들러 김재준 목사와 문익환 목사의 부친 문재린 목사의 주선으로 이상철 목사 댁에서 전충림, 박찬웅 등 10여 명을 소집해 '토론토 민주사회건설협의회'를 조직했고, 토론토 민건회는 박찬웅 회장을 중심으로 80년대 초까지 많은 활동을 했다. 뉴욕에선 선우학원, 림순만 박사, 이승만, 안중식 목사, 임병규 변호사 등을 중심으로 '뉴욕 민주사회건설협의회'를 조직했다.

기독자민주동지회와 삼총사

73년에 한국 그리스도인 선언과 바일슈타인 선언이 나온 뒤 해외 기독자들이 반독재 민주화운동에 조직적으로 나서게 된 데는 에큐메니칼 국제기구에서 매우 중요한 자리를 지키고 있었던 WCC의 박상증, CCA-URM의 오재식, WSCF의 강문규라는 에큐메니칼 삼총사의 노력과 협력이 결정적인 역할을 했다고 생각한다.

해외 기독자들의 참여 운동뿐 아니라 국내 민주화운동, 김관석, 박형규, 안병무 등을 통한 국내 반독재 인권운동의 지원과 국내외의 홍보와 정보 전달 역할을 했고, 미국, 독일, 유럽의 크리스천 민주화운동을 동경의 센터를 통해 연결하고 조정해 갔다는 점에서 에큐메니칼 삼총사의 팀워크는 보이지 않게 진행되면서도 놀라운 업적을 이루어 냈다. 나는 장성환 목사 등 동지들과 독일에서 민건회를 조직해 독자적 운동을 해 갔지만, 결국 이 삼총사가 주도하는 기독자민주동지회의 네트워크 속에 연결되어 활동하게 되었다.

71년부터 일본 동경 신주쿠에 있는 일본 교단 본부의 빌딩에 자리한 CCA-URM 총무 오재식 선배의 사무실은 국내의 민주화·인권운동을 연결하며 국내 자금 지원, 국외 여론 형성, 전략 조정의 역할을 하는 센터가 되었다. 오 선배는 WCC-URM으로부터 온 연간 100만 불의 넉넉한 자금으로 국내 도시산업선교와 인권운동을 지원했고 해직 기자나 구속자 가족을 돕는 해외의 지원 사업을 연결했다.

또한 언론 탄압으로 전혀 국내에서 보도되지 않는 뉴스들을 전달받아 해외 신문 특파원들에게 알리고 미국, 독일, 제네바 등 요시로 복사본을 만들어 전해 수는 정보 센터(information center)의 역할을 했다. 오 선배는 CCA-URM 산하에 DAGA(Documentation for Action Group in Asia)라는 Action 그룹의 자료 센터를 만들어 김용복, 패리스 하비(Pharis Harvey) 등을 고용하여 아시아 여러 나라들과 특히 한국의 인권, 정의, 평등 운동의 자료를 모아 정리하고 필요한 곳에 보내는 중요한 센터를 설립·운용했다.

일본교회연합(JNCC) 총무인 나까지마 목사를 중심으로 한 '한국 문제 긴급회의'(긴규까이)가 일본 내 홍보 활동과 한국 지원 활동을 열심히 추진했는데, 이 배경엔 오재식, 강문규, 박상증 삼총사의 협력체가 있었다. 삼총사는 지명관 교수를 설득해 일본에 장기 체류케 하면서 저명한 월간 잡지 「세까이」(세계)에 TK생이라는 가명으로 "한국으로부터의 통신"을 장기간 집필하도록 해 국내외 민주화운동에 관한 정보, 소식, 자료로서 큰 역할을 하도록 했다.

긴급조치로 인한 구속자들, 해직 교수, 해직 언론인, 퇴학 당한 학생 등이 크게 늘면서 피해자와 가족들의 생계를 돕고 국내 운동을 지원하려는 움직임도 증대했다. 해외 교회나 크리스천들의 지원 활동을 보다 확대하고 체계적으로 추진하기 위해서는 소식과 정보를 빨리 전달하고 전략과 방법을 공유할 수 있는 국제적 조직이 필요하게 되었다.

박상증 선생은 나이로비에서 열린 제5차 WCC 총회 직전 한국의 민주화와 인권운동을 지원하는 교회나 기구의 대표들을 초대해 한국 문제 특별 국제회의를 열었다. 75년 11월 5~8일 제네바 시내 Le Cenacle 수련원에서 WCC-CWME가 개최한 이 모임에 미국, 캐나다, 영국, 독일, 스웨덴, 일본 등 에큐메니칼 지도자 40여 명이 참석했다. 한국교회의 상황, 탄압과 저항 운동, 선교와 인권 문제에 관해 폭넓은 토론을 한 뒤, 한국 참가자들의 제안에 따라 우선 정보자료의 수집과 분석, 지원 활동의 전략을 수립하는 센터의 설치가 필요하다는 결론이 나왔다.

11월 6~7일은 세계교회 지도자들과 회의했고, 5, 8일은 한국인들만 따로 모여 전략협의회를 가졌다. 참석자는 김재준, 이상철(캐나다), 이승만, 손명걸, 김인식(미국), 오재식, 최경식(일본), 장성환, 이삼열(독일), 신필균(스웨덴), 박상증(스위스) 등이었고, 여기서 '한국민주사회건설 세계협의회'(World Council for Democracy for Korea, 약칭 WOCODEK)가 결성되었다. 의장에 김재준, 사무총장에 지명관, 대변인에 박상증, 회계에 손명걸, 감사에 이승만, 김인식을 선정하고, 이상철 홍동근, 오재식, 장성환, 이삼열, 신필균과 국내의 이태영, 강문규를 중앙위원으로 선출했다. 초청된 국내 인사들, 김관석, 강문규, 안병무, 문동환 등은 여권을 받지 못해 못 나왔지만, 이 모임은 국내외 기독자들의 민주화운동, 국제적 네트워크를 처음으로 결성한 역사적 회의였다.

마치 분위기는 임시정부라도 수립할 듯이 해외 운동을 총괄하는 '세계 민건' 본부를 캐나다에 두고 지명관 교수가 토론토로 옮겨 김재준 의장과 함께 운영해 가자고 결정했다. 나는 회의의 모든 내용을 기록했다.

2차 모임은 76년 5월 3~5일 시카고 맥코믹신학교에서 가졌다. 김재준, 이상철, 이승만, 손명걸, 구춘회, 선우학원, 홍동근, 차현희, 동원모, 이신행, 김상호, 지명관, 이삼열, 박상증 등 14명이 참석했으며, 지역 보고와 연합 운동 전략을 논의한 뒤 조직 이름을 '한국민주화운동 세계협의회'(영문 이름은 동일, WOCODEK)로 바꿨다. '세계 민건'이 독일, 캐나다 지역 조직인 민건회와 동일시되는 오해를 피하기 위해서였다.

3차 모임은 77년 10월 22~25일 뉴욕 교외 시베리하우스(Seabury House)에서 가졌는데, 마침 11월 26~28일에 스토니 포인트에서 한미교회협의회가 열리게 되어 참석차 한국에서 나온 KNCC 김관석 총무, YMCA 강문규 총무가 함께 했다. 해외 참석자는 김재준, 이상철, 이승만, 림순만, 손명걸, 박상증, 선우학원, 구춘회, 김상호, 이인하, 지명관, 오재식, 김용복, 장성환, 이삼열이었다.

3차 모임의 중요한 결정은 명칭을 '국제기독자민주동지회'(International Christian Network for Democracy in Korea)로 바꾼 것이었다. 이렇게 명칭이 매년 변경된 것은 조직의 운영, 방법, 전략이 상황에 따라 바뀌고 정착되지 못한 데 있다. 처음엔 세계협의회(World Council)라는 거창한 이름을 썼다가, 우선은 시급한 국내 지원을 위해 기독자 민주 동지들 간의 유대와 결속, 전략 협의와 조정이라는 당면 과제에 충실하고 겸손함을 갖자는 뜻에서 동지회로 변경했다.

민주동지회의 4차 모임은 78년 11월 13~15일 뉴욕 근처 워릭(Warwick)에서 모였고, 5차 모임은 박정희 암살 직후 79년 11월 22~25일 동경 교외 하꼬네 온천장에서 모여 유신 체제 사망에 따른 개가를 부르며 "군부의 움직임을 예의주시하며 민주 회복을 촉구한다"라는 성명서를 발표했다.

'기독자민주동지회'는 「민주동지」라는 정기 간행물을 발간하고 정기적인 모임과 협의회를 열었지만, 협의 조직이었지 사업 기구는 아니었다. 각자가 속한 나라의 교회와 기관들을 통해 지원 활동과 사업을 전개했으며, 국제적 여론을 일으켜 김대중, 김지하의 사형을 감형시키거나 구속자들을 석방시키는 데 힘썼다. 민주 동지들의 활약으로 WCC, CCA, 미국, 캐나다, 독일, 스웨덴, 일본 등 여러 나라 교회나 선교 기관을 통해 한국 민주화와 인권운동에 투입된 자금은 엄청나다. 인권 탄압, 종교 탄압을 비판하고 국제 여론을 일으키기 위해 미국에선 '북미주 한국 인권운동연합'(North American Coalition for Human Rights in Korea)을 조직해 활약했으며, 일본에선 기독자 긴급회의를 중심으로, 독일에선 동아시아 선교위원회를 중심으로, 스웨덴에선 개신교 선교부를 통해 많은 지원 활동과 로비 활동이 추진되었다.

또한 해외 각 지역에서 일어난 한국 교민들의 민주화운동 단체에서도 민주동지회 멤버들은 훌륭한 지도적 역할을 했다. '북미주 민주화운동연합'(UM), 독일과 캐나다의 '민주사회건설협의회', 일본의 긴규까이가 주요 단체였다.

때로는 조직 안에서 많은 논쟁과 갈등도 있었지만, 이를 수습하고 조정하는 역할을 민주동지회 핵심 멤버들이 보이지 않게 해냈다. 국내 민주 인사들과의 협의를 통해 해외의 급진적 운동, 일본의 한민통, 한민련 같은 조직들과의 거리를 유지케 하는 데도 큰 역할을 했다.

해외 운동의 이념과 조직, 특히 북한과의 통일 문제에 대한 입장과 노선에 관해서는 민주 동지들 사이에서도 이견과 갈등이 있었고, 때로는 오해와 불신으로 인해 긴장과 대립, 심각한 논쟁까지 일어났다. 나 또한 때로는 오해를 받아 민주 동지들과 수십 통의 긴 편지를 교환하기도 했다. 이런 상황에서 에큐메니칼 삼총사들은 국내 민주 인사들을 보호해야 한다는 명분으로 철저히 한민통이나 친북 인사들과의 거리를 유지했다.

70년대 한국교회와 기독교의 인권, 선교 활동은 반독재 민주화운동의 요람이 되고 보루가 되었다. 이 어려운 시기에 에큐메니칼 삼총사와 여러 민주 동지가 주요 에큐메니칼 국제기관을 움직일 수 있는 위치에 있었다는 것은 참으로 큰 행운이자 축복이었다.

광주학살과 바트볼(Bad Boll) 회의

79년 10월 26일 밤, TV 뉴스에 한국의 박정희 대통령이 총탄에 쓰러졌다는 소식이 전해져 까무러치듯 놀랐다. 68년에 독일에 와서 11년 동안 한국에 못 갔는데, 이젠 고향에 가서 부모님 얼굴 뵐 수 있을까라는 생각과 함께 충격과 감격의 눈물이 났다.

며칠 뒤 일본 오재식 선배에게서 11월 23~25일 동경에서 민주동지회 5차 모임을 한다는 편지가 왔다. 모두 급변 사태에 흥분하여 동경으로 왔다. 하꼬네 온천장에서 모인 민주동지회는 이전 모임과는 다른 분위기였다. 국내에서 김관석 목사, 강문규 총무가 왔고 미국, 캐나다, 독일, 일본에서 20여 명이 참석해 유신 체제가 붕괴된 후 한국 정치가 어떻게 될 것인지 초미의 관심을 가지고 국내 보고를 들으며 토론했다.

80년 초 민주화를 외치는 데모와 운동들이 대학가를 휩쓸면서 서울의 봄이 왔다. 그러나 국내 정치는 안개 정국이었다. 80년 5월 18일 광주민중학살로 피바다를 만들고, 계엄령하에 5공화국 헌법을 가짜 국민투표로 통과시킨 전두환은 체육관 선거로 7년 대통령이 되었다. 군부를 장악한 전두환 장군 일당은 김대중 선생에게 내란죄로 사형 선고하고, 수많은 민주 인사, 종교인, 학생들을 잡아 가두었으며, 교수, 언론인을 해직시킨 뒤 순식간에 겨울 공화국을 만들어 버렸다. 박정희 대통령이 죽은 뒤 1년도 채 안 돼서다.

해외 민주화운동은 다시금 전열을 가다듬어야 했다. 원래 80년 민주동지회는 서울에 들어가서 모이자고 했고, 혹시 불가능하면 독일에서 모이자고 동경에서 결정했는데, 이제는 독일 모임을 준비할 수밖에 없게 되었다. 광주학살 희생자들에 대한 추모와 전두환 군부를 규탄하는 집회와 데모가 세계 각처에서 수백 명씩 참가해 일어났다.

군부 작전을 허가 내지 묵인한 미국에 대한 비판이 거세게 일었고, 미 문화원 방화 사태까지 벌어졌다. 급진적 운동 단체에서는 반미 운동을 일으키자고 했고, 북한과의 대화를 통해 평화 통일을 추진해야 한다는 주장도 나왔다. 국내외에서 선민주 후통일이냐, 선통일 후민주냐의 논쟁과 노선 싸움이 벌어진 것이다.

억압이나 통제가 없는 해외에서는 북한과 접촉해서 통일을 논하는 만남과 회의가 비공개로 진행되기도 했다. 누구누구가 북한을 다녀왔다더라는 소문이 퍼지며 분열과 갈등이 심해지기도 했다. 심지어 기독자

민주동지회 안에서도 친북 대화 문제로 갈라지는 현상이 나타났다.

사태의 시급함을 느낀 박상증 동지회 사무총장은 전략 회의가 필요하다고 느껴 WCC-CCIA 국제부의 드웨인 엡스(Dwain Epps), 에리히 바인가르트너(Erich Weingartner), CCA-IA 국제부 총무 오재식 선배와 협의회 양 기관이 주최하는 소규모의 긴급 전략 회의를 소집했다. 한국 사태에 대한 긴급 진단과 에큐메니칼 운동의 대책을 의논하기 위해서였다.

80년 10월 7~8일 유엔플라자(UN Plaza)에서 긴급히 모인 회의에는 박상증, 오재식, 손명걸, 이승만, 이우정, 문동환, 이삼열, 손학규, 하비, 빌링스(Billings), 패터슨(Paterson) 등 12명이 참석했다. 전두환 5공화국이 민중 학살과 파쇼적 탄압으로 세워졌고 유신 체제의 연장으로 군부독재가 다시 등장했으므로 보다 근본적이며 장기적인 투쟁이 일어날 텐데, 특히 국내외 교회와 에큐메니칼 운동이 어떻게 대응해 갈 것이냐가 문제였다.

보다 철저히 준비된 전략협의회가 필요하다는 것이 공통으로 인식되어, 81년 봄 독일에서 한국 문제 국제대회를 열기로 결정했다. 공식적으로 WCC-CCIA와 CCA-IA가 함께 수최하고, WCC와 독일 교회의 재정 지원을 받아 세세직인 신학자, 정치학자, 교회 지도자들을 조정해 선무적인 토론과 연구 모임을 가지며, 동시에 국내외 민주 동지들의 결속과 전략을 강화해 보자고 했다. 실무 준비는 박상증 선배와 내가 맡을 수밖에 없었다.

다행히 준비가 잘 이루어져 바트볼에서 큰 회의가 열렸다. 참석자는 예정했던 50명보다 많은 70여 명이었고, 그중 한국인은 30여 명이었다. 발제 강연자는 네 분이었는데, 한국 상황 발표 외에 "한국 민주화운동의 신학적 토대"에 관해 독일 고백교회 운동의 큰 인물인 베를린의 샤프 감독이 신학적 발제를 했고, "한일 관계 발전"에 관해 동경대학 정치학과 사까모도 교수가, "한미관계와 북한문제"를 주한 미 대사관에 문정관으로 오래 근무했던 그레고리 핸더슨(Handerson) 교수가 발표했다.

샤프 감독은 78년 크리스챤아카데미 간사들이 구속되었을 때 면회를 위해 두 번이나 한국 방문을 했고, 나치 독재에 항거한 고백교회처럼 저항하는 한국 기독교에 많은 애정과 관심을 갖고 있었다. 나는 강사 교섭을 위해 샤프 감독의 베를린 자택을 방문해 오래 대화를 나눴는데, 그는 한국의 민중신학에 많은 관심이 있다며 자료를 좀 달라고 해서 민중신학의 영문 자료를 보내드렸다. 그는 발제 강연에서 김지하, 장일담 등에 관한 신학적 해석을 했고 남미의 해방신학과 비교 설명도 길게 했다. 많은 몰트만 신학자와 에큐메니칼 지도자들이 참석한 회의에서 민중신학을 본격적으로 다루었다.

사까모도 교수는 인권과 민주주의 회복은 억눌린 민중들의 초국가적 협력으로 이루어진다고 주장했고, 핸더슨 교수는 미국 정부 입장과는 달리 한국 기독교가 앞장서서 북한과의 대화와 화해에 나서야 한다고 주장했다. 네 차례의 그룹 토의 후 종합 토의를 거쳐 결의문을 만들기로 했다.

국내에선 강문규, 문동환, 이우정, 안재웅, 손학규 등이 참석했고, 해외 기독자 민주 동지들 대부분이 왔으며, 미국, 캐나다, 독일, 영국, 스위스, 스웨덴, 호주 등의 교회 지도자들과 WCC의 에밀리 카스트로, 나이난 코시(Ninan Koshy), 조지 토드 등 주요 간부들이 참석해 대성황을 이루었다. 여비와 숙식비가 5만 불 가까이 든 큰 모임이었고, 5공 독재에 세계교회 에큐메니칼 진영이 노골적인 투쟁을 선포한 역사적 대회였다. 급변해 가는 상황의 분석과 확대되는 민중의 요구와 투쟁을 교회가 적절히 지원하기 위해서는 우선 전략을 세우고 조정할 수 있는 본부가 있어야 하기에, 자료 센터(Documentation Center)를 설치하자고 결의했다.

　30일부터 진행된 한국인들만의 민주동지회 총회에서는 더욱 심각한 문제와 이념, 전략들이 논의되었다. 국내외 동지들이 모여 이틀간 토론한 내용을 정리해달라고 해서 나는 "민주화운동의 이념적 방향 설정에 관하여"라는 3페이지 분량의 문서를 만들었다. 다음은 그 일부이다.

1) 이념적 방향 모색의 중요성이 국내외 민주 동지들에게 공통으로 인식되었고 본격적인 토론과 연구가 시급한 과제로 요청되었다. 반체제 학생운동의 일부가 현 체제를 군부 파시즘으로 규정하고, 노동자, 농민 진보적 지식인들의 연합 전선으로 외세와 결탁한 매판 재벌, 관료, 군벌을 타도하는 이념적 투쟁으로 급진화시키고 있다.

2) 외세의 지배와 종속으로부터 탈피하며 민족 분단의 비극을 극복하지 않고서 참된 민주화의 달성이 불가능하게 보이므로 외세 강대국의 지배 이데올로기와 북한의 지배 체제 이데올로기를 이해하고 정리해야 한다.

3) 극우적 폭압 통치와 수탈 경제 체제가 가속화하고, 광주학살사태로 절망 상태에 빠진 반체제 세력들이 극좌 노선으로 과격화할 경우, 기독자 민수 동지들은 독점자본수의 체제와 공산 독재 체세의 비리와 모순을 지양할 수 있는 제3의 이념 가능성을 모색해야 한다.

4) 현 집권 세력의 지배 이념인 안보와 경제발전 이데올로기를 비판적으로 검토해 자유와 인권이 보장되는 안보, 민중의 생존과 복지가 보장되는 경제발전, 전쟁과 분단을 극복하는 통일방안을 제시해야 한다.

5) 기독교 신학과 교회의 보수 반동성을 비판하고, 기독자가 아닌 다른 민주 세력들과도 대화·협력해야 한다.

민주동지회도 이제는 그 중심을 국내로 옮기고, 해외 운동도 국내 운동과 결합하면서 역할 분담을 하는 것이 바람직하다고 논의되었다.

WCC와 연대한 평화 통일 운동

한국 땅에 다시 돌아온 에큐메니칼 삼총사와 나의 80년대 활동은 70 년대 해외에서 하던 운동과는 성격이 매우 달랐다. 해외에서 국내 민주화, 인권운동을 지원하던 입장에서 국내 운동의 현장에 직접 참여하고 기독교의 사회참여 운동을 이끌어 가야 하는 위치로 바뀐 것이다. 또한 운동의 내용과 방식도 패러다임이 전환되었다.

이미 81년 바트볼 회의에서 확인한 대로 광주학살과 5공화국 수립 이후 국내 민주화운동은 이념과 양상을 달리하게 되었다. 유신 시대 개헌 운동이나 학원, 언론, 종교의 자유 쟁취 운동을 넘어서 군부 독재 파쇼 체제에 대한 이념과 체제 투쟁으로 모습이 바뀐 것이다. 미국 문화원 방화 사건과 폭력 시위가 학원가를 중심으로 계속되었고 노동자, 농민, 빈민들을 조직해 혁명 역량을 기르기 위해 위장취업을 하는 학생들도 많았다.

이제 운동의 방향과 새로운 관심은 적대적 분단 극복을 위한 북한과의 대화와 화해를 통해 안보를 빙자한 파쇼 독재의 근거를 무너트리는 일이었다. 그런데 한국의 기독교 교회나 교인들은 반공 보수와 자본주의를 신앙처럼 받들고 있어 대부분 반공 독재 정부를 옹호하는 입장이었다. 이념적으로 급진화하며 사회주의 민족주의 혁명 노선으로 전진하는 학생운동을 지지할 수는 없었다. 기독교와 이데올로기 문제가 신학적,

철학적으로 큰 관심과 이슈가 되었다.

나는 이제 국내 기독자 교수협의회의 선배들, 현영학, 서광선, 이문영, 서남동, 한완상 교수 등과 세미나를 하면서 이념 문제, 평화 통일 문제, 민중신학, 사회선교 문제를 연구하고 「기독교사상」 잡지와 기사연 출판물에 논문을 쓰는 일에 집중했다. 그러면서 교회와 YMCA, YWCA, 기독청년, 여성 모임 등에서 평화 문제에 대해 강연했다. 이젠 운동의 방향 정립과 이념적 정체성의 모색이 국내 민주화운동이나 평화 통일 운동에 기여할 수 있는 길이었기 때문이다. 국내 기독교 대학 철학 교수가 된 나의 위치에서도 이론적 작업에 치중할 수밖에 없었다.

이런 변화와 도전은 에큐메니칼 삼총사에게도 마찬가지였다. 분단 극복, 남북의 화해, 평화적 관계 수립을 위해 교회와 기독교 에큐메니칼 운동은 무엇을 할 수 있고 해야 하는가를 고민하며 방향을 모색하기 시작했다.

오재식 선배는 82년 KNCC 부총무와 선교 훈련원장을 맡으며 귀국했고, 83년 KNCC에 새롭게 설치된 통일연구원의 원장을 겸임하였다. 통일연구원이 KNCC에 설치된 배경은 81년 6월 크리스챤아카데미에서 열린 4차 한독교회협의회(주제는 "분단국에서의 교회의 사명") 결의문의 결정 때문이었다. 오 원장은 한국 기독교의 평화 통일 운동을 일으킬 좋은 기회로 여기고, 이때부터 전력을 다해 평화 통일 연구와 교육 그리고 방향 모색에 전념하였다.

자연스럽게 나는 KNCC 통일연구원 전문위원으로 임명받아 연구협의회, 강연회, 선언문과 발제문 작성에 참여했고, 많은 문제를 오 선배와 의논하며 함께 해 나갔다. 오 원장으로서도 구체적 작업을 할 수 있는 전문 인력이 필요했다. 83년에 통일 문제 국제회의를 개최하려 했으나 당국의 방해와 통일 논의 금지로 두 번이나 좌절되었다. 하는 수 없이 에큐메니칼 국제회의를 통해 연구와 방향을 모색해야 했다. KNCC로서는 한미교회협의회, 한독교회협의회, 한일교회협의회를 활용하거나 WCC, CCA 등과 함께 국제회의를 열어 한반도 평화와 통일 문제를 추적하고 입장을 정리해 영향을 주는 방법을 택해야 했다.

하와이에서 열린 한미교회협의회에서 브루스 커밍스(Bruce Comings) 교수와 내가 발제 강연을 하였고, 무력 경쟁, 전쟁 준비, Team Spirit 훈련을 지양하고 평화협정과 군비 축소를 통해 남북 화해를 시도해야 한다는 논의와 결의를 했다. 미국 NCC 교회 대표단에는 이승만, 손명걸, 김인식 목사 등 민주 동지들이 있어 오히려 적극적으로 평화 조약을 주장했다.

84년 10월 일본 도산소에서 WCC-CCIA 주최로 "동북아시아의 평화와 정의"라는 주제하에 모인 국제회의는 북한과의 화해와 원수상의 극복, 평화 교육 실시, 남북 기독교의 만남과 교류 협력을 주장하는 결의문을 생산해 냄으로써 기독교 통일 운동에 결정적 공헌을 하고 방향 전환에 기여했다.

오재식 선배는 나에게 도산소 회의에 발표할 한국교회의 입장 원고를 부탁했다. 김형태 목사가 읽은 "Korean Situation Report"에서 나는 "분단이 원죄(original sin)"라고 주장했고 분단 극복만이 한반도와 동북아의 평화를 이룰 수 있는 길이며 교회는 이 길에 앞장서야 한다고 강조했다. 교회 지도자들과 신학자들은 '원죄'가 신학적으로 표현의 문제가 있다고 논쟁을 벌인 끝에 '근본악'이라고 고쳐서 쓰기로 했다. 그러나 이후 "분단이 원죄"라는 표현은 통일 논의에서 회자되었다.

도산소 회의를 여는 데는 에큐메니칼 삼총사의 협력과 공조가 핵심적 작용을 했다. 강문규 선배는 WCC-CCIA의 전문위원이었고 박상증 목사는 CCA의 총무였기에, 에큐메니칼 두 기관이 협력해 KNCC와 도산소 회의를 여는 데 삼총사의 공동 작전이 결정적 역할을 한 것이다. 이후에 계속되는 스위스 글리온(Glion)에서의 남북 기독자의 첫 만남, WCC 총회에 북한교회 대표 초대 등 남북 기독자 회의는 거의 에큐메니칼 삼총사의 주도로 진행되었다. 나는 선배들의 요청으로 대부분의 모임과 만남에 동참하였다.

특히 나는 오재식 선배가 이끄는 KNCC 통일위원회 전문위원으로 오래 활동하면서 많은 일을 같이했다. 인천 송도에서 많은 정치학자, 사회학자, 역사학자를 초청해 다섯 번이나 통일 문제 연구 세미나를 진행했으며, 그 결과로 역사적인 "한국교회의 통일 평화 선언"(88선언)이 만들어지고 KNCC 총회가 88년 2월 총회에서 채택함으로 통일 운동에 역사적 공헌을 하게 되었다.

87년 인천에서 모인 3차 세미나에서 나는 통일 정책 문제에 대해 발제하면서 한국 통일의 5대 원칙, 1) 민족 자주 우선의 원칙, 2) 평화 우선의 원칙, 3) 신뢰와 교류 우선의 원칙, 4) 인도주의 우선의 원칙, 5) 민주적 참여와 민중 우선의 원칙을 발표했다. 이 제안에 여러 가지 반론과 비판도 있었다. 평화의 원칙 속엔 군비 축소, 핵무기 철기와 함께 평화협정 후 미군 철수, 전시 작전권의 반환이 들어 있었으며, 외국과의 군사 동맹보다 남북 민족 간의 평화조약을 우선해야 한다는 조항도 들어 있었기 때문이다.

인도주의는 자유민주주의적이고 사회주의를 배격하는 것이니 빼자는 주장도 있었다. 민중 주체나 참여도 우선이 될 수 없다는 반론도 나왔다. 우선주의가 문제되니 '우선'을 빼자고도 했다. 7.4 남북공동선언의 3원칙만 가지고 하자는 의견도 있었다. 그러나 많은 논란 끝에 '우선'이란 표현만 빼고 5대 원칙과 정책들은 그대로 수용되었다. 나는 88선언의 초안을 만드는 기초위원회에서 2부 정책 부분의 초안을 맡아 5대 원칙을 그대로 반영시켰다.

1부 신학 부분은 서광선 박사가, 3부 교회의 책임과 사명, 희년 선언은 김용복 박사가 초안을 만들었다. 이 초안들을 놓고 9인 위원회가 여러 번 검토·수정했고, 서광선 박사가 최종 문장을 집필했다. 오재식 선배의 용인술이 돋보였다. 정책 부분의 미군 철수 문제로 교회 안팎에서는 난리가 났다. 정보부에서는 집필자들 구속하겠다고 오 원장을 줄곧 추궁했지만, 오 원장은 끝내 우리 이름을 밝히지 않았다.

한국기독교교회협의회(KNCC)의 88년 선언은 사회적으로도 큰 반향을 일으켰다. 교회 안에서의 찬반 논란과 함께 대학가에서는 통일 논의와 북한 연구에 대한 열정이 높아지면서 3월 개학 직후부터 시위가 넘쳐났다. 노태우 정부는 결국 7월 7일 선언을 통해 통일 논의 자유화와 북한과의 접촉이나 대화를 허가한다고 발표했다. 국회에서는 남북 교류 협력법이 통과되었고, 드디어 북한과의 만남 교류가 허가를 통해 가능하게 되었다.

89년에 베를린 장벽이 무너지고 90년에 독일이 통일되면서 냉전 체제가 붕괴되자, 남북한에도 정부의 총리급 고위회담이 열려 91년에 "남북 화해와 교류 협력 합의서"를 발표했다. 회담을 이끈 이홍구 총리나 임동원 장관의 말에 의하면, 이때 교회의 88선언이 크게 도움이 되었다고 한다. 화해와 교류 협력, 불가침, 핵무기 폐기 등의 정책 제안이 모델이 되었다는 것이다. 이로써 88선언은 역사적 공헌을 했다. 이 과정을 지켜보면서 나는 오재식 선배가 통일연구원장이 아니었더라면 이 선언은 불가능했을 것이라고 생각했다.

80년대 중반에 와서 기독교의 평화 통일 논의를 촉진하기 위한 강연 회와 세미나가 여러 기관에서 열렸다. KNCC 외에도 YMCA, YWCA, 아카 데미, 교회 청년부나 주일학교 수련회 등에서 주최하는 집회에 나는 강 사로 초대받아 100여 차례 강연과 토론을 했다. 마침 서구에서 80년대 초에 맹렬하게 일어난 반핵 평화 운동과 페레스트로이카가 큰 영향을 미쳤다.

강문규 총무도 YMCA 전국 대회와 연구 세미나에 여러 번 나를 강사로 초대했고, 박상증 총무도 85년에 오키나와에서 CCA 아시아 교회 평화 대회를 개최하면서 나를 주제 발표자로 초대했다. 에큐메니칼 삼총사 선배들과 함께하는 운동은 국내 평화 통일 운동의 현장에서 더욱 밀접하 게 이루어졌다.

오재식 선배는 88선언 후 한국교회협 부총무직을 사임하고 세계교 회협 사회발전국장으로 임명되어 제네바로 떠났다. 마침 나는 91년 호주 캔버라에 열린 WCC 7차 총회에 예장 평신도 대표로 참석하게 되어 오 선배를 다시 만났다. 오 선배는 '정의 평화 창조의 보전'(JPIC) 위원회에 나를 위원으로 불러 WCC-JPIC 에큐메니칼 활동에 적극 참여할 수 있세 해 주었다. '생명의 신학' 위원노 겸하면서, 93~98년 6년간 활동했다.

98년 12월 하라레에서 WCC 8차 희년 총회가 열렸을 때 나는 다시 총대 로 참석해서 중앙위원 겸 실행위원으로 선출되었고 WCC 에큐메니칼 운동의 핵심부에 들어가 일하는 영예를 얻게 되었다. 이때 오 선배는 이미 제네바를 떠나 World Vision(선명회) 일을 하고 있었지만, 강문규 선 배가 WCC 아시아 회장으로 추대되어 나는 2006년 9차 총회 시까지 8년 동안이나 강 선배와 WCC 에큐메니칼 활동을 함께할 수 있었다.

강 선배와 나는 기독교사회발전협회 이사장과 이사를 맡아 지구촌

나눔운동과 연대해 후진국 사회발전 사업을 지원하는 일을 수년간 했고, 함께 베트남, 중국, 동티모르를 방문해 사업 현장을 탐방하기도 했다. 2011년 나는 이사장직을 이어받았다.

에큐메니칼 삼총사들은 시대와 환경에 따라 직책과 역할이 달라졌지만, 항상 협력체와 팀워크를 이루면서 민주화, 인권, 발전, 사회정의, 평화, 교회 갱신 운동을 진척시켰다. 평생 기독교 에큐메니칼 운동 기관에서 몸 바쳐 일해 온 삼총사는 정년 은퇴와 함께 시민사회 운동의 현장으로 나오게 된다.

강문규 총무가 새마을운동 회장, 지구촌 나눔 운동 이사장으로 마지막까지 봉사했고, 오재식 선배는 선명회 이사장, 참여연대 공동대표, 아시아교육원장으로 쉴 새 없이 일했다. 박상증 목사 역시 기사연 원장, 장학재단 이사장, 참여연대 공동대표, 아름다운재단 이사장, 민주화운동 기념사업회 이사장으로 에큐메니칼 운동에서 추구했던 사회발전의 가치와 목표들을 실천하는 일에 80대 중반을 넘어서까지 매진했다. 나는 민주화운동연구소의 운영위원장을 맡아 잠시 도와드렸다.

세 선배님의 회고록과 자서전을 읽어보면 어린 시절 모두 철저한 경건주의적 신앙 훈련을 받았고 보수적 교단에서 열심히 교회 활동을 하면서 자라난 것을 알 수 있다. 목사가 될 수 있는 충분한 조건과 자격이 있었지만 또 신학 교육도 많이 받고 학위도 받았지만, 목회자의 길을 가지 않고 크리스천의 사회적 책임과 선교적 사명에 일생 헌신했다.

이제 80대 중반에 이르러 살아온 나의 생애를 돌아보니, 소년 시절의 꿈이었던 목사가 되지 않고 평신도로 에큐메니칼 운동 여기저기에 참여하며 WCC 중앙위원 실행위원으로까지 선출되어 활동하게 된 데는 대학 시절에 만난 에큐메니칼 선배들의 영향과 도움이 적지 않았던 것 같다.

II. 한국의 니묄러 박형규 목사

사람은 언제 누구를 만나느냐에 따라 인생의 행로와 운명이 바뀌거나 결정된다. 나의 인생길을 돌아보아도 젊은 시절 앞날의 진로를 고민할 때 강원용, 김관석, 박형규 목사를 만나지 않았더라면 나의 일생은 크게 달라졌을 것이다.

나는 원래 칼빈주의 정통 보수 신학에 매료된 예장 목사의 아들로 자라, 철학과를 졸업하고 광나루 신학교에 입학한 뒤 군복무를 마치고는 신학을 계속하며 목사의 길을 가려 했었다.

공군 장교 4년 복무를 마치고 제대할 무렵인 67년 초 강원용 목사님을 만나 교회와 사회의 다리를 놓고, 교회 갱신과 사회개혁을 위한 대화 운동을 전개한다는 크리스챤아카데미의 간사가 되면서, 나는 보수 교단의 목사가 되기보다는 평신도로 에큐메니칼 운동과 기독교적 사회개혁 운동에 헌신하는 것이 낫지 않을까 생각했다.

당시 에큐메니칼 운동의 발상지인 세계교회협의회(WCC)의 주요 의제가 교회와 사회였으며, 66년 제네바에서 교회와사회대회가 열렸고, 그 후속으로 67년 10월 10~16일 '아시아 교회와사회대회'(Asian Conference on Church and Society)가 아카데미하우스에서 동아시아교회협의회

(EACC)의 주최로 열리게 되었다.

대회 조직의 책임을 맡은 강원용 목사는 현지 준비위원회(Local Arrangement Committee)를 구성하면서 기독교서회(CLS) 편집국장 김관석 목사, 한국기독학생연맹(KSCF) 총무 박형규 목사, 한국기독교교회협(KNCC)의 사회부 국장 김준영 목사, 공보국장 박광재 목사 그리고 크리스챤아카데미 간사인 이삼열 등 5인을 준비위원으로 임명했다.

에큐메니칼 운동의 세계적 거장 M. M. 토마스, 폴 아브렉흐트(Paul Abrecht), 얍 킴 하오(Yap Kim Hao), 시마투팡, 해리 다니엘 등과 아시아 교회 지도자 100여 명이 참가해 "아시아 사회의 근대화와 교회의 책임"을 주제로 토론하는 역사적인 대회였기에, 이를 준비하는 일은 결코 간단치 않았다. 프로그램 홍보에서부터 회의장 준비, 출판물 인쇄, 비행장 손님 맞이까지 준비위원회가 맡았는데, 일주일에 한 번씩 만나 회의하고 실무는 26세의 젊은 내가 도맡아 했다.

준비위원을 맡은 목사님들은 의견 차이로 서로 다투기도 했고, 한번은 내가 강원용 원장의 독주를 비판하는 NCC의 김준영, 박광재 목사에 맞서 강 원장의 변명을 하다가 야단을 맞고 울면서 항변한 적도 있었다. 김관석 목사는 내가 만든 인쇄물의 틀린 부분을 친절하게 교정해 주셨고, 박형규 목사는 "거 수고하는 이 간사를 야단치지 말라"고 보호해 주셨다. 정확하고 꼼꼼하면서 과묵하신 김관석 목사, 담배를 물고 거침없이 자유자재로 진실을 쏟아내는 박형규 목사 두 분의 인품은 서로 대조적이면서도 매력적이었다.

나는 이렇게 67년 에큐메니칼 운동의 대선배들인 강원용, 김관석, 박형규 목사와 만나 함께 일하며 많은 것을 배웠고, 이후 나의 삶과 운동에도 적지 않은 영향을 받았다. 그 후 68년에 WCC의 장학금을 받아 독일 괴팅겐대학으로 유학을 떠났지만, 선배들이 독일에 오실 때마다 만나 국내 상황을 듣고 독일 교회와의 협력 사업을 도와드리며 70년대 아카데미 운동이나 에큐메니칼 인권운동, 도시산업선교 활동에 간접적으로 참여하였으며, 해외 기독자 민주화운동에도 함께했다.

가장 많이 왔던 분은 물론 강원용 목사님이었는데, WCC 중앙위원과 실행위원을 겸하여 매년 한두 번씩 회의 참석차 유럽에 오면서 반드시 독일 본에 있는 EZE를 방문해 아카데미 재정 지원을 협의하고 가셨다. 으레 나는 함부르크나 프랑크푸르트 비행장으로 나가 마중하고 함께 본으로 가서 EZE 포저 박사나 리차드 폰 바이재커(Richard von Weizsaecker) 의원 등 교회 지도자들을 만나 통역을 해드렸는데, 2년간 아카데미 직원으로 지냈던 나에게는 당연한 의무며 보답이었다. 때로는 괴팅겐이나 보쿰에 있는 우리 집에서 하루를 묵으면서, 유학생들을 불러 함께 저녁을 먹고 술 마시며 새벽 한두 시까지 지칠 줄 모르고 한국 소식을 들려 주셨다. 70년대 초부터 일어난 삼선개헌, 부정선거, 학원 탄압, 계엄령, 유신 체제 등 박정희 독재 정권의 만행을 자세히 들을 수 있었고, 박형규 목사의 저항과 투옥 등 민주화운동의 현황과 신문에는 나오지 않는 비밀스런 일들까시 자세히 말씀해 주셔서 국내 현황을 살 파악할 수 있었다.

68년에 KNCC 총무가 된 김관석 목사님도 가끔 독일 교회와의 협력 사업 의논 차 와서 하루이틀 묵으며 국내 현황을 많이 알려 주셨다. 함부르크와 슈투트가르트의 개신교 선교부(EMW, EMS)를 방문해 국내 인권 운동과 산업선교 등의 재정 지원을 협의할 때, 대부분 영어로 했지만, 독일어로 하는 경우가 있어 내가 통역해 드리기도 했다. 74년 뒤셀도르 프에서 한독교회협의회가 열렸을 때 KNCC 대표단 10여 명(김관석, 강원용, 김해득, 김윤식, 노정현, 이문영 등)이 참석해 일주일간 지내며 한국 광부와 간호사들이 일하는 지하 1,000m의 광산 현장과 병원까지 탐방하는 등 바쁜 일정을 보냈는데, 이때 혼자 통역을 담당했던 나는 죽을 고생을 했다.

72년 7월 어느 날 박형규 목사님이 괴팅겐에 찾아왔다. 강원용, 김관석 목사님처럼 독일 교회 재정 지원을 받거나 에큐메니칼 국제회의에 참석하러 온 것이 아니었다. 박 목사님은 호텔이 아닌 방 두 개밖에 없는 가난한 유학생의 집에 묵으셨다. 목사님께 서재 겸 침실인 방을 내어드리고, 우리 부부는 아이 둘과 함께 아이들 방에서 잤다. 목사님은 이틀 정도 계시며 그동안 당했던 일들과 국내 사정을 자세히 알려 주셨다.

박 목사님은 KSCF 총무로 있다가, 김관석 목사님이 오래 일했던 기독교서회(CLS)로 가서 「기독교사상」 월간지 주간을 맡았다. CLS 이사장으로 선출된 조선출 목사는 NCC 총무로 떠난 김관석 목사의 후임으로 「기독교사상」과 서적 출판을 책임질 인재로 박형규 목사를 찾은 것이다.

69년부터 박정희 정권은 장기 집권을 목표로 삼선개헌 작업을 추진했고, 김재준 목사, 함석헌 선생, 천관우 주필 등은 군부 독재의 연장을 반대하기 위해 삼선개헌반대 범국민투쟁위원회를 조직해 비판 운동을 시작했다. 이미 60년대 4.19와 5.16을 겪은 이후부터 교회가 사회 현실에 예언자적 목소리를 내야 한다고 결심한 박 목사는 「기독교사상」의 편집 주간을 맡으며 비판적 글을 싣기 시작했다.

69년 8월호에 삼선개헌 반대 특집을 발표했으나, 개헌안은 9월 14일 새벽에 국회 별관에서 변칙 통과되었고, 10월 17일엔 강요된 국민투표로 확정되고 말았다. 박 목사는 「기독교사상」 10월호에 "이제 한국교회는 순교의 피를 각오하며 밤의 세력과 대결하지 않을 수 없다"라고 썼다. 나는 박형규 목사의 반독재 투쟁과 민주화운동이 삼선개헌이 불법적으로 강행된 69년 10월부터 시작되었다고 본다.

70년 4월부터 박 목사는 기독교방송(CBS) 오재경 이사장의 요청으로 방송국 상무로 자리를 옮겼고, 잡지와 문서의 글을 통해 했던 독재와 부패 비판을 더 빠르고 민감한 방송의 목소리를 통해 하게 되었다. KBS나 「동아일보」에서 듣지 못하던 독재 비판과 학생 데모 뉴스를 기독교방송에서 듣게 되니 청취율은 늘었고 정보부의 감시는 심해졌다.

CLS와 방송국 일을 하는 동안 박 목사는 도시산업선교, 빈민 선교 활동에도 깊이 관여하게 되었다. 오재식 선생을 통해 알게 된 WCC 산업선교부 총무 토드 목사의 지원을 받아 도시산업선교 요원들을 훈련하고 빈민들을 조직하고 의식화시키는 선교 활동을 전개했다.

연세대 노정현 교수에게 부탁해 도시문제연구소를 만들어 도시산업선교 요원들에게 사회과학 훈련을 하게 했고, 허버트 화이트 선교사로 하여금 솔 알린스키(Saul David Alinsky)의 주민 조직 방법론을 가지고 젊은 목사들과 청년들을 빈민 현장으로 보내 조직하는 실습 훈련을 시켰다. 69년부터 70년대 초까지 권호경, 김동완, 이직형, 신상길, 이해학, 김진홍, 김혜경 등 많은 선교 일꾼이 훈련을 받고 현장에 들어가 주민들과 함께 살면서 조직을 이루어 삶의 권리를 찾는 운동을 벌였다. 이 과정에서 와우아파트 붕괴 사건과 아파트 주민의 항거, 광주단지 폭동 사건 등이 일어났다. 이런 조직 활동의 배후에 WCC, 독일·미국 교회의 선교 자금을 지원한 토드 목사, 오재식 선생, 박형규 목사가 있었다.

박형규 목사는 독재, 부정부패, 빈민 수탈 같은 사회 현실을 고발하며 빠른 뉴스를 전하는 방송국을 만들려 했지만, 독재 정권 정보부의 언론 탄압의 검은 손들이 가만두지 않았다. 70년 11월 전태일이 근로기준법을 손에 들고 분신하면서 노동인권 탄압에 대한 저항 운동이 열화와 같이 일어났고, 기독교방송은 설교와 보도를 통해 이를 알리려 노력했다.

71년 4월 19일엔 민주주의를 지키려는 민주수호국민협의회가 종교계, 언론계, 법조계 문인 25명의 발의로 대성빌딩에서 결성되었다. 김재준, 이병린, 천관우를 대표로 선출하고 정석해, 양호민, 이호철, 김지하, 김정례 등이 참여했다. 박형규 목사도 기자들을 데리고 참석해 기독교방송을 통해 충실히 보도했다. 71년 4월 27일 삼선개헌 후 첫 대통령 선거에서 박정희와 김대중의 선거운동이 치열하게 벌어졌다. 민주주의를 살리느냐, 죽이느냐의 한판 결판이 벌어졌다.

4월 대통령 선거가 다가오자 박 목사는 야당 후보 김대중에게도 발언의 기회가 주어져야 한다고 생각해 기독교방송에 김수환 추기경과 대담 프로를 만들어 사회 현실에 대한 발언을 방송했다. 공화당 공보 대변인이 박 목사를 찾아와 협박했고, 선거가 끝난 뒤 정보부 차장이 오재경 이사장을 찾아와 박형규 상무를 해임하라고 강요했다. 4월 27일 대통령 선거가 끝난 뒤 열흘 만에 박 목사는 방송국 상무직을 사임할 수밖에 없었고, 사표는 6월에야 수리되었다.

무직자가 된 박형규 목사를 애석하게 여긴 강원용 목사는 크리스챤 아카데미의 프로그램위원장으로 무료 봉사하던 박 목사에게 아카데미 하우스 원장 대리라는 자리를 만들어 주었다. 그러나 이 일도 얼마 가지 못했다. 71년 가을 학기에 대학가는 데모와 소요로 요동쳤고 부정선거 부패를 규탄하는 운동이 여기저기서 일어났다. 「동아일보」 기자들의 언론자유수호선언이 나왔고, 10월 5일 원주에서는 가톨릭 신도 1,500명이 부정부패 규탄 시위를 벌였다.

대학과 종교계 시위가 전국으로 퍼져 나가자 위협을 느낀 박 정권은 10월 15일 학원 질서를 확립한다며 위수령을 발동해 10여 개 대학에 무장 군인들을 진주시키고 수천 명의 학생을 연행해 갔다.

위수령이 발동된 후 크리스챤아카데미의 강원용 목사에게까지 보안사의 감시와 압력이 내려와 박 목사는 더 이상 아카데미에 적을 두고 있을 수가 없어 사직하고 떠났다. 박 목사는 이제 수도권 빈민선교회의 일을 돌보면서 이곳저곳에서 설교하며 살아갈 수밖에 없었다.

72년 초 독재와 부정부패가 더욱 심각해지고 학원과 종교계, 언론계의 저항 운동이 무지막지하게 군부에 의해 탄압되는 막막한 현실 속에서 고민하던 박 목사는 해외 여행을 떠났다. 국내에서는 할 일도 없고, 암담한 현실을 타개할 길을 생각해 보기 위해 WCC-URM의 초청을 받아 동남아시아와 유럽 여행을 나선 것이다. 독일에선 바트볼 아카데미, 슈투트가르트의 서남독선교부, 함부르크의 동아시아 선교위원회 등을 방문하고, 괴팅겐에 있는 우리 집에 들르셨다.

67년 아카데미하우스에서 열린 교회와사회대회를 함께 준비하며 교회의 사회적 책임 문제에 대해 많이 의논했었는데, 5년 뒤인 72년 7월 독일에서 다시 만나 국내 독재와 탄압이 독일 나치 독재 시대를 닮아간다며 고백교회의 저항 운동과 본회퍼, 니묄러 목사 이야기를 해 주셨다. 62년에 미국 유니온신학교에서 1년간 유학하면서 칼 발트의 바르멘신언과 고백교회를 자세히 알게 되었다며 현재 독일 교회의 형편을 물었다.

나는 69년 빌리 브란트 수상이 집권한 이래 동방정책으로 동서독 화해와 교류가 잘 되고 있다는 것과 서독 교회가 동독 교회와 자매결연을 맺어 잘 돕고 있다고 말씀드렸다. 크리스마스와 부활절에 동독으로 보내는 서독의 선물을 실은 열차가 여러 대씩 간다고 말하니, 남북한은 언제 그렇게 될까 부러워하며 우선 독재부터 청산해야 한다고 말씀하셨다. 내내 심각한 표정으로 국내를 걱정하던 박 목사님은 무언가 결심하시는 것 같았다.

아닌 게 아니라 박 목사님은 독일을 떠나 아시아 몇 나라를 방문 시찰하고 귀국했는데, 8월 말 대만 방문을 마지막으로 귀국한다며 나에게 그림엽서를 보내셨다. "귀국해서 할 일을 생각하니 마음이 무거워지는군요. 그러나 사람의 할 일은 다 하고 심판은 하나님께 맡길 수밖에 없겠지요"라고 쓰신 72년 8월의 엽서를 나는 아직까지 보관하고 있다.

73년 3월 남산 부활절 사건으로 박 목사님이 구속되었을 때, 8개월 전 괴팅겐 우리 집에 오셔서 하신 말씀들을 상기하며 이미 그때 일을 저질러야겠다는 결심을 하신 것으로 판단했다. '왜 나에게 그런 엽서를 보내고 귀국하셨을까?' 생각해 보니, '국내에 들어가서는 그런 편지를 보낼 수 없기에 해외에서 마지막으로 결심을 통고하니 만약 잡히면 알아서 행동해달라는 부탁이셨구나'라고 이해가 되었다.

박 목사님은 나치 독재를 반대하며 어용화된 독일적 기독교(Deutsche Christen) 운동에 맞서 목사긴급동맹을 조직해 투쟁에 나선 니묄러 목사를 모델로 실천에 나선 것이다. 본회퍼도 좋아하셨지만 히틀러 암살까지 모의하다 발각돼 사형 당한 본회퍼보다는 끝까지 평화적으로 폭력에 저항한 니묄러 목사의 신앙적 결단을 실천하심으로 한국의 니묄러가 되셨다.

나는 박형규 목사님의 이런 결행을 보면서 가만히 앉아 있을 수 없었다. 내가 박사 학위 논문 작업을 중단하고 독일 교회 선교 기관들과 한인 교회, 유학생, 광부, 간호사 노동자들을 움직여 독일에서라도 반독재 민주화운동을 해야겠다고 결심하고 나선 데는 박 목사님의 순교적 각오와 결행이 큰 영향을 주었다.

72년 11월 2~5일 재독 한국 유학생 세미나를 독일개신교장학처(ÖSW)의 지원을 받아 조직한 일, 73년 11월 23~25일 한국과 독일 그리스도인

40여 명이 바일슈타인에 모여 "가이사의 것은 가이사에게"라는 주제의 세미나를 가지며 유신 독재를 처음으로 비판한 "재독 한국 그리스도인 바일슈타인 선언"을 발표한 일, 74년 3월 1일 독일 본에서 한국 유학생, 노동자, 종교인 55명이 서명한 "민주사회건설 선언서"를 발표하고 처음으로 한국 대사관 앞까지 시위한 반독재 활동 등 모두 국내의 민주화운동에 호응하며 일어났지만 박형규 목사의 구속과 저항이 큰 자극제가 되었다. 박 목사님은 유신 체제 전후로 구속과 석방을 다섯 번이나 당하면서 유신 독재 비판과 저항 운동을 이끌었다.

나와 박 목사님과의 관계는 민주화운동, 평화 운동, 사회선교 활동을 통해 계속되었고 많은 영향을 받았다. 기독교 노동자, 농민, 빈민 운동을 돕기 위해 함께 시작한 기독교사회발전협회의 일은 오늘까지 계속되고 있다.

III. 지명관 선생, 김용복 교수를 추모하며

池明觀(지명관) 선생님을 追慕(추모)하며

韓國 民主化運動의 큰 별(星)이신 池明觀 선생님께서 別世하신 지 넉 달 반이 지난 오늘 日本 東京에서 추모 모임이 열리게 된 것은 여러 가지로 意味가 깊다고 생각하며, 池 敎授님의 後學 同志의 한 사람으로 추모의 말씀을 드릴 수 있게 되어 큰 영광으로 생각하며 감사의 인사를 드립니다.

저는 池 교수님께서 日本에 망명 지식인으로 활동하시던 시절 獨逸에서 유학 생활을 하며 반독재 민주화운동에 참여했고, 75년부터는 池 교수님께서 주도하신 한국기독자민주동지회의 일원으로 해외 운동의 연대 활동을 함께했던 후배입니다.

또한 서울대학교 文理大 哲學科에서 宗敎哲學을 전공하신 池 교수님의 10여 년 후배이기도 한 저는 학창 시절 池 선생님의 강연을 듣고 배운 後學이었으며, 참여하고 실천하는 지식인의 모델로 선생님을 늘 존경해 왔습니다.

제가 대학 4학년이던 62년 5월 文理大 學林祭에 오셔서 "종교의 사회 참여"란 제목의 강연을 하셨는데, 당시 30대 젊은 교수로 앙가주망(engagement)과 데가주망(degagement)을 강조하며 외치던 목소리가 지금도 귓가에 울릴 만큼 깊은 감명을 받았습니다.

池明觀 선생님의 삶의 歷程은 크게 세 時期로 나누어 볼 수 있습니다.

1) 일본에 오신 1972年 前까지 한국의 大學과 言論界에서 活動하신 시기

2) 일본에 체류하시며 망명 지식인으로 활동하신 시기

3) 한국에 돌아오신 1993년 이후 한일 교류 활동에 주력하신 시기

100세 가까이 장수하시며 행동하는 선구적 지식인으로 기여하신 공헌과 업적을 다 열거하긴 어렵지만, 어느 시기, 어느 곳에서나 선생님께서 일관되게 추구하신 목표와 가치는 민주주의와 인도주의, 세계 평화를 향한 역사 발전에 있었습니다.

日帝 시대 한국어도 자유롭게 할 수 없게 억압된 환경에서 자란 선생님은 해방된 조국에서도, 북쪽에서나 남쪽에서나 종교와 사상의 자유, 언론의 자유 같은 기본권이 박탈된 비민주적 사회에서 감시당하는 지식인의 삶을 살아야 했습니다.

진리 추구와 향학열에 불탄 20대 청년 池明觀은 50년 6.25戰爭으로 軍隊에 끌려가 5년간이나 同族相殘의 殺肉戰을 겪으며 참혹한 죽음들을 목격한 뒤 생명 존중 사상과 인노주의 윤리에 깊은 관심을 갖게 됩니다. 이는 라인홀드 니버와 알버트 슈바이처의 사상을 연구 출판하며 강의하게 된 동기였습니다.

德成女子大學 교수로 哲學을 가르치던 池 교수님은 60년 4.19혁명을 보신 뒤 李承晩 독재와 부정선거를 비판하지 못한 지식인과 종교인을 꾸짖으며 사회참여와 비판의식을 제고하는 글들을 쓰기 시작했고, 61년 5.16 군사정변 직후부터는 잡지 「思想界」 등에 군사쿠데타를 비판하며 민주화를 촉구하는 논설들을 용감하게 발표하셨습니다.

군사정권의 압력으로 교수직과 강사직까지 박탈당한 池 선생님은 64년 당대의 유일한 비판적 저널이었던 「思想界」의 편집 주간으로 일하며 민주주의, 민족주의, 사회개혁, 세계 평화의 사상과 정책들을 발굴하여 전파하는 언론인으로서의 사명에 정열을 바치셨습니다.

그러나 良心的 知性人의 목소리를 發하고 싶은 池明觀에게 한국 상황은 너무나 암울하게 변질되어 갔습니다. 69년 '三選改憲'으로 장기 독재의 틀을 마련해 가던 朴正熙 대통령은 저항하는 학생과 지식인들을 더 강압적으로 억눌렀고, 70년 5월엔 金芝河의 詩 〈五敵〉 게재를 구실 삼아 「思想界」마저 폐간시켜 池 선생님에겐 설 자리마저 제거해 버린 격이 되었습니다.

잠시 피신해 自由로운 日本에 가서 사회사상사를 공부하겠다는 신념으로 한국을 떠나 東京에 오시게 된 것이 72년 10월이었는데, 결국 20년을 일본 땅에서 망명 지식인으로 사는 힘든 길을 가시게 되었습니다.

1970년대 유신 독재하에서 많은 학생, 지식인, 종교인들이 구속, 해직, 고문을 당하고 언론, 출판, 신앙의 자유가 정보부의 잔악한 통제로 철저하게 억압된 조국의 암담한 현실을 밖에서 바라보면서, 국내 저항운동을 돕고 반독재 여론을 국제사회에 확산시키는 일을 한 것은 위험을 각오하고서라도 하지 않으면 안 되겠다고 결심하셨기 때문이었습니다.

하신 일이 많지만 岩波書店의 월간지 「世界」에 'TK生'이라는 필명으로 기고한 "한국으로부터의 통신"이 73년부터 88년 민주화가 달성되기까지 15년간이나 지속되어 국내외 민주화운동의 교과서처럼 읽힌 놀라운 성과는 한일 양국의 민주 동지들이 벌인 007 작전 같은 비밀 유지와 협동 작업을 통해 이루어 낸 성과였습니다.

물론 吳在植, 姜汶奎, 李仁夏, 李清一 등 일본에 있던 한국 기독자 同志들의 도움과 협력이 큰 힘이 되었지만, 험악한 한일 관계 속에서 20년이나 일본에 숨은 망명자로 머물며 버틸 수 있었던 것은 야스에 료스케(安江良介) 편집장(岩波書店), 스미야 미키오(隅谷三喜男) 교수(東京大学), 오가와 게이지(小川奎治) 교수(東京女子大学), 모리오카 이와오(森岡嚴) 편집장(新教出版), 한국문제기독자긴급회의 나카지마 마사아키(中島正昭) 목사, 쇼지 쓰토무(東海林勤) 목사, 와다 하루키(和田春樹) 교수 등 일본의 수많은 동지, 친구들의 아낌없는 후원과 우정 어린 보살핌, 연대가 있었기에 가능했다고 믿습니다.

저는 76년에 池 선생님의 소개로 야스에 로스케 편집장과 두어 시간 회견하며 북한과 일본 정계에 대한 귀한 정보를 얻었으며, 스미야 미키오 교수를 만나 대담하며 한국 경제에 관한 새로운 지식을 들어 많은 도움을 받았습니다. 日本에서 池 선생님을 도우며 한국 민주화운동에 공헌하신 모든 분께 진심으로 감사의 뜻을 표하고자 합니다.

池 선생님께서는 한국의 독재 정권이 물러가고 민주화가 달성된 93년에 일본 생활을 마치고 20년 반 만에 그립던 한국 땅을 다시 밟으셨습니다. 그런데 70 老人으로 귀국하신 선생님은 잠시의 휴식도 마다하시고 일본에서 얻은 지식과 인연을 활용하여 일본 연구와 한일 교류 활동에 매진하셨습니다.

1994년에 春川 소재 翰林대학에 과학원 교수로 가셔서 日本學研究所를 創設하고 所長職을 맡아 10여 년 奉職하며 일본학의 본격적 연구와 한일 문화 교류에 지대한 업적을 이루셨습니다. 이와나미쇼텐 등 일본 서적 100여 권을 번역 출판해 일본을 바르게 이해시키는 노력을 하셨고, 많은 학자와 지식인들의 교류 협력 사업을 추진해 한일의 친선과 관계 개선에도 적잖이 기여하셨습니다.

그중에도 95년에 "해방 50년, 패전 50년 — 화해와 미래를 위하여"라는 주제로 서울 크리스챤아카데미와 도쿄 이와나미에서 모인 한일 양국 지식인 대화 모임은 불행했던 과거를 청산하고 화해와 관계 개선을 통해 동아시아의 평화 공동체를 수립하자는 비전을 함께 나눈 역사적인 만남과 대화였습니다.

특히 지 교수님의 교섭으로 서울에 온 오에 겐자부로 작가, 도쿄대의 사카모토 요시카즈(坂本義和) 교수 등 일본의 양심적 지식인들의 말씀이 한국인들에게 커다란 감동과 울림을 주었습니다.

1998년에는 마침 선생님을 잘 아는 金大中 씨가 大統領으로 당선되어 池 교수님을 한국방송공사 KBS 이사장으로 임명하고 한일문화교류위원회의 책임까지 맡기면서, 선생님께서는 여러 해 동안 한일 국교 관계 개선에도 중요한 역할을 감당하시게 되었습니다.

한일 관계 개선에 중요한 이정표가 되는 획기적 사건으로는 93년 고노 담화, 95년 무라야마 담화에 이어, 98년 김대중, 오부치의 한일 파트너십 공동선언이 역사적으로 높이 평가되고 있는데, 여기엔 池明觀 교수님의 숨은 공로가 있었다는 것을 잊지 말아야겠습니다.

선생님은 금년 1월 초에 98세로 생을 마치셨지만 1년 전까지만 해도 건강하신 몸으로 제가 일하는 대화문화아카데미가 주최한 동아시아 평화회의에 참석하시어 발언하시며 많은 조언을 해 주셨습니다.

이제 저는 池明觀 선생님께서 우리에게 遺言처럼 남겨주신 한 말씀을 想起하면서 허락해 주신 추모의 말씀을 마치고자 합니다.

2001년 역사 교과서 문제로 한일 간에 대립이 격해지고 대화가 단절되었을 때, 池 교수님은 한일문화교류위원회의 대표 자격으로 기자회견을 하시면서 다음과 같은 성명문을 발표하셨습니다.

한일 정부 간의 대화가 단절되었더라도 양국의 지역 간, 국민 간의 교류나 문화 교류는 조속한 시일 내에 더욱 활성화되어야 할 것입니다. 그래서 開放的이고 평화를 사랑하며 상호 이해를 추구하는 일본의 市民精神이 강화되고 그야말로 국민을 통한 국민 간의 한일 교류가 더욱 공고해질 때, 右翼的인 정치 세력의 반역사적인 策動은 발을 붙이지 못하게 될 것입니다. 그러므로 한일 간의 국민적, 문화적 교류와 연대는 곧 전면적으로 재개되어야 한다고 생각합니다.

감사합니다.

2022년 5월 14일

李三悅 合掌하며

(對話文化아카데미 理事長)

고 지명관 선생(왼편에서 네 번째)과 한께

김용복 박사를 추모하며

존경하고 사랑하는 김용복 형께서 아직도 우리와 함께 5년, 10년은 더 살며 책도 쓰고 강연도 하셔야 했는데, 뜻밖에 갑자기 운명을 달리하시게 되니 기가 막히고 어이가 없습니다.

그토록 오랫동안 생명의 귀중함을 강조하시며 인간과 자연 온 우주의 생명을 발견하고 탐구해야 한다고 생명학연구원을 창립하여 운영하신 김용복 원장께서 연구와 강연 계몽 활동에 몰두해 자기 생명과 몸을 돌보지 않는 과로와 헌신으로 육신의 병을 얻고 생명을 잃게 된 것이 너무나 애석하고 안타까운 심정을 금하기 어렵습니다.

그렇게 꿈과 의욕이 많고, 만날 때마다 새로운 프로젝트와 비전을 제시하며 함께하자고 권유하고 도와달라 하시던 김 박사님이 오늘 이 순간을 마지막으로 우리 곁을 아주 떠나신다고 하니 함께했던 많은 친구와 선후배 동지들, 사랑하는 가족과 제자들은 가슴이 저려 오는 슬픔과 아픔을 달래지 못합니다.

그러나 빈소에서 만난 부인 김매련 여사가 안타까워하는 나의 조문에 오히려 "일 많이 하셨잖아요"라고 편안하게 말씀하시는 것을 듣고, 이젠 속상한 마음을 접고 김용복 박사가 한 일과 우리에게 남겨준 부탁이 무엇인가를 생각해 보는 것이 고인을 추모하는 길이 될 것 같습니다.

내가 김용복 형을 처음 만난 것은 76년 4월 일본 동경에서니까 45년 전입니다. 프린스턴 신학박사 학위를 마치고 귀국하던 김 박사는 동경의 오재식 선배에게 붙들려 CCA-URM의 중요한 프로그램인 DAGA에서 아시아 여러 나라의 빈민 노동자 민중의 저항 운동과 생존 투쟁을 기록하고 보고서를 만드는 일의 책임을 맡고 있었습니다. 독일에서 유학하며 민주화운동을 하던 내가 동경에 간 것은 오재식 선배, 지명관 교수, 김용복 형 등과 해외 운동의 전략과 연대 방법을 논의하기 위해서였는데, 김 박사의 예리한 통찰, 해박한 지식, 정열적인 혁신 의지에서 많은 도움과 힘을 얻고 며칠 안에 동지적 친교를 맺게 되었습니다. 함께 철학을 기초 학문으로 전공했고 교회 갱신과 사회개혁에 뜻을 둔 관심이 친밀감을 더했던 것 같습니다.

한국 기독교는 박정희 유신 독재에 순교적인 각오로 저항해야 한다고 선포한 73년 5월의 "한국 그리스도인 선언"은 동경에서 작성되어 국내로 보내져 김관석 NCC 총무 등의 서명을 받아 전 세계로 전파되었는데, 김용복 박사가 기초하고 오재식, 지명관이 검토해 작성된 문서였습니다. 남산 부활절 사건으로 박형규, 권호경 목사 등 수십 명이 구속되자 기독자들의 반독재 결의와 저항 의지를 전 세계에 천명한 역사적 신앙고백이었습니다. 나치 독재에 저항한 독일 고백교회의 바르멘선언에 비견할 한국교회의 선언이었습니다.

여기에 호응하여 한독 그리스도인들이 73년 11월 독일에서 모임을 갖고 미국, 일본, 제네바의 교회 시도자들과 함께 국내 기독교의 반독재 저항 운동을 지원하고 연대하자는 바일슈타인 선언문을 발표함으로써 국내외 기독자들의 연합 전선이 형성되기 시작했습니다.

국내외 기독자들은 이렇게 에큐메니칼 네트워크를 통해 연대하면서 김재준, 김관석, 박형규, 이상철, 이승만, 지명관, 박상증, 강문규, 오재식 등 지도자들을 모시고 75년 11월 제네바에서 기독자민주동지회를 결성했고, 70, 80년대의 한국 민주화운동에 커다란 공헌을 하게 되었습니다.

이 과정에서 김용복 박사의 노력과 업적을 다 말할 수 없습니다만, 한 가지는 분명히 밝히고 싶습니다. 김용복 박사는, 제 책에도 썼지만, 기독교가 책임 있게 민주화운동을 해 가려면 정치적 대안과 이념, 전략에 관한 연구와 대중 교육을 병행해야 한다는 점을 늘 강조했습니다. 이러한 주장과 아이디어가 유신 정권 붕괴 직후에 실현되었는데, 그 결실이 79년 한국기독교사회문제연구원의 창립이었습니다. 초대 부원장으로 김 박사는 조승혁 목사와 함께 기사연의 설립 운영에 혼신을 다했는데, 저는 기사연의 창립을 김용복 박사의 최대 창의적 업적이라고 평가하고 싶습니다.

70년대 반독재 민주화운동으로 맺어진 에큐메니칼 동지들은 80년대 5공 시절엔 남북한 분단과 대결 체제의 극복과 평화 통일 운동에 기독교가 나서지 않으면 군사 독재 정치를 물리치고 민주사회를 이룩할 수 없다는 인식을 가지고 기독교가 평화 통일 운동에 앞장서는 계기를 만들었습니다.

김용복은 기사연을 중심으로 분단 극복과 통일 운동의 연구 출판 활동을 시작했고, 오재식은 NCC를 중심으로 통일 문제 세미나와 한미, 한일, WCC 국제회의를 개최해서, 88년에 역사적인 "한국 기독교 통일 평화 선언"을 발표함으로 평화 통일 운동의 이정표를 세워놓았습니다.

88선언의 초안은 기초위원 가운데서도 1부 신학 부분은 서광선 박사가, 2부 정책 부분은 제가, 3부 교회의 과제 부분은 김용복 박사가 초안을 만들었고, 서 박사님이 종합해 정리하셨습니다. 특히 95년 평화 통일 희년 운동은 김용복 박사의 아이디어였고 88선언의 백미와 같은 프로젝트로, 남북한 교회가 7년 동안 교류하며 협력해 추진한 멋진 사건이었습니다.

이 밖에도 김용복 박사와 함께했던 일들은 너무나 많아 다 기억하기도 어렵습니다. 특히 오래 기억에 남는 일들은 WARC 세계개혁교회 총회를 한국에 유치해 추진했던 일, WCC, CCA 회의에 나가 한국교회와 사회적 과제를 알리던 일, 77년 IMF 경제위기가 왔을 때 예장 총회의 위탁으로 "경제위기 극복을 위한 교회의 신앙 각서"를 함께 토론하고 작성했던 일 등이 추억됩니다. 이 과정을 통해 저는 김용복 박사에게서 많은 도움을 받고 배웠습니다.

에큐메니칼 운동가로, 민중신학자로, 한일 장신대 총장으로, 산돌교회 목회자로 김용복 박사의 삶과 역정은 드러나지 않은 것까지 친다면 엄청난 활동과 업적의 생애였습니다.

이분의 생애를 여러 각도에서 다양하게 평가할 수 있겠지만, 저에게는 특히 다음 세 가지 모습으로 각인됩니다.

첫째로 김 박사는 우리 시대가 요청했던 실천적 산학자로서 일관된 삶을 살았습니다. 유명한 신학자들은 많지만 실천적 산학자로 실천 운동에 헌신한 신학자는 그리 많지 않습니다. 이 땅 위에 하나님의 나라를 건설하기 위해서는 필수적 과업인 민중신학을 탐구하고 실천에 필요한 『민중의 사회 전기』를 집필했습니다. 평화의 신학, 생명의 신학에도 많은 시간과 정열을 바쳤는데, 그의 논문과 강연들을 후배들이 조사 연구해 앞으로 잘 정리되었으면 좋겠습니다.

둘째로 그는 항상 꿈을 꾸는 이상론자였습니다. 현실이 아무리 어렵고 복잡해도 그는 미래를 꿈꾸며 후배들에게 비전과 용기를 주려는 교육자였습니다. 그가 한일 장신대 총장이던 시절 학생들이 그에게 붙인 별명이 꿈꾸는 소년이었다고 합니다. 그의 꿈이 실현된 것은 많지 않지만, 그 감동과 용기의 씨앗은 많은 후배와 제자들에게 심어져 열매를 거둘 것이라 믿습니다.

셋째로 제게 남는 강한 인상은 김 박사가 어느 모임에서나 훌륭한 명연설자, wonderful speaker였다는 것입니다. 특히 그의 영어 연설은 유명하며 아주 설득력이 있습니다. 저는 많은 에큐메니칼 국제회의에서 그의 영어 연설을 들었는데, 그는 남을 설득하고 호소하는 데 특별한 재능과 열정을 가진 분입니다. 너무 말을 잘해서 속아 넘어갈 때도 있습니다. 나쁜 의미가 아니라, 그렇지 않다고 생각했는데 그럴듯하게 말해서 속은 게 아닌가 생각할 정도라는 말입니다. 그는 민중신학의 국제적 대변자였고, 우리는 한국교회와 신학을 세계적으로 확산시키는 데 김 박사의 언변을 크게 활용했습니다.

오늘 우리는 한국교회와 사회에 이만한 능력과 정열과 믿음을 가진 지도자를 주신 하나님께 감사를 드려야겠습니다. 더 많은 꿈을 이루고 가셨으면 더할 나위 없겠지만, 이만큼 많은 업적과 공헌을 남기신 것도 큰 축복이었음을 깨달으며 위로를 받고 김 박사님을 보내드려야 할 것 같습니다.

끝으로 한 가지 더 감사할 일은 김 박사가 김매련(Marian)과 같은 훌륭한 분을 아내로 맞아 한국교회와 에큐메니칼 운동에 큰 도움을 준 업적입니다. 그 어렵던 시절 김매련 여사가 NCC 총무 김관석 목사의 영문 비서로 에큐메니칼 운동과 국제 협력을 위한 수많은 영문 편지와 문서를 작성해 많은 해외 원조와 협력을 끌어들인 공로를 아는 사람은 많지 않습니다. 한글과 영문의 탁월한 소통 능력과 세련된 문장력을 가진 김매련 선생이 한국교회의 에큐메니칼 운동에 봉사하도록 한 것도 김용복 박사가 기여한 또 하나의 공헌이었습니다.

이제 많은 일을 하고 하늘나라로 떠나는 김용복 박사의 영혼이 천국의 평안을 누리시기를 빌면서, 남은 가족, 김매련 선생과 제민, 정민, 후손들의 앞날에도 하나님의 가호와 크신 축복이 있기를 기원합니다.

대화문화아카데미 이사장

이삼열

고 김용복 선생(왼편)과 안재웅 박사(오른편)와 함께(2002년)

3부

미국에서의 에큐메니칼 카라반

고교생으로 참가한

에큐메니칼 훈련 보고서: 도미 기행 (1960)

여기에 싣는 '도미 기행'(渡美 紀行)은 1957년 6~8월 내가 고등학교 2학년일 때, 열여섯 살 소년으로 미국을 3개월간 여행하며 교회와 사회를 견학하고 에큐메니칼 운동을 배운 체험을 기록한 기행문이다.

미국 북장로교 청년국이 주최한 "에큐메니칼 카라반"에 한국 학생 대표로 선발되어 참가했던 모임과 프로그램을 수필 형태로 써 보았다. 귀국한 직후 나는 동신교회 학생부가 발행한 월간지에 6개월 정도 미국 여행 보고서를 연재했다.

그 후 3년 뒤 1960년 대학 2학년 때 동신교회 학생부 출신들의 클럽인 문진회(文進會)의 제안으로 일기 노트와 연재 보고서를 정리해 『도미기행』으로 출판했다.

이제 80세 노년으로 60년 전 미국 여행기를 다시 읽어보니, 소년 시절에 체험한 "에큐메니칼 카라반"이 내 인생의 방향과 골격을 형성해 주었음을 절감하게 되었다.

자라나는 에큐메니칼 후세대에게 자극과 참고가 되길 바라며 여기에 첨가한다.

I. 미국 땅을 밟기까지
(1957. 6. 12.)

서울에 올라온 지 겨우 1년, 촌놈의 때를 벗지 못한 채 서울 생활에도 어리둥절해하는 고등학교 2학년 초, 사진에서나 보며 상상하던 미국을 향해 떠난다는 생각에 너무나도 가슴이 벅차 아침부터 흥분하여 벼르고 벼르던 침착을 아주 잃고 말았다.

"열여섯 살밖에 안 된 어린놈이 혼자 수만 리 타국에 가서 어떻게 하려고!" 걱정하시는 어머니의 말씀에 "하나님이 지켜주시겠지!" 하고 아버지께서 위로의 말씀을 던져 주셨다.

도미 수속 준비에 어찌나 바빴던지 찾아뵐 어른들도 다 못 뵙고, 떠나는 날 아침에야 방역 주사를 맞고 여행에 지장이 있을까 봐 몹시 걱정했다. 상고머리만큼 기른 머리와 익숙지 못한 여름 세비로(신사복) 양복에 어제 맞춰 신은 검은 구두가 어린 나이에 퍽 어색했지만 트렁크와 사진기를 멘 채 여의도공항에 닿았다.

벌써 선생님, 친척, 친구, 선배들이 많이 배웅 나와 있어서 '나 하나 때문에 이렇게 모두 나왔나' 하고 퍽 미안한 생각을 가지면서도, 그들이 타일러 주는 격려와 찬사, 부탁의 말은 흥분한 나머지 별로 귀에 들어오지 않았다. 두 달 동안이나 꼬박 수속 준비로 복잡했는데, 떠나는 마당에서도 수속이 번거롭다. 스피커에서 들리는 말이 미국 달러를 가진 사람은 곧 한화로 바꾸어야 하며 한 푼도 가지고 갈 수 없다기에 멋 모르는 나는 도중에 쓰려고 가져갔던 몇 푼을 다 바꿔서 가족들에게 주고 말았다.

적어도 기독 학생 대표로서 외국에 가는 자가 이런 금전 문제에 혹시 조사를 받아 걸려든다면, 이는 나뿐만 아니라 전 한국의 기독교를 망신시키는 것이기에 하라는 대로 하기로 마음먹었던 까닭이다. 그러나 후에 알고 보니 모두 수백 달러 이상씩을 몸에 감추고도 내놓지 않았었다. 나는 미국에 도착만 하면 그들이 모두 주선해 줄 것이고 수표로 미리 보낸 돈이 있으니 현금이 필요치 않으리라고 믿으면서도 남들이 그렇게 하는 것을 보니 적이 걱정되기도 했다.

배웅 나온 분들에게 작별 인사를 하고 노스웨스트 비행기에 올라 자리를 찾아 앉고 손바닥만 한 두꺼운 유리창으로 내다보니 환송 나온 친지들이 아픈 줄도 모르고 계속해서 손을 흔들고 있었다. 나는 내다보며 그들의 얼굴을 보고 있었는데 저들은 나를 보지 못하는 것을 생각하니 어찌 안타까운지 다시 일어나 에어걸(airgirl)이 막 닫으려는 문밖을 뛰어나가 계단 위에서 웃음을 지으며 손을 흔들어 다시 작별 인사를 했다. 벨트를 매고 비행기가 막 뜨는데 일본 에어걸이 풍선껌(chewing gum)을 나눠주면서 조난 당했을 때 입는 재킷을 입으며 사용하는 방법을 설명해 주었다.

다섯 살 때 만주 봉천에서 북경까지 비행기를 타본 일이 있지만 그때는 아무것도 몰랐는데, 조난의 위험까지 예고 받으니 어린 마음에 두렵지 않을 수 없었다.

우리나라는 빨간 민둥산이라고 초등학교 때부터 들었는데 정말 비행기 위에서 경기도, 강원도, 경상도를 지나노라니까 보기 싫은 벌거숭이산만 보여서 별로 내려다보고 싶지 않았다. 승객은 대부분 외국인이었고, 유학생 두 사람, 국회의원 두 사람이 탔었다. 바다를 건널 때는 흰 새들이 춤추며 나는 것을 보니 즐거웠다.

하오 2시 30분에 여의도를 출발하여 4시 50분에 목화밭 같은 구름 위를 나르는데 갑자기 구름 위로 흰 삼각형이 나타났다. 하얀 백설이 덮인 산꼭대기 부분이 구름 위에 나타난 모양인데, 일본의 후지산(富士山)이었다. 아래는 흰 구름이 날아가고 위에는 티끌 하나 없는 푸른 창공인데, 은산(銀山) 백옥경(白玉京)을 보는 듯 눈 덮인 삼각형을 보니 흥분했던 마음이 자연 신비스러운 감에 도취되었다. 밑을 내려다보니 벌써 일본 땅이었는데, 비행기 위에서 본 첫인상은 바다와 육지를 구분하기 어려우리만큼 산이 푸르렀다는 것이다.

5시 20분에 동경 하네다 비행장에 내렸다. 일본 시계는 우리 시계보다 30분 늦은 4시 50분을 가리키고 있었다. 여기서 2시간 후에 PAA로 향미(向美)하게 되는데, 대합실에는 가지각색 일본 물품이 진열되어 있었고 특히 밥을 주면 제멋대로 움직이는 장난감을 보고 놀랐다. 서양 아이들도 신기한지 그 장난감을 많이 샀다. 밖으로 나가지 못한 채 꼼짝없이 기다렸지만, 생각보다 금방 지나간 두 시간 후 7시경 PAA로 동경을 떠났다.

주위를 둘러보니 한국 사람은 한 사람도 없고 코 큰 사람들의 천지였다. 불현듯 옆자리의 손님과 외국인이지만 이야기하고 싶었다. 마침 옆에 앉은 손님을 보니 동양 사람인데 아름답게 치장하고 파란 선글라스를 쓴 멋진 여인이 앉아 있지 않은가? 자세히 살펴보니 어디서 많이 본 듯한 여인이었다. 내가 쳐다보니 자기도 멋쩍은 듯 안경을 벗고 미소를 짓는다. 그래, 어디로 가느냐고 물었더니 할리우드(Holywood)로 간다고 한다. 가만 얼굴을 자세히 보고서야 한참 만에 그가 누군지 알 수 있었다. 틀림없 었다. 얼마 전 〈해당홍〉이라는 중국 영 화에서 본 주인공 이려화(李廬華) 양이 였다. 영화에서 본 얼굴을 비행기의 옆 자리에서 볼 것이라고는 꿈에도 생각 지 못했다. 저녁 식사를 마친 후 이것저 것 이야기하다가 모두 잠이 들었다. 나

이려화(李廬華)

는 이런저런 생각에 잠을 이룰 수 없었다. 그 편안한 의자가 스위치를 누르니 이발소에서 면도할 때처럼 비스듬히 뉘어져서 에어걸이 날라주 는 베개와 담요를 덮으면 곧 잘 수 있는 침대가 마련되는 것이었다. 나는 여배우의 옆에서 잠을 잔다는 것이 어쩐지 쑥스러워 잠을 이룰 수가 없었 다.

비행기의 소음이 시끄러운데도 모두 불을 끄고 잘 자는 듯했으나, 나는 돌아누워 조금 잠이 들다 깨고 또 자다 깨고 하여 제대로 잠을 이루지 못했다. 새벽 2시 30분에 웨이크아일랜드(Wake Island)라는 조그만 섬에 내려 바닷바람을 마시며 파도치는 해변가에서 매끄러운 돌멩이를 주워 넣고 한 시간을 쉬다가 다시 떠났다. 곧 날이 밝아 세수하고 아침 식사를 마쳤다.

붉은 태양이 동쪽에서 솟아오르는데 끝없는 태평양 저 멀리 수평선 으로부터 붉어지는 바닷물과 빨갛게 물든 구름 꽃이 피어날 때 그 신비스 런 경치는 말로 이루 다 표현할 수가 없었다. 마이크로 전달하는 소리를 들으니 지금이 날짜변경선이라고 한다. 12일 오후 한국을 떠나서 하룻밤 을 태평양 상공에서 잤으니 한국에서는 13일 아침일 텐데 지금부터는

다시 12일 아침이 되는 것이다. 이제는 이려화 양과 사귀어 심심하지 않았다. 종이를 내어 한문을 써보기도 하고 여러 가지 영화에 대해 재미있는 이야기를 하였다. 특히 성이 같은 이(李) 씨라 하여 한 가족이라고 농담하며 사진까지 한 장 주었다. 그녀는 천주교를 믿는다고 말하며 영화 〈해당홍〉에선 자기가 얼마나 나쁜 여인이었는지 모른다고 말했다. 한국에서 제일 인기 있는 여배우가 누구냐기에 '조미령'이라고 써 주었다. 보기보다 퍽 마음씨가 친절하고 인간미를 느낄 수 있는 폭넓은 여인이었다. 어린 딸까지 있지만 지금은 남편을 잃어버리고 독신이라고 한다. 하루 종일 심심치 않게 이야기하고 오후 4시 반이 지나서야 남국의 정서를 풍기는 하와이 호놀룰루에 도착했다.

여기서 또 2시간을 쉬면서 입국 수속을 한 뒤에 샌프란시스코로 향하게 된다. 짐을 전부 풀어 조사받고 비싼 물건이나 상품은 세금을 문다. 그 다음엔 여권과 신체검사 재확인을 받는데, 내가 한국에서 왔다니까 나를 옆에 비켜 세우더니 다른 사람들이 다 지나갈 때까지 기다리라고 했다. 다른 사람들은 하나씩 하나씩 확인을 마치고 다시 짐을 가지고 비행기에 오르는데 맨 나중에야 나를 부르더니 하는 말이 "당신은 오늘 못 가고 내일 가시오" 한다. 왜 그러냐고 했더니 한국 사람의 신체검사는 믿을 수 없기 때문에 여기서 다시 검사해야 한다는 것이다.

그러면서 오늘은 늦었으니 여기서 자고 내일 오면 다시 검사해 주겠다며 여권을 빼앗았다. 나는 어이가 없어서 "왜 한국 사람만 그렇게 무시하느냐? 다른 나라 사람은 다 괜찮은데"라고 성을 내며 따졌더니, 그 사람 말이 6개월 전쯤에 어떤 허약한 한국 유학생이 자기 사진이 아닌 남의 폐를 찍은 X-RAY 사진을 갖고 왔다가 여기서 들켰다고 한다. 그 후로 모든 한국 사람은 여기서 다시 신체검사를 해야 한다고 설명했다.

나는 더 이상 할 말이 없었다. 혼자 떨어져 있자니 눈물이 왈칵 쏟아져 나왔다. 수속을 마친 이려화 양이 내게 와서 수속이 다 되었느냐고 하기에 사정을 얘기했더니 같이 못 가게 되어서 섭섭하다고 한다. 나는 어린 나이에 하는 첫 여행이고 더욱이 예기치 못했던 일이 생겨서 어쩔 줄을 모르겠다고 하니, 그녀는 손목을 붙잡고 하나님이 함께하실 거라고 위로해 주었다.

자세한 사정을 묻기에 나는 솔직히 하와이에 아는 사람이라곤 하나도 없고 샌프란시스코에 가야 돈도 찾을 수 있다고 걱정을 하니, 이 양은 자기가 도와주겠다고 하며 핸드백을 열더니 10달러짜리 지전(Green back) 다섯 장을 내주며 이것으로 가서 숙박하라고 했다. 나는 우리나라 영사관도 있으니 전화를 걸어 도움을 청하겠다고 하며 사양했으나, 끝내 누나가 주는 돈이라고 지갑에 넣어 주었다. 눈물이 핑 도는 느낌을 금할 수 없었다. 하루 만에 사귄 친절한 중국의 여인과 정든 이별을 고했다. 미국에 닿기도 전에 이 같은 곡절을 당하니 외국인에게 부끄럽기도 하고 그 여섯 달 전의 한국 학생이 원망스럽기도 했다.

내 사정을 안 PAA 항공 회사는 곧 사람을 보내어 나를 위로하고 하룻밤의 숙박을 책임지겠다고 하며 차에 태워서 호놀룰루 시내로 들어갔다. 밤 10시가 넘었는데 여기저기서 음악 소리가 들려오고, 그날따라 달은 만월이 되어 파도 위에 비치고, 울긋불긋한 짧은 옷을 걸친 하와이 사람들이 레이스(Lace)라는 꽃목걸이를 걸고 다녔으며, 차가 넓은 길을 질주할 때 훈훈히 불어오는 바닷바람에 좌우에 널려 있는 파인애플밭에서 풍겨오는 향긋한 냄새가 코를 찔러 나를 완전히 도취시켰다.

HAWAIIAN VILLAGE HOTEL 1621호실에 여장을 풀고 자려 했으나, 이것저것 떠오르는 생각에 한 시가 넘어서까지 잠을 이룰 수 없었다.

호텔 창밖에는 모래사장, 그다음에 연못이 있고 배들이 둥둥 떠 있었다. 외로움에 못 이겨 밖으로 나가 모래사장 야자수 밑에 앉아 물 위에 비친 달을 보며 이야기했다.

이튿날, 그러니 여기 날로 13일(한국은 14일) 아침 검역소(Public Health Office)에서 신체검사 재확인을 받고 "Clear"라고 인정을 받은 후 출입국 관리소(Immigration Office)에서 입국 허가를 받고 여권을 다시 찾았다. 하루 늦게 도착한다는 전보를 치고 종일 비행장 부근을 거닐며 사람들과 얘기하다가 저녁 7시 40분에야 비행기를 타고 샌프란시스코로 향했다. 피곤했던 탓에 타자마자 잠이 들었으며, 이튿날 아침이 되어서야 깨어나 식사하고 나니 샌프란시스코가 보이며 곧 착륙하였다.

장로교 선교회 본부의 폴리 호츠킨스(Paully Hotzkyns) 양이 나와서 맞아 주었다. 그리곤 곧 그의 차에 타고 60마일의 속력으로 시내에 들어 갔다. 60m 이상의 넓은 도로와 깨끗한 고층 빌딩, 형형색색의 주택들, 전형적인 아메리카의 도시가 눈앞에 전개되었다.

II. 샌프란시스코의 오리엔테이션

샌프란시스코는 언덕이 많고 그 위를 케이블카가 다니며, 기후는 늘 맑고 여름엔 비가 없으며 겨울에 비가 온다고 한다. 이곳은 샌프란시스코, 오클랜드, 버클리 세 도시가 있는데, 각각 하나의 섬같이 바다로 막혀 있고, 그 바다 위에 아름다운 골든브릿지(Golden Bridge)와 세계에서 제일 길다는 베이브릿지(Bay Bridge)로 연결되어 있다.

우리 외국 대표 다섯 명은 버클리에서 일주일 동안 오리엔테이션을 갖게 되는데, 이것은 미국의 생활과 습관에 익숙해지고 대표들이 서로 친해지기 위한 시간이었다. 나는 제일 먼저 우리 여행에 지도자가 되는 교지부마 목사를 만나고, 그의 소개로 나보다 하루 먼저 왔다는 콜롬비아 대표 나폴레온 샘퍼를 만났는데 그는 나보다 작은 키에 안경을 썼으며 매우 침착했으나 굉장히 유머러스했다.

우리는 버클리에 소재한 캘리포니아대학(U. C. Berkeley) 캠퍼스 맞은편에 자리 잡은 대학생 기숙사, 웨스트민스터하우스에 묵게 되었다. 여장을 풀고 밖으로 나가 방학이라 조용한 대학 캠퍼스를 산책하며 둘러보니 대학촌인 이곳은 대학생들을 위한 시설이 많았다. 'International Hall'이라는 곳은 각국 어느 나라 학생이든지 와서 쉬면서 오락과 독서를 즐길 수 있는 훌륭한 시설이었다. 이런 시설들은 대개 부자들이 유산을 기부해서 건립하므로 그 기부자의 이름을 길이 보존한다고 한다.

이튿날 저녁에는 레바논에서 온 '싸미어 아부 아부시'라는 긴 아라비아 이름을 가진 대표가 왔고, 낮에는 일본 대표인 케이고 쯔쭈미(提敬子) 양이 도착했다. 그리고 예일신학대학원생인 필리핀 신혼부부가 우리의 지도 고문으로 함께 참여했다.

그런데 사교 면에서 다른 나라 대표들은 아주 익숙한 데 비해 케이코와 나는 동양인이라서 그런지 좀 어색해했다. 처음에 나는 한 나라의 대표니까 쓸데없는 말은 피하고 되도록 점잖게 보이려고 애썼는데, 다른 나라 대표들이 너무나도 솔직하게 속을 털어놓는 것을 보고 곧 내가 잘못되었음을 깨달았다. 여기서는 한국에서 하던 방식의 얌전과 예의는 버리고 좀 더 친절하고 솔직하게 대할 필요가 있다고 느꼈다.

우리는 정규 프로 이외의 시간에 피아노를 치고 노래를 부르거나 탁구를 치며 보냈다. 탁구는 내가 늘 이겼고, 피아노는 역시 케이코 양이 제일 잘 쳤다. 특히 케이코는 다른 곡은 서툴면서 〈은파〉만은 잘 연주했다.

하루는 파울루이라는 사람의 집에 모두 초대되었는데, 여기엔 이 사람이 지도하는 한 클럽의 학생들이 있었다. 우리가 정중한 걸음으로 들어가도 이들은 일어나지도 않고 눈으로만 인사했다. 어떤 아이는 엎디어 있고, 누워 있고, 심지어는 누워 있는 남학생 위를 넘어 다니며 장난하는 여학생까지 있었다. '너무 심하구나' 생각하면서도 웃으며 기분 좋게 대하느라 애썼다. 여기서 무언극을 비롯한 여러 가지 게임을 하며 놀았으며, 노래는 대게 독창을 하지 않고 편을 갈라서 하든지, 그렇지 않으면 합창으로 불렀다.

어느 날 오후 우리는 모두 오클랜드를 지나 교외에 있는 스탠퍼드대학에 견학을 갔다. 이 사립대학은 스탠포드(Stanford) 씨가 대학에 가지 못하고 불행히 죽은 자기 아들을 한탄하며 기념으로 세운 대학이라고 한다. 캠퍼스는 높은 탑 위에 올라가서 망원경을 써야 끝이 보이는 넓은 부지와 푸른 잔디로 매우 웅장했다. 그리고 캠퍼스 안에는 후버도서관이 있었는데, 이는 31대 합중국의 대통령 후버(Hoover) 씨가 그의 아내의 죽음을 기념하여 지은 거대한 도서관이었다. 이 위에는 종으로 된 풍금이 있어서 시간마다 좋은 곡조를 울려주었고, 고령이 된 후버 대통령은 아직도 이 캠퍼스 안에 살고 있었다. 이들은 가족의 덧없는 죽음을 안타까워하며 기념으로 대학교와 도서관을 세운 것이다.

어느 날 저녁에는 지방 교인이 몇 명이 음식을 한 가지씩 준비해 가지고 와서 우리에게 소개했다. 여기서 미국 음식의 내용을 대체로 알 수 있었으며, 우리도 제각기 자기 나라의 음식을 자랑하기도 했다. 식사 후에 지방에서 온 아이들이 영화를 보러 가자고 했다. 가지 않겠다고 한 케이코를 제외하고 다 함께 극장에 가서 한 사람당 75센트씩 내고 〈Spirit of St. Louise〉를 보았다.

또 어느 날 저녁에는 사회적인 친목 모임으로 오클랜드의 큰 공원에 가서 인디언 피크닉 디너(Indian Picnic Diner)에서 식사했다. 공원에는 여러 가지 운동 시설과 공이 구비되어 있고 이름만 적으면 도구를 빌릴 수 있어서, 식사 후에 우리는 여러 가지 게임을 했다. 그러던 중 팔씨름 판이 벌어졌는데, 우리 대표들 가운데는 내가 제일 셌다.

그런데 거기에 참석했던 덩치 큰 인디언 사람이 나에게 레슬링을 청해 왔다. 본래 인디언이 힘이 세지만, 이 사람은 양복만 벗고 인디언 복장으로 차린다면 서부 영화에 나오는 힘센 추장의 모습과 비슷할 정도로 체격이 좋아 보였다. 결투 신청을 거절하는 것은 서부 정신에서 볼 때 가장 비겁한 처사라는 것을 알았기 때문에, 나는 지더라도 한번은 붙어야 체면이 서겠다는 생각으로 주저하지 않고 응했다.

여러 번 풀밭에서 뒹굴며 목을 잡아 누르려 애썼지만 목이 거의 없다시피 한 이 괴력의 사내는 넘어가지 않았다. 결국 힘이 거의 빠진 나를 그는 힘껏 둘러메치고 억센 팔로 내 목을 사정없이 눌렀다. 참다못해 체면이고 뭐고 "살려주시오" 하고 우리말로 소리를 질렀다. 알아차렸는지 그 무거운 체구를 내 배를 의자 삼아 앉히고는 흥미진진하게 구경하던 사람들에게 손을 흔들며 웃는 것이었다. 나는 패배의 쓴잔을 마신 채 어떻게 짓눌렸는지 피가 잘 통하지 않는 몸을 일으켜 쩔뚝거리며 들어가니 역시 박수를 쳐 주었다.

다른 활동에는 어느 정도 자유롭게 참여했는데, 곤란한 것은 댄스 시간이었다. 점심을 먹고 나면 으레 Western Swing이 벌어지는데 이건 연습이고, 본격적인 댄스는 저녁 시간에 벌어졌다. 사교(fellowship) 시간이니만큼 아주 빠질 수가 없고 같이 하는 척은 해야 했다. 이런 생활에 서투른 케이코와 나는 늘 주저하지만, 미국 여학생들은 와서 손목을 잡아끈다. 가장 유행하는 것은 로큰롤(rock'n'roll)이었으며, 십 대(teenager)들은 정열적으로 춤을 췄다. 하루는 내가 모시 바시저고리에 두루미기를 입고 부채를 들고 갔더니 모두가 한 번씩 추자고 붙잡았다.

매일 있는 토론회에서 다섯 대표는 각자 자기 나라의 사정을 모두 털어 놓았는데, 모든 나라가 종교적으로 어려운 문제들이 있었다. 한국은 이북에서 순교 당한 많은 기독교인들이 남한으로 피난 오게 된 것과 경제적 가난을 들었다. 일본은 기독교와 기성 종교와의 갈등 문제가 적지 않았으며, 대표로 온 케이코의 부모도 불교도라고 했다. 레바논은 아랍 제국들에 둘러싸여 회교도와의 충돌 문제가 있고, 콜롬비아는 천주교가 90% 이상이어서 개신교는 거의 핍박 상태에 놓여 있다고 했다. 인도 역시 여러 미신적인 기성 종교와 투쟁해야 했다.

6월 20일 점심 식사에는 나를 위해 생일 파티를 열어 주었다. 나는 일생 처음으로 열여섯 개의 촛불이 달린 케이크를 받았고 선물과 카드도 받았다.

또한 잊지 못할 일 가운데 하나는 외국 대표들이 각자 자기 나라의 음식을 만들어 소개하고 나눴던 어느 저녁이었다. 여자 대표가 온 나라 는 얼마나 좋으랴 했지만 실상 나 빼놓고는 모두 솜씨 있게 요리를 만들었 다. 일본의 케이코는 능란한 솜씨로 스키야키를 만들었고, 콜롬비아의 나폴레옹은 청과라는 남아메리카의 독특한 커피를 만들었으며, 레바논 의 사미어는 레바논식 샐러드를 요리했다.

나는 한참 고민하다가 찹쌀과 팥을 사다가 찰떡을 만들기로 했다. 찹쌀을 삶기 위해 물을 붓는데, 생전 밥을 지어보지 못한 나는 물을 얼마 나 넣어야 하는지 몰라서 어림짐작으로 했더니 너무 많이 부어 버렸고, 거의 죽이 되어버린 찹쌀은 아무리 빚으려 해도 잘 빚어지지 않았다. 억지로 팥을 삶아 찧어서 빚어지지 않는 물큰한 찹쌀밥에 바르고 설탕을 잔뜩 친 후 한 덩이씩 떼어 놓았다. 우리는 서로의 음식을 나누어 먹으면 서 즐겼다. 나는 찰떡을 "Korean Dessert"라고 자랑삼아 설명했지만, 솜씨 가 부끄러워 마냥 유쾌할 수 없었다.

이럴 줄 알았더라면 요리책이라도 갖고 올 것을 잘못했다며 후회했 다. 나는 남의 것을 알기 전에 우선 나의 것을 알아야겠다고 느꼈다. 내가 먹는 음식 하나 어떻게 만들어지는지 모를 뿐 아니라, 내가 입은 모시 두루마기를 보고 참 곱다며 모시는 어떻게 만든 것인가 묻는 그들에게 우리나라 옷감이라 자랑하면서도 어떻게 만드는 것인지 설명할 수 없지 않았는가.

미국 개신교에 대해 들어보니 침례교가 2천만 명으로 제일 많고, 다음이 800만의 감리교, 그다음이 700만의 루터교, 장로교는 400만으로 네 번째를 차지하는 모양이었다. 그러나 이들은 교파에 대한 의식이 별로 없고 대개 친구와 목사에 따라 마음 내키는 곳으로 출석하는 듯했다.

일일이 다 기록하기 어려울 만큼 재미났던 많은 프로그램을 마치고 떠나야 하는 날이 왔다. 나는 뺨에 주인 할머니의 키스를 받고 태평양 횡단철도(Union Pacific)에 몸을 싣고 4회 전국남녀기독학생수양회가 열리는 아이오와주의 그리넬대학으로 향했다. 서부 영화에서나 보던 평원지대를 지나고, 흰 눈이 덮인 로키산맥을 넘어, 거의 멈추지 않고 3일간을 달렸다.

기차가 오마하역에서 멈췄을 때 내릴 준비도 못하고 자던 우리를 차장이 깨워주었고, 우리는 성급히 일어나 나오느라 트렁크를 모두 기차에 실려 보낸 채 그대로 내려 버렸다. 나는 큰일이라며 걱정했으나, 다른 이들은 별로 걱정하지 않는 것 같았다. 종착역에 보관해달라고 부탁하겠다는 철도국 직원의 말을 듣고도 나는 안심이 되지 않았다. 나는 틀림없이 그 귀중한 트렁크를 잃어버렸다고 생각했다.

트렁크를 잃은 허전한 마음으로 우리는 다시 그리넬대학으로 향했다. 벌써 남녀 학생이 수십 명씩 떼를 지어 노래를 부르며 전국 각지에서 모여들고 있었다.

그리넬대회 시 사진, 한복, 인도 여학생과

III. 그리넬 대회와 시카고

그리넬 대회는 전국 48개 주에서 뽑힌 기독 고등학생들의 여름 대회로 1,800명이 참석했으며 그 가운데는 흑인들도 있었다. 버스, 기차를 타고 몰려온 학생들은 며칠 동안 차 안에서 노래와 게임을 즐겼으며 잠을 못 잔 탓에 눈이 피로로 가득했다.

남학생들은 러닝셔츠에 울긋불긋하게 만든 주의 표식을 달고 여학생들은 반바지에 웃옷을 걸친 채, 희색이 만면하여 몰려들었다. 모두 미리 정해져 있는 기숙사로 나뉘어 들어갔는데, 우리도 이들과 함께 섞여 처음 보는 친구들과 네 명씩 한 방에서 거처했다. 캠퍼스 안에는 수영장, 승마장을 비롯한 여러 오락 시설이 슬비했다. 1,800명의 학생과 200명의 지도자 선생이 있었으며 참석한 나라도 20여 국에 이르렀다.

한국에서는 나 외에 당시 미국 신학교에서 공부하고 있었던 주선애(朱善愛) 여사께서 참석하셨다. 2,000여 명 가운데 그래도 한국말을 할 수 있는 이가 두 명이 있어 서로에게 참 기쁜 일이었다. 각 주에서 온 학생들은 별난 닉네임으로 지명을 표시했다. 예를 들면 IDAHO(아이다호주)에서 온 학생은, 감자가 실제로 유명한지는 모르지만, "POTATO 5"라는 이름으로 불렸고, OHIO(오하이오주)에서 온 학생은 "ARROW"라고 하여 실제로 인디언들이 쓰던 화살을 만들어 교묘하게 머리에 꽂았다.

여름 방학 기간을 이용해서 이 같은 훌륭한 수양회를 갖는다는 데서 오는 기쁨인지 모두 얼굴에 흥분과 희열이 가득했다. 한국 대표가 왔다는 소리를 듣고 온 남녀 학생 무리와 밤늦도록 숲속에서 뛰어다니며 즐겁게 춤추고 노래하며 격의 없는 이야기와 유흥에 도취하였다. 가정에서 완전히 풀려난 자유의 향유였는지도 모른다. 모두 가슴에 출신과 이름이 적힌 표를 달았기 때문에 처음 보는 사람끼리도 어색하지 않고 이름을 부르며 대번에 친구가 될 수 있었다. 그렇게 멀리 떨어져 있는 48개 주의 사람들이 한 국가, 한 문화를 이루며 합중국을 건설할 수 있음도 아마 이러한 국민성과 사교술에 의한 듯했다.

아침 9시에는 일제히 강당에 모여 예배와 성경 공부를 했다. 200명의 학생으로 구성된 합창대가 성가를 부르고, 이어서 스마트(Smart) 박사가 신학 강의를 했다. 이 시간에는 현대 신학의 중요한 문제들을 고교생들에게 알맞게 강의했는데, '신의 형상' 문제라든가, 신학자 폴 틸리히(Paul Tillich)의 이름도 들은 기억이 난다.

강연을 들은 뒤엔 20여 명의 학생과 1명의 선생님으로 구성된 100여 개의 그룹으로 나누어진다. 각 그룹은 캠퍼스의 잔디밭에 빙 둘러앉아 방금 배운 성경 말씀을 가지고 깊은 토론을 벌인다. 각자 자기의 경험을 토대로 자기가 이해한 대로 말하며, 그것이 맞든 틀리든 자기의 생각한 바를 숨김없이 고백한다. 나는 그 가운데서 토론의 중요성을 절실히 느꼈다. 한국교회의 성경 공부도 확실히 토론이 필요하다. 듣고 읽은 말씀을 서로 이야기하며 자기 것으로 만들지 않는다면 참된 성경 공부가 될 수 없을 것이다. 점심 식사 후엔 각자 취미에 따라 여러 교회 봉사를 위한 클럽으로 나뉘어 활동했다. 음악을 좋아하는 사람은 합창대로, 글쓰기를 좋아하는 사람은 신문반 혹은 설교반으로 갔고, 이 외에 교회당 내부 장식반, TV·라디오반, 미션워크(Mission Work)나 운동 경기반, 연극반도 있었다.

매일 저녁에는 특별한 Evening Program이 이채를 띠우는데, 연극, TV 공개 방송, 유명한 정치가의 연설, 음악회, 오락의 밤 등 다채로웠다. 하루는 나도 사무실 급사 역할을 맡아 인도 사람들과 함께 짧은 연극을 했다. 또 나는 모시 두루마기를 입고 주선애 여사는 치마저고리를 입은 채 Mission Show에 참석하기도 했다.

연단 위에 섰던 나를 알아본 학생들은 마주쳐 지나갈 때마다 "Good morning, Sam!" 하고 인사하는데, 나는 "Good morning"이라 해 놓고 이름을 몰라 어리벙벙하기가 일쑤였다. 여기서 여권 문제로 샌프란시스코에 오지 못했던 인도 대표 나기스 웨슬리(Nargis Wesley) 양이 반들거리는 눈과 새하얀 이를 내보이며 나타났다. 사리(Sari)라는 유대인의 옷 비슷한 것을 걸친 나기스는 영국식 영어를 구사했고 문화적으로 우리보다 더 아메리카적이었다. 한 가지 기적은 오는 길에 오마하에서 기차와 함께 실어 보냈던 트렁크가 조금도 상한 데 없이 우리에게 돌아온 것이다. 나는 우리나라의 경우를 상상해 보며 놀라움을 금할 수 없었다.

대표들 가운데서도 자기 나라의 독특한 의복과 연극의 출연으로 매력을 끌었던 나와 나기스 양이 가장 인기가 많았다. 지방 TV 방송국에서 사진을 찍고 인터뷰를 했고, 저녁 신문에 우리의 사진이 크게 났다. 여러 곳에서 인터뷰를 청했고, 매일같이 여학생들이 인형과 장난감을 안고 와서 사인을 청했다. 이제 나는 제법 새침해하는 쑥스러운 태도를 버리고 이들과 함께 어울리는 법을 배웠다. 그러나 속으로는 정신을 바짝 차리며 이들을 유심히 관찰하려고 애썼다.

여자 체육관을 전시장으로 만들어서 세계 각국의 선교 상황과 교회 형편을 소개한 사진전이 있었는데, 그 가운데 영락교회 한경직 목사님이 기둥만 겨우 해 세운 어떤 교회에서 설교하시는 사진이 걸린 것을 보고 퍽 반가웠다.

어떤 지방에서는 흑인의 차별 대우가 심하고, 특히 인디애나주와 몇 몇 지방에서 흑인은 백인이 사는 시내에 들어오지 못할 만큼 동물 취급을 받는 법령까지 있다고 한다. 그런데 여기에서는 흑인과 함께 한 방에서 잘 수 있고 같이 게임도 하고 합창도 할 수 있으니, 이것은 참된 그리스도 의 정신을 따르기 때문이라 하겠다. 적어도 교회는 인종차별을 반대하고 이같이 흑인과 함께하는 대회를 여는 것을 보며 미국 교회가 믿음직스러웠다.

그런데 갑자기 아시아 독감이 유행하는 바람에 대회는 예정보다 이틀 먼저 해산하게 되었다. 2천 명이 한 기숙사에 몰려 있으니 전염이 더 빨랐다. 각 곳에서 의사들이 동원되었지만 삽시간에 300명이 앓아누우니 어쩔 재간이 없어 간단히 폐회 예배를 보고 떠나기 싫은 발걸음을 떼었다.

우리 외국 대표들은 빨리 피하기 위해서 기차 시간을 15분 앞두고 출발 명령을 받았다. 벌려놓은 짐과 옷, 책들을 다 싸지도 못한 채 그대로 들고 정거장에 달려가니 막 시카고행의 기차가 홈에 들어와 섰다. 다른 동료들은 모자나 다른 물건을 방에 두고 왔다고 비명을 질렀는데, 원체 6.25전쟁을 통해서 도망하는 데 익숙해진 나는 빠진 물건 없이 뛰어나올 수 있었다. 오후 3시에 탄 기차는 이튿날 이른 아침에야 시카고에 닿았다. 미시간호를 지나올 때는 신선해 보이던 도시가 점점 안으로 들어오니 불안감을 자아내게 한다. 반짝거리는 새로운 건물들도 있지만, 100년

넘은 고층 건물들도 아직 자리 잡고 있어서 허름한 벽의 시커메진 색깔이 음산한 기분을 자아냈다. 또한 줄지어 선 자동차의 클랙슨 소리, 공중 철도에서 퍼붓는 시끄러운 소리와 가끔 발밑에서 쿵쿵거리는 지하철도 의 소음에 혼비백산할 것 같았다.

5시 이후에는 결코 혼자 거리에 나서지 않아야 한다고 주의를 받았다. 범죄 사건이 많아 공원에도 맘대로 나가지 못했다. 이때까지 별이나 따 는 듯이 젊은이들과 푸른 잔디 위로 달음질치며 놀던 그리넬대학에서 나와 이런 무시무시한 곳에 와 보니 마치 지옥에 내려온 듯 무서웠다. 조금 떨어진 곳에 세계적으로 유명한 도살장이 있었는데, 그 부근에는 땅값이 헐하므로 빈민들이 많이 모여 산다고 했다.

우리는 Y.M.C.A. 호텔에 유하면서 피곤한 몸을 쉬기로 했다. 그러나 얼마 되지 않는 짧은 여행 기간인데 그 시간을 방 안에서 잠이나 자며 보낸다는 것은 너무나 아까운 일이라 생각해서, 콜롬비아의 나폴레온과 몰래 빠져나가 거리 이곳저곳을 다니며 구경했다. 고등학교 상업책에서 봤던 세계에서 제일 큰 백화점이라는 Marshall Field Co. 의 사진이 생각나 서 사람들에게 물어서 찾아가 보았는데, 과연 건물은 지하 3층, 지상 10여 층으로 되어 있고, 그 안에는 세계 각국에서 온 진기하고 값비싼 상품들 이 널려 있어 실컷 구경하고 나왔다.

돌아와 지도 목사님에게 이 도시의 유명한 곳들을 방문하자고 졸랐 다. 결국 우리는 시카고의 유명한 역사·과학·예술 박물관을 구경하기로 했고, 각각 하루의 시간이 소요된다고 해서 사흘에 걸쳐 견학했다. 과연 각 박물관은 놀라웠다. 역사박물관에는 인류의 원시 시대로부터 현대에 이르기까지의 동식물의 표본과 인간이 쓰던 의복, 기구, 관습 등을 시대 적으로 진열했는데, 시간이 없어서 하나하나 자세히 관찰하지는 못했으나 지나면서 보기만 해도 세계사를 처음부터 끝까지 읽은 느낌을 받을 수 있었다.

여기서 머무는 동안 7월 4일 미국 독립기념일을 맞이하였다. 공휴일인 이날 거리는 조용했고 곳곳마다 극장이 무료로 열린다고 해서 나도 가서 〈The Benny Goodman Story〉라는 음악 영화를 보았다.

그러나 여기에 오게 된 근본 목적이 휴식이었다는 것을 무시하고 부지런히 아침저녁 쏘다니던 나폴레온과 나는 자승자박의 변을 당하게 되었다. 먼저 나폴레온이 열이 오르더니 독감에 걸려 병원에 들어갔다. 나는 같이 다니던 친구가 그렇게 되니 미안하고 섭섭해서 그의 짐을 들고 병원에까지 같이 다녀왔다.

이튿날 우리는 차이나타운(China Town)에서 저녁을 먹었다. 차이나타운에 가면 으레 기다란 중국 젓가락을 사용할 줄 모르는 외국 대표들은 음식을 집었다가 떨어뜨리기를 반복해서 케이코와 내 옆에 앉아 젓가락 쓰는 법을 배우려 하는데, 이날은 웬일인지 골치가 아프더니 구토감을 느끼며 음식을 들지 못했다. 호텔에 돌아왔지만 계속 열이 올라 머리가 뜨겁고 몸에 힘이 빠져 걸을 수조차 없었다. 약을 사 먹었으나 효력이 없어 결국 수만 리 타국에 와서 병원 신세를 지게 되었다. 나는 어저께 나폴레온이 들어간 Wesley Memorial이라는 감리교 병원에 입원하여 일주일간 병원 생활을 해야 했다. 말을 듣지 않고 몰래 쏘다닌 것을 병상에 누워서야 후회했다.

하루 종일 창밖을 내다보며 누워 있는 것은 참기 어려운 고역이었다. 고국에서 보내준 친구들과 부모님의 편지를 읽는 것과 일기를 쓰는 것이 유일한 낙이었다. 아플 때 양식은 더구나 입에 맞지 않아서 시원한 김치 국물 생각이 간절했다. 그거 한 사발이면 당장에 병이 나을 것 같았다.

교지 부마 목사님이 거의 매일같이 위문 오셔서 다른 친구들의 소식을
전해주셨는데, 케이코도 꽤 위험했으나 외출을 금하고 휴식해서 괜찮
고, 모두 겁이 나서 방에서 휴식을 취한다고 했다. 이때 나는 한국 사람으
로서 건강한 모습을 보여 주지 못한 것이 참으로 안타까웠다.

일주일쯤 후 아침에 깨어보니 머리맡에 흰 봉투가 놓여 있었다. 얼른
뜯어보니 담당 의사가 보낸 것으로 퇴원해도 좋다는 축하 카드였다. 나
는 춤을 추고 싶을 만큼 기뻤다. 나는 교지 부마 목사님과 함께 나를 돌봐
준 의사와 간호부에게 감사 인사를 드리고 지루하던 병원 문을 나섰다.
나서자마자 이때까지 제한된 병원 음식만 먹었으므로 중국 식당에 가서
중국 요리를 시켜 먹고, 극장 구경을 한 뒤, 푸른 미시간호에 가서 보트를
타고 시원한 호수 바람을 마셨다. 바다같이 너른 호수에는 워터 스키를
타는 남녀들이 보였다.

다음날 비가 많이 와서 비행기가 뜰 수 없었기에 기차를 타고 사미어
와 케이코가 미리 떠난 남쪽 아칸소주의 리틀록으로 향했다. 나폴레온
과 나기스는 뉴멕시코의 앨버커키로 떠났고, 우리 셋은 알칸소주에서
워크 캠프(Work Camp)를 하게 되어 있었다.

나는 리틀록으로 떠나기 전 입원 비용을 알아보았는데, 일주일간의
비용은 135달러로 외국 대표 모두 입국 시 들어놨던 건강 보험이 있어서
보험금으로 지불했다고 하였다.

IV. 아칸소주의 워크 캠프

오후 늦게 떠난 기차는 뉴올리언스 등의 유서 깊은 도시를 거쳐 남쪽 텍사스주에 붙어있는 아칸소(Arkansas)주의 리틀록에 밤 열두 시가 넘어서야 도착했다.

미리 전보를 받은 캠프의 지도 목사인 코이 리 목사가 나와 맞아주셨는데, 몰고 나온 차 뒤 칸에는 그의 아내가 자고 있었다. 리틀록에서 쉴 새 없이 자동차를 몰고 갔는데도, 거기서 100마일쯤 더 산속으로 들어가여 했다. 시원한 숲속 공기를 마시며 산길을 넘어 점점 인가가 드문 산골짜기로 갔는데, 밤중이지만 영화에서 보던 텍사스주와 비슷한 농장의 풍경을 볼 수 있었다.

한 시간쯤 달리더니 차를 세우고 코이 목사가 그의 부인을 깨웠다. 교대하자는 것이다. 목사님은 아내가 자던 바로 그 자리에 누워 자고 부인이 대신 운전대를 잡으며 나에게 말을 걸었다. '부부간 협동 정신이 굉장하구나' 생각했다. 산길을 꼬불꼬불 지나니 인가가 거의 없는 언덕배기에 아담한 교회당이 한 채 있고, 그 마당 한구석에는 남자들이 침대 위에서 자고 있었으며, 목사님 사택 가까이 다른 구석에는 커다란 느티나무 아래 여학생들의 침대가 보였다.

나는 새벽 2시에야 별빛 아래 침대에서 잠이 들었다. 이튿날 아침 6시에 깨었고, 아침 7시 아침 식사 시간에 나를 소개해 주었다. 멤버는 나를 포함해서 남자 5명, 여자 15명의 잘 어울리지 않는 것 같은 성비였다.

마침 그날은 주일이라 예배 준비로 바빴다. 나는 커다란 도시의 찬란한 교회뿐 아니라 이 같은 시골 농촌의 조그만 교회도 구경할 수 있어 무척 반가웠다. 역시 생각했던 대로 농촌 교회는 퍽 소박했다. 이곳은 하모니(Harmony)라는 마을인데, 인가가 별로 많지 않은 오자크산(Ozack Mt.) 위에 있는 숲 지대이며, 교인 수는 120명가량 된다고 한다. 이 넓은 산악지대에는 교회가 세 개 있는데, 윌리엄 목사님이 세 교회 모두 담당하고 있었다.

아침 9시에 윌리엄 목사님이 다른 곳에서 아침 설교하시는 동안 이곳에서는 그룹별 성경 연구 시간이 진행되었고, 12시에야 목사님이 들어오셔서 이곳의 정식 예배를 인도하셨으며, 그러고는 저녁에 또 다른 곳에 가서서 예배 인도를 하셨다. 목사님은 하루에 같은 설교를 세 번이나 하셨다. 우리 캠프 멤버들은 성가대를 조직해서 성가대 없이 가끔 독창이나 하는 이곳 예배를 도왔고, 목사님을 따라다니며 같은 성가를 세 번씩 불렀다.

교인들은 도시 사람들의 빠른 말과 빠른 걸음걸이와는 달리 느슨하고 아주 순박했다. 농장에서 일하는 그들도 주일에는 여자들은 가장 좋은 드레스를 입고 처녀들은 파란 테가 달린 모자를 쓰기도 하며, 남자들은 흰 와이셔츠에 넥타이 그리고 더워도 웃옷을 꼭 걸쳤다. 이들은 우리를 만나서 무척 기쁘다며 오후에 교회당 하층에서 정찬을 벌였다.

이들은 서부 영화에서 본 사람들과 비슷한 느낌을 주었는데, 그도 그럴 것이 이들 대부분은 아메리카 개척 시대에 들어온 사람들의 직계

자손이며 이사하지 않고 조상들이 갈아온 그 땅을 그대로 경작하고 있었다. 그러나 지금은 집집마다 라디오와 TV 장치가 되어 있고 자동차가 두 대 내지 세 대씩 있고도 트랙터 같은 농장의 차를 여러 대씩 소유하고 있었다.

교인이 100여 명밖에 안 되는 이 교회에도 Women's Association이라는 부인전도회가 있어서 20명 남짓 모였는데, 참석해서 보니 벌써 선교사를 타 지방에 파송해 보고를 듣고 대책을 토론하고 있었다. 나는 우리 한국에 선교 사업이 얼마나 중요한 역할을 했는지 설명해 주었다.

어떤 집에서는 자녀들을 멀리 있는 대학까지 보낸다고 하지만, 대부분은 보통학교와 중학교의 의무교육을 필한 정도였다. 그래서 윌리엄 목사님은 이 지방의 정신적인 지도자이기도 했다. 교회 일이 아닐지라도 무슨 문제가 생기면 목사님을 찾아와 상의하는 것이다.

여기서 어떤 퇴역 장교인 육군 대령을 만났는데, 그는 한국전쟁에 참전했던 사람으로 한국에 관해서 잘 알고 있었고 또한 한국의 고아 한 명을 데려다가 양자로 삼아 키우고 있었다. 이분은 군대에서 제대하고 커다란 농장을 경영하며 가축도 많이 길렀는데, 돼지와 소에게 사람이 먹는 콩과 강냉이를 먹인다고 했다.

여기서 우리는 아침 식사가 끝나는 대로 12시까지 네 시간 동안 몸으로 하는 노동을 해야 했다. 수만 리 타국에서 많은 경비를 들여 초청해 온 대표들을 이 촌구석에서 일을 시키려고 데려왔나 하고 처음에는 의아스럽게 생각했으나, 이들의 정신은 그것이 아니었다. 육체적 노동이 정신적 노동 못지않게 중요함을 청소년들에게 가르치는 프로그램이었던 것이다.

그렇게 멋진 차림으로 유쾌하게 놀고 떠들던 미국 여학생들이 이처럼 남루한 옷을 입고 열심히 일하는 것을 보니 놀라지 않을 수 없었다.

우리의 일은 예배당 정원을 평탄하게 하고 잡초를 뽑으며 도로를 다듬는 일과 목사님 사택, 교회당 내부에 페인트를 칠하는 일이었다.

예배당 구조는, 미국 교회가 대개 그렇듯이, 지하실은 친목회 장소로 아예 부엌과 수도가 달려 있고 식탁이 놓여 있었으며, 1층에는 예배실이 있고, 2층에는 목사의 서재와 여러 사무실 등이 있었다.

그런데 그 매끄럽고 가느다란 여학생의 손이 나보다 힘이 세니 어찌 된 일인가? 같은 괭이질과 삽질을 해도 나보다 능률이 더 좋다. 페인트칠만 해도 나는 팔이 떨어져 오는데, 그들은 쉬지 않고 해낸다. 그리고 매일 세 명씩 당번이 있어 그날 하루의 식사와 청소를 맡았다. 나는 마침 친절한 두 여학생과 당번이 되었기에 무를 써는 일과 과자를 굽는 일 외에는 하지 않았다. 점심 식사가 끝나면 오후는 자유 시간인데, 단체로 강가에 가서 수영도 하고 낚시질도 하였으며, 뒷산을 조금 올라가면 있는 수풀이 울창한 국립수림지에 자주 가서 놀았다.

저녁이면 늘 Evening Program이 벌어졌는데, 지방 주민들과 함께 어울려서 음악회도 열고 오락과 놀이도 했다. 이때 케이코 양은 일본 재래의 유카타라는 아롱진 옷을 입고 일본 노래를 몇 곡 불렀고, 나는 흰 모시 두루마기를 입은 채 신신처럼 심원색의 태극기 모양 부채를 들고 반주에 맞춰 〈도라지〉 등의 민요를 불렀다. 그랬더니 지역 주민들이 박수 치며 여러 번 앙코르를 외쳐, 가져갔던 음악책에 있는 노래를 거의 다 불렀다.

노래에 흥겨워진 우리는 공회당으로 자리를 옮겨 춤을 추기 시작했다. 유쾌한 벤조의 폴카에 맞춰서 가벼운 스퀘어 댄스(Square Dance)를 추는데, 유치원 아이들의 유희 같은 춤이었다. 울긋불긋한 옷을 입고 남녀 여덟 명씩 짝을 지어 곡조에 맞춰 흥얼대는 어떤 영감의 말에 따라 앞, 뒤, 옆으로 도는 모양은 조금도 쑥스럽지 않았다. 그 가운데는 엘비스

프레슬리 같이 유쾌한 리듬과 탭댄스로 인기를 독점하는 남학생도 있어 영화에서 보던 아메리카의 흥취를 톡톡히 맛볼 수 있었다.

이들은 장난이 심해서 여학생 침대에 개구리를 넣어두기도 했고, 한 번은 나에게 사탕이라며 달콤한 알을 줘서 받아먹었는데 삼키자마자 이들은 손뼉을 치고 좋아하는 것이었다. 멋모르고 같이 웃었더니 이들은 더 크게 웃었다. 5분쯤 지나니 속이 메스꺼워져 오기에 한 아이에게 뭐냐고 물었더니 설사약이라고 했다. 내 얼굴색이 언짢아지는 것을 보고선 그중 한 놈이 미안하다며 사과했다. '장난치고는 좀 심하구나' 하면서도 괜찮다고 웃어주고는 나도 복수할 기회를 노렸으나 나처럼 우둔한 놈에게 속을 놈은 하나도 없어서 실패하고 말았다.

빨래는 모두 한꺼번에 세탁기에 넣어서 빨고, 각자 말려서 다려 입었다. 내가 다림질에 서툴러서 오히려 옷이 더 구겨지는 모양을 보고는 그래도 동양인 남자의 사정을 아는 케이코 양이 다려주곤 했는데, 참고마웠다.

저녁엔 성경을 읽고 심각한 토론이 벌어지기도 했다. 이들은 어느 방면에나 적극적이고 정열적이었다. 식탁 맞은편에는 "not today, not tomorrow but someday, your time will come"이라는 희망에 가득 찬 활기 있는 표어가 걸려 있었는데, 이처럼 미국 학생들은 자기 일을 열심히 하며, 개성이 뚜렷하고, 굽힐 줄 몰랐다.

일주일간 아기자기한 프로그램들을 재미있게 마치고 헤어질 때, 여학생들은 서로 목을 안고 울었다. 기차가 떠날 때까지 이별의 화음을 울리며 서로 다른 길을 떠나는 이들의 눈에는 눈물이 그치지 않았다. 우리 외국인 대표 세 명은 리틀록으로 와서, 사미어는 오클라호마주 수양회에 가고, 케이코와 나는 비행기로 오하이오주 콜럼버스로 향했다.

V. 오하이오의 학생 수양회

　콜럼버스에 도착한 우리는 각자 안내자를 따라 케이코는 우스터(Wooster)로, 나는 톨레도(Toledo)를 지나 티핀대학교로 향했다. 나를 인도한 린드블럼 목사는 톨레도에서 교회 일을 보는 키가 큰 분인데, 이번 티핀대학에서 열리는 오하이오주 내 고등학생 하기 수양회에 지도 강사로 가게 되었다. 일요일이라 먼저 린드블럼 목사님과 함께 티핀장로교회에 갔으며, 그곳 목사님이 휴가로 여행을 떠나셔서 린드블럼 목사님이 설교하셨다.

　주보에 보니 본 교회 목사님이 떠나신 두 달 동안 매주 다른 교회의 목사님들이 오시도록 되이 있었다. 주보는 두툼한 종이에 끝을 뾰족하게 인쇄하여 여름에 부채의 대용품으로도 쓸 수 있었다.

　오후에 티핀대학 캠퍼스에 도착해서 보니 그리넬 대회 때처럼 학생들이 모여들었다. 이 수양회에는 오하이오주 내 각 교회에서 선발된 학생 약 300명이 참가했고, 외국인은 나 혼자뿐이었다. 이번 대회는 그리넬 전국대회의 축소형으로, 거기에 나갔던 주 대표들이 본인의 주에 돌아와서 경험을 나누고 과제를 구체적으로 확산시키는 프로젝트였다.

　거의 모든 주에서 동일한 시간에 주 하령회를 연다고 한다. 모든 프로그램과 절차는 비슷했지만, 인원이 많지 않은 주 모임에서는 스케줄이 조금 달랐다. 먼저 모두 아침 식사를 마치면 연단에서 광고를 하면서 오늘 읽을 성경 말씀을 가르쳐 준다. 그러면 각자 흩어져서 풀밭 아무 데나 앉아 30분 동안 그 말씀을 읽고 명상에 잠긴다. 아무도 옆 사람과 이야기하여서는 안 되고 혼자 사색에 잠기며 시간을 보내야 한다. 30분이 지나면 함께 예배드리고, 그룹별로 나뉘어 성경 공부를 하며, 그 후에 역시 심각한 토론이 전개된다. 참고가 될까 하여 그 당시에 배운 문제를 다음에 적어 본다.

1. 하나님과 인간, 성경, 교회 (다 함께)

2. 기독교 사상과 시편의 노래 (분단별)

3. 예수의 생활과 유대인(바리새인, 사마리아인, 서기관, 가난한 자) (분단별)

4. 선교 사업의 역사와 현황 (분단별)

5. 종교 생활의 예술적 분야 (분단별)

강사의 강의가 끝나면 질문과 토론을 통해 그들의 흥분된 가슴을 드러내놓는다.

나는 선교 사업반에서 담당 목사님과 함께 조교 노릇을 해야 했는데, 거기서 세계의 정신적 현황을 분석하는 데서부터 시작하여 어떻게 복음이 전파되어 기독교가 세계화되어 가는지를 치밀하게 준비된 자료와 표로써 설명하고 토의했다. 그러나 한국 대표로서 거기 있었기 때문에 반 이상의 시간을 한국에 관한 토론으로 보냈다.

우선 나는 가져갔던 참고 서적을 통해서 한국의 교회 형편과 역사를 간단히 소개했고 공산주의에 대해서도 아는 한도 내에서 설명했다. 그런데 그때 누군가 동양의 기성 종교들과 기독교의 관계를 물었다. 고등학생의 실력으로 대답하기엔 여간 힘든 일이 아니었고 더구나 영어도 익숙하지 않아 전문적인 이야기를 할 수 없었지만, 그래도 쉬는 시간에 쉬지 않고 밤에 잠도 자지 않고 설명할 원고를 작성하고 준비했다. 이렇게 되고 보니 어려서 부모님께 들은 명심보감이나 맹자의 이야기 그리고 가끔 절간에 놀러 가서 괜히 떠들어 본 스님들과의 대화가 이때 중요한 자료가 되었다.

토론 시간이 끝나면 다시 한자리에 모여 주연합회 회의가 열렸다. 첫날 회의에선 연합회장을 선출했다. 구두로 추천을 받은 뒤 추천받은 자들을 밖에 내보내고 모두 눈을 감고 거수 투표를 했는데, 켄트(Kent) 군이 당선되었다. 회의 시간이 지나면 각 지교회의 보고가 있고, 그 뒤에 찬송을 부른다. 나도 한국의 찬송을 불러 많은 갈채를 받았다. 그 후엔 점심 식사가 있고, 한 시간 동안 자유 시간을 가진 뒤, 다시 체육관에 모인다. 모두 짧은 체육복을 입고서 줄도 서지 않은 채 마구 뒤섞여 있으면, 지도하는 사람에 따라 간단한 체조를 하고 그 자리에 팔다리를 벌리고 눕는다. 그러면 연단에선 전축을 틀어 조용하고 아름다운 클래식 심포니나 피아노곡 혹은 유명한 가수의 독창을 들려주고, 우리는 누워서 눈을 감고 음악을 들으며 사르르 잠이 든다. 가끔 괴테의 시 같은 명시들을 누군가 낭독하기도 한다. 그 후엔 다시 자유 시간으로 운동을 하거나 야외에 나가는데, 나는 수양회 학생들과 함께 지방민과의 농구 시합에 참가했다.

수양회의 Evening Program 역시 걸작들이 출연하였다. 라디오드라마나 스무고개 등 게임을 했고 저녁 댄스 파티도 한 번 있었다. 남자끼리는 춤을 안 추지만, 여자끼리는 추는 이들이 가끔 있었다. 남녀 학생 간의 교제는 확실히 고등학생으로서 좀 심하다고 생각했는데, 광고 시간에 너무 심한 행동을 말아 달라고 하는 것을 보니 자기네도 도가 넘친 줄은 아는 모양이었다. 반면 밤늦게까지 연구에 전념하고 심각한 토론을 하면서 노는 데 잘 어울리지 않는 학생도 많았다.

취침 시간은 10시 30분이지만 대부분 자지 않았다. 아래층 리빙룸(Living room)에 모여서 잡담하고, 잡지 등을 읽으며, 피아노를 친다. 특히 이들 가운데 각종 악기를 가지고 온 학생들이 많았는데, 곧 하나의 재즈 악단을 구성하여 멜로디만 기억하고도 마음대로 신나게 불어 대었다.

하루는 모두가 비밀히 공모하여 취침 시간이 지나 함께 모여 살금살금 여학생 숙소 앞으로 갔다. 거기서 누군가의 지휘에 맞춰 아름다운 화음으로 자장가를 불렀다. 여학생들은 잠옷을 입은 채 창문에 나와 섰다가 박수를 쳐주며 노래로 화답했다. 몇 곡의 노래가 아무런 약속도 없이 오간 뒤에 굿 나잇 인사를 하고 조용히 물러 나왔다.

또 하루는 저녁에 캠프파이어의 성대한 제전이 벌어졌는데, 초를 한 자루씩 들고 불을 켜지 않은 채 줄을 지어 숲속을 행진한다. 발소리를 죽이며 걸어가 한 곳에 꿇어앉아 조용히 명상하다가 대표 목사가 제단에 성냥으로 불을 켜서 붙이고는 성경을 읽는다. 이는 어두움 가운데 빛이 오셨다는 상징이었고, 그 타오르는 불길에 대표 목사는 초에 불을 붙여서 그것을 옆 사람의 초에 옮긴다. 자기 초에 점화 받으면서 꿇어앉은 채 기도하고 서클을 만든다. 이런 의식을 통해서 그리스도의 정신을 마음속에 공고히 했다.

한 가지 잊을 수 없는 경험은 마지막 날 있었던 성찬 예식이다. 훌륭한 목사님과 박사님도 많았는데, 마지막 제일 중요한 성찬 예식 직전의 설교를 내게 맡긴 것이다. 나는 사전을 찾아가며 영어로 원고를 쓰면서 여러 날 준비하여 다음과 같은 요지의 설교를 45분에 걸쳐서 했다.

내가 이 귀중한 시간에 다른 말씀을 드릴 수 없지만 우리 한국의 어떤 목사님의 이야기를 함으로써 그리스도의 사랑의 정신을 권면하고자 합니다.

1948년 10월 20일 남한의 여수라는 곳에서 일어난 공산군 반란 사건 때, 일제 시대에 7년간이나 신사참배 반대로 감옥에 갇히었고, 해방 이후 나병환자들과 함께 전도하며 지내온 손량원 목사님의 가정에 대한 이야기입니다.

해방 후 미션스쿨(Mission School)에서 공부하던 목사님의 아들 동인 군과 동신 군은 공부도 잘했거니와 목사의 아들로서 늘 공산당의 결점을 지적하는 연설을 하였기 때문에 공산당의 반란이 나자 두 형제는 곧 붙잡혔습니다. 그들은 누가 먼저 죽겠느냐고 할 때 둘은 서로 먼저 죽여 달라고 했으며 결국은 둘 다 죽었습니다. 그러나 그들은 여하한 심문이나 협박에도 굴하지 않고 그리스도를 배반하지 않고 죽기를 자원했던 것입니다.

이틀 후 국군이 다시 진압했을 때 공산당은 모조리 잡혔고 두 형제를 죽인 사람도 붙잡혔습니다. 이들은 틀림없이 사형될 것이지만 손량원 목사님은 바로 국군 본부를 찾아가서 사령관에게 내 아들은 자기들을 죽인 사람이 사형 당하는 것을 원치 않으니 석방해 달라고 간청했습니다. 여러 번 간청해서 손 목사님은 자기 두 아들을 죽인 청년을 석방시켜서는 집에 데려다가 목욕을 시켜 아들이 입던 옷으로 갈아입히고 자기 아내와 딸을 불러다 앉혀서, 과거의 것은 다 잊고 이제 너에게 새로운 오빠가 생겼으니 잘 지내라고 했습니다.

여기에 감동한 이 사람이 예수를 믿고 좋은 사람이 되었다는 것입니다. 그리스도의 사랑의 정신은 바로 이것이라고 생각합니다.

미국 사람에게도 이 같은 그리스도의 정신이 필요하다고 믿습니다.

서투른 영어로 더듬거리며 한 설교지만 그들에겐 적지 않은 감동이 되었던 모양이었다. 그들은 큰 박수로 내가 훌륭한 목사가 되도록 기도하겠다고 약속했다. 나는 감격스런 성찬 예식을 마치고 여러 가지 추억을 남긴 채 오하이오주 하기 수양회를 마치게 되었다.

짐을 싸 들고 떠나려니 수십 명의 여학생이 줄지어 서서 사인을 요구했다. 큼직하게 영어와 우리 한국말로 사인해 주고 나니, 중년이 넘어 보이는 점잖은 부인이 안경을 낀 채 나의 사인이 끝나기를 기다리다 내 앞으로 걸어왔다. 린드블럼 목사님이 함께 오더니 이제부터 내가 가서 있게 될 가정의 어머니라고 소개해 주었다.

가까이 지내던 친구들과 작별하고 이 어머니가 몰고 온 자동차에 몸을 실었다. 마음속으로는 멀어질 때까지 손을 흔드는 그들을 떠나고 싶지 않았다.

VI. 톨레도에서의 가정생활

　어쩌면 그렇게 조밀하게 시간표를 짜 놓았는지 모른다. 짧은 시일 동안에 별의별 경험을 다 하게 되는 모양이다. 이제는 수많은 사람들에게 받은 시달림을 쉬기도 할 겸, 미국의 가정생활도 구경할 겸 같은 오하이오주에 있는 톨레도에서 콜링우드교회에 속한 한 가정과 일주일간 함께 지내게 되었다. 두 시간에 걸친 톨레도로 향한 드라이브에서 나는 별로 말이 없었다. 처음 만난 부인과 무슨 이야기를 해야 할지 몰랐기 때문이다.

　핸늘을 잡은 채 나를 향해 웃으며 계속해서 이야기해도 묻는 말 이외에는 별말을 하지 않았다. 이디가 불편하냐고 묻기에 그저 그들과 헤어진 게 좀 서운할 뿐이라고 했더니 크게 웃으면서 운전대 옆에 달린 라디오를 틀어 주고는 담배를 피워 물었다.

　너무 피곤한 탓인지 창을 열고는 팔을 걸친 채 잠이 들었다. 거진 다 왔다고 해서 일어나 보니, 차는 시내를 거쳐 주택가로 들어가더니 길보다 약 1m 높은 잔디로 뒤덮인 정원의 차고 앞에 가서 멎는다. 차고를 보아서 자가용이 두 대임을 알 수 있었고, 잔디밭 옆에 벽돌로 된 3층 양옥이 서 있었는데 담장이 넝쿨로 온통 뒤덮여서 푸른 옷을 입힌 것 같았다.

기다렸다는 듯이 식구들이 나오는데, 안경을 낀 대머리 아버지를 따라서 나와 키가 비슷한 두 남학생이 뛰어나왔다.

아버지에게 정중한 인사를 드리고 맏아들 뤽과 둘째 아들 존과 악수했다. 짐을 3층 방에 올려놓고 옷을 갈아입고 아래층에 내려오니 존이 냉장고에서 아이스크림을 가져다 주고, 뤽은 오늘 구경 갈, 책으로 된 영화 프로그램을 내주며 보라고 한다. 어리둥절한 채 그들과 몇 마디 얘기를 주고받고는, 곧 극장에 갈 차림으로 다섯 사람이 맏아들 뤽이 운전하는 차에 올랐다.

한 시간을 넘게 가기에, 이렇게 극장이 머냐고 물으니 좋은 영화를 보기 위해 이웃 도시 디트로이트로 간다고 대답한다. 디트로이트라면 중학교 때 배운 포드 자동차와 비행기로 유명한 곳이 아닌가? 나는 예기치 못했던 디트로이트시로 들어가면서 오른편을 봤는데, 강 건너에 보이는 아름다운 도시가 캐나다라고 말해 주었다. 포드 자동차 회사는 지나가며 겉으로만 보았다.

저녁 8시 반에 시작한 영화는 〈Around The World 80 Days〉(80일 간의 세계 일주)라는 마이클 앤더슨 감독의 세계적 영화였는데, 전편과 후편으로 되어 있으며 밤 12시 20분에야 끝나는 긴 영화였다.

이튿날은 주일이므로 일찍 일어나 9시에 콜링우드장로교회 주일 예배에 참석했는데, 예배를 보고 난 이들은 다른 방에 모여 서로 인사하고 주스와 과자를 들면서 선 채로 담화를 나누었다. 오후에는 가족이 모두 미국 5대호의 하나인 에리호에 드라이브를 갔으며, 거기에 피서 와 있던 친구분의 자녀들과 함께 보트를 타고 수영도 했다. 아이들은 수상스키도 탔는데, 나는 무서워서 탈 수가 없었다.

아메리카의 전형적인 가정이라 생각되는 이 집은 아래층에 부엌과 식당이 있고, 리빙룸으로 불리는, 온 가족이 모여 지내는 양탄자 깔린 방에는 TV와 소파가 놓여 있었다. 2층에는 부모님의 방과 곧 고등학교를 졸업하고 9월에 대학을 가게 되는 뤽의 방이 있고, 그 옆에 나와 나이가 같은 동생 존의 방이 있었다. 3층은 손님을 위한 넓은 방이 있는데, 두 개의 침대, 선풍기, 전종 시계, 기타 가구들이 있었다. 지하실에는 창고, 빨래 기구와 스팀에 물을 끓이는 보일러가 있었다. 남자아이들만 있어서인지 피아노는 없고 대신 농구장이 있었다.

이튿날 월요일 아침 조금 늦게 일어나 보니 뤽은 벌써 차를 몰고 나가 버리고, 아버지는 출근 준비를 끝내고 식사를 하고 있었다. 식사가 끝나자 어머니가 운전하여 회사까지 모셔다드리고는 돌아왔다. 존과 나는 신문을 보며 오렌지 주스와 계란프라이 그리고 베이컨 몇 조각으로 조반을 들었는데, 어머니는 블랙커피 한 잔밖에 들지 않고 담배를 피웠다.

뤽은 방학이지만 9월에 들어갈 대학 준비를 위해서 일하러 갔다고 한다. 이렇게 잘사는 집에서 방학 때 아들에게 일을 시키다니 이해할 수 없었는데, 대학부터는 대개 자기가 벌어서 공부해야 한다는 것이었다. 뤽은 수십 마일 떨어진 곳의 건축 공사장에서 불도저를 운전했고 한 시간에 2달러씩 받으며 꼬박 8시간 노동을 마치고아 돌아왔다.

아직 법적으로 노동할 나이가 안 된 16세의 존은 집에서 나와 놀았는데, 그도 이제 곧 자동차 학교에 들어가 운전을 배우고 면허증을 받을 것이며 그 후에는 방학 때 일해서 돈을 모았다가 대학에 가서 쓸 것이라고 했다.

여름 방학은 즐거운 시간이기도 하지만, 17세 이상의 대부분의 청소년은 석 달 동안 한두 주일만 가족과 있을 뿐 나머지 시간은 일터를 찾아다닌다고 한다. 직업의식은 남학생들뿐만 아니라 여학생들도 왕성해서

타이핑이라든지, 식당의 웨이트리스, 비행기의 승무직 간호사, 가정 교사 등 가지각색의 직업이 다 있는 모양이다. 자립정신이 강한 이들을 보고 오늘날과 같은 미국을 건설한 원동력이 무엇이었는지 이해가 가는 듯했다.

아침 식사 시간이 각기 다른 이들은 저녁에 한자리에 모여 그날 일어난 이야기를 하며 정찬이 벌어진다. 한집에 살면서도 방이 다르기 때문에 어떤 때는 하루에 한 번 얼굴 보기도 힘들 때가 많다.

어머니는 집안일 이외에 일이 없었고 주로 독서로 시간을 보냈으며, 가끔 부인들끼리 클럽을 지어서 골프와 피크닉을 하러 갔다. 나는 존과 자전거를 타고 존의 친구네 집을 다니며 같이 공원으로 놀러 갔고, 여기저기 구경하며 시간을 보냈다. 톨레도는 세계적으로 유명한 유리 공장이 있었고, 지프차를 만드는 군수 차량 공장도 있었다. 하루는 톨레도미술관에 가 보았는데, 중국이나 일본의 예술품은 있었지만 한국의 것은 찾아볼 수가 없어 매우 섭섭했다. 그리고 미술책에서 본 반 고흐의 추수하는 그림이 걸려 있어서 퍽 감명 깊게 보았다. 어머니와 함께 식료품을 사러 커다란 식료품상에 간 일이 있다. 온통 유리로 된 커다란 건물인데, 문을 열 필요가 없이 문 앞에 발을 디디니 저절로 문이 열렸다. 들어가면 갓난아기를 태우는 구루마 비슷한 것에 커다란 바구니가 얹혀 있다. 나는 그 구루마를 밀었으며, 어머니는 여기저기 다니면서 진열된 물품 가운데서 필요한 것을 이것저것 실었다. 채소와 고기도 금방 요리할 수 있도록 정제되어 있었고 그 안은 마치 겨울을 연상케 하는 서늘한 바람이 그치지 않았다. 거의 가득히 싣고 카운터에 가면 바구니에 든 것을 봉지에 싸 주며 계산기로 가격을 책정한다. 그 넓은 백화점 같은 상점에 직원 두세 명만 있어도 운영이 된다.

저녁 식사 때는 음식이 모두 식탁에 놓여도 어머니가 자리를 잡고 앉아야 식사가 시작된다. 먹고 나선 으레 아이들과 아버지가 접시를 닦아 말리는데, 이 집엔 접시를 닦는 기계도 말리는 기계도 있어 퍽 편리했다. 아이스크림과 과자, 음료가 언제나 냉장고에 있었기 때문에 먹고 싶으면 언제든지 가져다 먹을 수 있었다.

40이 넘었다는 어머니는 5년은 젊어 보였고 집안에서는 무릎까지 오는 짧은 바지를 입고 있었으며 담배를 퍽 즐겼다. 바느질할 줄 모른다는 어머니는 내 모시 두루마기를 빨아서 자기 친구 가운데 솜씨 있는 어떤 아주머니를 불러다 조심스레 동정을 달아주었다. 일주일에 한 번은 온 가족이 공원에 가서 즐기며 저녁 식사를 했다.

마침 우리 여행의 영화를 촬영하는 시드니 호멜 씨가 찾아와서 톨레도의 가정생활은 한층 더 재미있었다. 그러나 하루는 나와 밤늦게까지 놀다가 피곤해져서 3층 방에서 자려고 전깃불을 끄고 "아이고, 피곤하다" 하면서 침대 위로 멋있게 점프했는데, 그만 쇠 침대 꼭대기에 코를 찧고는 앞니 네 개가 부러졌다. 뜻하지 않은 사고로 결국 피츠버그로 가는 여행이 하루 연기되었다. 존은 내일 보이스카우트 캠핑에 간다고 준비에 바빴다. 치료를 마친 시드니와 함께 8월 4일 아침 펜실베이니아 주로 향했는데, Turnpike라는 세금을 내고야 다니는 고속도로로 자동차를 몰아갔다.

VII. 에큐메니칼 카라반 1

모임과 그 성격

이번 도미 여행의 가장 중요한 프로그램은 외국 대표 5명, 미국 대표 5명, 지도 선생 3명, 모두 13명이 미국 동부 지방을 여행하면서 8월 한 달을 함께 지내는 프로그램이었다. 이는 Togetherness, '함께 하는 것'을 통해서 에큐메니칼 정신을 실지로 체득해 보자는 것이다.

여러 지방을 순회하면서 많은 교인과 접촉하여 토론하고, 그 지방민의 삶을 이해하는 목적 외에, 여러 나라에서 온 우리끼리도 어떻게 그리스도 안에서 하나가 될 수 있는가를 모색했다.

몇 나라의 고등학생들이 함께한 이 여행에서 세계적이고 어려운 에큐메니칼 문제의 해답을 얻으려 한 것은 아니고, 우리의 신앙생활에서 왜 에큐메니칼 정신이 필요하고 또 현대 사회의 복잡한 문제들을 어떻게 그리스도의 정신을 통해서 극복해 나갈 수 있는가를 묻고 토론하자는 것이었다. 프로그램에 참가한 13명을 소개하면 다음과 같다.

NAPOLEON SAMPER(남)　　　　콜롬비아 대표

SAMIR ABU ABSI(남)   레바논 대표

SAMUEL LEE(남)   한국 대표

NARGIS WESLEY(여)   인도 대표

KEIKO TSUTSUMMI(여)   일본 대표

MARY LEE LANE(여)   미국 대표

NANCIE TONNER(여)   미국 대표

BRANDA BINDER(여)   미국 대표

MARK WILSON(남)   미국 대표

ARTHER CYPHERS(남)   미국 대표

ADVISOR

Rev. KYOJI BUMA(일본 목사로서 미국 장로교 선교부 청소년국 총무)

DOUGLAS KING(예일대학교대학원 신학과 조교)

SIDNEY HORMELL(영화 텔레비전 전문가)

이들은 너무나도 솔직했다. 우리 같으면 '그까짓 처음 만난 얼굴들, 한 달 동안만 잘 얼버무리면 떠나는데 친한 척 친절하게 대해주면 그만이겠지' 생각했을 터지만, 이들은 그러지 않고 상대방에 대한 감정을 솔직하게 털어 놓았다. 그렇다고 싸움을 한 것은 아니었지만, 자기의 감정과 주견을 솔직하게 고백함으로써 참으로 에큐메니칼 화합의 정신을 여기서부터 배워나갔다.

13명이 모인 우리 에큐메니칼 팀 안에서도 결코 외교적인 표현이나 좋은 감정 관계만 있지는 않았다. 서로 간 솔직한 토론과 비판에 나도 휩쓸리고 말았다. 우선 일본과 미국은 2차대전 책임 문제로 감정이 좋지 않았고, 한국과 일본은 물론, 백인과 인도 흑인도 미운 감정이 속에 깊이 박혀 있었다. 미국인들끼리도 성격이 맞지 않아 다툴 때가 있고, 유식한 어른 지도자들과 우리 학생들 사이에도 이해 정도가 달랐으며, 남학생 다섯과 여학생 다섯 사이에도 감정의 차이가 컸다.

하나님께서 그의 형상대로 지으신 똑같은 인간들인데, 왜 인간끼리는 서로 총부리를 맞대고 원수가 되어 비참한 전쟁을 해야 하는가? 아니, 심지어 같은 하나님을 믿는 그리스도인끼리도 종족별, 종파별, 사상별로 대립하고 무시무시한 증오를 품고 핵전쟁을 준비하고 있지 않은가?

이런 세계적 문제는 그만두더라도, 과연 우리 가족 같은 13명의 멤버끼리는 그리스도의 정신을 통해서 세상의 그러한 대립과 미움을 해소하고 인격적으로 서로 사랑할 수 있을 것인가? 이것이 우리 여행의 중요한 과제요, 토론을 통해서 서로 배우고 해답을 찾아보는 것이 이 카라반의 목표라고 교지 부마 지도목사는 서두부터 강조했다.

이 기간 동안 우리는 결코 자기 나라의 것이나 자기 지방의 것을 자랑하지 않기로 했다. 다만 역사적, 문화적, 정치적으로 차이점이 있을지라

도 한 하나님이 만드신 똑같은 양심과 인격을 가진 자녀라는 신앙을 가지
고 이를 극복해 보자고 했다.

카라반(Caravan)의 개관

여행 방식은 세 명의 지도자가 운전하는 세 대의 자동차에 나눠 타고
다니면서, 한 지역에서 약 4~5일 머물며 그곳 교인의 집에서 두세 명씩
유하는 방식이었다.

맨 처음 간 곳은 펜실베이니아주의 피츠버그에서 15마일 떨어진 클
레이턴이라는 곳인데, 이 도시는 유명한 미국의 강철 공장이 있는 곳이
다. 클레이턴의 지형을 보면 동쪽으로 강이 굽이쳐 흐르고, 강변에는
거대한 공장이 우뚝우뚝 솟아 있으며, 석탄과 철광이 마치 산더미처럼
쌓여 있다. 여기서부터 서쪽으로 언덕배기가 있고 마치 계단을 이룬 듯
점점 언덕이 높아지며, 거기에 주택들을 짓고 주민들이 살고 있다.

강을 이용해서 커다란 뗏목을 연결해 어디선가 철광과 석탄을 실어
오고 있었다. 공장에서 나오는 연기는 주택가보다 훨씬 낮은 지형에 있
기 때문에 주민들의 위생 건강에 지장을 주지 않는다고 설명했다.

여기가 바로 미국 중공업의 중심지였기 때문에 우리는 오랜 시간 견
학했다. 이곳에 들어가려면 헬멧과 특별한 안경을 써야 했으며, 공장
안에서는 기차를 운행했다. 공장에서 하루에 3,400톤의 석탄을 소비하
는데, 소비된 석탄은 연료로 쓰일 뿐 아니라 코크스에서 암모니아 성분
을 빼내어 좋은 비료를 만든다고 한다. 듣고 보니 정말 강철 공장 옆에
비료공장이 함께 있었다. 이 비료를 팔아 연료값을 충당한다고 한다.

모든 것이 기계장치로 된 이 공장엔 900톤의 석탄을 32분 만에 옮겨 놓는 기중기가 있고, 시꺼먼 작업복에 땀방울이 맺힌 노동자들은 미국을 건설하는 역사임을 자랑하는 듯 뜨거운 화염 앞에서 쉴 새 없이 일했다.

내가 묵었던 집의 어머니는 오랫동안 열일곱 살의 딸 낸시의 자랑을 늘어놓더니 또 그녀의 남자 친구 자랑까지 했다. 고등학생 딸이 남자 친구가 있다고 하면 우리 같으면 부끄러워서 감추려 할 터인데 오히려 남자 친구가 없는 것이 수치스럽다는 듯이 그의 집안, 재주, 인품, 학력 등을 꼬치꼬치 설명하며 히죽히죽 웃었다. 낸시는 또 자기 어머니와 가족들의 자랑을 늘어놓더니, 작은아버지가 워싱턴에 있는 아이젠하워 대통령과 고 덜레스 장관(당시 미 국무장관)이 출석하는 교회의 목사로서 유명한 설교가라고 자랑을 늘어놓았다. 자기 남자 친구도 작은아버지처럼 설교가가 되기 위해서 매일같이 빌리 그래함 목사의 설교를 들으며 공부한다고 했다. 손님인 나에겐 관심이 없고 제집 자랑만 늘어놓는 그들을 보고 있자니 기분이 썩 좋지 않았다.

우리는 모두 교회에 모여서 정원 가꾸는 일을 했고 펠로우십을 위한 프로그램을 한 뒤 심각한 토론을 벌였다. 왜 우리가 이런 곳엘 왔느냐는 불평부터 이런 공장 지대에서 교회는 무엇을 해야 하는가, 크리스천의 특성이 무엇이냐 등 모두 느낀 대로 열변을 토했다. 자기의 형식적인 신앙생활을 고백하며 반성하겠다는 미국 아이도 있었다.

다음에 간 곳은 오하이오주의 메리즈빌(Marysville)이었는데, 수력·화력 발전소가 함께 있었다. 여기서도 산업 시찰을 하며 역시 비슷한 프로그램을 가졌고, 이동 중에나 일하다 쉴 때나 모두 열을 내어서 노동 문제, 흑백 인종 문제 등에 대한 토론을 그치지 않았다.

내가 묵었던 집의 어머니는 교회의 오르가니스트였고, 아홉 살짜리 딸 지니(Jeanny)는 피아노 공부를 하고 있었다. 그렇게 친절하고 상냥하던 아이가 며칠 후 시무룩해서 말도 잘 않더니, 어느 날 깨어보니 머리맡에 나에게 쓴 편지를 놓아 두었다. 편지 내용을 읽어보니 "나는 당신이 우리 집에 온 것이 무척 반갑고 당신의 피아노 치는 모습과 고운 목소리가 너무 좋았습니다. 그러나 당신은 매일같이 종일 나가 있고 나와 같이 놀아주지 않아서 나는 당신을 싫어합니다"라고 솔직하면서도 깜찍한 말을 써놓았다. 어머니가 지니를 안고 와서 나를 변명해 주고 위로하며 달래주었고, 나도 미안하다고 지니를 껴안아 주었다.

세 번째로 간 곳은 켄터키주의 베레아대학이었다. 남북전쟁 때 남쪽에 속했다는 켄터키주에 오니 북미의 풍경은 자취를 감추고 말이 느리고 영화에서 보던 개척 시대의 모습을 연상케 했다.

켄터키주의 3대 명물은 말(馬), 담배(연초), 흑인이었는데, 수백만 불짜리 비싼 말도 있었다. 여기서는 주로 미국의 흑인과 백인과의 인종차별 문제를 지방 주민과 함께 토론했으며 에큐메니칼 운동에서의 흑백차별 비판에 관한 논쟁과 설명을 듣기도 했다.

네 번째로 간 곳은 노스캐롤라이나주의 번즈빌(Burnsville)이었다. 저 멀리 곰들이 길가에서 걸어 다닌다는 스모키산이 보였다. 수렵 생활이 유명한 이곳 주민들은 대개가 사냥을 즐기고 있으며 집집마다 사나운 불독 사냥개가 우리가 들어갈 때 맹수나 온 듯이 짖어 댔다. 여기서도 역시 지방 교인들과의 친선과 간증 프로그램을 가진 뒤 우리끼리 본인의 신앙 문제에 대한 심각한 고백과 토론을 전개했다.

어떤 학생은 따지고 보니 주일학교에서 어린이들을 가르치고 있지만 자신도 깨닫고 느끼지 못하는 말을 공과 지를 보고 했을 따름이라고 고백했다. 여러 가지 현대 신학의 어려운 문제를 가지고 우리 학생들에게 도전하는 어드바이저들의 이론적인 질문에 불평을 품고 울면서 반박하는 여학생도 있었다. 그러나 일단 토론이 끝나면 즐겁게 노래하고 춤추며 오히려 더 친밀해졌다.

매일 아침 간단한 예배를 보는데, 남녀 각 1명씩 짝이 되어 순번으로 예배를 인도하고 간단히 설교한다. 쉬는 시간에도 심심하지가 않았다. 남녀 학생들 모두 자기 나라의 게임을 소개하고 속담을 자랑하기도 했고, 어느 여학생은 현장에서 본 대로 시를 지어 낭독했으며, 스페인어를 하는 나폴레온은 하모니카 연주와 함께 춤을 추며 혼자 쇼를 부리기도 했다.

우리는 워런윌슨대학을 방문한 뒤 농촌과 산업 지대의 여행을 마치고 마지막 코스인 정치 도시, 워싱턴과 뉴욕을 향해 달렸다. 우리는 차 안에서도 토론을 그치지 않았다. 피곤을 잊어버린 젊은이들의 정열은 막을 자가 없었던 것이다.

VIII. 에큐메니칼 카라반 2

워싱턴에서

자동차 여행이긴 하지만 주단같이 반들반들하고 널따란 도로 위를 달리며 이것저것 구경하니 좋고 유쾌했다. 하루 종일 북쪽으로 달리더니 밤 12시가 넘어 워싱턴에서 조금 떨어진 비엔나에 닿았다.

안내 받아 들어간 곳은 할머니 혼자 사는 집인데, 정원도 넓고 생활도 윤택했지만 식구가 없어서 퍽 쓸쓸해 보였다. 남편을 여의고 자녀들은 모두 독립해서 제 살림을 꾸려 사는 이 노인은 내가 들어가니 얼마나 반가워하는지 모른다.

워싱턴에 온 목적은 정치인들과의 접촉을 통해서 그들을 좀 더 이해하고 교회 문제와 결부되는 사회문제를 연구하기 위해서다. 짧은 인터뷰를 통해서 여러 인사를 만났는데, 대통령이 거처하는 백악관까지 갔었지만 대체로 그들에게 관료적인 색채는 별로 보이지 않았다.

우리는 미국의 외교 정책을 담당하고 있는 국무성 외교분과위원회 위원들과 인터뷰를 가졌고, 국회의사당을 방문하여 여러 주의 대표들과 회견을 가졌다. 국회도서관도 구경했는데, 그 규모가 클 뿐만 아니라 여러 저명한 저술가의 초고가 그대로 전시되어 있었으며 문구를 수정한 흔적도 볼 수 있었다.

국회의사당 안에는 여러 회의실이 있고, 의원마다 의원 사무실이 따로 마련되어 있으며 상·하원 의원이 모두 그러했다. 한 텍사스주 의원과의 인터뷰를 통해서 국회의원의 생활을 물었더니, 그들은 대체로 워싱턴에 머물고, 아침 일찍 사무실에 출근하면 비서가 미리 그날의 국내외 저명한 신문들을 준비해 놓고 있어 오전 중에는 보통 외출이나 면회 없이 신문을 읽는다고 한다. 수백 가지 신문, 잡지 중에서 필요한 것만 몇 가지 가려서 읽고 나면 매일같이 와서 테이블에 쌓이는 출신 주로부터의 편지를 읽기에 바쁘다고 한다. 자기를 뽑아준 주민들이 선거가 끝난 후에는 자기에게 무관심한가 하면 그렇지 않고, 끊임없이 서한을 보내어 격려해 주고 정치에 관해서 개인의 의사를 표명하며 요구 사항을 보내주기 때문에, 자기로서는 편지를 통해서 충분히 여론을 조사할 수 있다고 한다. 신문과 편지를 통해 정책을 연구하며 오전을 보낸 이들은 오후에는 분과 위원회 등 실지 정치 활동에 참여한다고 한다.

한쪽 벽을 거의 다 차지하리만큼 미국 성조기를 테이블 뒤에 걸어둔 채 앉아서 국정과 민생을 염려하는 미국 국회의원들을 보니 권모술수와 부정부패에 휩싸인 우리나라 정객들과는 본질적으로 다름을 알 수 있었다.

의사당을 나와 중앙청에 들어가서 행정에 바쁜 여러 관리와 면담을 마치고는 백악관을 방문했다. 아이젠하워 대통령과 닉슨 부통령은 외출 중이어서 만나지 못했고 백악관 안 역대 대통령이 쓰던 방과 기념물들을 구경했다. 안내인이 친절하게 방마다 안내하며 그 방에서 일어난 역사적인 일화를 설명해 주고 여러 가지 기물과 기념품도 보여 주었다.

그다음은 일본 대사관과 필리핀 대사관을 방문했고 미국의 검찰 기관인 FBI도 방문하였다. 여긴 국가기밀을 많이 간직한 곳이라 안에서는 사진을 찍지 못하게 했다. 범죄 수사의 과학적인 방법을 보여주었고 미국 범죄 수사에서 압수한 권총과 범죄 도구들을 또한 보여주었다. 그리고 시카고 등지의 일류 갱단의 사진도 보여주었는데 노파와 어린아이도 있었으며, 아직 잡지 못한 강도의 사진 등을 보며 놀랐다. 이들은 갱단의 지능도 굉장히 발달하고 있다며 강력범과 일생을 두고 투쟁해야 한다고 말했다.

다음은 미국의 소리 방송국을 견학했는데, 매일 아침 7시에 들었던 목소리의 주인공 황제경, 민재호 등 아나운서를 만나볼 수 있었다. AEC라는 미국원자력위원회를 찾아가서 장시간의 견학과 토론을 했는데, 원자력의 평화적 이용에 대한 전망을 설명받고 질문과 제안을 했다. 또한 무명용사의 무덤이 있는 국립묘지를 찾아 참배했고, 조지 워싱턴 기념관과 제퍼슨 기념관도 구경했다. 포트맥강으로 둘러싸인 워싱턴은 깨끗하고 아담한 도시며 여러 명승지와 유서 깊은 곳이 많아서 살아보고 싶은 느낌을 주는 도시였다.

더욱이 링컨메모리얼 앞에서는 감명 깊은 시간을 가졌다. 그곳은 아직도 많은 흑인늘이 줄지어 찾아오고 있었다. 평소 존경히던 링컨 대통령의 좌상을 보니 마치 살아 있는 링컨 대통령을 만나본 듯 기뻤다. 어떤 흑인 어린아이가 까만 인형을 안고 와서 링컨의 상 앞에 묵념하고 선 모양을 보고 가슴이 뭉클하기도 했다.

조용하고 깨끗하면서도 많은 인물들이 지키고 서 있는 워싱턴은 발걸음을 옮기기 싫을 만큼 우리를 붙잡는 곳이었지만, 우리는 더 큰 기대와 흥분된 마음으로 세계 제일의 도시 뉴욕을 향해 떠났다.

뉴욕에서

뉴욕에 도착한 시간은 밤중이었는데, 뉴저지를 지나오면서부터 반짝거리는 뉴욕 맨해튼(Manhattan)의 밤 풍경을 보면서 우선 엠파이어 스테이트 빌딩을 찾았다. 제일 꼭대기에서 비치는 불빛이 단연 뉴욕에서 제일 높은 봉우리임에 틀림없었다.

우리 외국 대표들은 하늘에라도 올라가는 듯한 기대와 흥분에 가득 차서 신나게 노래를 부르며 이때까지 떠들던 토론을 다 집어치우고 뉴욕에 관한 얘기에 정신이 없었다. 뉴욕시에 들어가자면 허드슨강을 건너야 하는데 우리는 배를 탈 필요 없이 강 밑으로 뚫린 굴을 통해 갈 수 있었다.

우리는 성서신학교(Biblical Seminary)에 들어가 짐을 풀고 고단한 몸을 쉰 뒤 이튿날 아침 일찍이 유엔(국제연합) 본부를 찾아갔다. 우선 메인홀에 들어가 세계 각국에서 선물로 보낸 진기한 물건들이 진열되어 있는 것을 구경하고 지하실로 내려갔다. 지하에서는 세계 각국에서 온 그 나라 고유 물품들을 팔고 있었다. 주로 독일과 일본 상품이 많았고, 세계 거의 모든 나라의 것이 다 있었지만 우리나라의 것은 찾아볼 수 없었다.

우리는 예약해 둔 유엔 대표들과의 회견 기회를 가졌다. 시간 관계상 세 나라 대표만을 만났는데, 순서대로 미국, 유고슬라비아, 라틴 아메리카의 코스타리카 대표였다. 유엔에 관한 설명을 끝낸 미국 대표에게 나는 당시 한창 논란되었던 한국의 유엔 가입 문제에 대해 질문했다. 한국 국민이 얼마나 노력하며 바라고 있는지와 세계 평화를 위해서도 꼭 필요하다는 것을 호소 겸 역설했다. 그는 "미국으로서는 오래전부터 남한의 가입을 위해 노력했지만 소련의 반대로 실패해 왔다. 이 문제는 미국과 소련에 관계되는 세계적 문제이니만큼 남북 통일이 되기 전에는 남한만의 가입은 힘들 것"이라는 지극히 평범한 대답을 했다. 이어서 자유세계와 공산세계에 관한 논쟁이 벌어졌는데, 어떤 학생이 "유엔은 왜 공산 국가를 포함하느냐?"라는 식의 유치한 질문을 하자 때마침 문을 열고 들어오던 유고슬라비아 대표가 듣고 씩 웃었다.

다음으로 유고슬라비아의 사회주의를 설명하는 대표에게는 지도자들의 매우 조심스러운 질문이 있었을 뿐, 미국 대표와의 회견과 분위기가 달라서인지 별다른 토론이 없었다.

코스타리카의 여성 대표로부터 중남미에 관한 이야기를 듣고 회견을 마친 우리는 유엔 총회 회의장과 안전보장이사회, 경제사회이사회 등 여러 사무실을 구경하고 밖에 나와 사진을 찍었다.

유엔 건물 앞에는 당시 유엔 가입 82개국의 국기가 나란히 게양되어 있었다. 다른 대표들은 모두 자기 나라의 국기를 찾아 자랑하고 그 앞에서 사진을 찍었으나, 나는 태극기를 찾지 못해 멍하니 외따로이 앉아서 설움에 찬 눈을 딴 곳으로 돌리고 말았다. 남들이 웃고 즐기는 동안 나는 '세계 5색 인종이 다 모인 곳에 내 나라 민족만 대열에서 빠져야 함은 무엇 때문일까?'라는 심각한 고민을 해 보았다.

다음으로 맨해튼의 번잡한 브로드웨이를 지나 5가에 자리 잡은 미국 북장로교 선교부 본부를 찾아갔다. 우리나라를 비롯한 세계 각지에 보내는 선교사들의 사무를 관할하고 선교 정책을 마련하는 곳으로, 매일 11시 30분에 한 장소에 모여 세계 선교를 위한 기도회를 열었다. 우리는 이곳에서 WCC 등 에큐메니칼 운동의 여러 지도자와 토의하는 시간을 가졌다.

한 가지 잊을 수 없는 특별한 경험은 미국 루즈벨트 대통령의 부인 엘레노어 루즈벨트 여사와의 회견이었다. 아침 일찍 약속한 시간에 카네기 재단 빌딩에서 회견했는데, 보청기를 끼고도 말을 잘 알아듣지 못하고 목소리도 쇠약해진 80 고령의 노부인이었지만 세계 평화의 사자(使者)를 만나보는 것만으로도 나는 만족스러웠다. 그녀는 시종일관 인류의 평화 문제를 얘기했고, 우리와 일일이 악수하면서 각국의 사정을 묻고 답해 주었다. 그녀의 주름살 잡힌 얼굴과 떨리는 가느다란 목소리에서 세계인권선언과 국제연합을 통해서 인간의 존엄과 세계 평화를 위해 심혈을 기울여온 모습을 발견하고는 대단히 감격스러웠다. 고령의 노부인께서는 비서도 없이 혼자 계단을 내려가 자가용을 타지 않고 두 블록(block)쯤 걸어가더니 노란 택시 캡을 잡아타고 갔다.

구경하고 싶은 곳이 많았지만, 바쁜 여정에 한가로이 관광 다닐 시간은 없었고 보여주는 곳만 따라다녔다. 뉴욕에서 두 번째로 높다는 록펠러센터인 라디오 스테이션 빌딩에 올라가서 바로 앞에 우뚝 솟은 엠파이어 스테이트 빌딩을 바라볼 수 있었다. 맨해튼의 손바닥 만한 섬에 자리 잡은 자유의 여신상도 옆을 지나가며 보았을 뿐 들어가 보지는 못했다.

이제 우리는 필라델피아의 스워스모어에 가서 이틀간 최종 평가 회의를 하면서 카라반을 끝내고 모두 미국을 떠나게 되었다.

내가 경험한 에큐메니칼 운동(Ecumenical Movement)

버트런드 러셀과 같은 철학자는 "인류가 존재하는 한 전쟁과 경쟁의식은 소멸하지 않고 영구히 있을 것이며 오히려 인간에게 보람을 준다"고 했지만, 세계 문제가 오늘같이 심각해진 때 기독교인으로서는 이런 해답으로 무책임할 수는 없을 것이다.

"네 이웃을 네 몸과 같이 사랑하라"는 예수님의 말씀은 기독교인뿐만 아니라 전 세계 인류에게 지상 최대의 교훈이다. 그러나 예수님께서 이웃의 범위를 가르쳐 주시지는 않았다. 어디까지가 이웃이고 어디서부터가 이방인이란 말인가?

아담을 통해서 창조된 인류는 모두 하나님이 지으신 인간이요, 나면서부터 하나님께서 계급이나 차별을 주시지 않은 이상 넓은 의미에서 전 인류는 하나님의 자녀가 아니겠는가? 현대 칼 바르트의 만인구원설의 신학도 존재하지만, 우리에게는 어떤 인간적인 조건 때문에 신이 창조하신 인간을 미워할 만한 하등의 정당한 근거가 없다. 원수까지 사랑하신 예수님의 실천을 보아 우리 이웃의 범위는 세상 끝까지인지도 모른다. 복음을 땅끝까지 전하라고 하셨으니 우리의 이웃은 세상 끝까지 있음에 틀림없을 것이다.

우리의 시야를 자신의 현실 문제에만 집착시킬 때, 이웃의 범위는 좁아진다. 그러나 오늘날 세계 평화나 세계 정부론까지 대두하는 것을 보면 시대가 발달할수록 세계 인류가 모두 잘 살기 위해서는 정치적으로도 이웃의 범위를 넓혀 가야 함이 틀림없다. 정말 하나님의 뜻을 지상에서 이루는 것은 꿈같은 일일지 모르나, 세계 인류가 한 가족이 되어야 할 것이다.

에큐메니칼 운동은 결코 교회 연합 운동만은 아니다. (연합이란 뜻이 애매하지만) 그 취지는 세계 인류가 하나님 앞에서 모두 구원 받을 수 있게 되고 하나님의 뜻을 땅끝까지 실현하려는 인간의 노력이다. 진정한 크리스천이라면 이 취지에 반대할 수 없다. 에큐메니칼 운동은 그리스도의 몸 된 교회가, 아니 그 가운데 한 부분인 지체로서의 우리가 세계 전체적인 사랑과 구원의 문제를 생각하는 운동이라고 할 수 있다.

과연 백인이 흑인을 사랑하고, 문명국이 약소민족을 사랑할 수 있을까? 주의, 사상, 혈족, 종교, 습관, 제도가 각기 다른 여러 국가 민족이 참으로 같은 신의 자녀라는 자각 앞에 설 수 있겠는가? 우리는 여기에 관한 여러 가지 흥미로운 문제를 한 달 내내 토론하고 여러 인사에게 문의하며 기도도 해 보았다.

우리는 마침내 이 에큐메니칼 운동의 문제가 화합의 문제임을 깨달았고, 신과 인간의 화합 없이는 실현될 수 없음을 발견했다. 이는 멀리 가기 전에 우리의 가까운 데서부터 해결해야 하는 문제였다.

태평양전쟁을 치른 미국과 일본이 그리스도의 정신 안에서 서로 사랑할 수 있다면 얼마나 좋을까? 아니, 한국과 일본 사이에서도 함께 잘 살 수 있다면 좋지 않을까? 사상과 주의는 서로 달라 배격할 수 있어도 인간적으로 미워할 필요는 없을 것이다.

우리는 에큐메니칼 카라반이라는 여행을 통해서 영화를 한 편 제작했다. 13명의 멤버 모두 배우가 되어 시드니 호멜 씨의 각본에 따라 만들어진 약 1시간에 걸친 총천연색 영화였다. 제목은 〈The Researchers〉(모색하는 사람들)이었고, 내용은 우리의 토론과 현실을 약간 극적으로 각색해서 묘사한 연극이었다. 그 내용을 조금 살펴보고자 한다.

미국을 포함한 여섯 나라의 청소년 남녀는 서로 미워하는 적대관계에 있었다. 태평양전쟁을 통해서 부친을 잃어버린 미국의 메리 양은 일본에서 온 케이코 양을 죽이고 싶도록 미워한다. 또 새까만 얼굴을 한 인도의 나기스 양도 미국 백인 남성의 증오의 대상이 된다. 여기에 등장하는 인물은 모두 각기 미워하는 상대를 가지고 있다. 그러나 나는 (Samuel) 그들 가운데 중간 조정과 화해자의 역할이었다.

어느 날 나는 친구들과 함께 음식점에 간다. 거기서 좀 난잡한 학생이 술을 청해 마시며 좋지 않은 행동을 하고 떠들썩 소란을 피운다. 이 가운데 매우 경건한 학생인 뢱이 이맛살을 찌푸리며 일어서서 나가고 다시는 이 친구들과 이야기도 하지 않으려 한다. 나는 곧 이 뢱을 찾아가 소란을 피운 친구를 증오하는 뢱에게 그것이 옳은 방법이 아니고 그들을 사랑하는 태도가 아니라고 충고한다. 나쁜 짓을 하는 친구들을 피하지 말고 손을 잡으며 그들을 이해시켜 올바른 길로 인도하는 것이 우리 기독 학생의 사명이라고 강조하는 말에 감동 받은 뢱은 잘못을 뉘우치고 그들과 다시 사이좋게 지내고, 마침내 그들을 주님의 품 안으로 이끌게 된다.

또한 케이코와 메리의 사이도 수차 싸움과 질투가 있었으나, 내가 나서서 그들의 두 손을 잡아 악수시키고 "나도 일본의 압제하에서 고생했지만 지금은 그리스도의 정신으로 미워하지 않는다"고 고백하며 간곡히 친교를 부탁하니, 마침내 둘은 화목하게 지낼 수 있게 된다.

이상과 같은 내용으로 우리의 카라반 동안에 로케가 완성된 영화는 그 후 편지를 받아보니 미국에서 기독교 교육 자료로 각지에서 상영되고 있다고 했다. 한편으로 나도 속히 기회를 얻어 내가 출연한 영화를 보고 싶었지만, 그것보다도 영화에서 연기한 '나'만큼 내 마음속에 그만한 폭이 넓은 사랑의 지반이 닦여 있는지 반성해 보며 부끄러움을 금치 못했다.

미국의 인종차별 문제도, 교회의 교파적 화합 문제도, 아니 전 세계의 냉전과 평화 공존의 문제도 그리스도의 사랑과 용서, 화해의 정신을 동해서 극복하려고 노력하는 것이 에큐메니칼 운동임을 카라반을 통해 깨달을 수 있었다.

이런 생각과 뜻을 가진 분들의 진지한 모습을 보고 나는 많은 감명을 받았다. 비록 그 방법과 결과가 어떤 가치를 갖게 될지 모르고 또 현재 많은 비난과 비판을 받고 있음도 알고 있지만, 나와 멀리 떨어진 문제가 아니라는 것, 우리의 절박한 현실 문제를 해결하는 데도 빠져서는 안 될 필수불가결의 과제임을 절실히 깨달은 것이다.

IX. 일본을 거쳐 그리운 내 땅으로

　　한여름 밤의 꿈 같은 석 달 동안의 여행을 마치고 그들과 작별하려니 고국에 돌아간다는 기쁨보다 여러 가지 추억이 가슴에 맴돌아 서글픔의 눈물이 앞섰다. 필라델피아주 스워스모어의 감격스런 종합 토론회를 마친 뒤 우리는 다시 뉴욕으로 와서 하루를 쉬고 다음날 각자의 나라로 떠났다.

　　올 때 비행장에만 잠시 내렸던 일본 동경에 머물러 보고 싶어서 알아보니, 비자 없이 72시간 체류가 가능하다고 했다. 그렇게 일정을 짜서 귀국할 때 노스웨스트항공편을 이용해 뉴욕을 떠나 시애틀에 도착했다가 몇 시간 후 동경행 비행기를 탔다.

　　일본 하네다공항에 도착하여 일본 교회 교단 본부의 니시도 목사에게 전화를 걸어 도착 인사를 하고, 택시를 타고 YMCA호텔로 갔다. 교지부마 목사님이 미리 연락해 주셔서 호텔 숙박이 3일간 예약되어 있었다.

　　동경의 명동인 긴자(銀座) 거리 맞은편에 '교붕깡'이라는 일본 기독교회 교단 본부 건물이 마치 종로에 자리 잡은 기독교서회 건물처럼 서 있었고, 거기에도 기독교 서적을 파는 큰 서점이 2층에 있었다. 도착한 날이 금요일이어서, 우선 오후에 교단 본부에 가서 여러 교계 지도자들을 만나고 소개받았다.

교인들이라서 그런지 몰라도 인사가 어찌나 깍듯한지 두 손을 무릎 위에 공손히 펴고 허리를 절도 있게 완전히 굽혀 한참 있다가, 그래도 모자라는지 뭐라 말을 해가면서 두 번, 세 번 꾸벅꾸벅 절을 한다. 나중에 알고 보니 그게 일본인들의 인사 방법이었다.

일본말을 할 줄 모르는 나는 속히 우리나라 교포를 만나고 싶었다. 마침 니시도 목사님이 잘 아는 교포 교회의 한 청년이 있어서 전화로 소개받고 그의 안내를 받으며 동경 시내를 구경했다. 긴자를 중심으로 한 여러 거리와 일본 천황이 살던 궁성을 돌아본 뒤 오래전부터 마음먹었던 동경대학교를 찾아갔다. 아는 사람 하나 없는 곳이지만 일본의 천재들이 수학한다는 이 대학을 꼭 구경해보고 싶었다.

동경대 건물은 서울대학교 문리대와 비슷한 낡은 벽돌 건물이었지만 건물을 덮을 만큼 높은 나무들과 숲으로 쌓여 있어서 상아탑의 면모가 보였다. 방학이었음에도 밀림처럼 나무가 꽉 들어찬 그늘 밑 잔디밭에 검은 작업복 바지에 휜 수건을 머리에 질끈 동여맨 대학생들이 여기저기 엎디어 책을 읽고 있었다. 조도전대학이나 경도대학도 가 보고 싶었지만 여가가 없어 포기했다.

이틀날 토요일에 케이코가 동경에 돌아와서 반갑게 다시 만나 여러 군데 소개를 받았다. 케이코와 나는 미국 방문을 통해서 배운 에큐메니칼 화해의 정신으로 동경에서 무엇인가 해 보자고 이야기했다. 일본인과 한국 교포 사이에는 늘 감정이 좋지 않았고, 교회 간에도 서로 대립했다. 한국 교포 교회를 찾아갔더니 여러 학생이 일본 아이들과 싸운 이야기를 하며 그 교회 목사님마저 나더러 동경에 머물되 일본 교회는 아예 찾아가지 말라고 부탁하는 것이었다. 마침 다음 날이 주일이었으므로 나는 케이코와 의논하여 일본 기독 학생 몇 사람과 교포 교회 몇 사람을 만나게 해서 서로 솔직한 이야기를 나누어 보는 시간을 마련하기로 작정하였다.

주일 이른 아침 쯔이도바시(수도교)에 소재한 동경 한인그리스도교회를 찾아갔다. 주일학교에 들어가 구경했으나, 불행히도 한국 어린이들은 우리말을 전혀 알아듣지 못했고 조국의 어린이가 반가워서 안아주며 쓰다듬어 주었지만 입에서 뭐라 일본말로 중얼거릴 뿐 눈만 멀뚱거렸다.

그러나 남궁 선생이 지도하는 고등부 예배에서는 꽤 여러 학생이 우리말을 했으므로 그들에게 고국의 소식과 미국에 다녀온 이야기를 해줄 수 있었다. 그러나 거기서도 과반수의 학생이 우리말을 못했기 때문에 내 말을 일본말로 통역해야만 했다. 어떤 학생은 서너 살 때 일본에 와서 조국의 말 한마디도 모르고 지냈지만 한국어로 말한 나의 열변을 듣고 어렴풋이 어렸을 때의 기억이 되살아나는 것 같아 가슴에 이상한 충격을 받았다고 말했다.

나는 그들이 한국의 아들딸임을 잊지 말고 조국을 위해 보람 있는 일을 해줄 것을 그리고 꼭 한국말을 배워 달라고 간곡히 부탁했다. 그들은 그들대로 외국에 사는 설움과 고충을 내게 털어놓았다.

고등부 예배를 마치고 그중에 한 학생을 설득해 데리고 동경에서 둘째로 크다는 일본 교회로 갔다. 이 교회는 세계적으로 유명한 가가와(賀川) 도요히코 목사님이 시무하시는 교회인데, 여기서 케이코와 나는 일본 기독 학생들과 만나 미국 여행 보고를 하도록 계획을 세웠다.

나는 평소 존경하며 뵙고 싶던 가가와 목사님 댁을 찾아갔으나 마침 목사님은 부흥회 인도를 떠나셔서 만나지 못했고 케이코의 소개로 사모

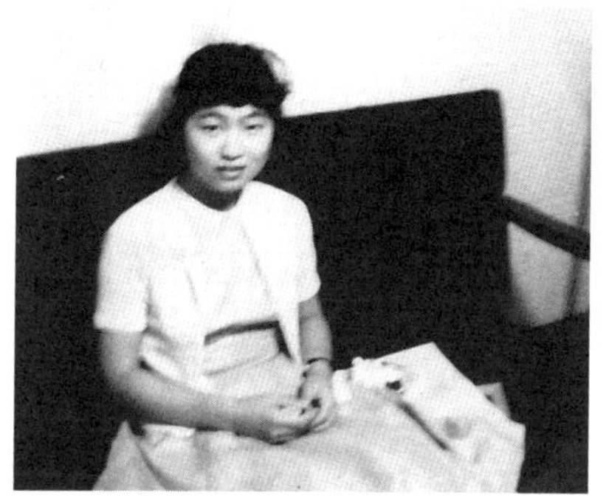

케이코

님과 딸에게 인사를 드렸다. 가가와 목사의 딸은 영어도 익숙히 잘했으므로 케이코와 셋이 즐겁게 여러 이야기를 할 수 있었다.

교회당 옆에 있는 가가와 목사의 사택은 낡은 기와집으로 손질되지 않은 초라한 모습이었으며, 선생의 서재를 안내받아 가 보니 여러 줄 길게 늘어선 책장에는 먼지가 묻은 책들이 잔뜩 쌓여 있었다.

사택 마루방에서 동경 기독학생연합회 회장을 비롯한 여러 임원 10여 명과 니시도 목사, 나, 케이코, 사모님, 내가 데려간 한인 교포 한 사람이 함께 모여서 점심을 나누며 모임을 가졌다. 사모님께서 모리소바로 우리를 대접해 주셨다. 먼저 케이코가 일본어로 미국 여행 보고를 한 뒤, 나는 영어로 보고하고 목사님 딸이 일본어로 통역해 주었다. 나는 한인 교포들을 만나서 들은 어려운 이야기를 해 주고, 우리가 그리스도 안에서 한 몸에 속한 교인들이니 한인 교포 교회와 좀 더 친밀하고 화목하게 지내며 서로 사랑하게 되기를 바란다는 부탁의 말을 했다. 그들은 한인 학생과 일본 학생들의 만남과 대화는 처음 경험하는 일이라고 말했다.

나는 우리가 로케한 영화를 얘기하면서 우리가 다 같이 참여해서 이 세세적인 갈등과 화해의 문제를, 정치적인 문제까지도 그리스도의 정신으로 극복해 보자고 역설했다. 한 시간이 넘는 긴 토론에서 나는 솔직하게 일본이 우리나라에서 행한 폭정 이야기도 했는데, 그들은 태어나기도 전의 일이어서 그렇게 포악하고 잔인하게 한 줄은 몰랐다며 자기들도 제국주의 지배에 대해 반성하고 있다고 말했다.

마지막으로 우리는 간절한 마음으로 하나가 되도록 기도했으며, 앞으로 더욱 한국 교포들과 만나고 친선의 길을 열겠다고 약속했다.

나는 다시 교포 교회를 찾아가 한국어로 진행되는 성인 저녁 예배에 참석하고 도미 보고 강연을 했으며, 밤늦게까지 청소년 학생들과 좌담하며 심각한 문제들을 듣고 나눴다. 이들의 어려움은 처참한 경제문제였다. 아침에 지게를 지고 역전에 줄지어 서 있는 사람들은 모두 한국 사람이라고 한다. 여기서도 일거리를 얻기가 힘든 것이다. 외국에서 사는 설움에다 이런 고충까지 들으니 마음이 아팠다.

월요일 오전 10시, 사흘간의 동경 체류를 마치고 서울을 향하는 비행기에 몸을 실은 나는 다시 조국에 돌아간다는 흥분에 가득 찼다. 세 시간쯤 걸려 여의도공항에 도착했다.

57년 8월 말 우리나라 땅을 다시 밟게 되었지만 마음속은 여러 가지로 착잡했다. 먼지 많은 울퉁불퉁한 도로 위를 달리는 게 우선 불편했다. '우리도 새 역사를 창조하려면 땀 흘리는 노력이 필요하겠구나'라는 생각이 가슴 깊이 새겨졌다. 많은 것을 보고 배우며 체험한 도미 여행을 허락해 주신 하나님께 감사하며 초가을의 서늘한 바람을 맞으며 미소 지을 수 있었다.

X. 에필로그

역사를 서술하는 이에게 시간성의 개념이 중요하듯이 기행문을 쓰는 일은 공간에 대한 깊은 통찰력을 필요로 한다고 생각된다. 그리고 어떤 종류의 문학보다도 솔직하고 소박한 심정의 묘사와 태도가 요구된다 하겠다.

나는 산골짜기의 도랑물에 떨어진 가랑잎처럼 인생이 시냇물 따라, 강물 따라 수많은 바위와 웅덩이를 거치며 지나갈 때 가슴속 깊이 느끼는 심성을 묘사하는 수필 문학을 동경해 왔다. 이제 천박하고 비재(非才)인 우인(愚人)에게 간소한 출판물이지만 이런 기회가 주어진 것은 참으로 감당키 어려운 기쁨이며 고마운 일이다.

벌써 3년 전에 체험한 소년 시절의 여행기를 이제야 다시 정리하여 발표한다는 게 좀 부끄럽지만, 고3 생활과 입시로 고2년에 경험한 미국 여행기를 쓰는 일은 미룰 수밖에 없었다.

이번 기회를 통해 지난 일을 돌아보며 반성의 기회를 얻는다는 것이 얼마나 삶에 중요한 의미를 주는가를 절실히 느꼈다. 그 과정을 통해서 나 자신의 주체(主体)를 반성하며 개조시킬 힘도 얻을 수 있다는 것을 단편적이나마 발견했다.

교회의 역사적, 사회적 참여가 중대시되고 있는 오늘날 미국 교회의 실제 모습과 에큐메니칼 운동의 방향을 내가 목격한 한도 내에서 그려보려고 했다. 여러 가지 모습을 체험했지만 미국 교회의 성격을 규정짓기란 우둔한 나의 관찰력으로는 도저히 불가능한 일이었다고 생각한다. 현대의 첨단을 걷는 미국 사회의 모습을 문화적으로나 윤리적으로 비판해 보는 것이 흥미로운 일임을 감지(感知)하면서도 아무런 결론이나 체계적인 서머리(Summary)를 제시하지 못했음을 솔직히 고백한다.

실은 속단적 결론이 줄 해독을 두려워했기 때문에 주저하며 자제했다. 그러고 보면 궁금해하는 나의 친지(親知)들과 나를 사랑해 주고 격려해 주신 분들에게 아쉬운 보고와 보답을 드리는 목적 이외에 이 적은 팸플릿은 별다른 기여를 하지 못한 것 같다. 그러나 이 기행문이 앞으로 한국 사회의 발전과 교회의 에큐메니칼 활동에 참고가 된다면 큰 위로가 되겠다.

붓을 놓음에 있어서 원고의 정리로부터 인쇄에 이르기까지 온갖 정력을 기울여 애써준 안성혁(安聖鉉) 형과 최영진 형의 잊을 수 없는 노고(勞苦)에 감사하며, 여러 선배 제현들의 지도 편달을 바란다.

1960년 10월

李三悅